통일안보론

정명복 저

생생 통일안보론

초판 1쇄 발행 2019년 4월 25일

지은이 정명복
펴낸이 윤관백
펴낸곳 도서출판 선인

등록 제5-77호(1998.11.4)
주소 서울시 마포구 마포대로4다길 4(마포동 324-1) 곶마루빌딩 1층
전화 02)718-6252 / 6257
팩스 02)718-6253
E-mail sunin72@chol.com
Homepage www.suninbook.com

정가 25,000원
ISBN 979-11-6068-261-8 93300

· 잘못된 책은 바꾸어 드립니다.

생생

통일안보론

정명복 저

도서출판 선인

들어가면서

우리 모두가 바라는 통일은 국토의 단순한 재 봉합이 아니라 민주주의와 시장경제에 기초하여 서로 다른 두 체제를 하나로 통합하는 새로운 민족공동체의 건설이라고 할 수 있다. 이러한 통일을 이룩하기 위해서는 무엇보다 국가안보가 필수불가결하고 졸대적이라는 것은 이론의 여지가 없을 것이다.

그렇다면 국가안보란 무엇인가? 이는 국가안전보장의 줄임말로 걱정, 근심 그리고 불안이 없는 국가 상태란 의미를 갖는다. 무릇 국가의 안보라는 것은 가정을 지키는 것으로부터 국가의 흥망성쇠를 결정짓는 문제에 이르기까지 매우 광범위하고 중요한 것이다. 지금까지 있었던 역사적인 측면을 보면 알 수 있다. 자국의 안보를 지키지 못해 역사 속으로 사라졌던 세계의 대제국 "로마"가 이를 웅변으로 말해 주고 있지 않는가!

특히 주변이 안보를 위협하는 나라들로 둘러싸여 일촉즉발의 상태에 놓여있는 국가에서는 더욱 더 국가안보가 중요할 수밖에 없다. 이스라엘이 그러하고 우리 대한민국이 그러하다. 천안함 폭침사건과 연평도 포격사건만 보아도 우리나라는 항상 불안한 전시 상태에 놓여 있다는 것을 알 수 있다. 그럼에도 불구하고 요사이 안보의식이 부쩍 감소하면서 우리나라가 종전이 된 것으로 착각하고 있는 사람들이 늘어나고 있다. 더욱이 국가 보훈처에서 '국민의식조사'를 실시한 결과 우리국민의 10명 중 8명은 아직 한반도에서 전쟁 가능성이 남아있다고 하는데도 사회일각에서는 종북세력까지 공공연하게 활동하고 있는 것이 현실이다.

　이런 현실에서 통일에 대하여 학습하고 안보의식을 기르는 것이야말로 국가의 안위를 지키고 나아가 통일을 이루어 낼 수 있는 길이라고 생각한다. 그렇다면 "통일과 안보의식이라는 것은 어떻게 배우고 길러야 할까?" 바로 이 물음에 대한 답을 이 책에서 찾을 수 있을 것이다.

　이 책은 보통 사람들이 딱딱하고 어려워만 하는 통일과 국가안보라는 개념을 알기 쉽게 풀어서 설명해주며, 중간 중간 지루하지 않도록 역사적인 이야깃거리들을 독자 여러분들께 선사하고 있다. 책장을 넘기면서 안보에 대하여 생각하다 보면 국가뿐만이 아니라 개인에게도 필수적으로 도움이 된다는 사실을 자신도 모르게 알게 될 것이다. 더불어, 통일에 대한 내용까지 학습하고 나면 대한민국 국민 모두의 염원인 남북통일이 앞당겨지는데 우리가 조금이라도 기여할 수 있을 것으로 조심스럽게 전망해 본다. 결국 애국자가 따로 있는 것이 아니다. 국민 누구나 "통일안보를 이해하고 실천하면 바로 애국자!"라고 이 책을 통하여 느낄 수 있을 것이다.

　끝으로 이 책이 나오기까지 물심양면으로 지원을 아끼지 않으신 윤관백 사장님을 포함한 도서출판 선인 관계자 여러분들에게 진심으로 감사의 말을 전하고 싶다.

2019년 4월
공산성과 금강을 바라보며
정명복

일러두기

1. 내용을 한글위주로 평이하게 쓰고자 하였으며, 혼동할 우려가 있는 용어와 고유 명사 등은 원어를 괄호 안에 넣었다. 아울러, 특기할 만한 용어나 따로 풀이가 필요할 것으로 여겨지는 용어는 부록 '용어해설'에 모아 수록하였다.
2. 연대는 모두 서기(西紀)로 표기했다.
3. 이 책의 본문에 인용된 자료는 가능한 원문의 뜻에서 크게 벗어나지 않는 한도 내에서 평이한 현대문으로 번역하여 독자의 이해를 용이하게 했으며, 원문제작 당시의 관용어나 제도어는 그대로 사용했다.
4. 남한, 북한과 그 외의 다른 국가에서 쓰이는 용어는 그 국가에서 쓰이는 대로 서술했다.
5. 북한의 안보위협, 한미동맹과 같은 주제는 역사적 사건을 중심으로 일어난 순서별로 체계적으로 서술했다.
6. 11장 1절의 「2. 북한의 주요 대남 도발 사례」는 "한국위기관리연구소"에서 자료를 제공하였다.
7. 부록 2 「잘사는 나라가 못사는 나라한테 패한 이야기」는 국방일보에 게재되었던 「부유한 나라가 가난한 나라에게 패한 사례」 내용을 기초로 하여 재작성하였다.
8. 본서를 연구하고 집필하는 데 있어 이호열, 박희재, 한진근, 이동원, 최영관, 김도훈, 하용수 선생 등 많은 전문가들의 자문과 감수를 받았다.

목 차

들어가면서 _ 5
일러두기 _ 7

1부 통일안보란 무엇인가?

제1장 국가와 통일안보

제1절 국가 16
  1. 국가의 정의 16
  2. 국가의 구성요소 17
  3. 국가의 기능 21
  4. 국가의 유형 22

제2절 국가이익 25
  1. 국가이익이란 무엇인가? 25
  2. 국가이익의 분류 26
  3. 국가목표, 국가정책, 국가전략과의 관계 28

제3절 통일안보 32
  1. 통일안보란 무엇인가? 32
  2. 안보에 대한 국제정치적 시각 35
  3. 안보의 중요성과 통일안보 38

제2장 안보의 분류

제1절 절대안보 44
  1. 절대안보의 정의 44
  2. 절대안보의 한계 45

제2절 공동안보 47
  1. 공동안보의 정의 47
  2. 공동안보의 전개 49
  3. 공동안보의 한계 50

제3절 협력안보 52
  1. 협력안보란 무엇인가? 52
  2. 협력안보의 특징 53
  3. 협력안보의 주요 메커니즘 54

제4절 포괄적 안보 ... 56
  1. 포괄적 안보의 개념 ... 56
  2. 비군사 안보기구 ... 58

제3장 국력과 군사력
제1절 국력 ... 61
  1. 국력의 정의 ... 61
  2. 국력의 성격 ... 62
  3. 국력의 요소 ... 64
제2절 군사력이란 무엇인가? ... 66
  1. 군사력의 정의 ... 66
  2. 군사력의 기능 ... 66
  3. 군사력의 종류 ... 72
  4. 군사력의 활용 ... 75
제3절 군사안보 ... 77
  1. 군사안보의 정의 ... 77
  2. 군사안보의 중요 요소 ... 78
  3. 군사와 제 분야와의 관계 ... 79

2부 국가안보의 방법
제4장 세력균형과 집단안보
제1절 세력균형 ... 84
  1. 세력균형의 정의 ... 84
  2. 세력균형의 유형 ... 86
  3. 세력균형의 역할 ... 89
제2절 집단안보 ... 91
  1. 집단안보의 정의 ... 91
  2. 국제연맹(The League of Nations) ... 92
  3. 국제연합(The United Nations) ... 95
제3절 평화유지활동(PKO) ... 97
  1. 평화유지활동의 정의 ... 97
  2. 평화유지활동의 성격 ... 99
  3. 평화유지활동의 원칙 ... 101
  4. 평화유지활동의 분류 ... 102

제5장 자력방위와 중립

제1절 자력방위 105
  1. 자력방위(Self-defense)의 정의 105
  2. 자력방위의 유형 106
  3. 비동맹 국가의 자력방위 107
  4. 동맹 불가국의 자력방위 110
제2절 중립 113
  1. 중립의 정의 113
  2. 중립의 역사 114
  3. 중립국 방위의 특징과 사례 117

제6장 군사동맹

제1절 군사동맹 121
  1. 군사동맹의 개념 121
  2. 군사동맹의 유형 122
  3. 군사동맹의 조건 123
제2절 군사동맹의 변천 126
  1. 동맹의 역사 126
  2. 동맹국 간 비용분담 131
  3. 동맹의 변화 132
제3절 한미동맹 135
  1. 한미동맹의 형성 135
  2. 한미동맹의 의의 137
  3. 작전통제권 전환 과정 138
  4. 한미동맹의 미래 140

3부 안보외교와 위기관리

제7장 안보외교와 협상

제1절 안보외교 146
  1. 안보외교의 개념 146
  2. 안보외교의 역사적 배경 147
  3. 안보외교의 사례 151
제2절 군사외교 154
  1. 군사외교 154
  2. 주변국과의 군사외교 사례 154

제3절 협상　　　　　　　　　　　　　　　　158
　　1. 협상의 개념　　　　　　　　　　　158
　　2. 협상의 조건과 성공요소　　　　　160
　　3. 협상수단　　　　　　　　　　　　161
　　4. 협상전술　　　　　　　　　　　　163

제8장 군비통제

제1절 군비　　　　　　　　　　　　　　167
　　1. 군비의 개념　　　　　　　　　　　167
　　2. 군비의 결정요소　　　　　　　　168
제2절 군비경쟁　　　　　　　　　　　　169
　　1. 군비경쟁의 개념　　　　　　　　169
　　2. 군비경쟁의 결정요소　　　　　　170
제3절 군비통제　　　　　　　　　　　　170
　　1. 군비통제란 무엇인가?　　　　　　170
　　2. 군비통제의 역사　　　　　　　　172
　　3. 군비통제의 형태와 신뢰구축방안　176
　　4. 군비통제의 사례　　　　　　　　178

제9장 위기관리

제1절 위기와 위기관리　　　　　　　　185
　　1. 위기란?　　　　　　　　　　　　185
　　2. 위기상황의 전개과정　　　　　　187
　　3. 위기관리와 유형　　　　　　　　189
　　4. 위기관리절차　　　　　　　　　　193
제2절 위기관리의 정책결정과 체계　　　196
　　1. 위기정책결정의 영향요소　　　　196
　　2. 위기관리정책결정모형　　　　　　197
　　3. 위기관리 체계　　　　　　　　　198
제3절 안보위협에 대한 대응　　　　　　204
　　1. 외교안보　　　　　　　　　　　　204
　　2. 국방선진화 노력　　　　　　　　209
　　3. 비상대비태세 강화　　　　　　　213

4부 대한민국의 미래, 그리고 통일

제10장 동북아 안보환경과 한국의 미래
제1절 동북아의 안보환경 218
  1. 개요 218
  2. 해양 분쟁의 심화 220
  3. 역내 국가들의 동북아 안보정책 224
제2절 한국의 위상과 미래 237
  1. 전략적 대응 237
  2. 한국의 위상 238
  3. 대한민국의 미래 240

제11장 북한의 위협과 주한미군
제1절 북한의 안보위협 242
  1. 배경 242
  2. 북한의 주요 대남 도발 사례 244
  3. 북한의 군사전략 255
  4. 재래식 군사력 257
제2절 북한의 핵무기 개발 261
  1. 북한의 핵무기 개발 변천사 261
  2. 6자회담 266
  3. 북한 핵 개발의 현황 268
제3절 주한미군의 역할 272
  1. 주한미군의 역사 272
  2. 주한미군의 가장 큰 힘 274
  3. 주한미군 재배치 279

제12장 통일정책과 추진전략
제1절 통일의 개관 282
  1. 개요 282
  2. 통일의 의의 283
  3. 통일의 필요성 289
  4. 통일의 유형 292
제2절 남북한 통일정책 비교 294
  1. 한국의 통일정책 294
  2. 남북한의 통일노력 303
  3. 남북한의 통일정책 비교 305

제3절 통일에 대한 전망	308
1. 한반도 통합 모형	308
2. 통일한국에 대한 전망	314
제4절 통일 추진전략과 우리가 해야 할 일	319
1. 한반도 통일의 추진전략	319
2. 통일한국의 미래구상과 혜택	322
3. 우리가 해야 할 일	327

마치는 말 _ 335

부록

부록 1_ 용어 해설	339
부록 2_ 잘사는 나라가 못사는 나라한테 패한 이야기	355
부록 3_ 비상사태의 종류와 민방위 제도	363
부록 4_ 한국군 해외파견 현황	368
부록 5_ 한·미 상호방위조약과 중·조 우호협력상호원조조약	370
부록 6_ 방공식별구역	372
부록 7_ 6·15 남북 공동선언	379

참고문헌	380
찾아보기	384
저자소개	395

■ 유익한 이야기 코너 목차

① 자주 독립 의지 표현, 3·1 운동 ································ 31
② 소련은 왜 무너졌을까? ·· 46
③ 한반도 비핵화 공동선언 ······································· 51
④ 대한민국 해군의 꽃, 이지스함 ······························ 74
⑤ 대한민국의 해외파병 역사(주요 PKO 포함) ············ 104
⑥ 한국과 미국, 그들은 어떻게 만났나? ···················· 142
⑦ 러시아제 무기체계의 최초도입, 불곰사업 ·············· 157
⑧ 인류 파멸의 전주곡, 상호확증파괴 ······················· 182
⑨ 중·일 영토분쟁, 댜오위다오 ································· 223
⑩ 무력적 강제통일모형, 베트남통일 ························ 293
⑪ 대등적 합병통일, 예멘통일 ·································· 307
⑫ 일방적 흡수통일모형, 독일통일 ···························· 318

■ 쉬어가는 코너(생각하는 통일안보) 목차

① 한 마디의 밀고로 그리스군이 전멸당하다 ············· 42
② 급진 개화와 온건 개화의 대립 ····························· 59
③ 고구려의 제임스 본드, 도림 ································· 81
④ 삼국 시대의 세력 균형 ·· 90
⑤ 황제의 눈물 ·· 119
⑥ 그리스의 폴리스들, 손에 손잡고 ·························· 133
⑦ 협상의 神 서희 ··· 165
⑧ 희대의 악마 히틀러 ·· 174
⑨ 잿더미에서 부활한 불사조, 비잔틴제국 ················· 203
⑩ 미래로 향하는 키워드, 소통 ································· 214
⑪ 독도의 눈물 ··· 235
⑫ 독일 통일의 교훈 ··· 333

1부
통일안보란 무엇인가?

| 제1장 국가와 통일안보
| 제2장 안보의 분류
| 제3장 국력과 군사력

제1장 국가와 통일안보

제1절 국가

1. 국가의 정의

국가는 인간의 역사와 함께 존재해 왔다. 인간은 집단생활을 시작한 이후 집단의 통제를 위한 조직과 질서를 만들었으며, 이러한 조직이 점차 커지며 국가로 발전하였다. 국가는 일정한 영토 내에서의 독점적 지배권을 확보하기 위해 경쟁 세력을 제거해 나가는 과정을 통해 형성되었다. 국가는 통상 씨족사회로부터 부족사회, 부족연맹, 고대국가의 형성 단계를 거치며 발전하였다.

독일의 사회과학자 막스 베버는 국가를 독점적 강제력, 통일적 권위, 그리고 제반 법률적, 행정적 장치를 기초로 일정한 영토와 그 영토 내의 주민을 배타적으로 지배하는 정치적 조직 혹은 공동체[1]라고 정의한다. 국제법상에서는 국가를 "일정 영토 내에 거주하는 국민에 대하여 이를 지배하는 정부조직을 가지는 법적 주체"로 정의하였다.

이외에도 많은 학자들이 국가를 다양하게 정의하고 있으나, 일반적으로는 "사회의 공동이익에 맞게 국민들의 활동을 조직하고 지휘하는 포괄적인 정치조직"이라고 이야기할 수 있다. 국가는 개인 및 공동체

---

[1] Max Wever, "Politics as a Vocation" in H. H. Greth and C. Writ Mills(ed.), *From Max Weber: Essays in Sociology* (London: RKP, 1948), pp.77~78.

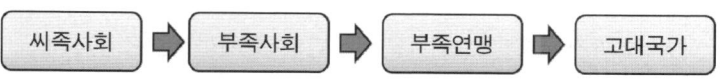

<그림 1-1> 국가의 형성 단계

의 안전과 풍요로운 삶을 영위하기 위하여 필요한 체계와 법규를 만들어 국민을 지도하고 규제하는 강제력을 가진 조직인 것이다.

국가는 공권력으로 대표되는 물리적 강제력[2]의 유일하고 정통한 독점주체이며, 어떠한 형태의 정치적 권위에도 복종하지 않는다. 국가가 행사하고 있는 특별한 권위는 영토 내로 제한되며, 국가 내에 거주하는 사람들은 그 권위에 복속한다. 국가는 영토 내에서의 관할권을 행사하고, 그 권위는 강제력에 의해 지탱된다.

2. 국가의 구성요소

국가를 구성하는 영토·국민·주권의 3가지 요소를 갖추면 국가로 보는 것이 일반적이지만, 최근에는 일정한 영토를 차지하고 조직된 정치 형태인 정부를 4번째 요소로 포함하기도 한다.

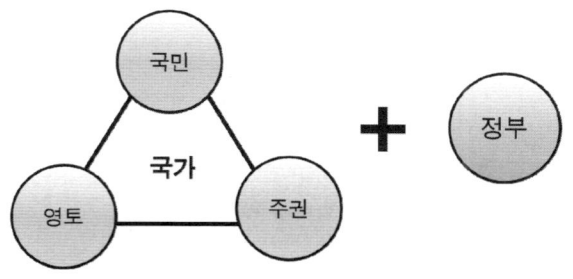

<그림 1-2> 국가의 구성요소

---

[2] 경찰력과 군사력을 바탕으로 한 헌법적 강제력을 의미한다.

1) 국민

국민은 소재지에 관계없이 국가 헌법의 지배를 받는 국가의 구성원을 말한다. 그러나 국민은 하나의 인종이나 민족과 반드시 일치하지는 않는다. 왜냐하면 인종은 유전적 특성을 기준으로 하는 자연과학적 개념이며, 민족은 문화적 요소를 기준으로 하는 사회학적 개념이기 때문이다.

이에 반하여 국민은 인종과 민족을 초월하는 인간의 공동체로 민주주의 국가에서는 헌법이 정하는 요건에 따라 그 지위를 부여받는 법적 개념이다. 국민은 국가의 본질적 존재 이유로 국민이 없는 국가는 존재할 수 없다. 즉 국민은 국가의 구성원이자 국가의 주인이며, 국가를 통하여 그의 존재를 보호받는다.

국민의 개념이 생기기 이전에는 신분의 구속이 없는 자유로운 지위에 있는 사람을 가리켜 '시민'이라고 하였고, 군주국가에서는 '백성'이나 '신민(臣民)'이라고도 하였다. 이후 신분제의 타파로 시민계급이 정치에 참여하고, 근대 국민국가가 형성되면서 '국민'이라는 개념이 생겨났다. 오늘날에는 헌법에 명시된 주권자로서의 자각을 지닌 국가의 주인이라는 지위를 국민이라고 한다. 국가와의 관계에서 국민은 국권의 지배를 받는 객체이자, 국권의 주체가 되기도 한다.

〈그림 1-3〉 국민 개념의 변화

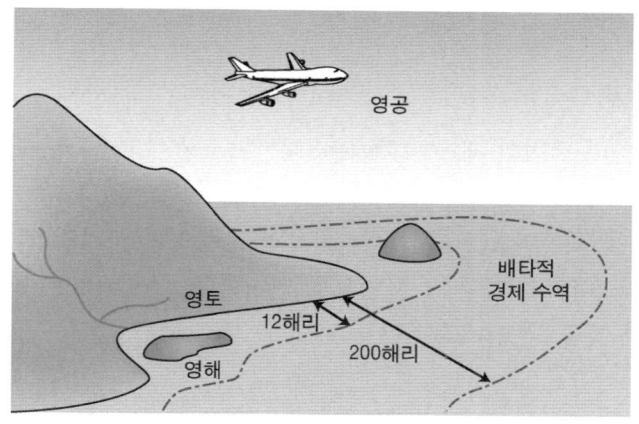

〈그림 1-4〉 국가영역

2) 영토

헌법 제3조는 영토에 관한 조항으로, "대한민국의 영토는 한반도와 그 부속 도서로 한다." 라고 명시하고 있다. 이처럼 영토는 토지로 구성되는 국가영역을 말한다. 국가영역은 영토, 영해, 영공으로 구성되며, 그 중 영토는 국가영역 중에서도 가장 핵심적인 부분이다. 영토의 연안을 기준으로 영해가 설정되며, 영토와 영해를 기준으로 영공이 설정되기 때문이다. 영토는 국민 생활의 터전이며, 주권에서 위임된 통치권이 적용되어 국가 공동체가 형성된다. 결국 영토란 국가의 최고 지배권이 독자적으로 행사되는 국민의 생활 터전을 말하는 것이다.

영토는 국가 간 분쟁의 핵심적 쟁점이다. 한 치의 땅이라도 더 확보하는 것이 국가의 영향력을 증대하는 것이기 때문에, 영토 문제는 한 국가의 생존이라는 차원에서 다루어진다. 대표적인 영토 문제의 사례로 독도에 대한 일본의 끈질긴 영유권 주장이나, 제주도 남방에 위치한 이어도[3] 주변에 대한 중국의 영해권 주장 등을 들 수 있다.

---

[3] 북위 32°07′22.63″, 동경 125°10′56.81″에 위치해 있으며, 마라도에서 서남쪽으로 149킬로미터 떨어진 동중국해(東中國海)에 위치해 있다. 가장 가까운 타국의 영토와의 거리를 따지자면 중국의 서산다오(余山島)에서는 287킬로미터, 일본 나가사키 현 고토 시에 있는 도리시마 섬에서는 276킬로미터 해상에 위치한다.

3) 주권

우리나라 헌법의 제1조 2항에는 "대한민국의 주권은 국민에게 있고 모든 권력은 국민으로부터 나온다."라고 명시하고 있다. 주권은 국가의 의사를 최종적으로 결정하는 최고의 권력으로, 국가권력의 대내적 최고성과 대외적 자주성, 독립성을 의미한다. 주권이라는 용어는 여러 가지 뜻을 내포하고 있다.

첫째, 국가권력의 최고성과 독립성을 뜻한다. 주권국이라는 용어는 국제법상으로 다른 어떠한 국가의 권력에도 복종하지 않는 자주성을 가진 국가를 의미한다.

둘째, 국가의 최고 의사를 뜻한다. 주권은 국가 의사의 원천 또는 국가 정치형태의 최고결정권을 의미한다. 군주주의란 군주라는 지배자가 주권을 행사하고, 민주주의란 국민이라는 지배자가 간접적으로 주권을 행사하였다.

셋째, 국가권력 또는 통치권 그 자체를 뜻한다. 여기서 주권은 총체적 의미로서의 국가권력 또는 근원적인 강제력으로서의 국가권력을 의미한다. 많은 인구와 넓은 영토를 가지고 있더라도 이를 지배하고 통치할 수 있는 주권, 즉 국가권력이 없다면 국가라고 할 수 없다.

주권은 내적 주권과 외적 주권으로 구분하기도 한다. 내적 주권이란 국가의 대내적인 최고 권력의 소재를 지칭하며, 외적 주권은 국제질서와 다른 국가와의 관계 속에서 국가의 독립성을 지칭하는 것이다.

4) 정부

정부란 입법, 사법, 행정의 삼권을 포함하는 국가 전체의 통치기구를 가리키기도 하나, 좁은 의미로는 행정부만을 뜻하기도 한다. 다만 국가의 구성 요소로서의 정부는 전자로서 국가 전체의 통치기구를 의미한다.

정부는 대외적으로 국가를 대표하며, 대내적으로는 공권력 행사를 통해 국가의 기능을 수행한다. 현대 국가에서는 국가의 구성요소에 국민, 영토, 주권에 추가하여 정부를 포함시키고 있다. 정부는 국가목표를 실현하고 국가를 발전시키는 데 필수적인 요소이며, 국가의 기능이 다양해진 현대에서는 그 기능을 주체적으로 책임지고 수행하는 정부의 존재를 필요로 한다.

3. 국가의 기능

기능을 중심으로 한 국가에 대한 정의는 "법을 제정하고, 법과 질서를 유지하면서 국민들에게 국방과 조세 등 일정한 형태의 부담을 부과하고, 그것을 지출함으로써 해당 사회를 유지하고 재생산하는 기능을 유지하는 기구"라고 할 수 있다.[4] 국가의 기능은 국가가 개입하는 정도에 따라 1차적 기능과 2차적 기능으로 구분할 수 있다.

1차적 기능은 외침으로부터 국가를 보호하는 대외적 국가안보기능과 법과 질서를 유지하며 국민 생활의 평화와 안전을 보장해주는 대내적 치안유지기능을 나타낸다.

이와 달리 국가의 2차적 기능은 국민이 풍족하고 편안하게 살도록 하는 사회복지기능을 중심으로 국가경제의 발전을 기획하고 관리하는 경제 관리기능과 환경문제나 국민생활의 질 향상을 위한 환경 및 인구통제기능을 나타낸다.

20세기 초반 두 차례의 세계대전과 경제공황 등의 역사적 사건 이후 '최소의 정부가 최선의 정부'로 인식되던 근대적 야경국가[5]론이 힘을 잃게 되었다. 따라서 국가의 2차적 기능이 상대적으로 강조되게

---

[4] 우명동, 『국가론』, 해남, 2005.
[5] 국가 정치체계의 한 형태로, 초기 자본주의를 가장 잘 표현할 수 있는 정치체계이다. 국가는 국민의 치안, 안전에만 신경을 쓰며 그 외의 국가경영은 모두 자유시장에 위임하는 형태를 말한다.

<표 1-1> 국가의 기능

1차적 기능	2차적 기능
• 야경국가 • 시장에 대한 개입을 최소화하고 국방과 외교, 치안 등의 질서 유지 임무만 맡아야 한다고 보는 국가관 • 단점 : 사회통합을 위한 국가의 역할을 소홀히 하고 기업가의 자유만 보장	• 복지국가, 행정국가 • 국민전체의 복지 증진과 확보 및 행복 추구를 국가의 가장 중요한 사명으로 보는 국가관 • 단점 : 국민이 체제에 지나치게 의존하거나 국가통제의 증대화를 촉진

되었고, 이처럼 정부의 행정권이 강화된, 즉 입법부에 비해 행정부가 많은 영향력을 행사하는 국가를 행정국가라고 지칭하였다. 국가의 기능 증대로 행정부는 준 입법기능에서 정책입안까지 하게 되었고, 국민 개개인의 생활로부터 국가 전반에 이르기까지 적극적으로 개입하게 되었다.

4. 국가의 유형

1) 단일국가

단일국가는 통치권이 중앙의 단일정부에 집중한 국가를 말하며, 대부분의 주권국가는 일반적으로 단일국가 형태를 취하고 있다. 단일국가는 그 국가를 대표하는 하나의 중앙정치권력을 가지며, 국가의 권력이 중앙정부에 집중되어 있는 형태의 국가를 일컫는다. 중앙정부와 지방자치단체는 수직적 권력관계임으로 단일국가의 지방정부는 자주적인 조직과 권한이 없고, 국가의 기본법에 의하여 주어진 지위와 권한만을 가진다.

2) 국가연합과 연방국가

국가연합(Confederation)은 독립된 주권을 가진 2개 이상의 국가가 공동 이익의 달성을 위하여 국제법상의 조약에 의해 결합한 형태이

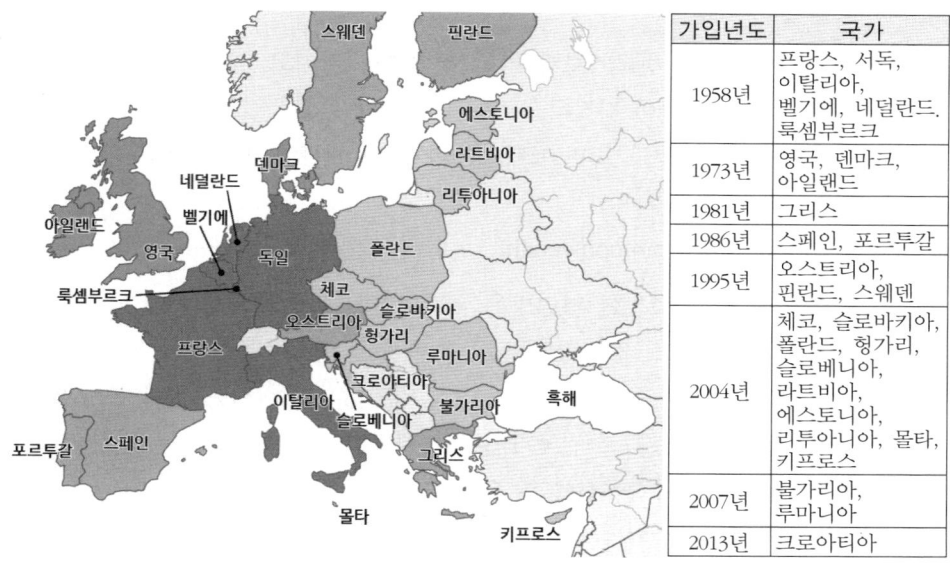

〈그림 1-5〉 유럽연합 가입국 현황

다. 공동기구에 의해 주권을 공동으로 행사하기도 하지만, 국제법상으로 하나의 국가로 인정되지는 않는다. 대표적인 사례로 CIS(독립국가연합)[6]과 EU(유럽연합) 등을 들 수 있다.

연방제(Federation)는 두 개 이상의 주나 자치국이 결합된 국가형태이다. 국가의 권력이 중앙정부와 지방정부에 동등하게 분배되어 있다. 연방제 국가는 연방국가라고 불리며 연방헌법을 가지고 있다. 연방헌법은 중앙정부와 지방정부의 관계를 정의하며, 국가의 어떠한 법보다 중요하며 높은 위치를 차지하는 법이다. 연방제에서 지방정부는 외국과의 조약 혹은 외교관계를 맺을 수 있는 권한이 없고, 중앙정부보다 훨씬 적은 권한을 갖는다. 대표적인 국가는 미국과 스위스 등이 있다.

---

[6] 소비에트 연방의 해체로 인해 독립국가가 된 구 소련 구성국들의 연합체다. 약칭은 러시아어로 СНГ, 영어로 CIS이며 러시아, 몰도바, 벨라루스, 아르메니아, 아제르바이잔, 우즈베키스탄, 타지키스탄, 카자흐스탄, 키르기즈스탄의 9개 정회원국과 몽골, 우크라이나, 투르크메니스탄의 3개 준회원국으로 구성된다.

국가연합은 연방국가보다 약한 결속력을 가지고 있다. 국가연합의 경우 기관의 권한이 직접적으로는 구성국 정부에만 미치지만 연방제의 경우 연방의 구성국 국민 모두에게까지 그 권한이 미치기 때문이다.

3) 영연방국(Commonwealth)

영국을 중심으로 한 영연방은 국가연합이나 연방제와는 전혀 다른 성격을 갖고 있다. 영연방은 영국 본국과 구 대영 제국의 식민지에서 독립한 나라들로 구성된 연방체이다. 영연방 구성국들은 영국 본국과 대등한 지위에 있는 주권국가이지만 식민지에서 독립한 나라이기 때문에 다른 독립국가에서는 볼 수 없는 특수한 관계로 맺어져 있다. 구성국 중에는 영국의 국왕을 국가원수로 받드는 곳도 있으나 국가별로 국왕이나 대통령을 두고 있기도 하다.

영연방은 국제법상의 국가연합이나 연방국가가 아니다. 그 결합은 국가연합이나 연방에 비해 매우 느슨하기 때문에 우호협력관계와 실리를 기초로 하는 클럽과 같은 존재이다. 영연방 각국 사이에는 정치적 통합

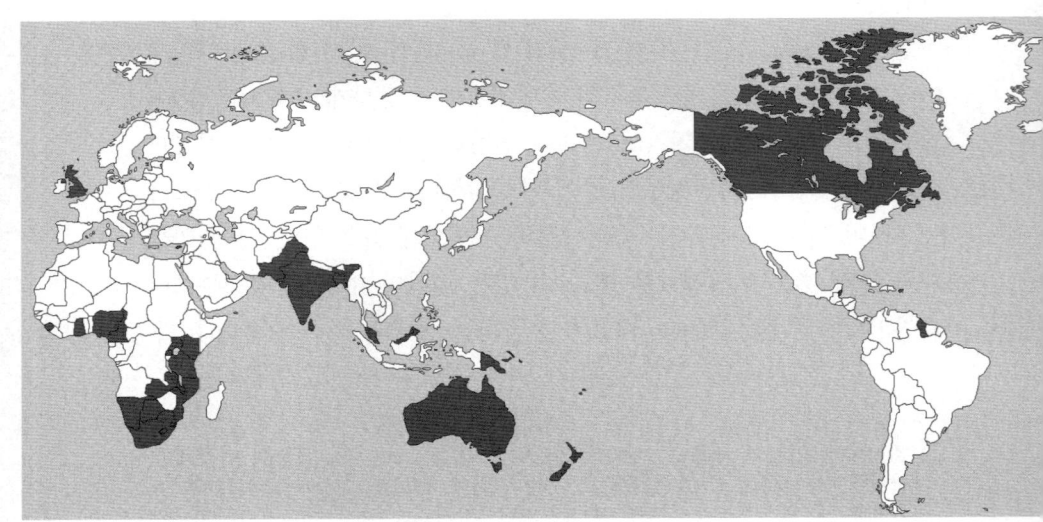

〈그림 1-6〉 영연방국

보다 비정치적인 국제협력과 경제협력이 주를 이루고 있다.

제2절 국가이익

1. 국가이익이란 무엇인가?

국가이익(National Interests)은 국가가 반드시 지켜야 할 군사적·경제적·사회문화적 핵심가치를 말한다. 이는 국가의 안전과 발전을 위하여 국민 전체가 추구하여야 하는 이익을 뜻한다. 국가이익은 통상적으로 주권국가의 대외정책 차원에서 사용되는 중심 개념으로 한스 모겐소(Hans J. Morgenthau)가 그 개념을 발전시켰다. 최근에는 대내적 차원의 공공이익을 포함한 포괄적 개념으로 사용되고 있다.

국가 이익은 역사·문화·전통·규범·시대상황에 따라 다소 변할 수 있지만 일반적으로 국가의 보존, 번영과 발전, 국위선양 및 국민이 소중히 여기는 가치와 체제의 보존과 발전 등을 추구하는 것을 의미한다. 즉, 국가이익은 국가의 최고 정책 결정과정을 통하여 표현되는 국민의 정치, 경제 및 문화적 욕구와 갈망으로도 이해될 수 있다. 오늘날의 국가이익은 특정계층이나 권력을 대변하는 것이 아니라 국가주권의 수호와 국민의 재산과 생명을 지키는 것에 중점을 두고 있다. 선진국일수록 명확한 국가이익의 원칙을 가지고 있으며, 안보 및 외교정책이 국가이익의 원칙 하에서 결정된다.[7]

미국의 국제정치학자 한스 모겐소는 국제정치를 권력다툼의 장으로 보는 현실주의적 관점에서 대외 정책의 기준 및 분석 도구로서의 국가이익 개념을 확립하였다. 그에 의하면 국가이익은 영토, 정치, 문화적 통일체로서의 국가 생존의 유지라는 최소한의 요구와 정치상황

---

[7] 이혁섭, 「군사력과 국가안보」, 육군사관학교(편), 『국가안보론』, 박영사, 2001.

이나 문화적 전통에 의존하는 가변적 요소로 이루어지며, 그것을 추구하는 행위는 필수불가결한 것이며 합리적이고 도덕적인 일이라고 주장하였다.

2. 국가이익의 분류

다소 추상적인 국가이익의 개념은 국가이익의 분류를 통해서 보다 명확하게 이해할 수 있다.

1) 네털라인의 분류

네털라인(Donald Nuechterlein)은 국가이익을 중요도에 따라 생존적 이익(survival interests), 결정적 이익(vital interests), 주요한 이익(major interests) 그리고 주변적 이익(peripheral interests)으로 분류하였다.

생존적 이익은 적대국의 군사공격이나 공격위협으로 인해 국가의 존립 자체가 위태롭게 되는 상황일 때 모든 군사적 수단을 통해 지켜내야 하는 이익을 말한다. 즉, 핵심적 국가 구성요소인 국민·영토·주권을 지키는 것을 말한다. 이러한 경우 극단적으로는 핵무기의 사용도 불사하게 된다.

결정적 이익은 존망에 이르지는 않지만 군사적 수단을 사용하여 지키지 않으면 심각한 손해가 예상되는 이익을 말한다. 생존적 이익과 비교하면, 위협받는 상황의 확실성이 떨어지고 시간적 여유가 있어 상대적으로 덜 위급한 상황이다. 이럴 경우 상대방의 공격을 격퇴하거나 억제하기 위해 재래식 군사력을 포함한 강력한 대응 방안을 강구하게 된다.

주요한 이익은 군사적 수단을 사용할 필요는 없지만 비군사적 방법으로 국가목표를 달성해야 하는 이익을 말한다. 이들은 국제환경에 따라 영향을 받는 정치, 경제, 이념적 사안들로서 대부분 외교 협상을 통해 해결 가능한 문제들이다.

주변적 이익은 가장 중요도가 낮은 분야로서 국가가 직접 피해를 받지는 않지만 지키지 못하면 외국에 거주하는 국민이나 자국 기업에 나쁜 영향을 주는 것 등을 포함한다.

2) 미 행정부의 분류

미 행정부는 군사력의 사용 여부를 기준으로 국가이익을 결정적 이익(vital interests), 중요한 이익(important interests) 그리고 인도적 이익(humanitarian interests)으로 구분하였다.

결정적 이익은 미국의 영토, 국민, 경제, 우방국 등 즉 국가체제로서 미국의 존망이 걸린 사안이다. 이 경우 결정적 이익을 보호하기 위해 단호한 군사력의 사용을 포함하여 모든 수단을 강구한다.

중요한 이익은 국가의 생존을 위협하지는 않지만 국민의 생활과 세계질서에 중요한 영향을 미치는 문제이다. 이 경우 외교나 협상 등 다른 대안들이 실패할 경우 제한된 범위 내에서 군사력을 사용한다.

인도적 이익의 경우에는 군의 무력수단보다 재난지역 난민구호나 피난민 보호 등 군이 보유하고 있는 기타 능력을 활용하는 차원에서 군사력의 사용을 고려한다.

3) 국내 학계의 분류

국내 학계는 국가이익을 중요도에 따라 생존적 이익, 핵심적 이익, 중요한 이익, 주변적 이익으로 분류하였다.

생존적 이익이 걸려 있는 사안은 국가 존립을 직접적으로 위협하는 상황이며, 협상과 타협의 여지없이 국가의 총력적 군사력이 사용되는 경우이다.

핵심적 이익이 걸려 있는 사안은 국가안보에 치명적인 손실을 가져올 수 있는 상황이며, 신속한 군사행동을 포함한 강력한 대응책이 강구되지만 전쟁보다는 협상과 타협 등의 여지를 통한 해결책이 모색된다.

중요한 이익이 걸려 있는 사안은 예방책을 마련하지 않으면 심각한 손해가 예상되는 경우이다.

주변적 이익이 걸려 있는 사안은 시간적으로 급박하지 않을 뿐 아니라 손해의 규모도 상대적으로 적은 경우이다.

3. 국가목표, 국가정책, 국가전략과의 관계

1) 국가목표

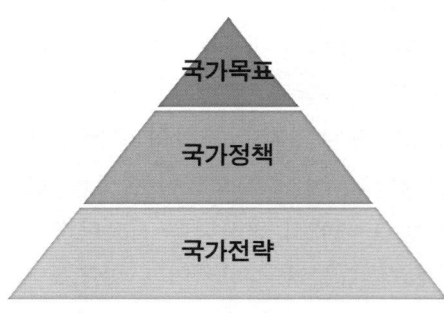

〈그림 1-7〉 국가이익

국가목표(National Objectives)는 국가이익을 보존하고 신장하기 위하여 국가가 달성하고자 하는 목표이다. 또한 국가목표는 국가이익을 유지하기 위해 필요한 요건으로 국가이익의 하위개념이다. 국가이익의 증진, 보호, 획득에 관련된 목표이며, 국가이익이 추상적이고 불변적인 궁극적 개념이라면, 국가목표는 보다 구체적이고 중·장기적으로 달성될 수 있는 개념이다.

국가목표가 사실상 국가이익 그 자체라는 견해도 있으나, 분명한 것은 국가목표는 국가이익보다 구체적이고 세부적이어야 한다. 국가목표는 국가의 기본 체제가 변하지 않는 한 정권교체에 의해 큰 영향을 받는다고 보기 어렵다. 그러나 국가목표의 설정과 상충하는 목표들 간의 우선순위 결정은 시대적 상황과 정권의 성격에 따라 영향을 받을 수 있다.[8]

국가이익은 목적적 속성을 가지므로 이를 달성하기 위한 수단이 필요하게 된다. 이 수단을 국가전략과 국가정책이라는 개념으로 표현하는데 국가이익과 국가전략, 국가정책을 연결시켜주는 개념이 국가목표이다.

2) 국가정책

국가정책이란 국가목표와 국가전략 달성을 위한 국가의 행동원칙 및 세부적 행동방침을 포함하는 총체적인 국가의 방책이다. 국가는 국가이익을 달성하기 위해 국력을 집중하며, 이러한 국가의 노력을 집중하기 위해 국가목표와 국가전략을 설정한다. 즉 국가목표는 국가이익의 핵심을 제시한 것이며, 이는 국가전략과 국가정책을 통해 구현되는 것이다.[9]

정책의 정의는 통상 "바람직한 사회 상태를 이룩하려는 정책 목표와 이를 달성하기 위하여 필요한 정책 수단에 대하여 권위 있는 정부기관이 공식적으로 결정한 기본방침"[10]이라고 할 수 있다. 이러한 정책 개념에는 문제의 해결이라는 정책목표, 정부기관이라는 정책결정주체, 집행기구, 집행요원, 자금, 공권력이라는 정책수단, 그리고 정책대상 등이 주요한 구성요인으로 존재한다. 정책은 정부기관의 공식적 의사결정으로서 국가목표를 달성하고자 하는 성격을 갖는다.

3) 국가전략

국가전략(National Strategy)은 국가이익의 달성을 위하여 설정된 국가목표와 이를 실현하기 위한 구체적인 국가정책 및 수단을 연결하는 국가 활동의 추진계획이다. 국가전략은 국가의 전체 활동영역과 관련되어 있고 국가목표의 설정에서부터 정책수단의 집행에 이르기까지

---

[8] 백종천 편, 「한국의 국가전략」, 세종연구소, 2004.
[9] 김희상, 「21세기의 국가안보 환경과 국가안보」, 도서출판 전광, 2003.
[10] 정정길, 「정책결정론」, 대영출판사, 1988.

전 과정을 연결하는 포괄적 개념이다. 이러한 차원에서 국가전략은 종합성, 다 차원성 및 역사적 특수성이라는 특성을 가진다.

국가전략의 체계는 대전략, 국가전략, 세부전략 등으로 구분된다. 대전략은 대개 20년 내지 50년 앞을 내다보는 장기 전략이다. 대전략은 국력의 모든 요소를 동원하여 국가목표를 달성하고자 하는 전략으로, 국가수준의 전략이라는 의미에서 국가전략 그 자체를 뜻하기도 한다. 국가전략의 내용과 추진방법은 정권에 따라 크게 다를 수 있는데, 국가목표를 달성하기 위한 지도자의 비전과 의지에 따라 달라질 수 있는 선택의 문제이기 때문이다.

국가전략을 수립하는 데 있어서 정세판단과 국력평가라는 두 가지 요소가 반드시 고려되어야 한다. 국가전략 수립은 국가가 대내외적으로 직면해 있거나 앞으로 직면하게 될 환경에 대한 면밀한 분석과 판단에 바탕을 두어야 하며, 국력에 대한 정확한 평가는 국가목표의 설정과 국가전략 수립의 기준이 된다. 국가는 자국의 국력에 상응하는 국가목표를 추구해야 하며 그 목표를 달성하기 위해 국력을 효율적으로 사용할 수 있는 국가전략을 수립해야 한다.

유익한 이야기 코너 ①

자주 독립 의지 표현, 3·1 운동

1876년 '강화도 조약' 체결 이래, 일제는 1905년 을사늑약을 통해 우리의 외교권을 박탈하고 내정간섭을 본격화한 이후, 1910년 8월 22일에는 '한일합병조약'을 강제로 체결했다. 이어서 전국 곳곳에 '헌병경찰'을 배치하여 조선인을 감시하고 억압했고, 조금만 의심 가는 사람은 그 자리에서 취조하거나 형벌을 가하는 등 공포정치를 통해 식민지배를 강화하였다. 또한, 조선인을 일본인으로 동화시켜 나간다는 목표 아래 식민지 교육을 강화함으로써 민족정신과 문화를 말살시켜 나갔다.

조선 땅에서 조선인이라는 이유로 멸시와 천대를 받게 되면서 국민들의 울분은 쌓였고, 빼앗긴 조국을 되찾겠다는 자주의식과 독립의지는 높아져 갔다. 이러한 상황에서 1918년 미국의 윌슨 대통령이 "각 민족의 운명은 그 민족 스스로 결정해야 한다"는 '민족자결주의'를 제창한 이후 약소국들의 독립투쟁이 확산됐다. 그러던 중 1919년 고종황제가 서거하고 일제에 의해 독살되었다는 소문이 퍼지면서 다수의 지식인과 종교인들이 항일운동의 불길을 지피게 되었다.

1919년 3월 1일, 민족대표 33인은 서울 시내의 태화관에서 '독립선언서'를 낭독하고, "조선이 독립국임과 조선인이 자주민임"을 선포했다. 또한 탑골공원에 모인 군중은 '대한 독립만세'를 외치며 종로 거리로 쏟아져 나왔다. 서울의 만세시위는 삽시간에 전국으로 번져 나갔고, 3월 말부터 4월 초에는 전국이 만세시위로 뒤덮여 3·1운동이 절정에 달했다. 당시 일제의 발표를 보면 '전국의 218거 시군 중 214개 시군에서 1,540여 회에 걸쳐 200만 명 이상이 시위에 참가했다'고 기록하고 있다.

일제는 만세운동에 동참한 사람들을 무자비하게 탄압해서 당시 7,500여 명이 사망하고 1만 6,000여 명이 부상을 당하는 등 많은 희생자가 발생했다. 비록 민족독립이라는 목표를 달성하지는 못했지만, 3·1운동은 우리 민족의 독립정신을 세계만방에 알리는 계기가 되었다.

특히 도시와 농촌, 남녀노소를 가리지 않고 모든 계층이 참여하여 모두가 하나 된 역사상 최대 규모의 민족운동이라는 점에서 의미가 크다.

3·1운동을 통해 우리 민족의 독립의지는 더욱 확산되었고, 대한민국 임시정부 수립의 기틀이 되었다. 우리나라 헌법 전문에 '대한민국은 3·1운동으로 건립된 대한민국 임시정부의 법통을 계승하고…'라고 명시되어 있는 것처럼, 3·1운동은 국민국가 수립의 기초인 동시에 국가 정통성의 기준이 되었다.

3·1운동 모습

제3절 통일안보

1. 통일안보란 무엇인가?

먼저 국가안보(National security)란 국가안전보장의 준말로, 걱정, 근심, 불안이 없는 국가 상태라는 의미를 갖는다. 국방대학교에서는 국가안

〈그림 1-8〉 안보개념의 변화

보를 "군사와 비 군사에 걸친 국내외로부터 기인하는 각종 각양의 위협으로부터 국가목표를 달성하기 위한 제 가치를 보전 향상시키기 위해서 정치, 외교, 사회, 문화, 경제, 군사, 과학기술 등 제 정책체계를 종합적으로 운용함으로써 기존의 위협을 효과적으로 배제하고, 또한 일어날 수 있는 위협의 발생을 미연에 방지하며 나아가 발생한 불의의 사태에 적절히 대비하는 것[11]"이라고 정의하였다. 즉 국가안보란 "자국의 핵심적 국가이익을 국내외 위협으로부터 보호 또는 증진하는 것"이라고 할 수 있다. 여기서의 보호는 소극적인 방어의 의미에 한정되는 것이 아니라 적극적으로 국가이익을 신장시키는 것과도 관련된다.

전통적인 안보개념이 국방과 동일시하여 이해되고 있는 것처럼 국민의 생명이나 재산 또는 국토의 안전을 외부의 침략으로부터 수호하는 것을 목표로 하였다. 즉 전통적 안전보장은 적의 침략을 사전에 방지하거나 이미 발생한 침략을 격퇴하는 것이었다. 이러한 안보개념은 주로 군사 전략가들 중심으로 정의되었으며, 국가안보에 대한 위협의 근원을 외부 또는 타 국가로부터 오는 위협만으로 단순화함으로써 안보 위협에 대한 군사적 해결전략만을 도출하게 되었다는 한계를 가진다.

냉전 종식 이후 전통적인 군사적 위협의 요인은 감소하였지만, 국제 관계가 복잡화되고 위협요인이 다양해짐에 따라 경제, 재해, 환경 등 비군사 분야에까지 안보 개념이 확대되고 있다. 특히 9·11테러 사태 이후 테러는 각국의 중요한 안보 위험요소가 되었다.

---

[11] 국방대학교, 「안보관계용어집」, 서울: 국방대학교, 1991, 50쪽.

오늘날 안보의 개념은 과거의 단순한 군사적 위협에 대비한 안보로부터 다양하고 복잡한 위협에 대비하는 개념으로 바뀌어 가고 있다. 또한 교통과 통신기술의 발달로 안보위협은 국가 내부의 위협에 머물지 않고 국경을 초월하는 초국가적 위협의 형태로 나타나고 있다. 이와 같이 안보개념은 국제적 상황과 시대의 상황에 따라 계속 변화되어 왔고, 나라마다 처한 안보상황의 차이로 그 개념이 달리 표현되기도 한다.

통일과 안보는 남북관계에 있어서 중요한 두 개의 축이라고 할 수 있다. 함께 조화를 이루면서 굴러가야 할 수레의 두 바퀴와도 같은 것이다. 그러나 어느 한쪽을 지나치게 강조하다보면 다른 한쪽이 제약을 받거나 소홀해지기 쉬운 관계로 인식되기도 한다. 또한 분단국가에 내재된 독특한 현상은 통일과 안보에 관련된 딜레마이다. 분단국가는 대외정책에 있어서 비분단국가와는 달리 안보와 통일이라는 두 가지 국가목표를 모두 추구하게 된다. 그런데 이 두 가지 국가목표는 기본적으로 양립·병존하기 어려운 속성을 안고 있다. 요컨대 안보는 분단상태의 현상유지(status quo)를 전제하고 통일은 분단상태의 현상타파(destruction of status quo)를 전제하며, 상대 분단국가는 안보의 관점에서는 적으로 규정되고 통일의 관점에서는 친구로 규정된다는 것이다. 이처럼 분단국가에서는 안보와 통일은 동전의 양면과 같이 상호 대립·배치되는 속성을 가지고 있는 바, 안보에 치중하는 대외정책을 구사할 경우 통일에 저해되고 통일에 치중하는 대외정책을 구사할 경우에는 안보가 저해될 수밖에 없다. 따라서 안보와 통일이라는 두 가지 대외정책 목표를 동시에 추구해야 하는 분단국가는 안보와 통일의 딜레마에 빠질 가능성을 내재하고 있다.[12]

이러한 '안보와 통일의 딜레마'는 분단국가라고 해서 항상 경험하는 것이 아니라 상대 분단국가로부터 야기되는 안보위협과 흡수통일 위협의

---

[12] 엄상윤, 『한국의 안보/통일 딜레마와 파생효과 감소방안』, 세종연구소, 2012, 8~9쪽.

정도에 따라 달라진다.13) 즉 안보위협과 흡수통일위협이 교차할 경우, 특히 안보위협은 높고 흡수통일위협은 낮은 경우에 발생하게 된다. 이는 상대 분단국이 안보의 관점에서는 적으로 규정되고 통일의 관점에서는 친구로 규정되는 양면성이 현저해지기 때문이다. 이런 상황에서 안보를 우선할 경우 통일이 저해되고 통일을 우선할 경우 안보가 저해되는 '안보와 통일의 딜레마'현상이 현저하게 나타난다.14) 딜레마라는 용어가 말해주듯이 안보와 통일을 절충·조화시키는 것이 결코 쉬운 일은 아니다. 딜레마 해결의 어려움은 안보와 통일 중 어느 한 쪽에 과도하게 편중·편향적인 대외정책노선의 선택을 강력히 추동하는 속성이 있기 때문이다. 따라서 통일안보라는 것은 이렇게 어려운 딜레마를 극복하고 통일과 안보를 잘 절충하며 조화시키는 명제라고 할 수 있다.

2. 안보에 대한 국제정치적 시각

1) 현실주의

현실주의 국제정치이론의 핵심은 무정부 상태, 안보위협, 자력구제, 권력정치의 개념으로 정리할 수 있다. 무정부 상태에서 국가들은 항상 국가생존의 위협에 노출되어 있으며, 이러한 상황에서 살아남기 위하여 개별 국가들은 자신을 지킬 수 있는 힘을 가져야 한다는 원리이다. 현실주의 이론에서 국제정치의 지배적 속성은 "권력으로 정의된 국가이익"을 추구하는 권력정치(power politics)인 것이다.

---

13) 흡수통일은 이념체제면에서 일방적 흡수를 넘어 상대분단국가의 정치세력의 소멸, 즉 의미 있는 정치세력으로서의 인정 및 공존까지 거부하는 것을 의미한다. 안보위협과 흡수통일 위협이 모두 부재하거나 미미한 경우 통일에 치중하더라도 안보에 저해되지 않아 통일우선론이 지배하게 되며, 안보위협과 흡수통일 위협이 모두 높을 경우 통일을 포기하고 안보에 치중함에 따라 안보우선론이 정치사회를 지배한다. 위의 책, 9~10쪽.
14) 위의 책, 10쪽.

현실주의자들은 국제정치에 있어서 국가의 힘과 국가이익을 강조하고 현상유지 및 역사적 교훈을 인정하면서 국제 평화에 대해 비판적이다. 또한 추상적인 원리보다 역사적 사례들을 통해 접근하려 한다. 2차 세계대전 이후 한스 모겐소[15], 헨리 키신저[16] 등이 현실주의적 개념을 미국의 외교정책에 반영하였다.

2) 자유주의

자유주의 국제정치이론은 무정부상태에 대한 상이한 이해를 통하여 현실주의 이론가들이 강조하는 무정부적 국제구조의 영향력을 평가절하하고, 각 국가 간의 상이한 국가목표의 다양성을 지적하며 이를 달성하기 위한 국제평화 및 협력의 필요성을 강조하였다. 대표적인 학자는 카(E.H Carr)[17]이며, '인간의 이성과 합의'로 국가 간의 관계를 제한하고 통제할 수 있다는 입장을 견지하였다.

전통적으로 자유주의 국제이론은 국제협력과 평화라는 난제에 대해 공화주의적 자유주의, 상업적 자유주의, 규제적 자유주의라는 해결책을 제시하였다. 세 가지 해결책은 각각 상호보완적으로 기능하는데, 민주화를 통해 공화주의적 자유주의를 달성하고, 자유무역을 통해 상

---

[15] 한스 모겐소(1904~1980)는 독일 코부르크 출생으로, 국제정치를 권력정치의 場으로서 파악하는 철저한 현실주의정책을 내세우고, 미국의 베트남 개입을 통렬히 비판했다. 'Politics among Nations'(1948), 'Politics in the 20th Century'(1962), 'Truth and Power'(1970) 등을 저술했다.

[16] 헨리 앨프리드 키신저(Henry Alfred Kissinger, 1923년)는 독일 출생의 유대계 미국인 정치인이자 외교관이다. 닉슨 행정부 출범 시에는 대통령 안보 보좌관을 역임하였고, 1973년에 56대 국무 장관이 되었다, 포드 행정부까지 국무 장관직을 역임하며 노벨 평화상을 수상하기도 하였다.

[17] 에드워드 핼릿 카(Edward Hallett Carr, 1892~1982)는 영국의 정치학자이자 역사가이다. 케임브리지 대학을 졸업하였으며 1916년부터 20년간 외교관으로 활약하였다. 1936년 웨일스 대학 교수로서 국제 정치학을 강의하다가 1947년에 물러났다. 1941년부터 1946년까지는『타임스』지 부편집인을 지냈다. 그 후 국제연합의 세계 인권 선언의 기초 위원회 위원장으로 활약하였다. 저서로『위기의 20년』,『역사란 무엇인가』,『평화의 조건』,『러시아 혁명사』 등이 있다.

업적 자유주의를 달성하며, 국제규범 및 기구를 통해 규제적 자유주의를 달성함으로써 국제협력과 평화 증진에 기여할 수 있다는 것이다.

3) 신현실주의

신현실주의는 1970년대에 처음 등장하였으며 수정된 현실주의, 구조적 현실주의 등으로 표현되며 현실주의 연구에 대한 새로운 방법론이라고 할 수 있다. 신현실주의는 전통적 현실주의 이론과 기본적인 전제를 달리하지는 않는다. 국가들이 행동하는 국제정치적 상황을 무정부상태라고 판단하고, 국가의 최고의 이익은 국가생존이며, 국가들은 이러한 목표를 자구적으로 달성하기 위해 행동한다고 전제한다.

케네스 월츠(Kenneth Waltz)[18]에 의해 대표되는 신현실주의는 전통적 현실주의에서 주장하는 국가이익과 힘의 개념에 구조주의가 표방하는 시스템적 구조를 합해 놓은 형태이다. 월츠는 국가의 관심은 힘이 아니라 안전보장임을 주장한다. 신현실주의는 국제정치에 있어 무정부적 질서와 힘의 균형을 주장하고, 자연 상태의 국가는 전쟁의 국가라 규정한다. "모든 국가들은 자국의 존속을 추구하며, 최대한으로 세계의 지배를 목표로 한다."고 가정하는 것이다. 목표를 달성하기 위해 국가들은 경제력 향상, 군사력 증강, 더 나은 전략의 개발 등의 내적인 노력을 하며, 외적으로는 자신의 동맹을 강화하고 타국의 동맹을 약화시키기 위해 노력하는 것이다. 다만 그는 전쟁의 원인을 국가들의 행위가 아니라 국제체제의 시스템적 구조 속에서 규명하려고 하였다. 그러한 관점에서 그는 국가의 속성에 대한 국제체계 수준의 국제관계이론이 마련되어야 한다고 주장하였다.

현실주의는 국가이익과 정치권력을 중시하고, 국제정치의 주체를 단일 행위자로서의 주권국가로 판단하였으며, 국제체제의 영향력을

---

[18] 케네스 월츠(Kenneth Waltz, 1924). 미국의 국제정치학자. 신현실주의(neorealism)의 아버지. 현대 국제정치이론의 기초를 쌓았다는 평가를 듣는다.

〈표 1-2〉 국제 정치적 시각 비교

구분	현실주의	자유주의	신현실주의
전제	국가도덕은 개인도덕이나 보편도덕과 다름	국가가 차지하던 부분을 개개의 인간으로 대체	국가와 더불어 다른 행위자의 존재 강조
특징	국가이익과 정치권력 중시	국가간 국가목표의 다양성 인정	무정부적 질서와 힘의 균형 주장
국제 정치의 주체	단일 행위자로서의 주권국가	국가와 더불어 다른 행위자	국가 이외의 다른 행위자
국제 체제의 영향력	거부	인정	인정

인정하지 않았다. 또 국가 간의 갈등 원인은 국가의 권력 확대적 본성이며, 국가의 목적은 "권력으로 정의된 국가이익"이라고 하였다.

반면 신현실주의는 국제정치의 주체로 주권국가 이외의 다른 행위자를 설정하고 국제체제의 영향력을 인정하고 있다. 또한 국가 간의 갈등원인을 무정부적 국제체계로 보고, 국가의 목적을 '안보로 정의된 이해관계'라고 한다.

3. 안보의 중요성과 통일안보

국가의 핵심적 구성요소를 지키지 못해서 그 국가와 국민들이 강요당했던 참혹한 피해는 안보의 중요성을 잘 보여준다. 일반적으로 영토·국민·주권·정부라는 국가 구성요소는 개별적으로 존재하기보다는 결합하여 존재한다. 따라서 안보에 대한 위협은 총체적으로 이들 모든 요소에 대한 위협을 의미한다.

세계사 속에서 국가안보의 중요성, 특히 영토안전에 대한 중요성을 가장 잘 보여주는 역사적 예로 이스라엘을 들 수 있다. 이스라엘은 다윗과 솔로몬 왕이 집권했던 B.C. 1,000년~B.C. 930년까지는 팔레스타인 일대에서 강국을 이루었으나, 이후 수많은 주변 강국의 침략을 받다가 마침내 A.D. 73년 로마군에 의하여 예루살렘과 전 유대 땅이 초토화되고 이스라엘 백성은 본토에서 추방되어 세계 각지로 흩어져 디아스포라(나라 없이 전 세계에 흩어진 유대인)로 전락되었다. 그 후 2,000년 가까이 나라 없는 민족으로 떠돌면서 수많은 박해를 받았고, 특히 2차 세계대전 중에 나치에 의해 600여만 명이 독가스 등으로 학살되는 인류 역사상 초유의 비극을 겪었다.

〈그림 1-9〉 이스라엘 건국 선언식

영토와 국가가 없이 민족정체성만을 갖고 있던 유대인들이 히틀러가 이끄는 나치에게 수없이 학살되는 동안 그 어떤 국제기구도, 다른 국가들도 보호하지 못했다. 다행히 영국의 도움으로 이스라엘은 1948년 5월 14일 독립을 선언하였지만, 독립을 선언한 지 24시간이 채 되지 않아 아랍연맹에 가입한 아랍제국의 정규군이 이스라엘을 침공하였다.[19]

이른바 1차 중동전쟁이다. 15개월 동안 진행한 이 전쟁을 통하여 이스라엘은 약 6,000여 명의 군인이 희생되었는데 이 숫자는 당시 인구의 1%에 해당한다. 그 이후 이스라엘이 영토를 확보하기 위하여 모든 안보역량을 집중하는 것은 그들이 갖고 있는 역사적 교훈 때문이다. 국민들이 안전하게 살 수 있는 영토가 얼마나 소중한지를 이스라엘의 역사는 잘 가르쳐 준다.

주권을 상실한 국민의 삶은 식민지시대 우리 역사가 잘 말해 준다. 그런 국가의 국민들은 철저하게 주권을 강탈당하거나, 노예적인 삶을 영위해야 한다. 일본 강점기 시대에는 15세에서 20세에 이르는 여성의 일부가 일본에 의해 강제로 위안부가 되었고, 많은 청년들이 강제

---

[19] 정명복, 『쉽고 재미있는 생생 세계 전쟁 이야기』, 지문당, 2015, 243~285쪽.

〈그림 1-10〉 일제 강점기 시대 강제 징집된 위안부

징용(군인·군속·노동자)되어 일본을 위해 일해야 했다.

영토와 주권을 완전히 잃지는 않았지만 국가를 지키기 위한 방비를 소홀히 하여 외부의 침략에 효과적으로 대응하지 못하였을 때도 국민들에게 엄청난 고통을 준다. 즉, 안보가 튼튼하지 않을 경우 국민들이 최소한의 인간적 존엄까지도 지킬 수 없음을 역사가 증명하고 있다.[20]

지금까지 살펴본 바로도 우리 모두에게 안보가 중요하다는 것을 충분히 느낄 수 있을 것이나, 다음과 같은 안보적 도전을 고려한다면 안보교육의 필요성은 더욱 절박하다.

첫째, 적과 우방을 구분하지 못할 경우 유사 시 국가안보는 엄청난 위험에 빠질 수 있다. 남·북한은 현재 휴전상태에 있지만, 교전당사자이다. 미국은 우리와 함께 북한의 전쟁도발을 억제하고, 억제가 실패할 경우 한·미연합전력으로 북한과 맞서 전쟁을 해야 할 군사동맹국이다. 유사 시 대한민국은 미국과 연합하여 북한과 전쟁을 해야 하는데, 미국을 주적으로 생각하는 국민들이 미군철수를 주장하고, 북한과의 전쟁을 거부한다면 장차 한반도에서 전쟁이 발발할 때 엄청난 어려움에 봉착하게 될 것이다. 적과 우방을 제대로 구분하지 못하는 안보의식 실태는 우리 안보를 매우 위태롭게 하는 상황이다.

둘째, 전쟁의 발발 가능성과 관련한 근거 없는 낙관론이 전쟁을 초래할 수 있다. 우리 국민들이 남·북한의 경제적 격차를 근거로 북한이 전쟁을 하지 못할 것이라고 막연히 생각하는 것은 전쟁예방 차원에서 매우 위험한 생각이다. 베트남 전쟁과 같은 사례를 보면 국력격차가 아무리 커도 정치적 목적을 위하여 전쟁을 기획하고 결심할 수 있다

---

[20] 안전행정부, 『국가안보와 공직자의 자세』, 2012, 4~5쪽.

는 것을 알 수 있다.

셋째, 전쟁이 발발했을 때 청년들의 참전의지는 어떻게 할 것인가? 청년들의 참전의지 약화는 자발적 애국심과 관련되어 있다. 실제 전쟁에 참가해 나라를 지킬 청년들의 호국의지와 참전의지 약화는 정신전력의 약화를 의미한다. 중국의 국공내전이나 월남전에서 전쟁의 승패가 유형전력, 군사력의 우열에서 정해진 것이 아니라 무형전력인 정신전력 차이에서 갈라졌다는 것을 고려해야 한다.

"평화를 원하거든 평시에 전쟁을 준비하라"는 말이 있듯이 전쟁 준비의 핵심은 대통령을 비롯한 국가의 지도층으로부터 모든 국민에 이르기까지 안보에 관하여 같은 생각을 갖도록 하는 것인데, 이는 바로 안보교육을 통하여 달성해야 한다.[21]

더군다나 우리 모두가 바라는 남북통일은 국토의 단순한 재 봉합이 아니라 자유민주주의와 시장경제에 기초하여 서로 다른 두 체제를 하나로 통합하는 새로운 민족공동체의 건설이라고 할 수 있다. 이러한 남북통일을 이룩하기 위해서는 무엇보다도 국가안보가 절대적이라는 것은 이론의 여지가 없을 것이다. 따라서 국가안보가 담보되지 않는 통일은 사상누각에 불과하므로 남북통일과 국가안보는 상호불가결하고 조화를 이루어야만 하는 통일안보를 항상 명심해야 한다.

---

[21] 위의 책, 11~12쪽.

● **쉬어가는 코너 ①** (생각하는 통일안보)

- 한 마디의 밀고로 그리스군이 전멸당하다

마라톤 전투(Battle of Marathon, B.C. 490)에서의 패배 이후 세 번째 침공을 준비하던 페르시아의 왕 다리우스 1세(DariusⅠ, 재위 B.C. 522~B.C. 486)가 기원전 486년에 사망하자 그의 아들 크세르크세스 1세(XerxesⅠ, 재위 B.C. 486~B.C. 465)가 왕위에 오르게 된다. 크세르크세스는 자신의 아버지만큼 그리스 침공을 위하여 많은 준비를 해나갔다.

기원전 481년 드디어 30만의 페르시아 군사는 그리스를 향해 육로와 바다로 동시에 진격해나간다. 이를 전해들은 그리스 진영은 코린토스에 모여 동맹을 맺고 스파르타를 중심으로 방어태세에 들어간다. 작전에 따라 스파르타의 왕 레오니다스(Leonidas, 재위 B.C. 487~B.C. 480)를 총 지휘관으로 한 그리스 연합군 7~8천 명은 테르모필레 지역으로 파견된다. 테르모필레 지역에 도착한 후 며칠간 그리스 진영을 정찰한 페르시아 군대는 도착 5일째 되는 날 그리스 연합군을 공격하기 시작한다. 하지만 테르모필레의 좁은 골짜기로는 대규모의 병력이 한꺼번에 진격하기 어려웠으므로 페르시아 군은 그리스 연합군에게 의해 번번이 저지를 당하고 만다. 그러던 중 그 지역의 한 그리스인이 페르시아 군대에게 그리스 연합군을 뒤에서 공격할 수 있는 다른 길이 있다고 밀고한다.

이에 페르시아 군은 밀고 받은 우회로를 이용해 뒤에서 갑작스런 공격을 가한다. 당시 그리스 연합군은 분산 배치되어 있었고 레오니다스의 병력 천 명(스파르타 정예군 300명 및 기타 연합군)만이 남아있었다고 한다. 따라서 이들은 상대적으로 적은 수로 페르시아군대에 맞서야만 했다. 레오니다스와 그의 군사들은 페르시아에 강하게 저항했으나 뒤쪽에서 급습을 받은데 연이어 페르시아 지원부대의 전방 공격까지 받게 되자 상당히 불리한 처지에 놓인다. 결국 이 전투로 인해 레오니다스를 비롯한 군사 전원이 사망하기에 이른다. 이들의 항전과 전사는 훗

날 비문 "지나는 자여, 가서 스파르타인에게 전하라. 우리들은 조국의 명을 받아 여기 잠들었노라고."라는 전설을 통해 널리 숭상되었다. 한편 분산되어 있던 연합군도 곧 페르시아 군에게 저압당한다. 결국 그리스는 초기의 전투와는 달리 마지막에는 페르시아에게 패배하고 만다.

테르모필레 전투의 레오니다스(Léonidas aux Thermopyles),
자크 루이 다비드, 18세기 경.

제2장 안보의 분류

제1절 절대안보

1. 절대안보의 정의

절대안보는 전통적으로 중시되어 온 고전적 안보개념이다. 절대안보의 사상적 배경은 정치적 현실주의로, 국제사회를 본질적으로 자력구제의 원칙이 지배하는 약육강식의 무정부 상태로 파악한다. 이러한 무정부 상태에서 개별 국가는 국가이익을 추구하는 비도덕적 존재이며, 상호 이익의 상충으로 갈등관계가 상존하기 때문에 개별 국가는 생존을 위하여 스스로의 힘을 바탕으로 외부의 위협에 적극 대응해야 한다는 것이다.

절대안보의 사전적 의미는 '자국의 군사력 우위를 통해 상대방의 전쟁 의도를 억제하며 전쟁이 발발할 시에 승리할 수 있도록 함으로써 국가의 안전을 보장하는 것'이다. 이를 바탕으로 외부의 위협요인으로부터 자국의 안전을 보장하기 위해 국력과 군사력의 우위를 중시한다. 절대안보의 기본적 전제는 제로섬 게임[22]으로서 힘의 우위를

---

[22] 1971년 L.C. Thurow의 『제로섬 사회』가 발간되면서 유명해진 용어로, 게임 이론과 경제이론에서 주로 쓰이는 용어이다. 승자의 득점과 패자의 실점의 합이 0이 되는 상황을 뜻한다. 영합 게임이라고도 부른다. 이 경우 승자의 득점은 곧 패자의 실점으로 직결되므로 심한 경쟁을 야기시키는 경향이 있다. 이와 반대로, 한쪽의 득점이 많아도 다른 쪽에게 별로 손해가 없는 관계는 논 제로섬 게임(비영합게임)이라고 한다. 승패의 합계가 항상 일정한, 일정합 게임의 하나이다.

통해 적국의 안보를 희생시켜 자국의 안보를 달성하는 것이다.

절대안보 체제 하에서 강대국들은 군사동맹 블럭을 형성하여 약소 동맹국들에게 국방정책, 군사전략, 교리와 무기체계 등을 지원하며 영향력을 행사하는데, 이는 타 동맹권을 군사력으로 압도함으로써 자국의 안보를 보장받기 위한 안보전략이다. 이처럼 힘의 논리가 지배하는 국제사회의 현실에서 안보 위협에 직접 대응할 수 있는 현재적 군사력뿐만 아니라 자국의 취약점을 보완하기 위해 특정 국가와 동맹을 결성하거나 여러 국가와의 집단안보체제 결성을 도모하기도 한다.

2. 절대안보의 한계

현실주의에 기반한 절대안보 개념은 안보를 국가의 제일목표로 설정하여 우월한 국력과 군사력을 바탕으로 전쟁을 억지할 수 있게 하였으며, 주권국가들 간의 동맹을 통한 세력균형과 힘의 우위를 달성하기 위한 노력을 통해 세력균형을 유지하고 개별 국가들의 안보를 증진하였다.

그러나 절대안보 개념에 바탕을 둔 개별 국가의 군비 증강은 자국의 안보를 위한 것이라 할지라도 상대국에게는 안보위협으로 인식된다. 이는 양국 사이에 상대적인 군비경쟁을 불러일으키며, 이 경쟁의 지속적인 상승작용으로 안보위기가 심화되는 것이 바로 안보의 딜레마(Security Dilemma)이다.

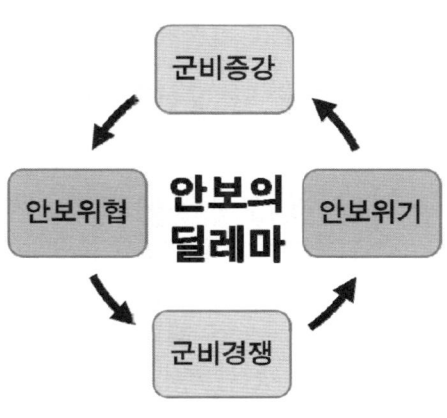

〈그림 2-1〉 안보의 딜레마

또한 이 과정에서 군비 증강을 위해 다른 부문의 국가예산을 삭감하고 국방예산 지출을 과도하게 늘림에 따라 국가의 사회경제적 성장이 위축되며, 이러한 현상이 중장기적으로 지속되면 국가의 사회경제적 규모가 축소됨으로써 궁극적으로는 국방예산의 총액이 제한되고 군사력이 약화되는 국방의 딜레마(Defense Dilemma)가 나타난다.

다른 부문의 국가예산을 삭감하고 국방예산 증가

사회경제적 성장이 위축되어 규모가 축소

국방예산의 총액이 제한되고 군사력이 약화

⇩

국방의 딜레마

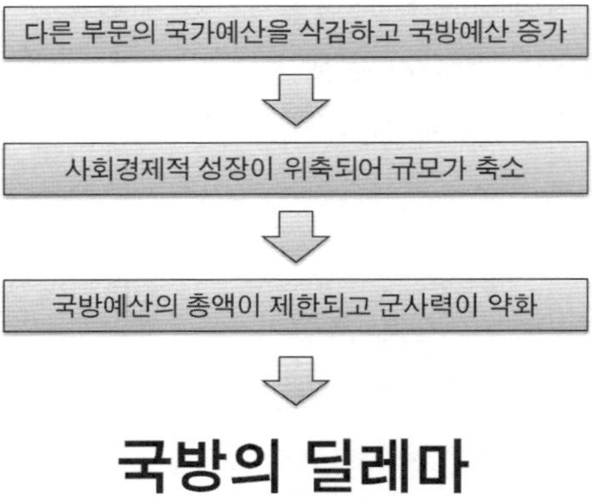

〈그림 2-2〉 국방의 딜레마

이러한 안보의 딜레마와 국방의 딜레마가 직접적으로 나타나는 것이 냉전시기 미국과 소련 간의 군비경쟁이며, 이 양극 체제에서 군비경쟁으로 인한 국방비 지출을 견디지 못하고 국가체제가 붕괴되어 버린 소련의 사례는 절대안보 개념의 한계를 잘 드러내 주고 있다.

유익한 이야기 코너 ②

소련은 왜 무너졌을까?

1917년 2월 볼셰비키 혁명으로 제정이 무너진 이후, 10월 혁명을 계기로 레닌을 중심으로 한 볼셰비키가 정권을 잡아 1922년 12월에 최초의 공산주의 국가인 소비에트 사회주의 공화국 연방을 탄생시켰다. 이후 소련은 제2차 세계 대전에서 전승국이 되었고, 양극 체제의 중심 국가로 부상하였다. 소련은 1949년에 미국에 이어 핵무기를 개발하였고, 그 투사 수단인 ICBM(대륙간탄도탄)과 인공위성을 세계 최초로 발사함으로써 군비 증강을 통한 초강대국의 면모를 과시하였다.

소련은 미국과 대치하는 공산주의 진영의 대표로서, 공산주의 진영의 세력 확장을 위하여 제3세계에서 일어나는 각종 국제분쟁에 개입하였으며, 미국이 중심이 된 북대서양조양기구에 대항하기 위하여 동유럽의 위성국들을 중심으로 한 바르샤바 조약기구를 결성하여 서유럽을 압박하였다. 1970년대의 데탕트 무드를 거치며 미국과 소련과의 대립이 잠시 완화되는 듯하였으나 1980년대 미국의 레이건 대통령이 스타워즈 계획으로 대표되는 군비경쟁노선을 천명함에 따라 핵무기를 비롯한 대량살상무기와 첨단무기체계 경쟁이 다시 시작되었다. 냉전 말기인 1980년대 중반에 소련과 미국의 핵탄두수는 각각 3만 기, 2만 기에 달했으며, 이는 지구를 7번 멸망시킬 수 있는 엄청난 양이었다.

이러한 신냉전 기조는 군비경쟁의 작용과 반작용을 거듭하며 안보의 딜레마를 초래하였고, 공산주의 계획경제 체제의 문제점으로 삐걱대고 있던 소련의 국가경제는 군비경쟁과 더불어 1979년부터 약 10년간 계속된 소련-아프가니스탄 전쟁의 전비와 1986년 발생한 체르노빌 원자력 발전소 사고의 수습 비용이 더해져 파탄 지경에 이르게 되었다. 결국 1990년 공산주의 소련은 해체되었으며, 러시아 연방 공화국과 여러 민족들로 구성된 독립 국가 연합으로 나뉘게 되었다.

제2절 공동안보

1. 공동안보의 정의

공동안보는 절대안보에 의해 냉전 과정에서 계속되던 핵무기를 통한 억지전략과 이에 따라 지속되는 군비경쟁이 당사국들의 안보 유지에 오히려 위협이 된다는 사실을 비판하며, 이러한 위협에 대한 대안으로 등장하였다. 군비경쟁을 유발하는 기존의 절대안보에 기초한 안정은 지속될 수 없다는 인식 하에 양 진영 간의 협력을 통해 공동의 안보를 모색할 필요성이 제기된 것이다. 고르바초프 서기장의 소련 국방정책에 대한 수정과, 1975년 유럽안보협력회의(CSCE)의 헬싱키 프로세스 채택 등은 이러한 상황에서 나타난 것이었다.

공동안보는 1982년 6월 '군축에 관한 UN 특별회의'에 제출된 팔메(Olof Palme)위원회[23] 보고서로부터 등장하였으며, 적대하는 국가들과의 상호공존을 위한 전쟁방지 활동을 의미한다. 팔메 위원회는 양 진영 간 긴장 완화와 신뢰 증진, 군축, 특히 핵군축 추진을 제안하였으며, 상호균형군축(MBFR)협상[24]과 '핵무기 선제사용 금지(no-first-use)'를 주문하였다. 이를 통하여 공동안보를 달성하여 상호파괴(mutual destruction)를 회피하자고 주장하였으며, 이는 군비경쟁으로부터 유발된 안보 딜레마의 해결책으로 간주되었다.

공동안보는 종전의 안보 딜레마와 국방의 딜레마와 같은 절대안보 개념의 문제점을 극복하기 위해 등장하였으며, 적국과의 군사적 대립이 아닌 대화와 일정 수준의 협력을 통하여 상대방과 자신의 안보를 공동으로 달성하고자 하는 방식이다. 공동안보는 핵무기 개발 경쟁으로 인하여 핵전쟁이 발발할 시에 승리자와 패배자 모두 공멸할 것이라는 인식을 기반으로 등장하였다. 이 문제를 해결하기 위하여 외교적 수단과 정치적 협상, 다자 간 안보합의 방식을 제시하였으며, 방어형 군사태세로의 전환과 합리적 충분성의 추구를 주장하였다.

절대안보의 기본적 인식이 제로섬 게임이었던 반면 공동안보는 논 제로섬 게임을 기본적으로 전제하고 있다. 즉, 개별 국가는 자신의 군

---

[23] 팔메 위원회(Palme Commission)는 군축과 안전보장에 관한 독립위원회의 별칭으로, 위원장인 팔메라는 스웨덴 총리의 이름을 붙인 것이다. 1980년 9월에 창립되었으며, 1981년에 유럽 전역에서 핵 군축협상의 조기실현과 ABM 조약의 유지 및 비핵지대 협상에 대한 구체적인 제안을 내놓았다. 이후 1982년 5월의 유엔특별군축총회에도 보고서를 제출하여 주목받았다.

[24] Mutual and Balanced Force Reduction(MBFR): 양진영 간의 군사력을 서로 삭감하여 긴장을 완화시키려 하는 군축협상.

사력 증강에 의한 억지력만으로 자국 안보를 달성할 수 없으며, 상대 국가와의 공존을 통해서 안보를 달성할 수 있다는 것이다.

2. 공동안보의 전개

1982년 팔메 위원회에서 공동안보 개념을 제시한 이후 공동안보는 광범위한 논의의 대상이 되었다. 공동안보에 대한 본격적인 논의는 미국에서 시작되었으나, 이 개념을 가장 적극적으로 받아들이고 반영한 것은 소련의 고르바초프[25]이다. 그는 미국과의 군비경쟁을 지속한다면 파산 상태에 빠진 소련 체제를 유지할 수 없을 것이라고 생각하며 서방과의 긴장완화와 상호 군비 감축을 통한 군비 축소를 통하여 경제 상황을 타개하고자 하였다.

〈그림 2-3〉 고르바초프

1985년 소련의 새로운 서기장으로 취임한 그는 '신사고'에 입각하여 개혁과 개방을 추구하며 공동안보를 중요시하였다. 고르바초프는 군비경쟁의 지속을 통한 안보 추구보다는 긴장완화와 상호 군비감축을 통한 호혜적 안보를 지향하였고, 이는 1986년 아시아 태평양 지역에 헬싱키 프로세스를 도입한다는 발표를 통하여 구체화되었다. 이는 전략무기 감축회담 등의 상호 협상을 통하여 합리적 충분성을 바탕으로 한 방어형 군사태세로 전환하는 밑바탕이 되었다.

---

[25] 소련공산당 정치국 서기로 있다가 1985년 당 서기장으로 취임함과 동시에 글라스노스트(개혁), 페레스트로이카(개방)을 외치며 서방세계와의 군비 축소 회담과 평화 협정을 통하여 냉전을 종식시켰다.

3. 공동안보의 한계

팔메 위원회가 제시한 공동안보 개념은 미국과 소련의 군사전략을 변화시켰으며, 전략핵무기 군비통제, 재래식무기감축협정(CFE), 중거리핵무기(INF) 철수, 화학무기금지협정(CWC)과 포괄핵실험금지조약(CTBT) 체결, UN재래식무기등록제도(UNRCA) 등을 통해 안보 딜레마와 국방딜레마를 극복하게 하였다. 특히, 1990년대의 전략/전술핵무기 감축과 2010년 미·러간 신 전략무기감축협정(new START) 체결은 공동안보가 얻은 중대한 성과이다.

그러나 공동안보는 적대국과의 공동 안보를 위한 상호 협력체제를 구축하는 것이 매우 어려우며, 안보에 대한 지나치게 낙관적인 인식을 심어줌으로써 군사안보의 중요성을 간과하게 할 우려가 있다는 것이다. 아직도 국제사회에서 한 국가의 군사력은 국가의 제반 활동을 보장해 주는 중요한 역할을 수행하기 때문이다. 또한 관련 국가 간의

〈그림 2-4〉 2012 서울 핵안보정상회의 (2012. 3. 26.~27.)
출처: 국방백서 2012.

신뢰 형성이 공동안보의 중요한 사항이나, 93년부터 지속된 북한의 한반도 비핵화 공동선언 불이행에서 볼 수 있듯 불성실한 협의이행으로 군축 활동이 중지되고 상호 불신이 증대되는 한계점이 있다.

> **유익한 이야기 코너 ③**
>
> ### 한반도 비핵화 공동선언
>
> 한반도 비핵화 공동선언은 1991년 12월 31일 한반도를 비핵지대화함으로써 핵전쟁의 위험을 제거하여 한반도의 평화를 정착하고, 평화통일에 유리한 조건과 환경을 조성하며, 세계의 평화와 안전에 이바지하자는 취지에서 남북한이 공동 채택한 선언문이다.
>
> 비핵화공동선언의 주요내용은 ①핵무기의 시험·제조·생산·접수·보유·저장·배비(配備)·사용의 금지, ②핵에너지의 평화적 이용, ③핵재처리시설 및 우라늄 농축시설 보유 금지, ④비핵화를 검증하기 위해 상대측이 선정하고 쌍방이 합의하는 대상에 대한 상호 사찰, ⑤공동선언 발효 후 1개월 이내에 남북핵통제공동위의 구성 등이다. 이 선언은 남북이 각기 발효에 필요한 내부절차를 거쳐 1992년 2월 평양에서 열린 제6차 남북고위급회담에서 '공동위 구성·운영 합의서'가 교환됨으로써 실질적으로 발효되었다.
>
> 비핵화 공동선언에 따라 주한미군이 보유하고 있던 전술핵무기들이 모두 철수하게 되었고, 한반도에서의 핵전쟁 위협은 사라진 것처럼 보였다. 그러나 북한은 김일성의 지시 하에 영변 지역을 중심으로 은밀히 플루토늄 재처리 시설을 가동하고 있었으며, 2년 뒤인 93년 IAEA의 핵 사찰을 핑계로 NPT를 탈퇴하였고, 한반도에서의 핵 위기를 고조시켰으며, 지속적으로 핵무기를 개발하여 2006년과 2009년 두 차례의 핵실험으로 사실상 핵보유국임을 선언하며 한반도 비핵화 선언을 완전히 무력화시켰다.

제3절 협력안보

오늘날 세계화 시대에는 국가들 간의 국경 개념이 점차 희박해지며, 각국의 정치, 경제, 환경적 상호 의존관계가 심화되고 있다. 이러한 상황에서 전통적인 군사적 위협 외에 환경오염, 자원고갈, 생태계 파괴 등이 국가 간의 안보위협 요인으로 등장하면서 범세계적인 관심사로 등장하였다. 국가 간에 연관된 전 세계적 쟁점들이 나타남에 따라 국제기구의 역할이 확대되고 국제연합을 통한 협력안보 개념이 주목받게 되었다. 이 문제들은 개별 주권국가의 역할 범위를 벗어나기 때문에 불가피하게 국제기구나 국가 간 협력을 통해 문제를 해결해 나가야 하며, 협력안보는 이러한 시대적 배경에서 등장한 개념이다.

1. 협력안보란 무엇인가?

집단안보[26]가 안보 위협에 대하여 무력을 통해 대응하는 개념인데 반해서, 협력안보는 관련국들 간의 신뢰와 상호 안심을 바탕으로 분쟁을 사전에 예방하는 예방적 성격을 갖는다. 협력안보는 안보쟁점의 다양화와 국제사회의 복합적 상호의존성 증대를 배경으로, 전통적인 군사적 위협뿐만 아니라 비군사적 안보위협요인도 포괄적으로 다룬다는 점에서 뒤에 나오는 포괄적 안보와 유사성을 가진다. 또한 상대국의 군사체제를 인정하고 상대국의 안보를 존중하며 상호 공존을 추구하므로 공동안보와도 유사한 점이 있다.

---

[26] 2부 4장 2절 참조.

2. 협력안보의 특징

협력안보의 특징을 살펴보면 다음과 같이 정리할 수 있겠다.

1) 협력안보는 예방외교활동을 중요시한다. 현대전은 곧 국가 총력전을 뜻하며, 막대한 전비가 소요되어 전쟁을 통하여 얻는 이익은 크지 않지만 비용은 매우 크다. 따라서 불필요한 전쟁을 예방하기 위해 군사적인 상호 간의 투명성을 제고하고 신뢰 구축을 추구하려 한다.
2) 협력안보는 양자 간 안보외교보다 다자 간 안보외교에 초점을 맞추고 있다. 다자 간 안보협력은 비군사적인 분야인 경제, 환경, 자원, 기술 등의 영역에서 양자 간의 외교로는 해결하기 어려운 쟁점을 해결하기 위한 주요한 개념으로 자리 잡았다.
3) 협력안보는 국가 간 협력 장치를 제도화하려는 노력을 내포하며, 이를 위해 관련국 전체의 공통적인 관심사를 끌어내어 협력하려 한다.
4) 협력안보는 안보에서 협력의 절차를 중시하며, 대화채널 구축과 대화 제도를 추구한다.
5) 안보 레짐[27]을 구축하는 것으로 안보쟁점 관련국 행동을 조정하고 관리, 통제하는 기준 마련을 모색한다.
6) 협력안보는 '제로섬 게임'보다 '최소최대전략'에 입각한 행동준칙을 강조한다.
7) 안보쟁점에 대한 포괄적 이해로서 군사쟁점 이외에 경제, 환경, 인구, 기술 등 다양한 쟁점을 포괄한다.
8) 많은 관련국의 이해와 관심을 유도하는 것으로 많은 쟁점을 다루어 많은 국가가 참여하고 대화하도록 유도한다.

---

[27] 레짐은 "통치결정을 수행하는 데 있어 지속적인 역할을 유지하려는 제도적 자원에 대한 접근 가능성(access to institutional resources)을 지닌 비공식적이지만 상대적으로 안정적인 집단"을 의미한다(Stone, 1989).

3. 협력안보의 주요 메커니즘

1) 유럽안보협력기구(OSCE)

1954년 3월 소련이 최초로 유럽집단안보 체결을 제창한 이후 1966년 바르샤바조약기구 7개국 정상회의에서 북대서양조약기구(NATO)와 바르샤바조약기구(WTO)의 동시 해체를 위한 전 유럽의 전체 회의 개최를 제안하였다. 이에 핀란드는 유럽 전 국가들과 미국, 캐나다에 대해 유럽안보협력회의 개최를 위한 대사급 준비회담을 제안하였다. 그 결과 1973년 9월 제네바에서 대사급 회의가 개최되었고, 1975년 7월 핀란드 헬싱키에서 당시 포드 미 대통령과 브레즈네프 소련 서기장 등 35개국 정상들이 참석한 유럽안보협력회의(CSCE)가 개막되었다.

> ※ CSCE의 헬싱키협약
> 1) 현재의 국경선 존중 및 국가 간에 규정한 기본관계를 10개 원칙으로 한 유럽의 안전보장
> 2) 경제, 과학, 기술, 환경 분야의 협력
> 3) 조인국들의 안전과 기본적 자유 보장 및 그 밖의 분야 협력
> 4) 회의 결과 검토조처

참가국들은 이러한 4개의 의제로 구성된 '유럽안보 기초와 국가 간 관계원칙에 관한 일반선언'에 서명하였다. 이로써 제2차 세계대전 뒤 30년간 계속된 유럽 냉전은 국경의 긴장완화와 함께 동서화해가 이루어지기 시작하였다.

1990년 7월 NATO 정상회의 개최에 이어, 1990년 11월에 34개 CSCE 회원국이 참가한 파리정상회의가 열렸다. 이 회의에서는 '유럽에서 대립과 분단의 시대는 끝났다'로 시작되는 파리 헌장을 채택하였다. 동

유럽의 사회주의 국가들이 붕괴한 후 1995년 1월 1일부터는 유럽안보협력기구(OSCE)로 명칭을 변경하고 유럽에서의 민주주의 증진, 군비통제, 인권보호, 긴장완화, 분쟁 방지 등의 활동을 하고 있다.

2) 아세안 지역 안보포럼(ARF)

1992년 1월 싱가포르에서 개최된 제4차 동남아시아국가연합(ASEAN: Association of Southeast Asian Nations) 정상회의에서 아세안 확대외무장관회의의 틀을 활용하여 아세안과 역외 국가들의 정치·안보 대화를 증진키로 합의하였다. 1993년 7월 싱가포르에서 개최된 18개국 의무장관회의에서는 아시아 태평양 지역 정치 및 안보협력문제 협의체를 구성하기로 합의하여, 1994년 태국에서 아세안 지역 안보포럼이 출범하였다.

아세안 지역 안보포럼은 아시아·태평양 지역의 유일한 정부 다자간 안보 협의체이다. ASEAN을 중심으로 정치 및 안보 문제에 대한 아시아 태평양 지역 국가 간의 대화를 통해 상호신뢰 증진, 예방외교 발전, 분쟁해결 모색 등의 3단계 추진 방식에 따라 참가국들의 이해를 제고, 평화와 안정을 추구한다. ARF 참가국은 아세안 10개국을 포함하여 아세안의 대화 상대국, 기타 국가들을 포함한 27개국이다. 포럼 상설 사무국은 운영하고 있지 않으며, 매년 외무장관회의와 고위관리회의를 개최하고 신뢰구축, 재난구조, 평화유지, 수색 및 구조분야에서의 협력을 논의하기 위해 회기 간 회의와 핵 비확산, 예방외교 세미나를 개최하고 있다.

ARF는 북한 핵 문제, 남중국해 분쟁 문제 등 지역 안보정세와 화학무기 금지, 핵군축, 대인지뢰 등 아시아 태평양 지역 내 군축문제를 논의하고 있다. ARF 외무장관회의 이후 차기 회의까지의 기간 동안 신뢰구축, 평화유지, 수색 및 구조, 재난구조에 대한 회기 간 회의와 예방외교, 비확산 분야에 대한 세미나를 개최하여 구체적인 협력방안을 논의하고 있다. 특히 신뢰구축에 대한 회기 간 회의에서는 신뢰증진을 위하여 고위급 인사교류, 사관학교 및 참모학교 교류, 유엔 재래식무기 이전등록제도 참여, 국방정책 백서 발간 등을 장려한다.

> ※ **공동안보와 협력안보 비교**
> - **공통점** : 상대국의 존재를 인정하고 그들의 안보이익과 동기를 존중하며 상호 공존을 모색한다.
> - **차이점** : 협력안보는 포괄적이고 상호의존적 상황 하에서 안보쟁점을 관리하며, 해결을 위해 적극적으로 방안을 모색한다.

제4절 포괄적 안보

1. 포괄적 안보의 개념

21세기의 안보는 다양한 문제를 해결해야 한다. '포괄안보협력', '포괄적 안보동맹' 등의 용어들은 그것을 잘 드러내 주고 있는데, 이는 다양한 안보분야에서 폭 넓은 의제에 관해서 대화·협상·협력한다는 의미로 풀이할 수 있다. 냉전 종식 후 개별 국가 간의 대규모 전쟁과 같은 전통적 안보위협은 상대적으로 줄어들었으나, 범세계적인 테러나 마약, 환경 파괴와 같은 초국가적 위협이 안보의 핵심적인 의제로 부상하였다.

이러한 상황에서 포괄적 안보는 전통적인 안보 개념에 다양한 분야들을 추가하여, 새로운 안보위협들로부터 인류의 보편적 가치를 수호하고 인간의 안전한 삶을 보호하려는 국가와 국민의 총체적 안위를 지키려는 안보 개념이다. 국가안보의 영역이 전통적인 군사적 안보위협과 재난 위협, 국가 핵심기반 위협, 국민생활안전에 대한 위협을 포함하는 포괄적 안보의 영역으로 확대되고 있는 것이다.

포괄안보에 관하여 부잔(Barry Buzan)[28]은 지역적·세계적 수준의 적용이 가능한 다양한 부문의 안보 통합으로 정리하였다. 즉, 정치안보는 국가의 제도적 안정성·정부체제·합법성을 부여하는 이념이며, 군사안보는 공세능력과 방어능력의 상호작용과 국가 상호 간 의도에 관한 인식의 문제로 파악하였다. 경제안보는 국가의 자원·재정·복지·시장과 관련되고, 사회안보는 발전지속성·언어·문화·종교·민족정체성·관습 등이며, 환경안보는 인간생존을 위한 국지적·지구적 생물권의 유지와 관련된다고 주장한다.

포괄적 안보의 개념은 아세안 국가연합에서 처음 사용되었으며[29], 이들 국가에서는 경제적 협력과 지역적 노력, 그리고 평화적 수단을 통해 국가 간의 문제를 해결하려는 시도를 통하여 상호의존성과 신뢰를 증진시키며, 이를 통해 궁극적으로 안보를 증진시키는 것이라고 정의한다.

유럽안보협력기구(OSCE)는 보다 실천적 측면에서 포괄안보 관점과 공동안보 및 협력안보적 접근을 강조하는데 정치군사, 경제, 인도적 문제 그리고 조기경보·분쟁예방·분쟁관리·전후재건 등을 포괄안보의 주요 사례로 본다. 이들은 EU를 통한 역내 협력 증진과 NATO의 전통적 안보 뒷받침으로 세계적인 수준의 포괄안보를 구축하고 있으며, 특히 2009년 12월 유럽헌법이 발효됨으로써 포괄안보 개념은 보다 현실화되었다.

---

[28] 부잔(Barry Buzan)은 런던정치경제대학교(LSE: London School of Economics)의 국제관계학과 교수이며, 역사와 국제 시스템 분야의 전문가로 세계사, 정치학, 과학, 사회학 분야에서 광범위한 지식을 가지고 있다.
[29] 1980년 일본 총리실에서 발간한 안보보고서에서 경제, 외교, 정치 등 다양한 분야에서의 균형된 안보정책을 포괄적 안보라 지칭하였으며, 전통적 안보에 추가하여 식량 및 에너지 확보, 자연재해 극복책을 포함하였다.

2. 비군사 안보기구

안보의 의미와 범위가 확대되고 안보위협에 대처하는 수단과 방법이 달라지며, 국가의 안보체제 또한 재정비되고 있다. 미국은 2003년 3월, 9·11 테러 참사 이후 연방재난관리청, 세관, 이민국, 운수안전국, 비밀경호국, 해안경비대 등의 정부기관에 분산되어 있던 국토안보 기능을 통합하여 국토안보부를 창설하였다. 이 기구는 테러 및 대형 재난의 방지, 피해의 최소화, 복구 등을 주요 임무로 하며, 국경경비와 교통기관 안전 확보, 긴급상황에 대한 준비와 대응, 각종 테러 상황에 대한 대책과 정보 분석, 사회 인프라 보호 등의 4가지 분야를 담당한다. 이 기구에 종사하는 인원은 약 17만 명으로 미 정부에서 가장 큰 기관이다.

〈그림 2-5〉 9·11 테러 참사

러시아는 체르노빌 원자력 발전소 방사능 누출사고 이후 연방차원에서 비상사태 발생 시 효율적인 대응이 가능한 기구를 창설할 필요성을 절감하였다. 체르노빌 원자력 발전소 사고는 1986년 4월 26일, 우크라이나 공화국의 수도인 키예프 북방에 위치한 체르노빌 원전에서 일어난 20세기 최악의 대형 사고이다. 이 사고의 여파로 5년간 약 7,000명이 사망하였으며, 소련은 이 사건의 수습을 위해 막대한 예산을 쏟아붓게 되어 결국 해체된다.

이처럼 엄청난 재난을 경험한 러시아는 1990년 '러시아 구조대'를 창설하여 긴급구조업무를 수행하게 하였고, 1994년에는 '비상사태부'로 승격하여 민방위업무와 위기사태 및 재난구조 활동을 통합관리하게 하였다. 비상사태부는 자체 가용 병력만 약 4만에 이르며, 정부기관으로는 국방부 다음으로 큰 기관이다. 기타 영국, 일본, 유럽의 대부분 국가들도 이러한 비군사적인 안보기구를 창설 또는 발전시키고 있으며, 우리나라는 행정안전부[30]에서 비상대비업무를 담당하고 있다.

쉬어가는 코너 ② (생각하는 통일안보)

- 급진 개화와 온건 개화의 대립

1863년 고종 황제의 즉위 이후 한반도는 극도의 혼란 속으로 빠져들어 갔다. 세계열강들은 자신들의 식민지를 확장하기 위해 아프리카를 넘어 인도, 아시아 대륙까지 손길을 뻗었으며 이웃나라 일본은 개항을 통해 서양 열강의 모습을 흉내 내고 있었고 중국은 아편전쟁 이후 반식민지가 되어 개화되고 있었다. 이런 흐름 속에서 조선 또한 개화파가 등장하였고 정계 진출을 통해 조선의 개화를 꿈꾸게 되었다. 그러나 점차 정치 현실의 변화와 함께 개화의 방법 및 방향을 둘러싸고 노선의 차이가 나타나 온건 개화파와 급진 개화파로 나누어졌고 이후 이들의 격한 대립은 일본이 조선을 식민지화 해야 한다는 논리인 식민 사관의 예가 되었을 정도였다.

온건 개화파는 초기 집권 세력의 일부로서 처음 개화 정책을 주도했던 김홍집, 김윤식 등으로, 중국의 양무운동을 본받아 점진적인 개혁을 추구하였다. 한편 급진 개화파는 김옥균, 박영효 등의 젊은 지식인들로

---

[30] 행정안전부(行政安全部, Ministry of the Interior and Safety, 약칭 : 행안부)는 안전 및 재난에 관한 정책의 수립・총괄・조정, 비상대비・민방위 제도, 국무회의의 서무, 법령 및 조약의 공포, 정부조직과 정원, 공무원의 인사・윤리・복무・연금, 상훈, 정부혁신, 행정능률, 전자정부, 개인정보보호, 정부청사의 관리, 지방자치제도, 지방자치단체의 사무지원・재정・세제, 낙후지역 등 지원, 지방자치단체 간 분쟁조정, 선거, 국민투표에 관한 사무와 국가의 행정사무로서 다른 중앙행정기관의 소관에 속하지 아니하는 사무를 관장하는 대한민국의 중앙행정기관이다. 2017년 7월 안전행정부를 개편하여 발족하였다.

일본의 문명 개화론을 받아들여 급진적인 개화를 추진하고자 하였다. 개화 정책 초기에는 온건 개화파가 주도권을 잡고 친청 정책을 통해 개화를 해 나아갔다. 뿐만 아니라 급진 개화파들도 정계에 등용되어 조선의 발전을 위해 함께했다. 그러나 임오군란(1882년)의 발생으로 흥선 대원군이 청으로 압송되고 청과 조·청 상민 수륙 무역 장정을 맺어 청이 조선의 종주국임을 명문화하는 등의 상황이 발생하자 김옥균을 비롯한 젊은 관료들은 온건 개화파의 정책을 못마땅해 했다. 이러한 급진파의 불만은 1884년 갑신정변을 통해 표출되었고 두 파는 서로를 단점을 보완하며 공생해야 하는 존재가 아닌, 없어져야 되는 적이라는 인식을 가지게 되었다.

혹시 위 이야기를 읽고 '역시 부끄러운 우리 역사야!'라고 생각을 하지는 않았는가? 하지만 위 이야기 속에서 중요한 사실은 소통의 중요성을 내포하고 있다는 점일 것이다. 이 두 파의 궁극적인 목표는 조선의 개화, 발전으로 같았다고 볼 수 있다. 그러나 방법론에서 다른 두 파의 대립은 갑신정변이 발생한 이유이다. 만약 두 파가 처음처럼 협력을 하고 서로의 의견을 주고받는 소통이 잘 이루어졌다면 일제강점기는 존재하지 않았을 것이며 중국, 일본보다 앞서 발전할 수 있었을 것이다. 역사적으로 본다면 비록 수없이 많이 있었던 대립의 한 부분일 뿐이지만 두 파의 어긋난 소통이 이후 100년의 역사를 좌우했다는 사실을 우리는 기억해야 할 것이다.

제3장 국력과 군사력

제1절 국력

1. 국력의 정의

　현대국가는 자국의 생존을 위해 국가이익을 추구하려고 노력하고 있으며, 이 과정에서 상호 간의 대립으로 인한 갈등, 분쟁, 전쟁으로 발전할 수 있는 요인이 존재하게 된다. 오늘날 냉혹한 국제전쟁에서 살아남기 위해서는 국가의 힘, 즉 국력은 필요하고 중요한 요소가 된다. 국력(National Power)이란 한 국가가 갖고 있거나 동원할 수 있는 인적, 물적 자원과 기타 자원들로 구성되며, 이를 실제로 행동에 옮겨 다른 국가의 행동을 변화시킬 수 있는 국가의 능력이라고 정의할 수 있다. 그러므로 국력은 어떤 단일한 요소로만 생성되는 것이 아니라 인구, 영토, 경제력, 천연자원, 국민의 능력, 정부의 질과 지도력, 문화력, 과학기술력, 외교력, 군사력 등에 의하여 종합적으로 이루어지며, 또한 이를 바탕으로 타 국가에게 직접적으로나 간접적으로 영향력과 강제력을 행사하여 국가이익을 추구하는 수단이 되기도 한다.

2. 국력의 성격

레이몬드 아론(Raymond Aron)은 힘이란 그 어떤 일을 할 수 있고, 만들 수 있으며, 파괴할 수 있는 능력을 갖는다고 말하고 있는데, 이러한 국가의 힘으로서 국력은 국가 간에 작용하는 힘의 성격에 따라서 몇 가지로 구분할 수 있다.

첫째, **공격적인 힘과 방어적인 힘**이다. 국가 간의 공격적인 힘이란 다른 국가에 대해서 자국의 의지를 강요할 수 있는 능력을 말하며, 방어적인 힘이란 다른 국가의 의지가 자국에게 강요하지 못하도록 할 수 있는 능력을 의미한 것이다.

둘째, **잠재적인 힘과 실제적인 힘**이다. 잠재적인 힘이란 어떤 국가가 소유하고 있으며 잠재된 인구, 영토, 천연자원 등 느린 속도로 변화하는 자원을 비롯해서 정치문화, 애국심, 국민의 교육 정도, 산업능력, 과학기술 등 장기적인 자원에 해당되는 것이다. 실제적인 힘이란 단기간에 동원될 수 있는 힘의 자원으로서 특히 전시에 있어서 군사력은 실제적 힘이라고 말할 수 있다.

장기적이고 잠재적인 힘의 자원이 중요하다는 사실은 1941년 일본이 진주만의 미 해군함대를 기습공격한 이후의 사태 진전이 잘 말해주고 있다. 이 공격으로 태평양의 미 해군전력은 큰 타격을 받았다. 이로 인해 일시적으로 일본이 우월한 군사력으로 동남아시아 지역의 미군을 몰아내고, 이 지역을 점령할 수 있었다. 미국의 맥아더 장군은 일본군의 공격으로 필리핀에서 철수하면서 "나는 꼭 돌아온다."고 하였다. 결과적으로 장기적인 관점에서 볼 때 미국은 이후 몇 년 동안 군사력을 증강하여 태평양의 일본 군사력을 조금씩 따라잡았고 결국 능가하게 되었다. 일본 패전 이후 맥아더 장군은 아이러니하게도 미군 점령군사령관으로서 일본의 최고 당국자가 되어 돌아왔다.

셋째, **평화 시의 힘과 전시의 힘**이다. 평화 시의 힘은 한 국가가 정

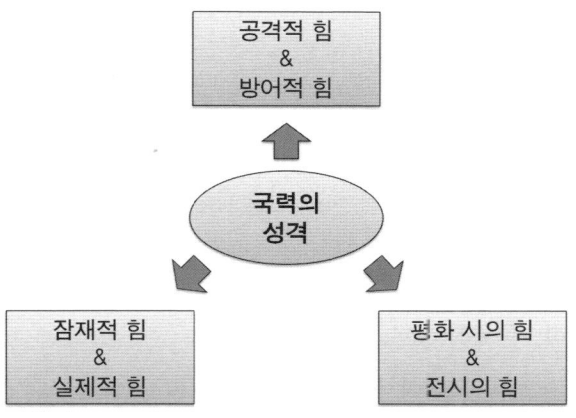

〈그림 3-1〉 국력의 성격

치 외교적인 힘, 경제적인 힘, 사회 심리적인 힘, 과학기술적인 힘, 지리적인 힘, 가용자원과 행동능력 등을 가지고 국제적 관행으로 인정되어 있는 합법적인 수단에 의존하는 힘을 말한다. 전시의 힘이란 군사적으로 동원할 수 있는 힘으로서 양적으로 측정하기 어려운 개념이지만 궁극적으로는 군사력이라고 말할 수 있다.

즉 국제사회에서 국력이 약소한 국가는 힘의 비례에 따라서 국가이익을 양보하게 되고, 강대국가는 그 만큼 국가이익을 취하는 유리한 협상 및 조약을 체결하게 된다. 그러나 국력이라는 것이 한 나라의 절대적인 힘을 말하는 것이 아니라 항상 상대적 힘을 의미하는 것으로서, 국가 간에 힘의 개념이 적용되어 경쟁하게 되고, 이것이 더 나아가서는 대립하는 상황으로 들어설 때는 갈등, 분쟁, 전쟁으로까지 확대 진행되기 때문에 모든 국가는 항상 국력을 키우기 위해 총력을 다하게 된다.

3. 국력의 요소

1) 지리적 요소

지리적 요소는 대륙적 위치, 해양적 위치, 반도적 위치로 구분할 수 있으며, 여기에는 국토의 크기를 비롯해서 지형과 기후 및 기상의 요소 등이 영향을 미치게 된다.

2) 인구적, 문화적 요소

인구적 요소는 인구의 크기(강대국가가 되기 위해 인구는 7천만 명 이상 1억 명이 되어야 함), 인구의 성장률, 인구연령의 비율, 인구의 질로서 교육과 국민단결 수준 등이 국가의 힘에 영향을 미치고 있다. 또한 문화적 요소는 국민이 가지고 있는 국민적 가치 창조와 국가품격 등이 중요한 요소가 된다.

3) 경제적 요소

경제적 요소는 농수산업자원, 지하자원, 에너지자원, 생산능력으로서 산업화, 기술화 및 정보화 수준, 경제정책 등이 영향을 미치게 되는데, 이는 그 국가의 전쟁 지속성과 군사혁신 및 군사력건설과도 직결되기 때문이다.

4) 정치, 외교적 요소

정치, 외교적 요소는 지리적 요소, 인구적 요소, 경제적 요소가 물리적인 요소가 된 반면에 이것은 비 물리적인 요소로서 정치제도와 정치지도력, 정부에 대한 국민의 태도, 외교의 질적인 문제, 관료제도 등으로서 한 국가의 힘을 종합하여 발현하는 중요한 요소가 되는 것이다.

5) 사회, 심리적 요소

사회, 심리적 요소는 교육, 노동, 복지, 문화, 역사 등의 사회적 요소와 국가에 대한 정신상태 및 윤리 도덕적 성격을 가진 국민성, 사기와 단결, 국민의 여론과 소통 등의 심리적인 요소 그리고 역사적 인식 및 사실 등으로 연결되어 국력의 중요한 요소가 된다.

6) 과학, 기술적 요소

맥키버(R. M. Mackiver) 교수는 과학, 기술이란 지적인 통제방법으로서 사물과 인간을 마음대로 처리하며 통제할 수 있도록 하는 일체의 고안이나 기교라고 말했다.

고도의 지능을 가진 인간은 일찍이 각종 기계와 기술의 발명을 통해서 농업시대-산업시대-지식정보화 시대-4차 산업혁명 시대로 발전시켜 왔다. 특히 현대국가에서 지식정보화기술은 인간의 노동력을 덜어주고, 경제의 성과를 증대시켜 주며, 삶의 만족도를 넓혀줌과 동시에 전쟁에서 필요한 합리적, 기술적 수단을 제공해 주고 있다. 따라서 현대국가에서 지식정보화된 과학기술은 국력의 가장 중요한 요소가 된다.

7) 군사적 요소

군사적 요소가 국력을 구성하는 가장 큰 요소라고 하여 군사력은 곧 국력이라고 말한 때도 있었다. 그러나 현대국가에서는 단순히 무기나 군대의 질이나 양으로 표현되는 좁은 의미의 병력이나 장비로 해석되는 군사력을 국력이라고 할 수 없고, 한 국가의 군사적 요소나 비군사적 요소가 통합된 힘을 국력이라고 한다.

21세기 세계 국가들은 평시나 전시에 국가를 방위하고 국민의 생명과 재산을 보호하기 위해 군사적인 수단을 가장 직접적인 요소로 생각하고 준비하고 있다.

제2절 군사력이란 무엇인가?

1. 군사력의 정의

군사력은 '국가의 안전보장을 위한 직접적이고 실질적인 국력의 일부로서 군사작전을 수행할 수 있는 군사적 역량'을 말한다. 군사력은 현존군사력과 잠재군사력으로 구별되며, 국가총력전을 수행하기 위하여 잠재군사력을 동원할 수 있는 대책을 강구해야 한다. 넓은 뜻의 군사력은 전선에 배치 혹은 투입 가능한 상비군사력, 전쟁발발 직후 동원 가능한 동원군사력, 그리고 전쟁수행을 위해 동원할 수 있는 인력, 경제력, 과학기술력 등의 잠재군사력을 총칭한다.

군사력은 여러 가지 뜻으로 해석되고 있다. 먼저 군대(Armed Forces)란 말은 정부의 상비군 즉, 육·해·공군, 해병대, 경찰 등을 뜻한다. 병력(Military Forces)은 정규군과 예비군을 총칭하고 군사력(Military Power)는 한 나라가 가지고 있는 실질적인 군사적 힘으로 전쟁 수행 능력과 전쟁 잠재력인 인력과 산업능력, 국민의지의 총합을 뜻한다.

이와 같은 해석들을 종합하면 군사력의 구성요소는 병력, 무기체계, 기동성, 군수, 전략 및 전술교리, 훈련정도, 리더십과 사기, 군수산업, 기술, 국민의지, 동맹관계 등 국가 총력전 수행에 필요한 모든 요소를 망라한다.

2. 군사력의 기능

군사력의 기능은 전시에 국가안보를 수호하는 전투력으로서의 기능뿐만 아니라 평시에도 국가 최후의 공권력으로써 비상사태 발생 시 국내질서를 유지하며, 재해·재난 지원 등의 비군사적 위협에 대비한 작전과 세계평화 유지를 위한 평화유지 활동 등 다양한 기능을 수행하고 있다.

군사력은 본질적으로 물리적인 힘이며, 물리적인 힘을 통하여 자국의 의지를 상대국에 강요하는 강제기능과 타국의 공격이나 물리적인 힘의 행사를 거부하는 거부기능, 그리고 무력의 시위나 과시를 통하여 상대국의 군사적 행동을 자제시키는 억제기능, 군 본연의 작전임무 수행에 지장이 없는 범위 내에서 국가차원의 비상사태 또는 재해 발생시 정부행정 및 민간기관을 지원하는 국책지원기능을 수행한다.

1) 강제기능

강제기능이란, 군사력의 직접사용 또는 군사적 위협을 통하여 자국의 의지를 타국에 강제하여 국가이익과 연관된 정치적 목적이나 경제적 목적을 힘으로 달성하는 것이다. 이러한 군사력의 기능은 전쟁 시에는 물리적인 힘을 행사하고, 평시에는 상대국을 압박해 자국의 의지를 실현하거나 유리한 방향으로 전개시키는 것이다.

※ 강압의 유형

1. **즉시적 최후통첩** : 순응 시간을 명시하지 않고 다른 수단을 통한 긴박감 조성의 방법
2. **시도 후 관망** : 요구사항을 제시하고 시간을 명시, 긴박감을 조성치 않고 한계선만을 제시하는 방법
3. **점진적 목 조르기** : 상대방 대응에 관계 없이 점진적, 단계적으로 위협을 증가시키는 방법

통상 강제기능은 상대방의 행동을 중지시키거나 시작한 행동을 되돌리는데 목적을 두고 행사한다. 이 때 정책결정자가 결정해야 할 문제는 상대방에게 요구수준이 높을 경우에는 물리력도 강해야 하기 때문에 사용할 물리력의 수준을 결정해야 하며, 이런 요구를 상대방이

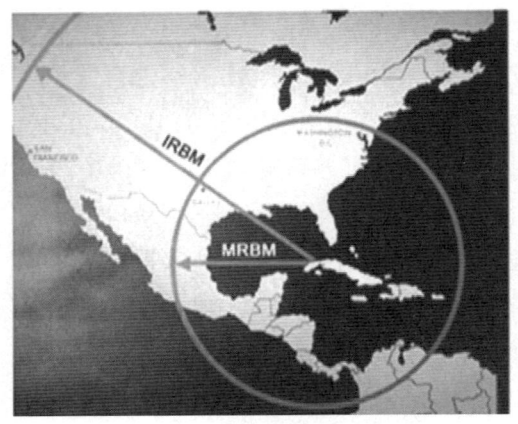

〈그림 3-2〉 쿠바 미사일 위기 시
미 본토 직접 타격 범위

받아들이도록 적절한 긴박감을 조성해야 한다. 또한 요구에 순응하지 않을 때에는 이에 상당한 조치를 한다는 내용을 결정하여 상대방에게 전달하거나 시위하며, 순응할 경우에는 합당한 보상도 결정하여야 한다.

강제기능의 주요한 역사적 사례는 1962년 쿠바의 미사일 위기[31] 시, 미국이 쿠바에 배치한 소련의 미사일 철수를 요구하면서 핵전쟁의 발발을 불사하고 해상봉쇄 조치를 취한 것을 들 수 있다. 이때 소련은 미국의 압력과 막후교섭으로 쿠바에 배치한 미사일을 철수시켰다. 1992년 걸프전이 개시되기 전에 미국이 쿠웨이트에 진주한 이라크군 철수를 요구하였으나 이라크가 미국의 강압외교에 불응함으로써 결국 군사력을 행사하는 전쟁에 돌입하였다.

2) 거부기능

거부기능이란 상대국의 압력과 군사적 행동 시 이에 대항하는 군사적 기능을 말한다. 즉, 상대방의 군사력이 자국을 향해 행사하는 것을 저지하거나 물리치는 기능이며, 방어기능이라고도 한다. 거부의 목적은 상대방 군사 활동의 목표달성을 거부하는 것이며, 이 때 상대방의 군사력을 대상으로 물리적 방법을 행사한다.

---

[31] 1962년 10월, 미국의 U-2 정찰기가 미국 본토를 겨냥하여 쿠바에 설치되던 소련의 중거리 탄도미사일을 발견하며 시작된 세기의 정치적 대립 사건이다.

거부형태는 군사력을 해외에 전진 배치하는 '전방전개'와 국경후방에 배치하는 '후방대처' 및 전후방을 가리지 않고 요소에 배치하는 '전방위 대처' 등이 있다.

전방전개는 미국이 채택하고 있는 형태이며, 이 형태는 군사력을 해외에 주둔시키기 때문에 비용이 많이 들지만 본토에 피해가 거의 없고 방어효과가 크다.

후방대처는 우리나라와 같이 국경선지역에 대부분의 병력을 배치하는 방어형태이며, 비용이 많이 들고 본토피해도 감수해야 한다.

전방위 대처는 국토 내의 주요지형이나 요새 등 자국의 영토 내에서 대처해야 하기 때문에 국민의 생명과 재산의 피해가 매우 크다. 중국의 항일 유격전이나 베트남의 민족해방전쟁, 미국의 남북전쟁과 같은 내전이 이에 속한다. 또한 조선시대에 적을 국토 내로 끌어들여 성곽을 중심으로 전투를 한 청야입보전술[32]도 이 같은 형태라고 할 수 있다.

3) 억제기능

억제기능이란 '상대방의 행동을 통제하고 행동개시를 방지하는 기능으로 전쟁을 치르지 않고 상대를 굴복시키는 것'을 말한다. 과거 냉전시대에 상대국이 핵공격을 하면 무제한적인 핵 보복 공격을 하겠다는 '대량보복전략'도 상대방의 군사적 행동을 자제시킨 억제기능의 대표적인 예이다.

이러한 억제가 성립되려면 상대국가로 하여금 군사적인 행동을 할 때는 이익보다 손실이 훨씬 더 크다는 사실을 사전에 인지시켜 주어야 한다. 억제의 수단과 방법은 물리적 수단을 행사하거나 외교적인 방법을 사용하거나 또는 양자를 혼합하는 방법들이 있다.

---

[32] 외부의 침공이 있을 경우에 침략군이 활용할 수 있는 식량과 도구 등을 모두 치우고 지역주민과 병사들은 성곽으로 입성하여 농성함으로써 침략군의 보급상 약점을 극대화시키는 우리 고유의 방어전술을 말한다.

물리적 억제로는 무력시위, 봉쇄작전, 군사력 직접사용을 통한 예방전쟁 등을 들 수 있으며, 외교적 억제는 외교단절, 경제봉쇄, 원조중단 등이 있다.

또 하나의 억제 형태는 계산된 모험을 통한 억제이다. 계산된 모험을 하려는 도전자의 도발적 조건은 방자의 방위공약(방위능력)의 기본성격과, 선택된 모험에 대한 비용과 이익 간의 타산을 할 줄 아는 능력이 있어야 한다. 계산된 모험을 통한 억제를 위한 전략으로는 '기정 사실적 도전', '제한된 시험도발', '통제된 압력'이 있다.

첫째, 기정 사실적 도전은 무력분쟁을 처음부터 기정사실화 하고 모든 군사력을 전면 투입하는 것이다. 공격자는 방어자가 방위능력이 없고 방위공약이 부재하다고 인식하고, 도발 시 손해보다 이익이 더 크다고 인식할 때 사용할 수 있다.

둘째, 제한된 시험도발은 방어자의 방위력이 약화되고 방위공약이 명료하지 못하여 도발 시 손해보다 이익이 크다고 여길 때 사용할 수 있다.

셋째, 통제된 압력은 상대방이 명백한 공약을 하고 있으나 유연하고 타산적이며 통제가 가능할 때 사용할 수 있다.

4) 국책지원 기능

국책지원 기능이란 국가의 시책을 지원하는 기능을 말한다. 군사력의 국책지원은 경계지원, 재해지원, 기타 지원으로 구분한다. 경계지원은 국가적인 행사나 국익을 위한 주요 활동간 군이 경계를 지원하는 제반활동이며 대테러작전도 포함된다. 재난지원은 호우, 태풍 등의 자연재해나 산불, 대형화재 등 재난 발생 시 인명구조, 노력지원 등의 활동이며, 기타지원은 환경보호, 마약퇴치, 기타 인도적 차원의 지원을 말한다.

〈그림 3-3〉
국책지원기능으로서의
군 대민지원

　그러나 군사력의 국책지원기능은 국가의 외교정책을 지원하는 중요한 기능을 간과할 수 없다. 어느 국가가 국제적인 결의를 무시하거나 파기하는 등 외교적 문제를 야기하는 경우에는 국가와 국제기구의 의지를 명확하게 인식시키기 위해 군사력의 전제를 통해 압력을 행사함으로써 해결을 촉구하는 경우가 많다.
　또한 주권 침해라던가 영토에 대한 영유권 쿤쟁 등 외교적인 마찰이 야기되는 경우 국가의 단호한 결의를 과시하기 위해 제한된 범위 내에서 군사력의 시위를 하기도 한다. 북한 핵 문제를 해결하기 위한 6자회담 기간 중이었던 2006년에 북한이 미사일 발사시험과 핵실험을 감행한 것은 외교적인 목적을 달성하기 위한 군사력의 시위라고 할 수 있다.

정리 **군사력의 기능**

- 강제기능: 물리적인 힘을 통하여 자국의 의지를 상대국에 강요
- 거부기능: 타국의 공격이나 물리적인 힘의 행사를 거부
- 억제기능: 무력의 시위나 과시를 통하여 상대국의 군사적 행동을 억제
- 국책지원 기능: 국가치원의 비상사태 또는 재해발생 시 민간기관을 지원

3. 군사력의 종류

군사력은 통상 지상전력, 해상전력, 항공전력을 들 수 있으며, 부대가 배치되고 전투력을 발휘하는 장소를 기준으로 구분한다.

1) 지상전력

〈그림 3-4〉 지상군의 상징 K1 전차

지상전력은 지상전을 수행하는 전력을 총칭한다. 전쟁의 승패는 지상전에서 결정되기 때문에 승리의 결정자인 지상군이 적의 도시와 주거지를 점령하기 전까지는 전쟁이 끝난 것이 아니다. 공군의 폭격과 해군의 작전으로 전쟁에 승리할 수 있으나, 전쟁은 거의 지상군의 점령으로 종결될 수 있다.

지상전력은 통상적으로 육군을 뜻하며 해병대도 지상에서 작전 시에는 지상 전력으로 간주한다. 대부분의 전쟁은 주로 지상에서 이루어지며 지상 전력의 중요성은 어떠한 지역이나 영토 및 자원을 직접 점령하거나 확보함으로써 작전의 목표를 달성하는 것이다. 국가의 영토와 국민을 지키고, 적국의 영토와 자원을 탈취하거나 통제하는 것은 지상 작전을 통해 구현된다. 해상전력이나 항공전력은 독립된 작전을 수행하기도 하지만 대부분 지상 작전을 지원하거나 기여하는 임무를 수행한다.

지상군의 부대는 제대별로 야전군, 군단, 사단, 여단 및 연대이하 제대[33] 등으로 구분하며 기능별로 전투부대, 전투지원부대, 전투근무

---

[33] 대대, 중대, 소대, 분대

지원부대로 구분한다. 주요 무기체계로는 전차, 야포, 헬리콥터, 박격포, 저고도 방공무기, 대전차 미사일, 무반동총34), 기관총, 소총 등이 있다.

2) 해상전력

해상전력35)은 해군력과 해병대, 수륙양륙작전부대, 해군항공부대를 망라하며, 작전영역을 해상, 해상의 상공, 해중으로 하고 있다. 해상전력은 단독으로 해전을 수행하거나 잠수함전, 기뢰부설작전을 수행하며 지상군의 상륙작전을 지원하거나 함포사격으로 지상 작전을 지원한다.

〈그림 3-5〉 세종대왕급 이지스 구축함

해상전력은 공해를 통하여 합법적인 방법으로 적국 가까이 접근할 수 있기 때문에 상대국에 대한 무력시위나 군사적인 압박수단으로도 자주 사용되고 있으며 평시에는 해상교통로 보호나 대량살상무기 확산을 방지하기 위한 해상검색활동 등도 수행한다.

해군부대는 제대별로 함대, 전단, 전대 등으로 구분되며, 기능별로는 전투부대, 후방지원부대, 교육훈련부대, 연구개발기관 등으로 구분한다. 주요 무기체계로는 항공모함, 이지스함, 구축함, 프리깃함36), 잠수함, 어뢰정 등 전투함정과 수송선, 소해정, 상륙정 등이 있다.

---

34) Recoiless Rifle. 경대전차화기의 일종으로 포탄의 추진력을 후폭풍으로 배출하여 포신의 반동을 줄인 화포이다.
35) 정명복, 『쉽고 재미있는 생생 무기와 전쟁 이야기』, 지문당, 2018, 266~276쪽.
36) 프리깃함(frigate艦): 대잠호위형의 소형 구축함.

3) 항공전력

〈그림 3-6〉 F-15K 전투기

항공전력[37]은 공군력을 포함하는 우주, 항공 전력을 뜻하며 작전범위는 공중과 우주공간이다. 항공기는 현대과학기술의 총아로서 신속한 기동력과 막강한 파괴력을 보유하고 있으나 적정 항공전력 유지에는 막대한 예산이 뒷받침되어야 한다.

항공전력은 주로 제공 작전, 차단작전, 근접항공지원[38]작전, 항공정찰 등을 수행하며 적에 대한 기습공격 시 주 수단이 된다.

항공작전제대는 전투비행단, 비행전대, 비행대대, 편대 등으로 구분하며 주요 무기체계는 폭격기, 전투기, 수송기, 정찰기, 헬리콥터 등과 비행기에 탑재된 첨단 미사일, 지상에서 운용하는 고고도 방공무기 등이 있다.

> **유익한 이야기 코너 ④**
>
> **대한민국 해군의 꽃, 이지스함**
>
> 이지스(Aegis)는 그리스 신화에서 군사를 담당하는 여신 아테나(Atena)가 들고 다니는 제우스(Zeus)의 방패 이름이다. 이 이름을 빌린

---

[37] 정명복, 『쉽고 재미있는 생생 무기와 전쟁 이야기』, 지문당, 2018, 319~337쪽.
[38] Close Air Support(CAS): 공군과 지상군이 밀접하게 연계하는 화력지원 목적의 항공작전을 말한다. 지상부대의 요청에 따라서 항공전력이 화력지원을 하는 전투 개념이다.

미 해군의 함대방공시스템이 이지스 시스템이다. 냉전기 소련 해군은 미국 항모전단과 연합한 NATO 해군과의 전력격차를 같은 항모전단을 구성하는 것으로는 도저히 따라갈 수 없다고 판단하고, 초음속의 대형 대함미사일 기술을 발전시켜 미 항모전단의 방공 시스템을 격파하고 원거리에서 심대한 타격을 입힌다는 전술교리를 채택하였다. 이에 따라 대함 미사일을 대량 탑재한 해군 폭격기세력을 양성하였으며, 구 소련 해군 폭격기 세력은, 러시아에서 발진하여 북대서양을 향해 접근해 오는 미국의 항공모함 전단에 대해 대량의 대함미사일을 발사하고 퇴각함으로써 미 항모전단의 NATO 해군 지원을 막는다는 기본 전략을 입안하였다.

미국은 이에 대항하여 항공모함의 F-14 톰캣 전투기로 대표되는 방공 전투기 세력과 이지스 시스템으로 대표되는 함대방공 시스템을 내세우게 된다. 이지스 시스템은 AN/SPY-1B/D 고출력 다기능 위상배열 레이더와 대함미사일 세례에 SM-2 미사일과 CIWS, RAM, ESSM 등의 능동형 방공무기를 이용해 대응하기 위한 통합 전투체계로 개발되었다. 최대 25발의 대함미사일과 동시교전을 할 수 있고, 탄도계산과 무기관제를 위해 슈퍼컴퓨터가 각 함마다 탑재된다. 함대 전체의 방공미사일을 함대방공의 핵이 되는 이지스함이 지휘/유도함으로써, 방공능력을 강화했다고 알려져 있다.

다른 방공체계와 달리 탐지와 추척, 조준이 모두 통합된 체계이기 때문에 그 만큼 신속하고 일사불란한 사격통제가 가능한 뛰어난 시스템으로 현재까지 미국을 제외하면 일본, 스페인, 노르웨이 해군만이 보유하고 있으며, 우리 해군은 KDX-3 세종대왕함을 시작으로 도입을 개시하였다.

4. 군사력의 활용

군사력은 국가안전보장의 핵심능력이며, 이러한 군사력은 외부의 침략으로부터 국가를 보위하기 위해 제반 군사전략과 작전을 수행하는 데 사용된다. 군사전략은 국가전략의 일부로서 국가정책의 목표를 달성하기 위하여 전시와 평시 군사력을 건설하고 운용하는 기술과 과학이다.

군사전략이 관장하는 분야는 주로 전쟁이며 이를 수행하는 기구는 국가통수 및 군사지휘기구, 군사협의기구, 합동참모본부 등이다. 군사전략은 전쟁을 억제하고 미래전에 대비하여 군사력의 건설 및 유지, 군사전략의 목표설정 등 대응전략을 준비하고 작전술제대에 지원을 할당한다. 군사전략은 수행제대의 규모에 따라 작전술과 전술이라는 개념으로 구체성을 띠며 군사작전의 형태로 수행된다.

작전은 통상 지상작전, 해상작전, 항공작전 등 각 군별로 실시하는 작전과 육해공군이 합동으로 실시하는 합동작전, 동맹국과의 연합작전 등이 있다. 또한 국가 최후의 공권력으로써 국가의 치안이 극도로 불안하거나 대형 재난이 발생하여 군사력의 활용을 필요로 할 때에는 군사작전 이외의 비군사적 활동도 수행한다. 비군사적 분야의 활용은 군사력시위, 소요진압작전, 평화유지활동 등에 활용한다. 개발도상국에서는 군사력을 정권유지에 활용함으로써 군이 정치에 개입하는 상황을 초래하기도 한다.

군사력이 국가 최후의 공권력으로 활용되는 대표적인 사례가 계엄령 선포이다. 계엄령의 선포는 전시, 사변 또는 이에 준하는 국가비상사태가 발생할 때 군부대를 이용하여 군사상의 필요 또는 공공의 질서를 유지할 필요가 있는 경우에 한한다.

계엄의 종류에는 경비계엄과 비상계엄으로 구분하며, 경비계엄은 전시, 사변 또는 이에 준하는 비상사태로 인하여 질서가 교란된 지역에 선포하는 계엄이고, 비상계엄은 전쟁 또는 전쟁에 준한 사태에서 적의 공격으로 인하여 사회질서가 극도로 교란된 지역에 선포하는 계엄이다.

계엄령이 발령되면 지역 내의 행정권 사법권을 군대에 이관하고, 헌법에 보장된 개인의 기본권의 일부에 대하여 예외조치를 할 수 있다. 따라서 계엄령이 선포되면 국민의 언론 및 집회결사의 자유 등 국민의 기본권이 제한되고 군이 국가행정을 관장한다. 계엄지역에서는 계엄사령관이 포고령을 통해 국민에 대한 강제력을 행사하며 질서를 유지한다.

〈그림 3-7〉 계엄령 선포

〈그림 3-8〉 한국의 계엄령 사례

제3절 군사안보

1. 군사안보의 정의

　군사안보는 '군사적 수단을 이용하여 국내외의 위협으로부터 국가의 모든 가치를 보호 향상하는 것'을 말한다. 전통적 관점에서의 안보 위협은 주로 외부의 군사적 위협을 뜻한다. 군사적 위협은 적국의 군사력과 공격의도가 결합될 때 현실화된다. 즉 북한과 같이 대규모 군사력을 보유하고 침략의 기회를 노리는 경우는 위협이 되지만, 어떤 나라가 충분히 공격할 군사력을 보유하고 있다고 하여도 공격할 의도가 없으면 위협이 되지 않는 것이다.

위협의 유형에는 직접위협과 간접위협이 있다. 직접위협은 적국의 침략이나 무력공격 또는 자국선박에 대한 공격이나 국지점령 등의 적대행위가 이루어지고 있는 경우이며, 간접위협은 군사력을 이용하여 주요 항로를 봉쇄한다거나 전략적 요충지에 대한 위협 등으로 직접적인 군사력을 사용하기보다 사용하겠다는 의지를 내비치는 경우이다. 여기서 침략이란 정당한 이유 없이 무력행사나 위협으로 타국을 침해하는 행위로서 타국에 대한 선전포고, 무력으로 타국 영토를 침공하고 분쟁에 대한 국제기구의 평화적 해결제의를 거절, 또는 그 결정에 따르기를 거부하는 일 등이 포함된다.

2. 군사안보의 중요 요소

군사력 이외에 군사안보에 영향을 미치는 가장 큰 요소는 지정학(geopolitics)적 요소이다. 지정학적 개념에 포함되는 국가의 지리적 위치, 지형, 국토의 크기, 역사 등은 군사안보에 커다란 영향력을 가진다. 여기서 지정학이란, 국가의 본질이 국제법이나 국내법에 의해 규정되는 법질서에 있기 보다는 민족과 국토, 그리고 제반 요소들로 이루어지는 정치적 공동체에 있다는 학설을 뜻한다.

분쟁은 주로 국가 간의 거리가 가까운 나라들 간에 발생하며, 국가 간의 거리가 멀수록 상호 간의 군사적 위협은 크게 감소한다. 이처럼 자국과 멀리 떨어져 있는 나라는 아무리 많은 군사력을 보유하고 있다 하더라도 자국의 직접적 위협이 되지는 못한다. 역사적으로도 한국을 군사적으로 위협했던 국가는 주로 주변국인 중국과 일본이었다. 이처럼 국가의 지리적 위치는 안보에 커다란 영향을 미친다.

강대국 사이에 위치하며, 국토 전체가 평야로 이루어져 있는 폴란드는 중세로부터 나폴레옹 전쟁, 제1, 2차 세계대전기에 이르기까지 인접 강대국 군대의 기동로가 되어 항상 침략의 대상이 되었고, 반면 스위스와 같이 지형이 험준하고 군대의 기동이 어려운 국가는 안전할 수 있었다. 이처럼 지형 또한 안보에 많은 영향을 미친다.

국토의 크기도 중요하다. 러시아와 같이 국토의 면적이 넓은 국가는 그만큼 작전 시 전략적 종심이 깊게 형성되어 전술적으로 융통성 있고 다양한 형태의 군사전략을 구상할 수 있지만, 우리와 같이 국토가 좁은 국가는 융통성 있는 군사전략을 수립하기가 어려우며 적의 국지적 기습공격에도 매우 취약한 모습을 보인다.

국가 간의 역사도 군사안보에 큰 영향을 준다. 역사적으로 분쟁이 잦았던 나라와 우호적인 관계를 맺고 있는 나라에 대해 국민이 갖는 인식 차이는 매우 크다. 우리나라와 일본처럼 서로 전쟁을 했거나 자국을 침략했던 나라에 대해서는 경계의식과 위협을 느끼게 되지만, 미국과 같은 전통적 우방국가에는 경계심보다는 친밀함을 느끼며 적극적으로 협력하게 되는 것이다.

정치적 요소와 이데올로기도 군사안보에 매우 중요하다. 북한과 같은 인권 탄압국은 국제사회로부터 반인권국가로 낙인찍혀 국제 사회의 경제적, 군사적인 제약으로부터 자유로울 수 없다. 또한 이데올로기도 과거의 냉전 시대나 오늘날 이념적 갈등을 겪고 있는 우리나라의 경우처럼 군사안보에 결정적인 영향을 미치게 된다.

3. 군사와 제 분야와의 관계

군사는 단독으로 존재할 수 없으며, 국가기능의 일부로서 국가의 다른 기능과 유기적으로 연관되어 있다. 군사에 가장 영향을 많이 주는 것은 군사와 정치와의 관계로, 클라우제비츠가 '전쟁은 정치의 연속이다.' 라고 말한 것처럼 군사는 정치와 이어지는 개념이기 때문에 군사 전략은 항상 국가전략에 상당 부분 종속되며, 군사 목표는 전쟁의 정치적 목표달성에 기여하도록 설정된다.

한 국가의 평시 군사력은 외교적 목적을 달성하기 위한 지원 및 강제 수단으로서의 역할을 수행한다. 그러나 전시에는 상황이 역전되어, 외교 정책이 군사전략의 수행여건을 조성하고 군사전략을 지원하게 된다. 미국과 같은 군사강국들은 군사력을 대외적 영향력 확대를 위한 외교적 수단으로 여기며, 군사 위협과 외교 설득을 병행하며 자국의 이익을 존중하고 있다.

군사력은 경제력의 뒷받침 하에서만 존재할 수 있다. 현대적 개념의 총력전에서 경제력은 전쟁 수행의 물질적 기반이다. 전쟁은 막대한 비용을 필요로 하며, 전쟁을 승리로 이끌기 위해 필요한 최신예 무기체계는 상상을 초월할 정도로 높은 가격을 지닌다. 이로 인해 현대전에서는 경제 강국만이 군사 강국이 될 수 있는 것이다. 경제력이 약한 국가는 생필품 확보와 자급자족 대책, 전쟁 긴요 물자의 지속적 수입 계획 등을 수립해 놓아야 한다.

군사력은 또한 과학기술과도 커다란 관련이 있다. 과학기술의 기반이 약한 국가는 군사과학의 기반 또한 동일하여, 첨단 무기체계의 개발이 불가능하다. 과학 기술은 새로운 무기체계 개발을 가능케 함으로써 전쟁의 양상을 크게 바꾸어 왔다. 또한 군사력은 국민의 사회심리와도 관계가 있는데, 주권을 행사하는 국민의 지지가 없는 군사력은 무의미하다. 2000년대 이후 불거져 나온 반미감정이 한미 관계를 악화시킨 것처럼 특정 국가에 대한 국민의 반감은 그 국가와의 군사 외교와 동맹에도 심각한 영향을 미치게 마련이다.

쉬어가는 코너 ③ (생각하는 통일안보)

- 고구려의 제임스 본드, 도림

　백제는 개로왕 즉위 당시 고구려에 짓눌려 있어 북위에 사신을 보내 구원을 요청하였다(472년). 그러나 북위는 이미 고구려와 화친한 상태이므로 백제의 구원요청을 거절하였으며, 오히려 고구려에 이 사실을 알렸다.
　이 사실을 들은 장수왕은 먼저 공격하고자 백제에 잠입시킬 첩자를 구하였는데, 도림이라는 스님이 "어리석은 중이 나라의 도움을 받아 생활하면서도 아직 나라에 아무런 이익이 되지 못하고 있었사온데, 이제 제가 나라의 은혜에 보답하고자 하옵니다."라고 자청하였다. 장수왕은 크게 기뻐하며 승낙하였고 도림은 고구려 군사에 쫓기는 척 하며 백제의 영토로 들어갔다.
　그 후 도림은 개로왕이 바둑을 무척이나 좋아한다는 사실을 알게 되었고, 백제 사람들을 속이며 자신 또한 바둑에 자신 있다고 하였다. 도림의 훌륭한 바둑솜씨에 개로왕은 감탄했으며, 도림은 바둑을 둘 때마다 개로왕의 기분을 맞추며 신임을 받게 되었다.
　시간이 흘러, 개로왕과 아주 가까워졌음을 느낀 도림이 어느 날 개로왕에게 말을 건넸다. "저는 다른 나라 사람인데, 한 말씀 올리려 하오나, 대왕의 뜻이 어떤지 알 수 없었습니다." 개로왕이 말했다. "말해보시오. 만일 나라에 이롭다면, 그것은 선생이 바라는 바일 것이오." 도림이 마침내 작전을 개시했다. "대왕의 나라는 사방이 모두 산, 언덕, 강, 바다로 된 천연의 요새입니다. 그렇기 때문에 사방 이웃 나라들이 감히 넘볼 마음을 품지 못하고 오로지 받들어 섬기기를 원하고 있으므로 대왕께서는 마땅히 높은 위세와 부유함을 드러내어 다른 국가의 존경을 받으실 필요가 있습니다. 그런데 성곽은 볼품없고, 궁실은 수리도 되지 않았으며, 선왕의 해골은 들판에 볼품없이 묻혀 있습니다. 이는 대왕께서 취할 바가 아닌 줄 아옵니다."
　자존심이 상한 개로왕은 도림의 의견을 옳게 여기며 그때부터 대규모 공사를 벌였다. 갑자기 내린 왕명으로 백제의 모든 백성들이 노역에 강제 동원되었다. 성벽을 쌓고, 궁실, 누각을 비롯한 많은 화려한 건물을 지었으며 제방을 쌓고 선왕의 능을 다시 만들었다. 이렇듯 한꺼번에 대규모 공사를 벌이다 보니 국고가 바닥남은 물론이고, 백성들의 삶은 더욱 궁핍해져갔다. 백제의 국력은 땅에 떨어지고 있었다.

도림은 이튿날 몰래 고구려로 돌아가서 그간의 일을 모두 장수왕에게 보고하였고, 장수왕은 곧바로 3만의 군사로 백제를 공격하였다. 고구려 군이 한성 코앞까지 쳐들어 올 때 비로소 도림의 꾀에 넘어갔음을 인식한 개로왕은 통탄하며 말했다. "내가 어리석어 간사한 자의 말을 믿다가 이런 꼴이 되었다. 백성들은 쇠잔하고 군대는 약하니, 누가 기꺼이 나를 위하여 힘써 싸우려 하겠는가?" 결국 7일 만에 한성이 함락되고, 도망치던 개로왕은 자신의 옛 부하 재증걸루와 고이만년에게 사로잡혀, 아차산성 아래로 끌려가 죽임을 당했다. 백제는 이 사건으로 인해 수도를 공주로 옮기게 되었다.

바둑두기(국립중앙박물관 소장)
-개로왕, 그는 바둑을 너무 좋아한 나머지 도림에게 그만 쉽게 빠져버리고 말았다.

2부
국가안보의 방법

제4장 세력균형과 집단안보

제5장 자력방위와 중립

제6장 군사동맹

제4장 세력균형과 집단안보

제1절 세력균형

1. 세력균형의 정의

세력균형은 공통된 중앙권력이 존재하지 않는 국제 사회에서 개별 주권국가가 국가이익을 추구할 때 특정한 국가가 우월적 주도권을 잡는 것을 막아 서로 공격할 수 없는 상황을 조성해, 국가 간의 힘의 균형을 이루려는 것을 말한다. 즉, 일개국 혹은 일개국가군의 주도적인 패권을 배제하여 국가 간에 균형 있는 세력을 유지하기 위한 국제정치상의 상태, 정책, 체제를 포괄하는 개념이다.

세력균형 이론은 '국가는 하나의 단일 행위자로, 그 구성원들의 보존과 영토의 확장 등의 국가이익이라는 목적을 추구한다.'라는 가정으로부터 출발한다. 여기서 중요한 것은 국가들이 행동하는 상황적 조건으로, 복수의 개별국가들이 무정부적 자력구제 원칙이 지배하는 체계에서 공존하고 있다는 것이다. 이와 같은 조건이 충족되면 일부, 혹은 모든 국가가 세력균형을 유지하려 노력하고 일부는 그렇지 않더라도 세력균형이 생기게 된다. 다시 말해서, 세력균형은 무정부적인 국제질서와 그 속에서 생존을 추구하는 단위국가들이 존재할 때 나타나게 되는 것이다. 세력균형은 이러한 상황 속에서 각 단위국가들이 세력을 증강하고, 군사동맹을 체결하고, 군비축소를 실현하는 등 생존을 도모할 때 나타난다.

그러나 최근 이러한 세력균형이론이 퇴색하기 시작한 것은 세력균형이 국가 간의 평화를 유지하지는 못한다는 사실 때문이다. 세력균형 상황에서도 얼마든지 전쟁은 일어날 수 있으며, 평화유지에 필수적인 것은 군사력 사용을 자제하는 지도자의 판단이다.

또한, 정확히 어떤 상태가 세력균형이 이루어진 것인지를 파악하기 힘들기 때문에, 국가는 자국의 힘을 증진시키기 위해서 군비증강의 딜레마에 빠지게 된다. 이런 이유로 세력균형은 군비경쟁을 촉발시켜 전쟁 가능성을 높일 개연성을 내포하기도 한다.

하스(Ernst B. Hass)는 세력균형이란 말을 다음과 같은 8가지 뜻으로 구분하였다.

※하아스의 세력균형 분류

1) 단순히 힘의 분포상태(situation)를 기술하는 말
2) 힘의 평형(equilibrium) 상태를 뜻하는 경우
3) 역설적이지만 일방이 타방에 대하여 헤게모니를 가진 상태를 나타내는 말
4) 안정(stability), 또는 평화의 의미
5) 불안정, 전쟁의 의미
6) 일반적인 '힘의 정치'
7) 역사의 보편적 법칙
8) 시스템 또는 정책입안의 지침

이처럼 세력균형은 여러 가지 의미를 가지고 있다. 이렇게 다른 세력균형에 대한 견해를 의미 내용을 기준으로 크게 나뉘어 보면, 첫째

로는 단순히 국가 간의 힘의 분포상태를 나타내는 경우, 즉 국가 간 힘의 평형상태를 나타내는 것을 들 수 있다. 이는 문자 그대로 대등한 강대국들 간에 힘의 분포 상태가 평형을 유지하며, 균형 있게 분산되어 있는 상황을 의미한다. 이때의 균형은 '평형(Equilibrium)'을 의미하며, 균형의 기준은 대체로 "타국에 자국의지를 일방적으로 강요할 수 없는 상태"로 본다.

둘째로는 현상파괴적인 강국 혹은 국가군의 출현을 막기 위한 한 국가의 외교정책으로서의 세력균형인데, 이것은 단위국가의 외교정책으로서의 세력균형을 말한다. 이것은 현상을 변형시킬 수 있는 강국 또는 국가군의 출현을 방지하는 수단으로, 여기에는 약자 혹은 강자와 동맹하여 이득을 얻는 방법, 적국과 동맹국을 분리시켜 적국을 약화시키는 방법, 적을 제3의 적과 대립시켜 힘을 분산시키는 방법 등의 정책이 속한다.

마지막은 국제 체제로서의 세력균형인데, 국제관계에서 작동하는 정치역학시스템이라는 것이다. 쉽게 말하면 초월적인 권력체가 없는 국제사회에서 여러 나라가 저마다 자국이익을 위해 행동해 나가면 각국의 행위의 총화로써 상호견제의 안정질서가 형성되며, 이렇게 형성된 질서를 세력균형체제라 부른다는 주장이다. 이것의 예로는 19세기 초의 유럽과 같은 다국적 세력균형체제, 1차 세계 대전 이전의 3국 동맹[39], 3국 협상[40]체제, 2차 세계 대전 이후의 미소 양극체제 등이 있다.

2. 세력균형의 유형

국제정치 현실에서 세력 균형은 여러 형태로 존재한다. 단순히 두 개

---

[39] 1882년부터 1915년까지의 독일·오스트리아·이탈리아 3국 간에 체결된 군사 동맹 체제를 말한다.
[40] 같은 시기에 대영제국과 프랑스, 러시아 제국 세 나라가 3국 동맹 체제에 대항하여 맺은 동맹 관계를 일컫는다.

의 단위국가들이 군비 경쟁을 통해 대치하는 균형 상태부터, 강대국을 중심으로 여러 약소국들이 이합집산하는 복합적인 힘의 균형이 나타나기도 한다. 여기서는 가장 대표적인 프레데릭 하트만(F.H. Hartmann)의 견해를 살펴보도록 하겠다. 그는 국제정치사에 실제로 존재하였던 정책으로서의 세력균형을 크게 네 가지로 분류하였다.

1) 균형자형 균형(Balancer form of b/p)

이것은 팍스 브리태니카(Pax Britanica)라 불리던 19세기 유럽세력균형체제가 영국의 균형자 역할에 의해 계속 안정을 유지할 수 있었던 것을 모태로 한다. 이 시기에 강대국들은 자신들의 이해, 권력, 헤게모니 등을 유지하기 위해 서로 견제를 통한 억제의 과정 속에서 안정된 세력균형을 이루어 나갔다. 이 유형은 대립되는 두 개의 세력에 제3의 세력인 균형자가 개입하여, 힘의 균형을 파괴시키려는 행위자에 반대에 서 약자와 동맹함으로써 균형 체제를 유지시키려는 형태를 말한다. 예를 들어 A, B, C 3국의 세력이 A+C〉B, B+C〉A가 되도록 하여 C가 세력균형자로서의 힘을 조정한다.

2) 비스마르크형(The Bismarckian form), 복합균형(Complex form of b/p)

프로이센의 비스마르크(Otto von Bismarck)[41]가 프랑스를 대상으로 전개했던 세력균형정책에서 유래하였으며, 예상되는 침략국을 둘러싼 국가들이 공통의 이해를 중심으로 여러 개의 동맹 체제를 결성한 후 동맹 체제 간의 균형을 바탕으로 침략국의 전쟁을 억지하는 세력균형정책을 말한다. 이는 궁극적으로 잠재적 적국을 동맹체제에 묶어 둠으로써 완전히 고립시켜 도전불능의 상태로 만드는 것을 목적으로 한다.

---

[41] 오토 폰 비스마르크(1815~1898)는 프로이센의 명재상으로, '현재의 문제는 언론이나 다수결에 의해서가 아니라 오로지 철과 피(血), 곧 병기(兵器)와 병력에 의해서만 해결할 수 있다.'는 연설로 유명하다.

따라서 예상침략국과 동맹을 맺고 있거나 맺으려는 나라들에게 동맹포기를 요구하기 위해서는 그것을 결심할 만큼의 대응이익(counter-balancing interest)을 보장해 주어야 성공할 수 있다. 또한 이 정책은 각 국가간의 힘의 균형과 이에 따르는 국가이익이 시간의 흐름에 따라 계속 변해가기 때문에 비스마르크가 했던 것처럼 변화에 맞추어 동맹구조를 수정해 나가며 동맹 체제간의 균형을 유지해 나가야 하기 때문에 고도의 외교기술을 요하는 정책이라 할 수 있다. 예를 든다면 A국이 B, C, D와 동맹을 맺고 또 다른 E, F, G와 동맹을 맺은 후 A+B+C+D와 A+E+F+G사이에 균형을 유지해 나가는 정책이다.

3) 뮌헨 시대형(Munich-Era form)

뮌헨 시대형 또는 뮤니히형 세력균형은 양차 세계대전 사이에 히틀러의 대두를 막지 못한, 영국·프랑스 등 당시 유럽협조체제의 협동 실패를 지칭한 것이다. 히틀러가 이끄는 나치스는 1938년까지 군축협상과 국제연맹을 탈퇴하고 주위 국가들을 병합하며 세력을 확대해 나갔으나 영국 수상 체임벌린은 히틀러와 뮌헨 협정[42]을 체결하여 슈데텐 지방을 할양함으로써 유화 정책으로 히틀러를 달래려 하였다. 그러나 이를 통해 히틀러는 2차 대전을 개시할 힘을 얻었고, 결국 이는 체임벌린의 유화정책으로 대표되는 당시 유럽 제국들의 협조실패를 나타내는 것이다.

즉, 예상되는 침략국보다 월등한 힘을 가진 피해국들의 이해가 엇갈려 협조를 이루지 못함으로써 강한 희생국 동맹과 약한 침략국 간에 생성되는 세력균형이다. 다시 말해서, 예상 피해국들의 협조실패

---

[42] 1938년 9월 말에 체결된 협정으로 체코슬로바키아의 주테텐란드는 독일에게, 테셴 지방은 폴란드에게, 루테니아와 남슬로바키아는 헝가리에게 양도되었으며, 회담 참여국들은 명목상 체코슬로바키아의 안전과 독립을 보장하였으나 히틀러는 6개월 후인 1938년 3월 협정을 파기하고 체코슬로바키아를 병합하고 2차 세계 대전을 개시하였다.

로 비교적 약한 예상 침략국의 활동을 견제하지 못함으로써 고립된 예상 피해국을 공격할 수 있게 만들어 주는 상태를 지칭한다. 이것은 복합균형형과 정반대되는 유형으로 상대적 약소국이 강대국의 견제를 벗어나 힘을 키울 수 있는 정책으로 선택될 수 있는 균형책이다.

4) 빌헬름 형

이 유형은 제1차 세계대전 당시와 제2차 세계대전 이후의 냉전적 국제질서에서 도출된 유형이다. 이것은 양대 적대당사자간의 힘의 균형으로 이루어지는 세력균형이며, 제3의 균형자가 개입하지 않는다 하여 단순형으로도 불린다. 또한 미소 간의 냉전을 통하여 도출되었기 때문에 냉전형(cold-war form)이라고도 한다. 이 유형에서는 양대 블록으로 나누어진 적대 당사자가 곧 균형의 유지자가 된다. 이 정책은 자국이 우위를 가지는 불균등균형을 목표로 하기 때문에 군비경쟁을 필연적으로 수반하며, 제3의 균형자가 존재하지 않으며 두 상대집단의 물리적인 힘의 균형에 의해서만 안정을 유지하기 때문에 오랫동안 안정을 유지하기가 어렵다는 한계가 있다.

3. 세력균형의 역할

세력균형의 역할 중 가장 커다란 것은 역시 안전보장이다. 여기서 안보는 세력균형 참가자 상호 간의 세력의 균형으로 인한 안전 보장과, 세력균형체제 내의 약소국과 바깥에 있는 제3국의 안전까지 모두 포괄하는 것이다. 세력균형론자들은 균형 참가자들이 각기 정치적 독립과 영토보전을 유지할 수 있는 한 전쟁을 야기하지 않으리라고 판단하며, 잠재적인 침략국가로 하여금 침략 행위가 그에 대항하는 동맹을 결성시켜 궁극적으로는 자국 안보에 해가 될 것을 예상하게 하여 침략행위를 보류하게 만든다.

쉬어가는 코너 ④ (생각하는 통일안보)

- 삼국 시대의 세력 균형

세력균형의 대표적인 예를 우리나라의 역사에서도 찾아 볼 수 있다. 바로 삼국시대 7세기 무렵 대외 관계로, 돌궐·고구려·백제·일본으로 이어지는 남-북 방향의 동맹과 수나라에 이어 당나라·신라로 이어지는 동-서 방향의 동맹이다.

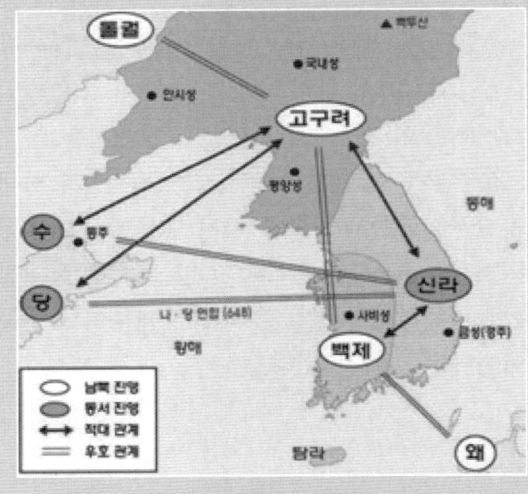

삼국시대의 세력균형

사실, 고구려가 5세기 광개토대왕, 장수왕 시절에 영토를 확장하고 동북아시아의 절대 지존으로 군림할 수 있었던 것은 고구려와 국경을 맞대고 있던 중국이 위·진·남북조라는 혼란한 상황에 처해있던 덕을 본 것도 있다. 당시 중국은 자기 영토 내에서 자기들끼리 싸움하느라 바빴기 때문에 동쪽에 있는 고구려한테 신경 쓸 겨를이 없었다. 이때 고구려, 백제는 중국의 남북조 나라들과 우호적인 외교 관계를 통해 신라를 압박하고 있었다. 그러는 사이 6세기 말 혼란한 남북조시대를 평정하고 중국에 '수'라는 통일왕조가 등장하였다. 중국이 혼란기를 수습하고 수나라가 등장하니 고구려는 안보 위협을 느꼈다. 고구려는 이제 신라와 맞서게 된 백제와 북쪽의 이민족인 돌궐과 연합하여 남-북 방향의 외교 관계를 만들고 수의 위협에 대응하게 되었다. 삼국 중에 남은 신라는 당연히 고립이 되었다. 결국 신라는 수나라(수 멸망 이후에는 당)와 동-서 방향의 외교 관계를 맺고 본격적으로 통일을 위한 작업에 착수하였다. 이렇게 동북 아시아의 국가들은 남-북, 동-서로 외교 관계를 맺었으며, 수의 양제는 113만의 대군을 이끌고 고구려를 침입하였던 것이다. 113만이라는 어마어마한 대군은 고구려 을지문덕 장군의 살수대첩에 의해 고작 몇 천 명만 돌아갈 수 있었다. 수나라는 무리한 대외원정으로 멸망하고 수에 이어 당나라가 등장하였다. 초기 당나라는 고구려와 친선을 유지하려 하였으나 당태종 즉위 이후 다시 침입하였으며, 고구려는 천리장성을 쌓고 양만춘의 안시성 싸움으로 물리칠 수 있었다. 급기야 나·당 연합군은 백제를 공격하였고 660년 백제가 멸망하였다. 여세를 몰아 나·당 연합군은 고구려를 공격하였으며, 당시 고구려는 오랜 기간 수·당과의 전쟁으로 인하여 국력이 쇠하였고 결국 668년 멸망하고 말았다.

제2절 집단안보

1. 집단안보의 정의

집단안보란 '불특정 평화 파괴자에 대한 단체 제재'를 의미하며, 타국과의 동맹이나 군비증강이 아니라 다수의 단위국가가 상호협력하여 압도적인 힘을 바탕으로 특정 국가의 평화 파괴행위 또는 무력사용을 방지함으로써 국제적인 안정과 평화를 보장하려는 안전보장 방식이다. 즉, 평화와 안전보장을 원하는 다수 국가의 힘이 파괴하려는 국가의 힘보다 우월하여 쉽게 그 균형이 깨질 수 없는 '힘의 배분상태'를 말한다.

<표 4-1> 집단안보와 집단방위의 차이점

구분	집단안보	집단방위
체제	포괄적 방위협력체제	지역적 안보 수준의 공동 방위체제
목적	이미 존재하고 있는 평화와 질서를 수호하기 위한 현상 유지	특정국가의 예상되는 행위를 규제
성격	특정 국가의 침략에 국제 체제 구성원 대부분이 동맹 형성	다수의 국가가 공동으로 방위조직을 만들어 상호의 안정을 보장
사례	국제연합(UN)	북대서양조약기구(NATO), 한미 방위조약 등

2. 국제연맹(The League of Nations)

1차 대전을 세력균형의 불안전성이 가져온 비극적 결과로 이해한 우드로 윌슨[43](W.Wilson) 등은 파리강화회담에서 세력균형의 불안정성을 지양하며 더 안정되고 도덕적인 평화보장체제로서 범세계적인 집단안전보장을 제시했고, 이에 따라 국제연맹이 탄생하게 되었다. 그는 단순한 협정만으로는 평화 보장이 곤란하기 때문에 어떤 협정보다도 큰 영향력을 창출하기 위해서는 모든 국가들의 조직된 힘에 의해 보장되는 평화가 필요하다고 역설하였다.

설립 구상은 대전 중에 영국과 프랑스에서 이미 진행되었으나, 윌슨이 1918년 1월 〈평화를 위한 14개 조항〉에서 제창하면서 표면화 되

---

[43] 우드로 윌슨(Woodrow Wilson, 1856~1924)은 미국의 정치학자이자 제28대 대통령으로 민족자결주의를 제창한 것으로 유명하다. 노벨 평화상을 수상하여 미국의 국제적 위상을 드높였으며 국내 정책에서 진보적인 개혁을 실시한 업적 등이 높이 평가되어 오늘날에는 미국 역대 대통령 중 우수한 대통령이었던 것으로 평가받고 있다.

었다. 1919년 1월 개최된 파리강화회의(파리평화회의)에서 집단안보와 국제분쟁의 중재, 무기감축, 개방외교를 원칙으로 하는 연맹의 규약을 정하고 본부는 스위스의 제네바에 두었다. 국제연맹은 성립 후 10년간 국제평화와 안전을 위하여 순조롭고 효과적으로 운영되었으며, 국제협력 분야에서는 상당한 성과를 올렸다.

그러나 1930년대 들어 강대국들 사이의 대립으로 인하여 독일·이탈리아·일본 등 추축국의 침략행위에 대하여 합당한 조치를 취할 수 없을 정도로 유명무실해졌다. 제창국인 미국이 베르사유 조약에 대한 의회의 인준거부로 인하여 처음부터 불참하였고, 중심국인 영국·프랑스 간의 이견이 많았으며, 추축국과 같은 신흥 군국주의 세력의 도발에 대하여 집단적인 제재능력을 갖지 못하였다는 한계를 드러내는 것이었다.

※ **국제연맹규약의 집단안보 관련 조항**

제10조: "…모든 연맹국의 영토보전 및 정치적 독립을 존중하고 또 외부의 침략에 대하여 이를 옹호할 것을 약속한다"
- 가맹국의 영토와 정치적 독립을 외부침략으로부터 보전하는 데에 대한 가맹국의 의무규정(전쟁금지의 법적 개면 설정)

제11조: "전쟁 또는 전쟁의 위협은 연맹국에게 직접적인 영향 유무를 불문하고 연맹전체의 이해관계사항인 것을 이에 성명한다."
- 모든 전쟁과 위협은 연맹 전체의 관심사이고 연맹은 국가간 평화를 유지하는 데 "현명하고 효과적"이라 생각되는 행동을 취할 것을 규정

제16조: 전쟁에 호소한 연맹국은 당연히 다른 모든 연맹국에 대하여 전쟁행위를 한 것으로 간주, 재정상, 통상상의 규제를 규정

국제연맹이사회는 언제 어느 국가가 어떠한 조치를 취할 것인가에 대하여 권고할 권한은 갖고 있으나 개별 가맹국 의사에 반하여 이를 구속하는 권한은 가지고 있지 않았다. 이와 같은 국제 연맹의 집단안보조치의 실패는 연맹 그 자체의 조직적 결함뿐만 아니라 당시 독일과 일본이 연맹으로부터 이미 탈퇴해 있었으며, 국제연맹이 국제 평화 유지기구로서 유명무실하게 되어 있었다는 점에 기인한다. 또한 나아가서는 유럽 및 극동의 국제관계에 중대한 이해관계를 가지고 있던 영국 및 프랑스가 그들의 아프리카에 있어서의 침략사건들과 관련하여 집단적 안보조치를 적용하는 데 일부러 무관심했기 때문인 것이다.

결국 일본의 만주 · 중국 침략, 이탈리아의 에티오피아 침략, 독일의 베르사유조약[44] 거부를 막지 못한 국제연맹은 제2차 세계대전의 발발과 함께 스스로 붕괴되었다. 1945년 4월 18일 개최된 연맹총회는 국제연맹의 해체를 결의하였고, 이후 국제연맹의 구조와 형식, 목적을 이어받은 국제연합을 발족시켰다.

※ **국제연맹의 성과와 한계**
- 1920년대 '그리스 · 불가리아 분쟁'을 해결하는데 성공하였다.
- 1928년 국제분쟁을 평화적으로 처리하는 일반의정서를 채택하였다.
- 군사적 제재 조치가 없어 국제연맹에서 제명시키는 조치만 취하였다.
- 미국, 소련과 같은 강대국이 불참하여 사실상 유명무실이다.
- 1931년 만주사변의 처리와 1935년 에티오피아 침공 시 경제제재를 실패하였다.

---

[44] 제1차 세계대전이 끝난 후 승전국들이 패전국 독일을 재기 불능으로 만들기 위해 엄청난 양의 보상금과 독일의 무장해제 및 군사력 제한, 알자스 로렌 지방의 양도 등을 요구한 조약으로, 전쟁 과정에서 막대한 피해를 입은 영국과 프랑스 등이 주축이 되어 체결하였다.

3. 국제연합(The United Nations, UN)

국제연맹에 명시되었던 집단 안보규정을 지키지 못한 결과는 제2차 세계대전이었고, 이것의 뼈아픈 교훈을 바탕으로 1945년 10월 24일 UN이 탄생하였다. UN에서는 헌장 제7장(제39~51조) '평화에 대한 위협, 평화의 파괴 및 침략행위에 관한 행동'에 집단안보에 관한 규정이 명시되어 있다. 이는 국제연맹규약보다 한층 정리·강화된 것으로 불법적인 침략전쟁뿐 아니라 평화를 위협하고 파괴하려는 행위가 있을 때에는 집단적 제재를 적용하는 방침이 취해지는 동시에 집단안보를 효과적으로 실시하기 위하여 안전보장이사회에 거부권 등의 강한 권한을 부여하고 있다.

UN의 기구 중 가장 중요한 기구는 안전보장이사회이다. 안전보장이사회는 국제평화와 안전유지에 대하여 주요한 책임을 지고 있으며, 주요 임무는 분쟁과 사태의 평화적 해결, 평화에 대한 위협, 파괴, 침략행위 등에 대한 중지와 권고, 강제조치를 결정한다. 또한 이에 관련된 군비 규제계획의 작성, 국제사법재판소의 판결사항 이행, 지역적 분쟁에 대한 지역적 처리 장려, 지역적 강제행동의 허가, 전략지구의 감독 등을 담당한다.

〈그림 4-1〉 UN 안전보장이사회 구성 국가(예)
괄호 안의 년도는 비상임이사국의 임기시한. 매년 5개국씩 교체된다.

이처럼 막강한 권한을 가지고 있는 안전보장이사회는 5개 상임이사국과 10개 비상임이사국 등 15개국으로 구성된다. 상임이사국은 미국, 중국, 프랑스, 러시아, 영국 등 5개국이며 비상임이사국은 유엔총회에서 해마다 반수를 선출하는데, 임기는 2년이며 재선을 허용하지 않는다.

> ※ UN헌장 제7장 평화에 대한 위협, 평화의 파괴 및 침략행위에 관한 조치
>
> 제39조: 안전보장이사회는 평화에 대한 위협, 평화의 파괴 또는 침략행위의 존재를 결정하고, 국제평화와 안전을 유지하거나 이를 회복하기 위하여 권고하거나 또는 제41조 및 제42조에 따라 어떠한 조치를 취할 것인지를 결정한다.
>
> 제41조: 안전보장이사회는 그의 결정을 집행하기 위하여 병력의 사용을 수반하지 아니하는 어떠한 조치를 취하여야 할 것인지를 결정할 수 있으며, 또한 국제연합회원국에 대하여 그러한 조치를 적용하도록 요청할 수 있다. 이 조치는 경제관계 및 철도, 항해, 항공, 우편, 전신, 무선통신 및 다른 교통통신수단의 전부 또는 일부의 중단과 외교관계의 단절을 포함할 수 있다.
>
> 제42조: 안전보장이사회는 제41조에 규정된 조치가 불충분할 것으로 인정하거나 또는 불충분할 것으로 판명되었다고 인정하는 경우에는, 국제평화와 안전의 유지 또는 회복에 필요한 공군, 해군 또는 육군에 의한 조치를 취할 수 있다. 그러한 조치는 국제연합회원국의 공군, 해군 또는 육군에 의한 시위, 봉쇄 및 다른 작전을 포함할 수 있다.

국제 연맹은 제재조치를 취하는 주체가 연맹의 기관이 아니라 개별 가맹국이었고, 또 개개 가맹국은 반드시 제재조치를 취할 의무가 없었으며, 연맹규약에 위반하여 전쟁에 호소하였다고 인정된 연맹가맹국에 대해서는 경제적 제재를 취하는 것이 고작이었다. 반면 국제 연합은 연합헌장과 연맹규약을 비교해볼 때 법적 기반(UN헌장 중 강제

체계의 핵심 – 제39조, 제41조, 제42조)이 훨씬 더 잘 갖추어져 있다.

〈표 4-2〉 국제연맹과 국제연합 비교

분류	국제연맹 (The League of Nation)	국제연합 (The United Nation)
본부	스위스 제네바	미국 뉴욕
설립 연도	제1차 세계대전 직후(1920년)	제2차 세계대전 직후(1945년)
목적	국제 평화와 안전 유지, 경제적·사회적 국제 협력 증진	전쟁을 방지하고 평화를 유지, 정치·경제·사회·문화 등 모든 분야에서 국제 협력을 증진
주요활동	집단 안보, 무기 감축, 개방 외교	평화 유지 활동, 군비 축소, 국제 협력
결의	만장일치	다수결
제재력	경제 봉쇄	군대 파견

제3절 평화유지활동(PKO)

1. 평화유지활동의 정의

평화유지활동(PKO: Peace Keeping Operation)이란 국제연합이 분쟁 당사국의 동의를 얻어 평화유지군이나 감시단을 파견, 휴전 및 정전 상황에 대한 감시와 치안유지 임무를 행하는 것이다. 유엔 전 사무총장인 갈리(Boutros Boutros-Ghali)는 '평화유지란 관련된 분쟁 당사자들의 합의로 분쟁지역에 유엔의 존재를 배치하는 것이며, 주로 유엔의 군인·경찰·민간인이 포함되는 의미로서 분쟁예방과 평화구축을 위한 가능성을 확대하는 기술이다'라고 정의하였다. 또한 딜(Paul F. Diehl)은 평화유지란 '포괄적으로 무장된 분쟁의 종결 또는 장기적 분쟁의 해결을 촉진하기 위한 작전적 구성(operational component)을 포함하는 국제적 노력'이라 정의하고 있다.

이러한 탈 냉전기 평화유지활동에 대한 정의는 주권불가침에 대한 전면적인 개방을 의미하며, 국내분쟁에 대한 유엔의 개입을 시사해 주고 있다. 또한 현재의 적대행위 뿐만 아니라 앞으로 분쟁원인이 될 수 있을 것으로 판단되는 상황이나 지역에 대해 예방행동을 취하려는 진보적이며 적극적인 의미를 지니고 있다.

제2차 세계 대전이 종전되고 유엔이 결성된 이후에도 전 세계의 국지적 분쟁은 계속되었다. 특히 제3세계 국가들의 탈식민화 과정에서 분쟁이 매우 심각하였으나, 국제연합헌장 제6장의 평화적 해결방법은 실제적인 구속력을 가지지 못하여 유명무실한 상태였고, 제7장의 안보리 강제조치는 상임이사국들의 진영논리에 따른 거부권 행사로 무력화됨으로써 새로운 분쟁 해결 방법이 요구되었다.

> ※ UN헌장 제6장 평화에 대한 위협, 평화의 파괴 및 침략행위에 관한 조치
>
> 제36조
> 1. 안전보장이사회는 제33조에 규정된 성격의 분쟁 또는 유사한 성격의 사태의 어떠한 단계에 있어서도 적절한 조정절차 또는 조정방법을 권고할 수 있다.
> 2. 안전보장이사회는 당사자가 이미 채택한 분쟁해결절차를 고려하여야 한다.
> 3. 안전보장이사회는, 이 조에 의하여 권고를 함에 있어서, 일반적으로 법률적 분쟁이 국제사법재판소규정의 규정에 따라 당사자에 의하여 동 재판소에 회부되어야 한다는 점도 또한 고려하여야 한다.
>
> 제37조
> 1. 제33조에 규정된 성격의 분쟁당사자는, 동조에 규정된 수단에 의하여 분쟁을 해결하지 못하는 경우, 이를 안전보장이사회에 회부한다.
> 2. 안전보장이사회는 분쟁의 계속이 국제평화와 안전의 유지를 위

> 태롭게 할 우려가 실제로 있다고 인정하는 경우 제36조에 의하여 조치를 취할 것인지 또는 적절하다고 인정되는 해결조건을 권고할 것인지를 결정한다.
>
> 제38조
> 제33조 내지 제37조의 규정을 해하지 아니하고, 안전보장이사회는 어떠한 분쟁에 관하여도 모든 당사자가 요청하는 경우 그 분쟁의 평화적 해결을 위하여 그 당사자에게 권고할 수 있다.

이에 따라 6장보다는 강하고 7장보다는 약한 중간적인 분쟁해결 방식이 모색되었는데, 평화유지를 위한 구체적 실행 수단을 확보하면서 상임이사국의 무분별한 거부권 남용에 제한받지 않는 PKO의 형태가 나타났다. 제1차 유엔 긴급군(UNEF-Ⅰ)을 창설하면서 당시 유엔 사무총장인 함마슐드(Dag Hammarskjold)가 말한 'PKO에 대한 연합헌장의 근거는 6,5장이다.'라는 발언은 이러한 PKO의 등장배경을 잘 드러내고 있다.

2. 평화유지활동의 성격

국제연합헌장에서 언급하는 평화유지활동의 임무에 따른 성격별 개념은 예방외교, 평화조성, 평화유지, 평화재건, 평화강제로 나누어진다. 이러한 활동은 헌장 제7장의 집단안보에 근거한 것으로 분쟁을 해결하는데 있어 분쟁당사자 간의 중립성을 유지하면서 어떤 당사자든 상관없이 평화유지를 방해하는 집단에 대해 강제 활동을 수행하는 것이다.

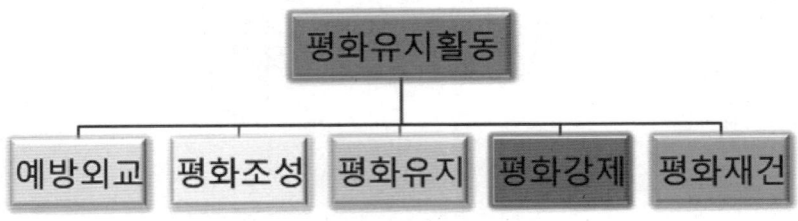

〈그림 4-2〉 평화유지활동 단계

1) 예방외교 - 분쟁을 사전에 방지

예방외교(Preventive Diplomacy)는 헌장 제6장에 근거해서 분쟁의 발생을 방지하는 역할을 한다. 보통의 평화유지활동은 분쟁이 발생하고 난 뒤에 전개되나, 예방외교는 분쟁의 징후가 있을 경우 분쟁 당사자들 또는 인접국가의 요청에 의해서 전개되는 활동이다. 따라서 예방외교는 평화를 재건하려는 의미보다는 평화의 보존을 의미하는 활동이다.

2) 평화조성 - 분쟁의 근원을 제거

평화조성(Peace-making)은 적대적인 당사자들 간 협상·중재·화해를 포함하여 유엔헌장 제6장에서 제시하고 있는 평화적 수단을 통하여 적대적인 정치집단들을 협상으로 이끌어 내는 활동이다.

3) 평화유지 - 무력충돌로 심화된 분쟁을 수습

평화유지(Peace-keeping)는 일반적으로 두 국가 간 평화 회복 또는 교전 집단 간의 교전행위를 중단하는 것을 목적으로 개입하고 있는 군사적인 인력을 포함하는 집단적인 행동이다. 따라서 평화유지는 유엔의 가장 대표적인 활동으로 분쟁과 관련된 모든 정치집단들의 동의하에 통상 유엔 소속의 군인과 경찰 및 민간인들이 현장에 배치되어 분쟁의 확대 가능성을 예방하고 평화조성의 가능성을 확대하는 기술이다.

4) 평화강제 - 강제력을 동원해 분쟁을 해결

평화강제(Peace-enforcing)는 평화유지와 평화조성의 수단으로 평화를 회복하기가 힘들 경우 강제적인 방법과 수단을 동원하여 평화를 강제하는 행위이다.

5) 평화재건 - 평화가 정착될 수 있도록 유·무형의 지원

평화재건(Peace-building)은 평화를 강화하고 시행할 수 있는 구조를 지원하고 과거에 교전당사자간 신뢰를 구축하기 위한 조치를 지원할 수 있는 행동으로 정의된다. 이 활동의 목표는 어느 특정한 사회 내에서 평화를 건설해야 하는 제도를 망각하지 않으면서 발전과 진보를 위한 경제적인 조건의 마련과 사회적인 안정의 보장, 그리고 사회내의 발화점을 축소하는 일들이다.

3. 평화유지활동의 원칙

분쟁 개입 시 평화유지활동의 원칙은 동의성·중립성·자위성·대표성·자발성 등 다섯 가지로 제시할 수 있다.

첫째는 **분쟁당사국의 동의성**의 원칙이다. 평화유지활동을 전개하기 위해서는 기본적으로 분쟁 당사국의 동의가 있어야만 가능하다. 유엔의 평화유지활동은 국제연합안전보장이사회(이하 안보리) 또는 총회의 동의, 분쟁당사국의 동의 및 분쟁에 개입하는 참가국의 동의가 있어야 한다.

둘째는 **중립성**의 원칙이다. 중립성이란 평화유지활동에 참여하는 요원들이 분쟁지역 내에서 정치적·군사적으로 평화유지활동의 공정성과 객관성을 확보하기 위하여 반드시 중립을 지켜야 한다는 것이다.

셋째, 평화유지활동에 있어 자기방어를 제외한 어떤 경우에도 무력을 사용해서는 안 된다는 **자위성**의 원칙이다. 즉, 평화유지활동 요원들은 자신의 생명이 위협받을 경우에만 무력을 사용해야 한다는 것이다.

넷째, 대표성의 원칙으로 평화유지활동은 유엔에 의해 주도되는 활동이라는 성격이 유지되어야 한다. 평화유지활동은 유엔의 의결기관을 통해서 구성되어야 하며, 사무총장의 명령과 지휘에 따라 국제사회의 집단의지가 반영되는 활동이어야 한다는 것이다.

다섯째, **자발적 참여의 원칙**은 평화유지활동에 참여하는 국가는 안보리와 총회의 결의에 따라 자발적으로 참여하도록 요청 받아 구성되며, 참여요원 또한 지원자로 충원되어야 한다. 평화유지활동에 대한 참여는 참여국가의 자발적인 의사에 따라 행해지는 것이기 때문에 강대국의 강요나 강제는 있을 수 없으며, 또한 자발적으로 참여한 국가는 언제든지 자국의 병력을 철수할 수도 있어야 한다.

4. 평화유지활동의 분류

평화유지활동 유형은 임무에 따라 비무장 장교로 구성되어 정전협정 이행과 분쟁중재에 중점을 두는 감시단, 유엔 회원국에 의해 편성되어 유엔의 지휘 하에 군사작전을 수행하는 무장 부대인 평화유지군, 군사작전 이외에 민간부문 활동을 병행하는 혼성 PKO로 나누어진다. 또한 이와 관련된 작전환경 및 군사적 노력의 수준에서 평가할 때는 전통적 평화유지활동과 복합적 평화유지활동의 두 가지 범주로 분류된다.

〈그림 4-3〉 군사활동 중인 UN군   〈그림 4-4〉 구호활동 중인 혼성PKO

전통적 평화유지활동은 분쟁당사자들의 동의와 협조 하에 정전협정 체결, 분쟁 당사국들의 평화유지군 배치 동의 등의 필수조건이 충족될 경우, 주로 비무장 감시단 또는 경무장 평화유지군을 양측의 중간 선형 완충지대에 배치한다. 전통적 평화유지활동에서는 국경과 비무장지대를 감시하고, 정전과 휴전협정의 이행여부를 감독하며, 병력철수를 확인한다. 이들은 단지 자위의 목적에 한해서 무력을 사용할 수 있는 권한을 부여받으며, 분쟁당사자들에게 강압적 조처를 취하기 위한 무력사용은 허가되지 않는다. 이들의 전통적 PKO를 유엔헌장 제6장에 근거한 '제6장 활동'으로 지칭한다. 유엔활동 가운데 가장 제한적인 것으로, 대체로 정치적 합의 이후의 상황을 보고하는 것에 국한된다.

복합적 평화유지활동은 일반적으로 국제연합헌장 제7장에 따라 승인된다. 이는 주로 기능적인 임무에 속하며, 군사적 요소를 포함하여 인도주의적 구호를 위한 민간인과 비정부조직의 활동지원, 선거준비와 보호, 대규모 병력의 무장해제, 정부조직 및 제도 보호 임무를 수행한다. 이처럼 복합적 PKO에서 평화유지군은 전통적 PKO의 완충지대 진주보다 더 복잡한 군사적 임무를 부여받는다. 이 경우 불안정한 국내의 갈등으로 인하여 활동 환경이 매우 적대적이고, 복잡하다. 이처럼 복합적 PKO의 임무환경은 사실상 준전시 상태인 경우가 대부분이다.[45]

〈표 4-3〉 한국군 파병 병력 추이(1993~2012) (단위: 명)

파병연도 분류	1993	1994	1995	1996	1997	1998	1999	2000	2001	2002	20C3	2004	2005	2006	2007	2008	2009	2010	2011	2012
해외파병총계	258	308	296	474	47	56	488	932	1256	1764	2284	4706	6803	5734	2858	1828	1667	2087	2745	3157
이라크(다목적군)	-	-	-	-	-	-	-	-	-	-	1155	4519	6313	5284	2256	1080	0	0	0	0
아프간(다목적군)	-	-	-	-	-	-	-	325	835	806	423	422	421	218	13	17	246	343	731
해양안보(다목적군)	-	-	-	-	-	-	-	-	-	-	0	0	0	2	909	623	617	937
군사협력파병	-	-	-	-	-	-	-	-	-	-	-	-	-	-	-	-	-	-	259	289
유엔PKO	258	308	296	474	47	56	488	932	931	929	322	64	68	29	384	733	741	1218	1526	1200

출처: 나라지표

---

[45] 한국안보문제연구소, 「PKO 활동연구」, 한국안보문제연구소, 2009.

〈표 4-4〉 한국군 파병 현황(2013~2017)   (단위: 명)

파병연도 분류	2013	2014	2015	2016	2017
해외파병총계	1,692	1,094	1,108	1,090	1,098
유엔PKO	630	634	649	624	647
다국적군	383	307	309	316	312
국방교류협력	679	153	150	150	139

출처: 국방부

유익한 이야기 코너 ⑤

대한민국의 해외파병 역사(주요 PKO 포함)

1991년 : 걸프전 - 국군의료지원단, 공군수송단
1993년 : 소말리아 - 상록수부대
1994년 : 서부사하라 - 국군의료지원단, 그루지야 - 그루지야 정전 감시단 옵서버, 인도·파키스탄 - 인·파 정전감시단 옵서버
1995년 : 앙골라 - 101 공병대대
1999년 : 동티모르 - 상록수부대·참모/연락단원
2001년 : 미국- 중부사령부 참모/협조장교
2002년 : 아프가니스탄 - 동의부대
2003년 : 아프가니스탄 - 해성·청마·다산부대, 이라크 - 서희·제마부대
2004년 : 이라크 - 자이툰·다이만부대, 부룬디 - 유엔 부룬디임무단 옵서버
2005년 : 수단 - 유엔 수단임무단 옵서버
2007년 : 레바논 - 동명부대, 네팔 - 유엔 네팔임무단 옵서버
2009년 : 아덴만 해역 - 청해부대, 코트디브아르 - 평화유지군, 서부사하라 - 선거감시단
2010년 : 아이티 - 단비부대, 아프가니스탄 - 오쉬노부대
2011년 : 아랍 에미리트 - 아크부대, 남수단 - 유엔 남수단(주바) 임무단
2013년 : 남수단 - 한빛부대
2014년 : 필리핀 - 아라우부대, 시에라리온 - 에볼라 긴급구호대
2016년 : 독일 - 미 아프리카사령부 협조장교

제5장 자력방위와 중립

제1절 자력방위

1. 자력방위(Self-defense)의 정의

자력방위(Self-defense)는 '타국의 보호 또는 간섭을 받지 않고 자국의 힘으로 국가안보를 책임진다'는 의미를 가진다. 엄밀히 이야기하자면 스스로의 힘으로 적의 침략으로부터 자국을 방어하는 것만을 자력방위로 정의해야겠지만, 세계 대부분의 국가가 상호의존성과 복잡한 역학관계 속에 놓여 있는 현대의 자력방위는 한 국가가 배타적이고 폐쇄적인 형태로 자주국방을 추구하는 것을 뜻하지 않는다. 오히려 잠재적 적성국가의 폭이 넓어진 현대의 자력방위는 다양한 성격의 집단안전보장체제를 통하여 뒷받침되고 있다.

물론 집단안보체제 하에서도 자국의 국가이익과 우방국의 국가이익이 일치되기는 힘든 일이며, 자국의 탄탄한 국력과 국방력이 뒷받침되지 않을 때에는 오히려 자주적인 국가안보가 어려워지기도 한다. 그러므로 현대적 개념의 자력방위는 우방국의 군사력을 보완적 수단으로 활용할 수 있을 정도로 안정적인 자국의 군사력을 갖추며 국가방위의 독립성을 유지해 나아가는 것이다. 즉, 자국의 국력과 군사력이 적국의 침공으로부터 자국을 방어할 수 있을 때 비로소 진정한 자력방위를 달성할 수 있다.

2. 자력방위의 유형

1) 국력이 약한 경우

자국의 힘을 통한 자력방위와 우방국들의 힘을 빌리는 군사동맹의 택일 문제는 모든 국가들에게 어려운 선택이다. 약소국들은 군사동맹에 의존하여 적은 국방비 부담으로 우방국들과 공동의 안보를 도모하며, 이후 국력 신장과 더불어 자력방위의 역량을 늘려나가는 정책을 주로 채택한다. 우리나라의 경우 1954년 체결된 한미상호방위조약의 틀 안에서 미국의 군사원조를 받으며 경제성장과 동시에 자력방위 역량을 확충하기 위하여 자주국방계획을 지속적으로 추진하여 왔으며, 현재에 와서는 명실상부한 현대적 의미의 자력방위가 가능한 역량을 지니게 되었다.

2) 국력이 강한 경우

미국과 같이 국력과 국방력이 세계 제일을 달리는 국가도 막대한 군사비 지출을 줄이기 위해 군사동맹 체제를 선호하기도 한다. 미국은 전 세계 각지에서 전략적 가치가 높은 국가들과 군사동맹을 체결하고 있으며, 특정 전역에서는 다국적군을 결성하여 전쟁에 임하기도 한다. 이는 약소국일지라도 미국이 주도하는 군사공동체에 동참할 경우, 아무리 적은 방위비를 분담해도 그만큼 미국의 부담은 경감되기 때문이며, 국제여론을 유리한 방향으로 이끄는 데도 도움이 되기 때문이다.

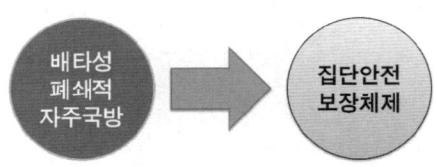

〈그림 5-1〉 자력방위 개념의 변화

※ 동맹에 가담하지 않고 자력방위를 선택하는 경우
- 강력한 두 동맹 세력 사이에 존재하여 중립을 표명하는 국가
- 동서 간의 중립을 하나의 공동된 정책으로 채택하는 국가
- 동맹을 원하나 현실적 어려움으로 가입하지 못하는 국가

3. 비동맹 국가의 자력방위

1) 비동맹주의

비동맹(non-alignment)주의는 인도 수상 네루[46]의 외교 이념에서 비롯되었다. 네루가 처음으로 이 비동맹이라는 단어를 사용하였을 때, 그는 이 단어를 'non-alignment with blocs' 즉 '미국과 소련의 양대 군사 블록에 대한 비동맹'이라 하여 NATO와 WTO라는 양대 군사 블록과의 관계에서 사용하였다.

비동맹국들은 상이한 사회체제의 공존, 민족 독립 운동의 지지, 일체의 군사블록과 조약 불참, 외국군의 주둔 및 군 기지 설치 반대를 외교의 기본 노선으로 삼았다. 이러한 평화공존, 반식민지주의, 냉전 질서 불참을 기조로 하는 외교 노선이 바로 비동맹주의이다.

〈그림 5-2〉 비동맹주의의 의지

---

[46] 자와할랄 네루(Javāharlāl Nehrū, 1889~1964)는 인도의 독립 운동가 겸 정치가이다. 사회주의자이자 사회민주주의자인 네루는 비폭력, 평화주의자인 마하트마 간디와는 달리 적극적인 파업 활동 등의 독립 운동을 전개하였다. 인도 독립 이후 초대 인도 국무총리를 역임하였다.

비동맹주의는 미국과 소련의 양대 진영 사이에서의 중립을 표방하고 있지만, 기존의 전통적인 중립과는 많은 차이를 보인다. 기존의 중립국들은 전쟁이나 분쟁에 개입하지 않으려고 하였지만, 이들 비동맹 국가들은 양대 진영의 중간에서 자유로운 위치를 가지며, 자신들의 의사를 표현하고 세력 균형의 한 축을 형성하고 있었다. 즉, 비동맹주의가 추구하는 중립은 양측의 어느 한 진영과 연합하지 않는다는 것이지 기계적인 중립을 지키겠다는 것은 아니었다.

※비동맹국회의(Conference of Non-Aligned Nations)
- 1961년 유고슬라비아 베오그라드에서 개최
- 국제긴장 완화, 민족해방투쟁지지, 식민지주의 타파
- 회의 참가국의 자격 요건
  - 사회제제가 비동맹적책을지지, 실행하는 나라
  - 민족 독립운동을 지지하는 나라
  - 강대국 분쟁에 관련하거나 군사동맹, 집단방위조약에 가입하지 않는 나라
  - 강대국 군사분쟁에 관련하여 군사기지를 타국에 제공하지 않는 나라

주로 제3세계 국가들로 구성되어 있는 비동맹주의 국가들은 1980년대 이후 양극 체제가 붕괴하자 정치적 영향력보다는 남남협력과 개발, 외채, 환경 등 당면한 경제적 문제에 대한 회원국 간 협력에 역점을 두었다. 특히 1990년대 이후에는 과거의 진영논리와 대결구도에서 벗어나 선진국들과의 빈부 격차와 남북 격차[47] 등의 의제를 활발히 제기하며, 비동맹국 정상회의, 외무장관회의, 조정위원회회의 등을 통해 영향력을 행사하고 있다.

---

[47] 남북 격차(南北隔差)는 선진국과 개발도상국 사이의 경제적, 정치적 격차로 인해 발생하는 문제를 말한다. 대부분의 산업 선진국이 북반구에, 개발도상국은 적도 인근이나 남반구에 있는데서 나온 용어이다. 오스트레일리아와 뉴질랜드는 지리적으로 남반구에 위치하고 있지만 선진국으로 분류된다.

2) 비동맹 자력방위의 사례

대표적인 비동맹 국가인 인도는 "안보는 힘에 의존해야 하며, 힘은 능력에 의존한다"는 간디의 말처럼 군사력 강화에 매진하여 왔다. 인도는 냉전 시기 미국과 소련의 핵 우산을 불신하고 비동맹주의 운동의 핵심적인 역할을 하며 자체적인 핵무기 개발에 힘을 쏟았다. 파키스탄과 중국이라는 위협적인 적국에

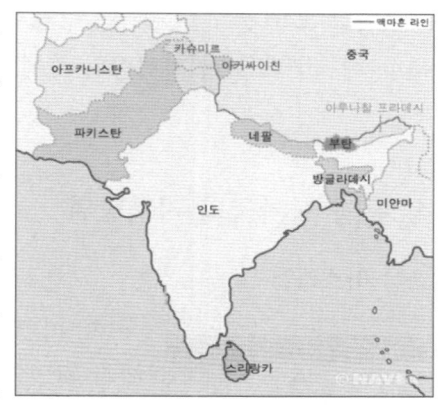

〈그림 5-3〉 인도 주변 국가

둘러싸인 상황에서, 인도는 1962년 중국과 국경 분쟁을, 1965년과 1971년 2차례에 걸쳐 파키스탄과 전쟁을 경험하였다. 더군다나 1964년 중국이 핵무기를 개발한 데 이어 적국 파키스탄이 핵실험을 단행하자 자체 핵무기와 투발수단인 미사일 개발에 역량을 집중하여, 1974년과 1998년 두 차례의 핵실험을 통하여 핵무기 보유국임을 천명하였다.

미국은 위협적인 잠재적국인 중국과 러시아의 견제를 위하여 2006년 3월 인도와 핵 협정을 체결하였다. 이는 미국이 인도의 평화적 핵 활동을 지원한다는 약속과 함께 인도의 핵 보유를 기정사실로 인정하는 내용으로, 핵확산방지조약 체제의 정당성을 훼손하면서까지 인도라는 전략적 파트너를 확보하려는 미국의 의도를 드러낸 것이었다.

인도의 이러한 핵 무장 성공은 핵 외교의 쾌거이자, 핵무기를 통한 비동맹 국가 자력방위의 한 사례이다. 또 다른 핵 강국인 영국과 프랑스가 대륙간탄도탄(ICBM)등 지상발사 핵무기를 폐기하고 잠수함발사 탄도미사일(SLBM)[48] 등의 잠수함 핵 전력에 의존하는 추세인 데 반해,

---

[48] 잠수함 발사 탄도 미사일(SLBM)은 대륙 간 탄도 미사일을 전략 핵 잠수함에서

인도는 미-인도 핵 협정을 계기로 핵무기를 총괄하는 전략군사령부를 창설하고 모든 플랫폼에서 핵 투사가 가능한 체계를 구축하며 명실상부한 핵 강국으로서 자력방위 체제를 완성하였다.

4. 동맹 불가국의 자력방위

1) 이스라엘

이스라엘은 독립전쟁과 건국 시부터 현재까지 끊임없는 안보 위협에 시달리고 있다. 주변의 아랍국들과는 1948년부터 1972년까지 네 차례에 걸친 중동전쟁을 겪었으며, 서안 지역을 둘러싸고는 팔레스타인 해방기구(PLO)와 하마스 등과 아직도 군사적인 대립을 지속하고 있다. 이러한 상황에서 이스라엘은 국가의 생존을 위해 안보를 최우선적으로 강구하고 있으나, 지정학적인 위치와 국제정세 상 어떤 국가와도 공식적인 동맹을 맺지 못하고 있다. 서방국가들은 석유 수출국 기구를 통해 영향력을 행사하고 있는 중동국가들과의 관계 때문에 이스라엘과의 동맹을 거부하고 있으며, 1954년 NATO 가입요구가 거부되고, 1970년 미국과의 방위조약도 거부당했다.

이처럼 적대적인 주변 아랍 국가들에 홀로 둘러싸인 이스라엘의 특징적 안보전략은 '눈에는 눈 이에는 이'와 같은 철저한 보복주의를 통해 아랍 국가들의 공격을 저지하고 있다는 것이다. 아랍 세력들의 테러나 국지분쟁에 대한 철저한 보복공격은 아랍국들로 하여금 이스라엘을 공격할 시에 큰 희생을 치르게 되며, 이스라엘의 보복 공격을 저지할

발사가 가능하도록 개량한 탄도 미사일이다. 잠수함에서 발사할 수 있기 때문에 목표물이 본국보다 해안에서 더 가까울 때에는 잠수함을 해안에 근접시켜 발사할 수 있으며, 조기에 모두 탐지하기가 어렵다는 장점이 있다.

수 없다는 인식을 갖도록 함으로써 잠재적 공격을 억제하는 것이다.

또한, 이스라엘은 인구와 자원, 국토의 절대적인 열세를 극복하기 위하여 핵무기를 개발한 것으로 확인된다. 이스라엘의 핵 프로그램은 1986년 영국 언론에 비밀 핵 발전소의 존재가 폭로되며 세상에 알려졌으며, 현재는 NPT에 가입하지 않고 비공식적으로 150~200기의 핵탄두를 보유하여 전쟁 억지력으로 활용하고 있는 것으로 알려져 있다.

여성에게도 남성과 동일한 국방의 의무를 부여하고 있으며, 신속하고 효율적인 국가 동원예비군 제도를 발전시켜 단기간 내 전투력을 최대한 발휘할 수 있는 준비태세를 갖추고 있다. 이스라엘의 동원체제는 시민군 개념으로, 전역 후에도 시민생활을 하는 현역군인, 즉 귀가현역 개념의 동원체제를 확립하고 있다.

〈그림 5-4〉 이스라엘 여군

2) 대만

1949년 중국 본토에서 모택동이 주도한 중화인민공화국이 성립함에 따라 장개석은 국민당 정부를 대만으로 옮기고 대륙수복을 목적으로 한 경제발전과 국력신장에 주력하였다. 대만 정부는 반공을 국시로 하여 대륙의 공산 중국과 대립하였지만 1990년대에 이르러 중국의 경제적 성장으로 많은 국가들이 중국과 수교하게 되자 중국과의 대치로 인해 국제 사회로부터 외교적으로 고립을 당하게 되었다.

1980년대 말까지 대만은 불접촉, 불담판, 불간섭의 3불정책을 고수하며 중국과의 대화에 응하지 않았으나, 1987년에 민간인의 중국 거주 친척 방문을 허용하는 등의 교류를 시작하였다. 이후 1991년에는 3불 정책을 폐기하고, 통우, 통상, 통항의 3통정책과 고위인사의 상호 교류를 골자로 하는 '국가통일강령'을 제정하였다.

그러나 현재까지도 대만의 최대 안보 문제는 중국과의 현안인 양안 문제이다. 양안 문제는 대만을 중국 대륙으로 통일하고자 하는 중국의 입장과 대륙으로부터 독립하려는 대만 간의 대립 문제이다.

이에 대해 양안 관계의 캐스팅 보트[49]를 쥐고 있는 미국은 하나의 중국 지지, 무력 사용의 반대, 현상 유지, 전략적 모호성이라는 전략을 구사하고 있다. 전략적 모호성이란 양안 간에 전쟁이 발발할 경우 미국이 대만을 지원할지에 대한 여부를 모호하게 유지함으로써 양측의 전쟁 의도를 억지하겠다는 전략이다. 이는 대만이 미군의 개입을 전제로 독립을 선언하여 양국 간의 분쟁이 일어나는 것을 막고, 중국에 대해서는 미국의 개입 가능성을 열어 둠으로써 대만에 대한 직접적인 무력 사용을 자제시킬 수 있다는 것이다. 결국, 미국은 양안관계에 대해 중국 주도의 통일도, 대만의 독립도 아닌 현상 유지를 바라고 있다.

대만은 양안 문제가 발생할 시에 중국이 직접적인 침공은 하지 않을 것으로 전제하고 있다. 그러나 중국이 진먼 포격전[50]에서처럼 제한된 범위나 기간 동안 대만에 대한 군사작전을 감행할 가능성은 배

---

[49] 의회의 의결에서 가부동수가 나올 때 의장이 가지는 결정권 혹은 대세를 좌우할 제3당의 표.

[50] 진먼 포격전(金門砲戰) 혹은 제2차 타이완 해협 위기는 1958년 8월 23일부터 10월 5일까지 진먼 섬에 주둔하던 중화민국 해군에 대해 중국 인민해방군이 포격을 가한 전투이다. 중화인민공화국에서는 진먼포전 (金門砲戰), 중화민국에서는 8.23포전 (八二三砲戰)이라고도 부른다. 중국 인민해방군은 8월 23일부터 10월 5일까지 47만발에 달하는 포탄을 퍼부었으나, 중화민국 육군 진먼방위사령부(中華民国陸軍金門防衛司令部, 金防部) 사령관이었던 후리엔(胡璉)은 미국 해군의 해상수송 지원을 받으며 진먼 섬을 사수하고 8인치 유탄포로 샤먼의 중국 인민해방군에 반격을 가했다. 이후 20년간 공격의 횟수가 점차 줄어들며 간헐적으로 계속되다가, 1979년 1월 1일 미·중 국교 정상화 이후 공식적으로 포격전이 종료되었다.

제하지 않고 있으며, 중국이 공격해 오게 될 여러 시나리오를 고려하며 국력차를 감안한 전수방어 전략을 계획하고 있다. 이는 군사 작전과 정치, 경제, 심리 및 기술발전 등 현대적 의미에서의 국방에 직간접적으로 기여하는 요소들을 망라한다. 대만은 세계의 대부분의 국가들이 중국과의 이해관계를 더욱 중시하고 있다는 사실을 인식하고 독자적인 자력방위를 위해 무기체계를 개발하고 생산하기 위한 노력을 아끼지 않고 있다.

제2절 중립

1. 중립의 정의

중립(Neutrality)은 대립과 분쟁에 대하여 제3자가 공평한 입장을 유지하는 것을 말하며, 중립주의(neutralism)는 국제사회에서 중립적 입장을 취해 나가려는 외교정책이다. 이는 전시와 평시 모두 어느 국가와도 군사적 외교적 관계를 맺지 않는 정책으로, 중립이 전쟁의 구체적인 발생을 가정하고 전쟁 발발 시 불개입을 선언하는 데 비하여 중립주의는 평시 주권국가의 외교정책의 성격을 가지고 있는 것으로 볼 수 있다.

중립화는 중립주의 외교정책을 명시적으로 보장받기 위한 것으로 중립화를 선언한 중립국은 중립을 원하는 국가와 타 국가들 간의 조약 또는 중립국이 되기를 원하는 국가의 선언에 대한 타국의 승인에 의하여 영구히 타 국가의 전쟁에 관여하지 않고 중립을 유지할 의무를 가지며 타 국가에 의하여 그 정치적 독립과 영토를 보장받고 있는 국가이다. 즉, 자위의 경우를 제외하고는 전쟁에 개입하지 않으며, 특정한 국가와의 동맹조약도 체결하지 않을 의무를 지는 동시에 정치적 독립과 영토의 보장, 중립적 지위의 존중을 타 조약당사국들로부터 받고 있는 국가이다.

2. 중립의 역사

중립 개념[51]은 16세기 이후 유럽 국제체제의 성립과 함께 성장하여 18세기에 일반화되었고 19세기에 확립되었다. 그 이전인 고대사회에서는 물론, 중세에서도 중립에 관한 관념은 거의 발견할 수 없었다. 그리스에서 지배적으로 존재하던 것은 동맹·우호의 관념이었고, 로마에서도 제국민은 로마의 적이 아니면 동맹 중의 하나를 선택해야만 하였다. 그리고 중세에 와서는 기독교사회였으므로 이교도에 대한 전쟁에서 중립이란 생각할 수도 없는 일이었다. 그러다 16세기의 절대주의국가들이 국제적인 상업 활동을 통하여 국가의 부를 축적하면서부터 전시에 중립국의 이익과 교전국의 필요를 조화시켜야 할 중립제도의 조건이 마련되었다.

이러한 배경에서 탄생한 최초의 중립국이라고 할 수 있는 것은 바로 스위스였다. 스위스는 용병산업이 국가산업의 기본이었기에 한쪽의 편을 들지 않는 편을 택한 것이다. 그 결과 1648년 30년 전쟁이 끝난 후에 스위스는 '베스트팔렌 조약'에서 중립국으로 승인되었고 나폴레옹 시대에도 중립국으로 인정 되었으며 1815년의 '빈 회의'에서 스위스의 독립과 영구적인 중립을 보장하면서 영세중립국의 지위를 얻었다.

스위스 중립화는 이후 중립제도의 모범으로서 스칸디나비아 반도 국가들의 전통적 중립정책에 영향을 주었다. 또한 미국 독립전쟁기와 나폴레옹 전쟁 시기에 러시아를 중심으로 한 유럽 국가들은 해군력을

---

[51] 16세기 이후 근대 유럽에 존재하였던 국가 간 힘의 균형 체제를 말한다.

중심으로 한 무장중립을 최초로 제창하였으며, 미국은 18세기 후반부터 19세기 초까지 중립법을 3번 제정하여 유럽에서 벌어지는 전쟁에 대한 중립을 유지하였다. 이는 근대적인 중립제도의 확립에 커다란 영향을 주었다.

이어 19세기부터 20세기 초까지 중립에 대한 국제법이 활발하게 제정되었다. 1856년의 파리평화회의에서는 해상 중립법규에 대한 파리 선언을 채택하였고, 1899년과 1907년의 헤이그 평화회의에서는 육전과 해전시의 중립국 의무를 조약에 포함시켰다. 이로써 중립국은 쌍방 교전국에 대해 공평한 태도를 취해야 하며, 전쟁을 회피해야 하고 다음과 같은 의무 사항들을 가지게 되었다.

20세기에 들어 중립법규가 국제법상으로 성문화된 후, 중립법은 심각한 도전에 직면하였다. 양차 세계 대전 간에 끝까지 중립국의 의무를 다하며 중립을 고수한 국가는 극히 소수였고, 중립 당사국과 교전국들 모두 중립법규를 종종 무시하였던 것이다. 또한 국제연합 헌장과 부전조약 등에서는 침략국에 대한 공동의 제재와 피 침략국에 대한 원조를 명시하고 있으나, 중립법규에서는 침략국과 피 침략국 가운데서 공평한 지위를 유지할 것을 요구하고 있어 오늘날에는 중립법규의 기능과 위상이 상당 부분 제약되어 있다.

※ **중립국의 의무**

- **방지의 의무**: 중립국은 자국의 영토가 교전 당사자들 간의 전쟁에 이용되는 것을 방지해야 한다.
- **회피의 의무**: 중립국은 교전국에 대해 병력, 무기, 차관 등을 공급해서는 안 된다.
- **관용, 묵인의 의무**: 중립국 국민은 교전국 영역 사이에도 통상활동을 할 수 있지만 전시에 금제품을 공급하거나 봉쇄된 수역을 통과할 때, 그리고 적국에게 군사적으로 원조하는 중립국 선박에 한해 교전국이 이를 포획 또는 몰수해야 한다.

※ **중립의 역사**

- 로마시대 이전에는 중립이라는 개념 자체가 없었다.
- 중세 말 지중해의 상인들이 관습법화 하였다.
- 16세기 유럽국가체제가 성립되면서 중립제도가 형성되는 조건이 만들어졌다.
- 18세기에 일반화되고 19세기에 확립되었다.
    - 나폴레옹 전쟁을 계기로 폭넓게 채용
    - 러시아를 중심으로 무장중립이 제창
    - 미국은 중립법을 3번 제정하고, 유럽에서 일어나는 모든 전쟁에 대해 중립을 선언
    - 크림전쟁 후 중립법규에 대한 파리선언을 채택
- 헤이그 평화회의에서 중립국 의무 조항을 파리선언에 포함

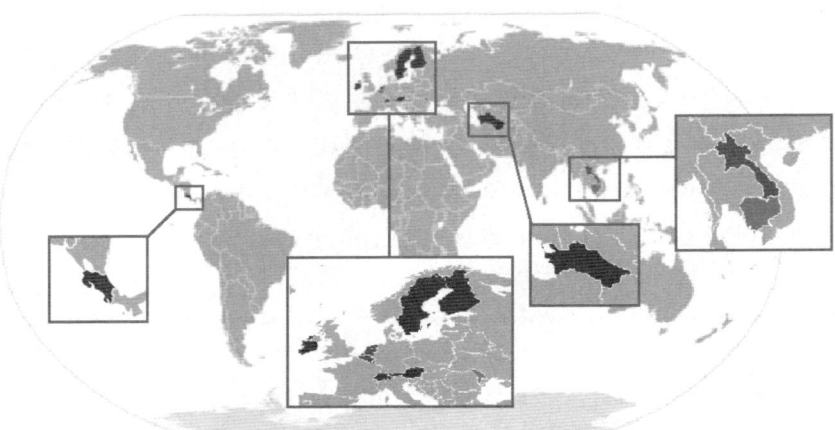

■ 헌법과 국제사회에 의해 인정된 중립지위 (코스타리카, 아일랜드, 스웨덴, 핀란드, 스위스, 오스트리아, 투르크메니스탄)
■ 국제사회에 의해 인정되지 않은 중립 입장 (캄보디아, 몰도바)
■ 이전 중립국 (네덜란드, 벨기에, 라오스)

〈그림 5-5〉 오늘날의 중립국

3. 중립국 방위의 특징과 사례

현대적인 자력방위 개념에 따라, 중립국의 지위를 부여받은 중립국들 또한 독자적으로 자국을 방위할 수 있는 역량을 배양하려 하고 있다. 만일의 사태에 대비하여 최대한의 억제력을 발휘할 수 있도록 하는 것이다. 중립국들은 이를 위해 전시동원예비군과 시민예비군 제도를 충실히 갖추고 있다. 또한 자국이 공격받을 때 적에게 군사적 승리를 거두기보다는 비대칭전력[52]이나 신속기동전 등을 통하여 적에게 심각한 피해를 강요하여 스스로 공격을 포기하도록 할 수 있는 군사전략을 수립하고 있다.

1) 스웨덴

발트 해 연안의 스웨덴은 지리적으로 유럽의 북부 변경에 위치하여 외적의 침입과 지배로부터 자국을 방어할 수 있는 지정학적 이점을 가지고 있다. 스웨덴은 수백 년간 자국의 영토가 전쟁에 노출된 적 없는 안정적인 국가였으며 나폴레옹 전쟁 이후 약 150년간 무장 중립 노선을 유지해 유럽에서 세계 대전이 발발했을 때에도 전쟁에 휩쓸리지 않았다.

그러나 전후 냉전 시기에는 소련 해군의 발트 함대가 대서양으로 진출할 수 있는 길목이자, 이를 저지하기 위한 NATO군의 화력이 맞닥뜨리는 장소였다. 이러한 상황을 피하기 위해 스웨덴은 현실적이고 유연한 중립 정책을 고수하며 강대국들 간의 갈등에 연관되는 것을

---

[52] 비대칭전력 또는 비대칭무기란 핵무기·탄도미사일·화학무기·생물학무기·장사정포·잠수함 등 대량살상과 기습공격, 게릴라전이 가능한 무기로 인명을 살상하는 데 있어 재래식 무기보다 월등한 위력을 발휘한다. 또 상대의 강점을 피하면서 취약점을 최대한 공격할 수 있고, 대칭전력에 비하여 비교적 저렴한 비용으로 공격 효과를 극대화시킬 수 있어 전력상 열세에 있는 국가들이 중점적으로 증강하는 전력분야이다.

회피하였다.

〈그림 5-6〉 스웨덴 주변 국가

스웨덴은 중립국을 표방하면서도 독자적인 무기체계 개발에 힘쓰는 등 자력방위와 자주국방에 노력을 아끼지 않았다. 기본적인 제식화기 이외에도 SAAB[53]사로 대표되는 최신예 전투기와 잠수함 등 첨단 무기를 자체적으로 개발, 생산할 수 있는 몇 안 되는 국가이다. 이러한 역량은 격변하는 냉전기에도 스웨덴이 중립노선을 지속할 수 있게 한 원동력이 되었다. 공산권 붕괴 이후 스웨덴은 EU에 가입하였고, 1999년에는 자주국방을 위하여 지속적인 무장중립 노선과 더불어 적의 공격으로부터 스웨덴을 방어하며 북유럽에서의 군사적 우위를 달성하는 것을 목표로 하는 새로운 군사독트린을 채택하게 되었다.

2) 스위스

스위스는 나폴레옹 전쟁의 전후 처리과정에서 1815년 영세중립국화 되었으며, 강대국들 사이에서 무장중립 노선을 고수하기 위하여 자위를 위한 극소수의 상비군을 두고 있다. 이들은 평시에 국경경비, 항공초계, 교육훈련 등을 담당하며, 비상사태가 발생할 시에 동원예비군을 구성하여 전투임무를 수행하는

---

[53] SAAB(Svenska aeroplan aktiebolaget : 스웨덴 비행기 유한회사)는 스웨덴의 항공기 및 자동차 회사로 뛰어난 항공기를 생산하고 있으며, 이 회사에서 만든 최신예 전투기인 JAS39 그리펜은 우수한 성능을 바탕으로 스웨덴 공군을 포함하여 스위스, 남아공, 헝가리, 체코 공군 등에서 운용되고 있다.

총력방어 개념을 바탕으로 하고 있다. 총력방어 개념은 전시에 국토와 국민을 보호하기 위하여 평시에 지속적으로 병력과 물자를 관리하는 것이다. 평시에도 매년 약 30만 명이 군사훈련을 받으며, 이외의 사람들은 생업에 종사하지만 각 가정에 군복, 무기, 탄약을 상비하고 24시간 소집태세를 갖추고 있기 때문에 위기상황 발생 시 대단히 신속하고 효율적으로 예비군을 동원할 수 있다.

〈그림 5-7〉 스위스 용병

쉬어가는 코너 ⑤ (생각하는 통일안보)

― 황제의 눈물

  서로마 즉 본디 로마는 고대의 최강자로서 유럽대륙을 제패하였다. 초기 중무장을 한 시민이 주 병력이었던 로마는 민주정의 체제를 띄었고 포에니전쟁(punic wars B.C. 264~146)에서 승리하면서 전성기를 맞이하였다. 그러나 그 후 부강해진 로마가 대농장을 경영하게 되면서 로마의 주 병력이었던 시민계급이 몰락하기 시작한다. 이에 그라쿠스형제가 시민들을 살려보기 위해 개혁을 시도했으나 실패하고 만다.
  이후 로마는 몰락한 시민군 대신 용병을 고용하여 병력을 이루게 된다. 그 결과 로마는 애국심으로 국가를 지키는 국민이 아닌 돈을 위해

일하는 용병을 고용하면서 돈이 없으면 국가를 지킬 수 없는 처지가 되었다. 그런데 로마는 평화시대(Pax Romana)에 접어들면서 소비만 하게 되었고 무분별한 소비와 용병고용비용으로 인해 재정이 기울기 시작한다. 또한 동로마와 서로마로 나뉘게 되면서 동로마는 부흥했지만 서로마는 국력을 잃게 된다.

그때 오도아케르(Odoacer, 433~493)를 중심으로 한 게르만 용병들은 로마를 상대로 반란을 일으킨다. 게르만용병의 반란을 대면한 서로마는 아무런 대항도 할 수 없었다. 이미 주력이었던 시민군을 모두 잃은 상태이며 용병이 그 자리를 대체했었기 때문에 용병의 반란은 서로마에게 몰락을 선사하였다. 당시 상황을 설명하기 위해 시오노 나나미의 로마인이야기를 인용하자면 이렇다. "로마 제국은 이렇게 멸망했다. 야만족이라도 쳐들어와서 치열한 공방전이라도 벌인 끝에 장렬하게 죽은 게 아니다. 활활 타오르는 불길도 없고 처절한 아비규환도 없고, 그래서 아무도 알아차리지 못하는 사이에 사라져버렸다."

제6장 군사동맹

제1절 군사동맹

1. 군사동맹의 개념

동맹은 두 개 이상의 국가들이 유사시 공동의 적에 대해 군사적으로 대응하기 위하여 상호 군사지원을 하기로 조약을 맺은 국가 간의 결합을 말한다. 동맹국은 참가국 간의 안보달성과 세력균형, 전쟁승리, 패권안정, 편승과 같은 목표를 달성하기 위하여 노력한다. 동맹조약의 당사국은 동맹상의 원조사유가 규정하는 바에 따라서 공동행동을 취한다.

동맹은 일반 국제법상 국가의 개별적 안전을 보장하는 유력한 수단이다. 또한 동맹은 군사적 측면으로만 제한되는 것이 아니라 비군사적 분야에까지 확대될 수 있다. 미일동맹이나 한미동맹도 군사동맹으로부터 시작되었으나 정치, 경제, 사회의 제 분야에까지 협력관계를 확대해 왔다.

반면에 군사동맹에 대한 평가는 긍정적 평가와 부정적 평가가 공존한다. 긍정적인 면으로는 세력균형을 통해 상대방의 공격을 억제할 수 있고, 느슨한 연합체를 하나로 묶어 국가 간의 친화력을 강화시킬 수 있다는 점이다. 부정적인 면으로는 한 동맹체가 방어능력을 향상시키기 위해 군비를 증강하면 상대방의 동맹국들도 군비를 증강함으로써 군비경쟁을 유발시켰고 이로 인해 갈등의 범위가 확대되었다는 것이다. 이러한 맥락으로 동맹은 '잠재적 전쟁공동체'라고 불리기도 한다.

2. 군사동맹의 유형

군사동맹의 유형은 크게 방어동맹, 공격동맹, 공수동맹으로 분류된다.

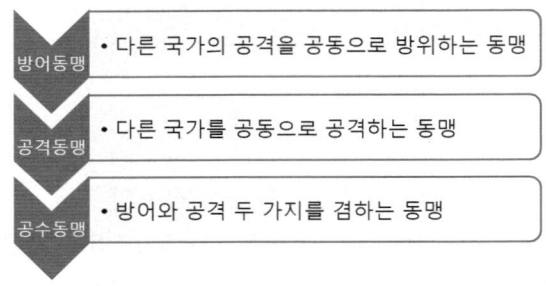

〈그림 6-1〉 군사동맹의 유형

또한 지리적 범위, 동맹참가국의 수, 이익의 종류, 동맹의 형태, 동맹국의 국력 등을 기준으로 분류되기도 한다.

군사동맹은 지리적 범위에 의해서 범세계적 동맹과 지역적 동맹으로 분류된다. 냉전 체제 하에서는 미국과 소련의 양대 진영의 전략에 따라 NATO나 WTO와 같은 범세계적인 동맹이 형성되었다. 반대로 지역적 동맹은 특정 지역에서 세력균형을 유지하기 위해 체결되는 것으로, 동북아의 세력균형을 위한 한미동맹과 미일동맹, 이에 맞서는 북러동맹과 북중동맹 등을 예로 들 수 있다.

또한 동맹참가국의 수에 따라 양자동맹과 다자동맹으로 분류되기도 한다. 한미동맹의 경우와 같이 참가국이 2개 국가인 경우에는 양자동맹으로 하며, 양자동맹은 두 국가가 상호 이익을 구현하기 위하여 체결하기 때문에 비교적 동맹관계를 수립하기가 용이하나 동맹결성 후 국력이 우세한 국가 위주로 동맹의 성격이 조성되는 경우가 많다. 다자동맹은 3개국 이상이 체결하는 동맹을 말하며, 대표적인 다자동맹에는 NATO와 WTO 등의 경우가 있다. 다자동맹은 여러 국가들의 이익이 상호 연계되어 있기 때문에 가장 강력한 국력과 리더십을 가진 국가가 주도하여야 동맹의 결성과 지속이 수월하다.

이익의 성격에 따라서는 동종(同種)이익동맹과 이종(異種)이익동맹으로 분류되기도 한다. 동종이익동맹의 예로는 제2차 세계대전 이전의 영미 동맹과 같이 독일을 견제함으로써 군사적, 경제적으로 동일한 이익을 추구한 경우를 들 수 있으며, 이종이익동맹의 예로는 한미동맹처럼 한국은 국가의 존립을, 미국은 동북아시아에서의 영향력 증대라는 다른 종류의 이익을 추구한 경우를 들 수 있다.

이외에도 동맹의 형태와 정식 조약 체결 여부에 따라 공식동맹과 비공식동맹으로, 동맹국의 국력의 차이에 따라 균등행위자간 동맹과 불균등행위자간의 동맹으로 분류하기도 한다.

3. 군사동맹의 조건

효율적인 동맹이 되기 위해서는 조약해당사유의 명확성이 필수적이다. 조약해당사유는 조약당사국들이 조약상의 의무를 철저히 이행해야 하는 조건과 의무이행절차를 말한다. 동맹조약의 경우, 동맹의 신뢰가 보장될 수 있도록 동맹 당사자 간에 동맹의 의무를 이행해야 하는 조약발동조건과 조약발동절차가 필요하다.

조약발동조건은 어떠한 조약이 발동되는 상황을 뜻하며, 상정하는 상황은 주로 적의 무력침공, 적의 침공위협, 동맹국의 요청 시로 구분된다. 동맹국이 적으로부터 무력침공을 받으던 자동적으로 발동되는 조약은 한미상호방위조약과 미일상호방위조약이 있으며, 동맹국의 한쪽이 군사력시위 등 무력침공 위협만 받아도 발동되는 조약은 WTO

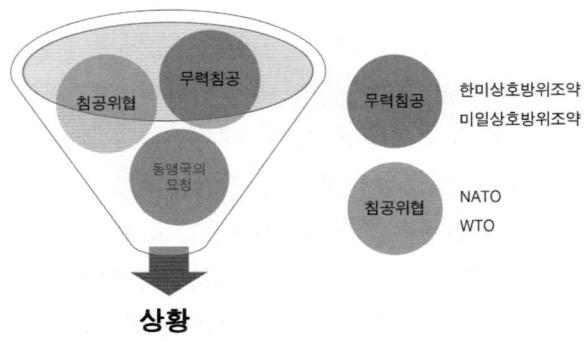

〈그림 6-2〉 조약발동조건

와 NATO를 들 수 있다.

조약발동절차는 조약을 발동하기 위하여 거쳐야 할 정부의 정책 결정과정이다. 이것에는 자동지원, 지원국의 국내 승인, 동맹국간의 합의, 동맹국간의 합의와 지원국의 국내승인이 동시에 필요한 유형이 있다. 동맹조약에 무력으로 침공당할 경우 자동지원 조항이 포함된 동맹은 NATO, WTO 등이며, 한미상호방위조약은 지원국의 국내 승인절차를 거치도록 되어 있다. 동맹국 간에 상호협의 후 결정하는 경우는 OAS[54])가 있으며, 무력으로 침공당할 위협이 존재할 경우 상호협의절차를 거치는 동맹은 NATO와 WTO가 있다.

조약해당사유의 명확성과 원조의 의무 이외에도 군사동맹의 유지조건에는 지켜져야 할 일련의 원칙들이 존재한다. 동질성의 원칙, 호혜의 원칙, 균등의 원칙, 원조의 의무가 그것이다.

동질성(同質性)의 원칙은 동맹국 간 국가이념이나 문화적, 민족적 정체성이 동일하거나 유사하다면 동맹관계가 보다 견고해질 가능성이 높다는 것이다. 동일한 공산주의 이념을 가지고 있었던 WTO가 공산

---

[54]) Organization of American States, 아메리카 국가기구 또는 미주기구(美洲機構)는 미국 워싱턴에 본부를 둔 국제기구로, 1948년에 창설되었다. 현재 아메리카 대륙의 35개국이 가입해 있으며 공식 언어는 영어, 에스파냐어, 프랑스어, 포르투갈어다.

주의 붕괴 이후 동시에 붕괴된 것과, 이질적인 문화를 가진 영국과 소련과의 동맹이 동질적인 문화를 가진 영국과 미국과의 동맹보다 오래 지속되지 못했던 것이 그 예이다.

호혜(互惠)의 원칙이란 동맹국 모두의 적대세력으로부터 공평한 안보혜택을 받을 때 동맹은 오래 지속된다는 것이다. 적대세력의 위협으로부터 어느 한 국가만 혜택을 받는다면 그 동맹은 오래 지속되기 어렵다. 이처럼 동맹은 상호이익이 지속적으로 보장되어야만 유지될 수 있으며, 국가이익의 수호를 최고의 가치로 두는 국제사회에서 다른 동맹국을 위하여 일방적으로 자신의 국가를 희생하는 경우는 거의 존재하지 않는다.

균등(均等)의 원칙이란 국력이 균등한 국가들로 구성된 동맹이 국력의 차이가 많은 국가들로 구성된 동맹보다 안정적이라는 것이다. 강대국과 약소국으로 구성된 동맹에서 약소국은 주로 강대국의 일방적인 지원으로 존립을 유지하며, 이러한 이유로 강대국은 약소국에게 조약을 이행하지 않을 경우가 발생하기도 한다. 그러나 예외적으로 약소국의 지정학적 가치가 높거나 전략자원을 보유하고 있을 경우에는 공고한 동맹을 유지할 가능성이 높다.

또한 군사동맹은 대부분 원조의무의 발생조건을 규정하고 있다. 통상적으로 의무발생조건은 적대진영으로부터 무력공격을 받을 경우에 한한다. 때로는 적국으로부터 공격을 받을 가능성이 있는 경우와 간접적 방법으로 동맹국을 위협하는 경우도 포함된다. 원조의 의무를 이행할 수 있는 동맹발동조건이 명확하거나 동맹발동절차가 간결할수록 동맹의 신뢰도가 높아진다.

제2절 군사동맹의 변천

1. 동맹의 역사

최초로 군사동맹의 형태가 역사에 기록된 것은 중국 춘추전국시대의 '합종연횡책'과 고대 그리스의 '델로스 동맹'[55]이다. 두 동맹 모두 집단방위동맹의 성격을 가지고 있었으며, 오늘날과 같은 형태의 동맹은 16~17세기 민족국가의 형성과 더불어 구체적인 모습이 나타나게 되었다.

나폴레옹 전쟁 시기 나폴레옹으로 대표되는 프랑스 혁명 사상의 파급을 두려워하던 당시의 유럽 국가들은 오스트리아의 수도 빈에서 나폴레옹전쟁과 프랑스혁명을 통해 무너진 왕정을 복구하고 영토를 재조정하는 회의를 개최하였다.

이 빈 회의에서 유럽 국가들은 강력한 프랑스의 재기를 방지하고 프랑스혁명 이전의 지배체제를 복구하기 위하여 1815년 쇼몽 조약과 파리 조약을 통해 4국 동맹을 체결하였다. 4대 강국이 협조하여 유럽을 관리해야 한다는 목적을 기본으로 하는 이 조약은 군대의 상호지원 의무를 규정하는 군사동맹의 성격을 가지고 있었다.

4국 동맹이 체결된 지 3년 후 프랑스가 합류함에 따라 5국 동맹으로 발전하였으며, 5대 강국의 상호협조를 통해 국제분쟁을 피한 채 19세기 후반까지 유럽의 평화를 유지하는 데 기여하였다.

그러나 이 5국 동맹은 1871년 비스마르크가 독일을 통일하고 '철혈통치'를 선언함으로써 붕괴되었고, 이후 제1차 세계대전 직전 3국 동

---

[55] 델로스 동맹은 페르시아와의 전쟁에 대비할 것을 명분으로 하여 기원전 477년 봄, 아테네를 맹주로 이오니아나 아이올리스 그리고 에게 해의 여러 섬에 있는 폴리스가 가맹하여 결성된 동맹이다. 그러나 종전 이후 아테네의 제국주의의 도구로 변질되어, 이의 반동으로 반(反) 아테네적인 펠로폰네소스 동맹이 형성되었고 양자의 대립은 펠로폰네소스 전쟁(B.C. 431~404)을 일으키기에 이른다.

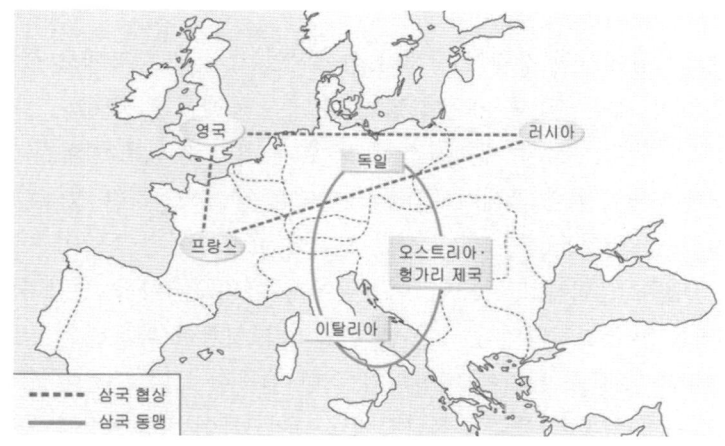

〈그림 6-3〉 3국 동맹과 3국 협상

맹과 3국 협상이 형성되어 갈등을 나타내기 시작하였다.

3국 동맹은 1882년 독일, 오스트리아, 이탈리아 간에 체결된 비밀 방어동맹이며, 3국 협상은 러시아-프랑스 동맹(1891)과 영국-프랑스 협상(1904), 영국-러시아 협상(1907)의 집합체를 일컫는다. 3국간의 협상체제는 식민지 지배체제를 유지하기 위한 힘의 과시인 동시에 3국 동맹에 대항하여 유럽의 세력균형을 유지하기 위한 외교관계였다.

이후 3국 동맹과 3국 협상의 주축인 독일과 영국의 3C 정책56)과 3B정책57)이 충돌하

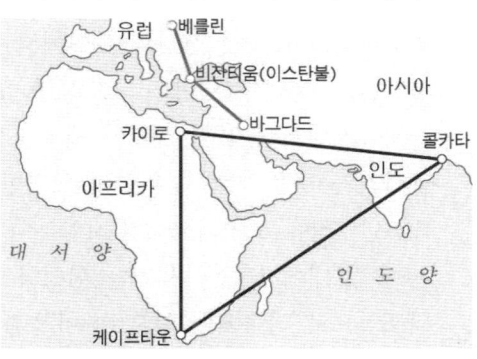

〈그림 6-4〉 3B정책과 3C정책

---

56) 영국의 제국주의적 정책으로, 자국의 식민지였던 카이로, 케이프타운, 콜카타를 연결하고 아프리카를 종단하여 인도양을 내해(內海)화 할 것을 목표로 하였다. 이는 독일의 3B정책과 충돌해 파쇼다 사건의 원인이 된다.

57) 독일의 제국주의적 정책으로, 자국의 베를린과 비잔티움(이스탄불), 바그다드를 연결하는 철도를 부설, 발칸 반도에서 소아시아를 거쳐 페르시아 만에 이르는 지역을 지배하려 하였다.

며 세계시장에서의 경제적 경쟁이 심화되었고, 결국 사라예보 사건으로 인하여 세계 제1차 대전이 발발하며 두 동맹체제 사이의 전쟁이 벌어지게 된다. 제1차 세계대전 종전 후 국제적 분쟁을 평화적 노력으로 해결하기 위한 국제기구인 국제연맹을 창설하였지만 결국 제2차 세계대전을 막지는 못했다. 1933년 일본이, 1936년에는 독일이 차례로 국제연맹을 탈퇴하고 1935년 이탈리아가 에티오피아를 병합하면서 신 3국동맹이 결정되었다. 1936년 이탈리아 외상이 베를린을 방문하여 영국과 프랑스 세력에 대항하기 위한 베를린-로마 주축이 성립되었고, 그 후 일본이 양국에 접근하여 1937년 3국이 반공협정을 체결한 후 영국, 프랑스 등에 도전적 태도를 취하게 됨으로써 2차 세계대전이 발발하였다.

　제2차 세계대전이 종전된 이후 세계가 미국과 소련의 양대 진영으로 재편되면서 여러 동맹이 형성되었다. 미국을 중심으로 한 NATO(1949), ANZUS[58](1951), SEATO[59](1953) 등의 동맹이 체결되었고, 소련은 중소 우호동맹 및 상호원조조약을 체결한 후 1955년 WTO를 창설하였다. 동서 양대 진영의 사이에서 비동맹 국가들도 1950년에 아랍연맹을, 1963년에는 아프리카 통일기구[60]를 창설하였다.

　북대서양조약기구는 제2차 세계대전 후 동유럽에 주둔한 소련군과 군사적 균형을 이루기 위하여 체결한 북대서양조약의 수행기구로서, 1949년 4월에 조인되고 8월 24일부터 효력이 발생되었다. 이후 NATO는 유럽 내에서 반공 세력을 형성하고 있던 서유럽 국가들의 집단방위조약으로 지속되어 왔으며, 미국을 맹주로 하는 자유 진영을 방어

---

[58] 1951년 9월 1일 오스트레일리아(A), 뉴질랜드(NZ), 미국(US) 사이에 체결된 집단 안전보장 조약으로, 3개국의 머리글자를 따서 ANZUS 조약이라고도 일컫는다.
[59] 동남아시아 조약기구(The Southeast Asia Treaty Organization, SEATO)는 호주, 프랑스, 영국, 뉴질랜드, 파키스탄, 필리핀, 태국과 미국 8개국에 의해 1954년 9월 8일 조직된 반공 군사 동맹이다.
[60] 아프리카 통일기구(OUA)는 1963년 5월 25일 설립된 국제기구이며, 2002년 7월 9일 해체를 선언하고 아프리카 연합(African Union, AU)으로 대체되었다.

〈그림 6-5〉 제2차 세계대전 후 형성된 주요 군사동맹

하기 위한 양극 체제 군사동맹망의 한 축을 담당하며 바르샤바 조약기구와 대치하였다.

북대서양조약기구에는 그 임무의 수행을 위하여 각 가맹국의 대표로 구성되는 최고기관으로서 북대서양위원회가 설치되어 있다. 보조기관으로 방위계획위원회와 군사위원회가 있고, 그 산하에 1950년 NATO군이 조직되어 그 사령부를 파리에 두었으나 프랑스가 NATO의 군사기구에서 탈퇴한 뒤에는 벨기에 브뤼셀로 옮겨졌다.

바르샤바조약기구(WTO)는 서유럽 연합 결속과 서독을 중심으로 한 NATO가입에 자극받아 1955년 5월 소련 및 동구권 7개국이 체결한 조약이다. 이는 심각한 냉전 체제 하에서 서독의 재무장과 NATO에 대항하기 위하여 폴란드 바르샤바에서 체결되었으며, 이 조약은 소련의 위성국가들에 대한 지배강화 및 사회주의국가들의 동맹 강화를 목적으로 조약을 체결하였으나, 서독의 NATO 가입이 직접적 계기가 되었다. 조약에는 통합사령부 설치와 소련군의 회원국 영토 주둔권을 보장하고 있다. 조약은 전문 및 11개 조항으로 무력공격의 위협에 대처하는 협의 및 무력공격에 대한 공동방위로 이루어져 있으며, 독립 및 주권의 상호존중 및 내정불간섭이 행동 원칙으로 되어 있다.

조직은 외무장관회의와 정치자문위원회를 비롯하여 통합군사령부

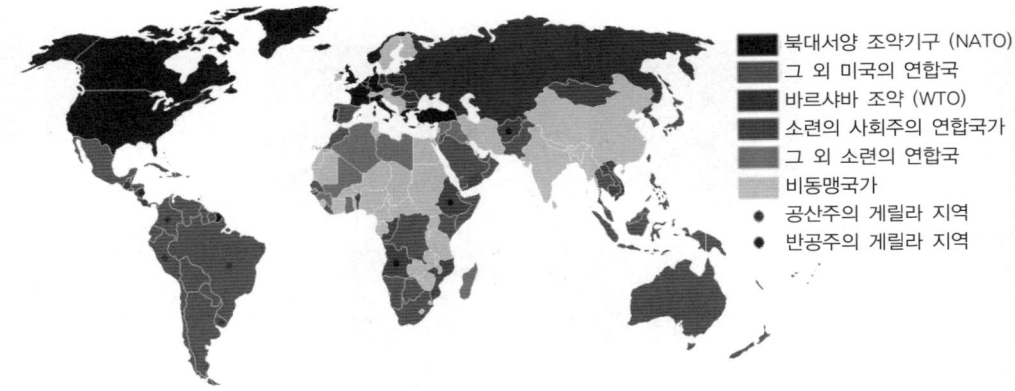

〈그림 6-6〉 냉전시대의 세력도

아래 WTO군과 기타 보조기관으로 구성되어 있다. 1985년 4월 26일 소련과 6개 조약국들은 바르샤바 조약의 유통기간을 20년 더 연장하였으나 1990년 독일이 통합하면서 동독이 탈퇴되었고, 소련 연방의 해체와 더불어 1991년 4월 1일 바르샤바 조약기구는 해체되었다.

냉전 종식 이후인 1990년 7월 런던 선언에 기초하여 새로운 상황에 대응하려는 NATO의 개혁이 시작되었다. 1991년의 '신 전략개념'과 1999년의 '동맹의 전략개념'을 통해 구체화된 개혁안은 동맹의 목적과 임무를 비가맹 국가에 대항한 집단방위를 포함하여 유럽과 대서양 지역의 위기관리로까지 확대하였다.

또한 소련의 붕괴와 바르샤바 조약기구의 해체로 안보의 공백 상태에 놓이게 된 동유럽 국가들은 NATO 가입을 희망하였다. NATO 회원국들도 NATO의 존속과 중동부 유럽의 안정을 위해 이들 국가를 받아들이려 하였으나 특히 러시아가 강하게 반대하였다. 그러나 새로운 NATO의 확대원칙이 정해지고, 1996년 봄부터 가입을 원하는 나라와 대화를 시작하였으며 러시아와도 대화가 진행되어 1997년 7월 마드리드 정상회담에서 NATO와 러시아 사이에 확대원칙에 대한 기본 협정이 체결되었다.

이후 가입희망국 중 폴란드, 헝가리, 체코의 3개국이 1999년에 가입하였다. 그 뒤 2002년 5월 이탈리아 로마에서 러시아를 NATO회원국에 포함시키는 새로운 NATO협정 서명식이 열렸으며, 이 협정에 따라 설치된 NATO-러시아 이사회(NRC)61)에서는 테러방지와 군축, 전술미사일 방어망, 평화유지임무, 지역분쟁 해결 등을 논의하였다. 이처럼 NATO는 냉전시대 이후 다양한 정세 변화 속에서도 코소보사태 개입, 이라크전쟁 참여 등 증가하는 테러가능성에 대비해 대테러전쟁과 평화유지활동 쪽으로 행동반경을 넓혀 가고 있다. 또한 과거 동유럽 국가들을 받아들이며 지속적으로 팽창하여 2009년 기준 정식 회원국이 총 28개 국가에 달한다.

2. 동맹국 간 비용분담

일반적으로 동맹국들은 동맹유지에 필요한 비용을 불규칙적으로 지불하려는 경향이 있다. NATO의 예를 보면, 공동의 안보이익을 갖는 국가들이 집단안보라는 집단 이익을 제공하기 때문에 다른 나라보다 많은 비용을 분담하는 경향도 있다. 이로 인해 동맹국 간에 비용분담 불균형과 무임승차라는 문제점이 대두되는 것이다. 예를 들어, 냉전시기 NATO 가입국인 미국과 네덜란드 중 미국이 네덜란드보다 NATO가 제공하려는 방위공동체의 제공에 더 큰 이해관계를 가지고 있다. 네덜란드가 동참할 경우 아무리 적은 방위비를 분담해도 그만큼 미국의 부담은 경감된다는 것이다. 이런 이유로 미국은 네덜란드가 비록 적은 부담을 하더라도 동맹관계를 유지하는 것이 바람직하며, 네덜란드는 미국과의 동맹관계를 맺음으로써 적은 비용으로 안보가 가능하게 되어 정당한 몫의 비용을 물어야 하는 요인이 약화되는 것이다.

---

61) 러시아가 NATO 회원국과 거의 동등한 자격으로 테러 방지와 안보 위협 등 제한적인 분야에서 의사 결정에 참여할 수 있는 기구이다.

3. 동맹의 변화

　국제 정세가 불안한 시대의 동맹은 전쟁수행과 평화조약 등 당사국들의 전체적 이해관계를 규정하는 것이 일반적이지만, 평화 시의 동맹은 외교적 이해관계의 일부분에 국한되는 제한적 성격으로 축소된다. 일반적으로 동맹은 전쟁 시에 잘 결성된다. 전쟁 시에는 승리의 수단으로 동맹을 맺지만, 전쟁이 종료된 후에는 새로운 이해관계 변화에 의해 동맹의 지속 여부가 결정되는 것이다. 동맹의 최대 변수는 상호 이해관계이며 동맹에 내포된 이해관계의 비중에 따라 동맹의 작동여부가 결정될 수밖에 없는 것이다.

　이처럼 동맹은 영속되는 것이 아니며 국가이익에 따라 항상 변화한다. 따라서 균형적인 동맹관리가 부재하는 경우에는 동맹을 포기하는 상황이 발생하거나 동맹국 간에 연루를 우려하기도 한다.

　동맹의 포기는 동맹국으로부터 지원을 받아야 할 경우 지원을 받지 못하거나, 한 동맹국이 위협국과의 협력관계를 맺는 경우에 발생한다. 동맹을 체결했다고 할지라도 미래 지원약속에는 항상 불확실성이 내재되어 있고, 충분히 전쟁을 회피할 수 있는 경우에도 반드시 동맹국을 지원해야 한다는 의무는 다른 동맹국들에게 부담이 되는 것이다. 그러한 상황에서 단순히 동맹국을 지원해야 한다는 의무 때문에 전쟁에 개입하는 것이 동맹으로 얻는 이득보다 손해가 더 크다고 판단할 때에는 동맹의 포기를 선택한다.

　동맹을 변화시키는 대외환경은 첫째, 세계질서나 안보구조의 변화이다. 그 예로 소련의 해체로 인한 냉전의 종식과 그로 인한 미국의 대 러시아, 대 중국 관계개선 등으로 야기된 국제질서 재편을 들 수 있다.

　둘째, 동맹국 간의 정치, 경제, 외교, 군사 등의 상호관계 변화이다. 그 예로 한미동맹과 같이 한국의 국력 신장으로 일방적인 수혜 관계에서 수평적인 호혜협력관계로 변화한 것을 들 수 있다.

셋째, 동맹국과 적대국 간의 상호관계 변화이다. NATO의 본래 목적은 소련에 대한 집단안전보장이었으나 1990년대 초 소련의 붕괴로 구도에 큰 변화가 일어났다. 그로 인해 NATO는 군사안보기구에서 전 유럽의 안정을 위한 정치기구로 변화하게 되었고, 기존의 WTO체제 하의 동유럽 국가들도 NATO의 회원국으로 받아들이게 되었다.

그리고 동맹관계를 변화시키는 대내적 환경은 정치, 경제, 군사, 여론 등이 있다.

정치 : 새로운 정치세력이 등장하거나 집권할 경우 정치적 변화

경제 : 경제가 악화되어 군사력을 뒷받침할 군사비의 삭감

군사 : 새로운 군사전략, 전쟁수행방식, 무기체계 변화 등 군사적인 변화

여론 : 기존의 관계에 대해 비판적인 국내 여론이 조성될 경우

〈그림 6-7〉 동맹 변화의 내재적 요인

쉬어가는 코너 ⑥ (생각하는 통일안보)

─ 그리스의 폴리스들, 손에 손잡고

현대와 마찬가지로 고대세계에서도 군사동맹이 있었다. 그 역사적인 사례는 다음과 같다. 아테네를 중심으로 주로 소아시아 연안의 그리스

도시와 에게 해의 섬들로 구성되었다. 페르시아에게 대승을 거두었다고 하지만 페르시아 제국은 여전히 그리스의 잠재적인 위험이었다. 그래서 그리스의 폴리스는 페르시아의 재침을 대비하기 위해서 결속할 필요가 있었다. 아테네는 B.C. 478년 아리스티데스 주도 아래 델로스 섬에서 회의를 개최하고 동맹을 결성하였다. 델로스 동맹은 각 폴리스 대표들이 해마다 한 번 회의를 열어 각각 표결권을 행사하기로 규정하고 델로스 섬의 아폴로 신전에 공동자금을 비축하였다. 각 폴리스는 독립주권을 행사하지만 동맹군의 지휘권은 아테네에 있었다. 델로스 동맹군은 소아시아의 식민시들을 페르시아의 지배로부터 해방시켰지만 이 목적을 달성한 후에도 해산하지 않고 아테네의 제국주의적인 지배도구가 되었다.

본래 제1차 아테네 해상 동맹으로 일컬어졌으나, 그 본부 및 동맹기금을 수납하는 금고가 델로스 섬에 있었기 때문에 후에 델로스 동맹이라 하였다. 동맹 전반의 정책은 델로스 섬에 있는 재무국에서 개최하는 정기회의에서 결정하였다. 동맹가입 도시는 원칙적으로 동맹함대를 위한 함선을 내놓을 의무를 지고 있었으나, 회의의 결정에 따라 돈으로 대납할 수도 있었다. 결성 초기에는 정책 결정에 가맹도시들이 각기 평등한 투표권을 가지고 있었으나 B.C. 454년 동맹본부와 금고가 아테네로 옮겨지고, B.C. 448년 아테네가 페르시아와 평화조약(칼리아스 화약)을 체결하자 동맹에 대한 아테네의 제국주의적 지배력이 확대·강화되었다. 델로스 동맹국가들 사이에서는 아테네의 제국주의, 패권주의에 대한 불만이 고조 되어갔다. 그래서 많은 폴리스는 스파르타를 중심으로 펠로폰네소스 동맹을 결성하였다. B.C. 431년 펠로폰네소스전쟁에서 아테네가 스파르타에 항복함으로써 동맹은 해산되었다. 위와 같이 델로스 동맹은 고대세계에서 볼 수 있는 군사동맹이다.

제3절 한미동맹

1. 한미동맹의 형성

〈그림 6-8〉 한미상호방위조약(1954)

한미동맹의 제도적 기반이 되는 「한미상호방위조약」은 1953년 10월 1일 한국과 미국 간에 상호방위를 목적으로 워싱턴에서 체결되었다.[62] 이는 양국 간에 최초로 체결된 조약인 1882년의 조미수호통상조약[63]을 맺은 지 71년 만에 자유와 평화라는 공통의 이해관계에 기초한 동맹관계가 수립되었음을 의미하는 것이었다.

휴전협정이 막바지에 접어들던 1953년 여름, 대한민국의 이승만 대통령은 동아시아 지역에서 소련과 중국의 세력이 확대되고 있으며, 휴전협정이 체결된 이후 유엔군이 철수한다면 공산 세력의 재 남침은 필연적이라는 인식을 가지고 있었다. 이에 이 대통령은 북한의 재침략에 대비한 한미 군사동맹의 체결을 촉구하였으며, 이 과정에서 반공 포로를 전격적으로 석방[64]하는 등 단호한 자세를 굽히지 않자 미국은 한국 국민들을 안심시키고 한국에 대한 미국의 방위공약을 확고히 하기 위해 6월 로버트슨 미국 대통령 특사가 내한하여 상호방위조약에 관한 외교적 절충을 시작하였다.

---

[62] 정명복, 『잊을 수 없는 생생 6·25전쟁사』, 지문당, 2018, 292~295쪽.
[63] 조미수호통상조약(朝美修好通商條約)은 1882년(고종 19년) 미국과 조선 간에 조인된 조약이다. 이 조약은 구미 국가와 맺은 최초의 수호 통상 조약으로 최혜국 조항과 치외법권 인정 등을 골자로 한다.
[64] 1953년 6월 18일 이승만 대통령은 미국을 압박할 목적으로 반공 포로 약 27,389명을 전격 석방하였다.

이후 8월 8일 변영태 당시 외무부장관과 덜레스 미 국무장관 사이에「한미상호방위조약」이 가조인되었으며, 10월 1일에 정식으로 체결되고 1954년 11월 18일「조약 제34호」로 발효되었다. 이 조약은, 급속히 팽창하여 미국의 안보를 위협하던 공산 블록의 침략에 대한 공동방위를 목적으로 맺어진 군사동맹의 성격을 가지는 조약이었다.

> ※ **한미상호방위조약의 중요 내용**
> 1. 한미 양국은 어떠한 국제적 분쟁이라도 국제적 평화와 안전과 정의를 위태롭게 하지 않는 평화적 수단에 의하여 해결한다.
> 2. 양국 중 어느 한 나라의 독립과 안전이 외부로부터의 무력 공격에 의하여 위협을 받고 있다고 인정될 때에는 서로 협의하여 공격을 저지하기 위한 조치를 합의하에 취할 것이다.
> 3. 양국은 타 당사국에 대한 태평양 지역의 무력 공격을 자국의 평화와 안전을 위태롭게 하는 것으로 인정하고, 공동의 위협에 대처하기 위하여 각자의 헌법상의 수속에 따라 행동할 것을 선언한다.
> 4. 상호적 합의에 의하여 미국의 육군, 해군, 공군을 한국의 영토와 그 부근에 배치하는 권리를 한국은 허용하고 미국은 이를 수락한다.
> 5. 이 조약은 한국과 미국에 의하여 각자의 헌법상의 수속에 따라 비준되어야 하며, 그 비준서가 양국에 의하여 워싱턴에서 교환되었을 때에 효력을 발생한다.
> 6. 이 조약은 무기한으로 유효하며 어느 당사국이든지 타 당사국에 통고한 후 1년 후에 본 조약을 중지시킬 수 있다.

이와 같은 조약 사항에 근거하여 한국이 공산 세력으로부터 공격받을 경우, 미국은 유엔의 토의와 결정을 거치지 않고도 즉각 개입할 수 있게 되었다. 또한 한미상호방위조약은 주한미군의 주둔을 포함한 한미 연합방위체제의 법률적 근간으로, 주한미군 지위 협정과 정부 간, 군사 당국자간의 각종 안보 및 군사 관련 후속협정에 기초를 제공하고 있다.

2. 한미동맹의 의의

한미상호방위조약에 근거한 한미 동맹과 연합방위체제는 외부 세력의 침략에 대하여 한미 양국이 공동 대응하기 위해 마련한 기본적인 틀이며, 국가안보적 차원은 물론 정치 외교적 차원에서도 커다란 의의를 가진다. 한미동맹은 지난 반세기 동안 한국에 대한 공산 블록의 위협을 억제하였고, 한국, 미국, 일본으로 결성된 남방의 삼각관계는 소련, 중국, 북한이 형성하는 북방 삼각관계와 세력균형을 유지함으로써 동북아시아의 정세 안정과 한반도 안보에 기여하였다.

또한 한미동맹은 북한의 현실적인 군사적 위협을 억제하는 데 기여하여 한국의 안보비용을 절감시킴으로써 오늘날 한국의 경제발전과 군사적 역량 배양에 커다란 역할을 하였다. 한반도에 직접 주둔하고 있는 주한미군 전력에 더불어 유사시에 TPFDD[65]에 따라 전개될 미군의 증원전력은 한반도 안보를 위한 핵심적인 전력이다. 북한이 핵무기와 화학무기 등의 대량살상무기를 개발하며 나타나는 비대칭전력 문제도 미군의 전투력으로 보강할 수 있었으며, 미군의 첨단 정보 및 조기경보 자산은 한국군의 작전 수행에 필수적인 역할을 담당하고 있다. 전통적인 군사위협뿐만 아니라 천재지변, 질병, 인권침해, 테러, 인간밀매, 마약 등과 같이 인간의 안위를 위협하는 '인간안보'(human security) 위협에 대처하는 데 한미동맹의 필요성이 더욱 증대되고 있다. 또한 전략동맹을 통해 미국의 범세계적 안보에 대한 한국의 지원 역량을 키우면서, 미국이 추진하고 있는 군사적 변환(military transformation)의 혜택을 한국이 향유할 수 있다.

한미상호조약에 근거한 한미동맹은 본질적으로 군사동맹의 성격을 가지고 있으나 이를 통하여 정치, 경제, 문화 등의 다방면에서 양국이

---

[65] 시차별 부대 전개 제원(TPFDD: Time Phased Forces Deployment Data)의 약자로, 사태의 위기 정도를 분석한 후 실제 나타나는 위기의 정도에 따라 시차별로 증원하게 될 미군 부대와 규모를 명시한 목록이다.

상호 교류와 협력을 지속하는 미래지향적이고 성숙한 전략적 동반자 관계로 발전하게 되었다. 독일 통일의 경우에서처럼 한반도 통일 이후 수십여 년간 지속될 통일 과정에서도 주변 강대국의 불필요한 간섭을 최소화하는 데 한미동맹은 필수적이다. 결론적으로 한미동맹과 연합방위태세는 반세기가 넘도록 우리 안보의 핵심적인 축이었고, 이는 앞으로도 계속되어야 할 것이다.

3. 작전통제권 전환 과정

현재 한국군에 대한 작전통제권은 전시와 평시가 구분되어, 전시에는 주한미군사령관을 겸하는 연합사령관이 행사한다. 현재의 전시작전통제권은 한미연합사가 보유하던 한국군에 대한 작전통제권 중 1994년 평시작전통제권이 환수되면서 나온 개념이다. 한미연합사령관은 한미 양국의 국가통수기구와 군사지휘기구로 구성되는 한미 공동군사위원회(ROK-US Military Committee)로부터 전략지시와 작전지침을 받도록 한미 간에 합의되어 있으며, 전시상황 하에서는 한국군이 연합사령관의 작전통제를 받게 된다.

한미동맹 하에서의 작전권 논쟁의 연원은 1950년 한국전쟁 발발 직후 한국군에 대한 작전통제권이 이승만 대통령에 의해서 유엔군사령관에게 이관되면서 시작된다.[66] 1954년 11월 17일 한미 상호방위조약을 보완하는 한미 합의의사록에서 '유엔사령부가 대한민국의 방위를 위한 책임을 부담하는 동안 대한민국 국군을 유엔사령부의 작전통제권 아래 둔다'고 규정하여, 유엔군사령관이 지속적으로 한국군을 지휘할 수 있도록 하였다.

한국은 1980년대 말 한반도 전략 환경의 변화, 율곡사업 등을 통한

---

[66] 이승만 대통령은 한국군 작전통제권을 1950년 7월 14일에 유엔군 사령관 겸 미군사령관이었던 맥아더 원수에게 위임하였다. 정명복, 『잊을 수 없는 생생 6·25전쟁사』, 2018, 121~122쪽.

한국군의 역량 신장, 국내의 반미감정 등으로 작전통제권 환수 문제가 제기되었다. 미국도 1988년경부터 냉전종식에 따른 해외미군 감축 필요성과 5·18 광주 민주화 항쟁을 둘러싼 반미감정 등과 관련하여 작전통제권 이양 가능성을 행정부와 의회 인사 등을 통하여 언급하기 시작했다. 1989년 8월에는, 냉전종식에 따른 미 국방예산 감축의 일환으로 주한미군 감축안을 담은 「넌·워너 수정안」[67]이 상·하원 공동 법안으로 입안되었고, 1990년 4월에 작성된 「동아시아 전략구상(EASI)」[68]을 바탕으로 작전통제권 환수가 본격적으로 논의되기 시작하였다.

미국은 EASI에 기초하여 평시 작전통제권을 조기에 이양한다는 입장을 드러냈으며, 논의 끝에 1994년 12월, 한미연합사령관에게 이관되었던 우리 군에 대한 작전통제권 중 일부인 평시 작통권이 한국 합참의장에게 환수되게 되었다. 작전통제권을 평시에는 한국군 합참의장이, 전시에는 한미연합사령관(주한미군사령관)이 행사하게 된 것이다.

그러나 2009년 북한의 핵실험과 2010년 천안함 피격 사건 등을 거치며 한반도의 안보 정세가 불안해지자, 2010년 6월 한미 양국 정상은 전시작전통제권 이양 시기를 당초 2012년 4월에서 2015년 12월로 연기하는 것을 합의하였다. 이에 따르면 전시작전통제권은 2015년 12월을 기해 한국군으로 전환되며, 한반도의 전투사령부 기능을 맡았던 한미연합사는 해체되고, 한국 합참 주도의 새로운 한국군 사령부와 주한미군 전투사령부로 나누어지게 되었다.

한미연합사가 해체되고 한국군이 전시와 평시 작전통제권을 행사하면서, 지금까지 한미연합사가 행사하던 한반도 작전사령부의 기능과 역할은 한국군 합동참모본부가 수행하게 된다. 여기에 미국은 정보자산, 감시, 정찰자산과 정밀타격지원 등 첨단 전력을 보조적으로 지원하게

---

[67] 미 상원 군사위 민주당 샘 넌 위원장과 공화당 론 워너 의원이 유럽 주둔 미군과 주일미군, 주한미군, 해외주둔 미 군속 유지경비 등에 관한 4개 법안을 90~91년도 미 국방예산안에 대한 하나의 일괄 수정안으로 89년 7월 31일 상원 본회의에 제출하여 8월 2일 본회의에서 통과되었다.

[68] East Asia strategic initiative.

〈표 6-1〉 작전통제권 전환과정

일자	주요 내용
'50. 7. 14.	이승만 대통령, 한국군 작전 지휘권을 유엔군사령관에게 이양
'54. 11. 17.	유엔군사령관에게 작전통제권 부여
'78. 11. 7.	연합사 창설, 작전통제권을 연합군 사령관에게 이양
'94. 12. 1.	한국 합참의장으로 정전 시 작전통제권 전환
'06. 9. 16.	한미 정상회담, 전시작전통제권 전환 합의
'07. 2. 23.	한미 국방장관, 전시작전통제권 전환 시기('12. 4. 17) 합의
'07. 6. 28.	한미, 「전략적 전환계획」 합의
'10. 6. 26.	한미 정상회담, 전환 시기를 '15년 말로 조정 합의
'10. 10. 8.	한미, 「전략동맹 2015」 합의
'14.10	제46차 한미안보협의회, 조건이 충족되는 시기에 전시작전통제권 전환 추진 합의
'15.11	제47차 한미안보협의회, 전시 작전통제권 전환계획 승인
'17.9	국방개혁 일환으로 전작권 조기환수 추진 천명

출처: 국방백서 2018.

될 것이다. 미국은 한국군의 전력증강계획이 추진되어 향후 공중 조기경보기와 군사위성 등의 취약자산을 보강하게 될 때까지 교량전력(bridge capability)을 지원할 것이며, 북한의 대량살상무기(WMD)에 대한 억제력은 미국의 핵우산[69]에 의해 지속될 것이다. 그러나 전시작전권 환수 시기는 최근 국제 정세 및 안보환경에 따라 가변적이며 현재에도 연기되고 있는 실정이다.

4. 한미동맹의 미래

그동안 한국과 미국은 한미정상회담을 통하여 민주주의와 시장경제의 가치를 공유하고 정치·경제·사회적 상호신뢰를 확대하며, 국제평화 증진을 위해 한반도·아시아·범세계적 차원에서 긴밀히 협력하는

---

[69] 핵우산(核雨傘, nuclear umbrella)은 핵무기를 보유한 동맹국가의 핵전력에 의하여 자국의 안전보장을 도모하는 것이다. 핵보유국(미국)은 핵무기 비보유 동맹국(한국)이 핵공격을 받았을 시 보복 핵 공격을 가할 것임을 선언함으로써 비보유 동맹국에 대한 핵공격을 억지하는 효과를 갖는다.

것을 골자로 하는 '21세기 전략동맹' 관계로 나아간다는 데 합의하였다. 이전의 한미동맹은 한반도와 제반 국제문제에 관해 포괄적으로 협력해 나가는 '전략적' 동맹관계였다기보다는 외교의 중심축을 한중협력에 두고 한미동맹은 북핵문제 해결을 위해 부분적인 협력을 이끌어내는 '전술적' 동맹관계였다. 그러나 전략동맹 합의를 통하여 이제는 한미동맹이 명실상부한 전략적 이익을 공유하는 단계로 발전해 나가게 된 것이다.

한미 '전략동맹'(strategic alliance)은 가치동맹, 신뢰 동맹, 평화구축 동맹으로서의 성격을 가진다. 가치동맹은 한미양국이 민주주의와 시장경제라는 기본가치를 공유하는 동반자로서 인권침해, 테러, 마약, 환경침해, 재난 등 '인간의 안위에 대한 위협'(인간안보 위협)에 공동 대처해 나가는 것을 뜻한다. 이를 위해 한미 양국은 일본, 호주, 뉴질랜드, 인도 등 민주주의 국가들과의 인간안보협력을 통해 민주동맹으로서 북한을 비롯한 국제 인권 개선을 위해 노력해야 할 것이다.

신뢰동맹은 양국의 지도자들이 인간적으로나 제도적으로 서로 신뢰하는 것을 뜻한다. 양국은 인간적 차원의 신뢰를 제도적 차원의 신뢰로 확대 발전시켜 나가야 한다. 외교안보적 측면의 교류협력뿐만 아니라 정치, 사회, 경제 등 다양한 영역에서의 상호신뢰가 형성되어야 할 것이며, 한미 자유무역협정(FTA) 등의 체결은 자유로운 상품 및 인적자원 이동의 장벽을 제거하여 정치·경제·사회를 포괄하는 다차원적 상호 신뢰가 공고해지는 계기가 될 것이다.

끝으로, 평화구축 동맹은 양국의 평화와 안정을 유지하는 것을 뜻한다. 이를 위하여는 무엇보다 한반도의 평화와 안정 유지를 위한 공조체제의 강화가 중요하다. 한미는 상호존중하고 호혜적 이익을 증진하는 공조협력 체제를 강화하면서, 우선적으로 한반도의 북핵 위기를 해결할 수 있도록 노력해야 한다. 대한민국의 국가전략은 국가의 안전보장과 정치적 자유가 보장되고, 민주복지국가를 완성하며, 한반도 평화체제 구축을 통한 남북통일을 추진하고, 동북아 안정과 공동번영 및 세계 평화에 기여하는 것이다.

이처럼 전략동맹의 합의는 한미동맹을 한반도 차원을 넘어 지역 및 범세계적 차원으로 확대시키고, 기존의 군사동맹을 통해 축적된 협력관계를 정치·경제·문화적 영역으로까지 확산시켜 나가야 할 것이다.

유익한 이야기 코너 ⑥

한국과 미국, 그들은 어떻게 만났나?

우리나라 외교·군사적 안보에서 가장 중요한 요소 중 하나로 한미동맹을 꼽을 수 있다. 한국과 미국은 현재 든든한 동반자의 모습을 보이고 있으며, 상호 보완적인 관계로 나아가고 있다. 그런데, 한국과 미국은 서로를 어떻게 만나게 된 것일까?

한국과 미국의 첫 만남은 흔히 알고 있는 1866년(고종 3년) '제너럴 셔먼호' 사건에서 비롯되었다. 제너럴 셔먼호 사건은 미국 상선 제너럴 셔먼호가 대동강을 거슬러와 평양에서 조선과 갈등을 겪은 사건으로, 통상요구가 평안감사 박규수에 의해 거절당하자, 중군(中軍) 이현익을 납치하는 등 횡포를 부린 선원들에게 분노한 군사, 백성들이 선원들을 죽이고 제너럴 셔먼호를 불태워 버린 사건이다. 이후, 1871년, 미국은 이를 빌미로 하여 강화도에 상륙해 조선군과 치열한 전투를 벌이고 돌아갔다.(신미양요)

이렇듯 처음의 양국 관계는 서로 적대적이었다고 말 할 수 있다. 하지만, 1882년 3월 '조미수호통상조약'을 통해, 조선은 미국과 공식적인 외교 관계를 수립하였다. 특히, 조약의 내용 중, "제3국이 한쪽 정부에 부당하게 또는 억압적으로 행동할 때에는 다른 한쪽 정부는 원만한 타결을 위해 주선을 한다."(제1조)의 내용을 보면, 한미상호방위조약의 내용 "양국 중 어느 한 나라의 독립과 안전이 외부로부터 무력공격에 의하여 위협을 받고 있다고 인정될 때에는 서로 협의하여 공격을 저지하기 위한 조치를 합의하에 취할 것이다."와 맞물린다. 이로 보았을 때, 조미수호통상조약은 한미 동맹의 첫 걸음이었다고 할 수 있다(하지만 조미수호통상조약은 미국 배가 난파당했을 때 적극적으로 구제할 것과 치외법권을 인정하는 것 등 최혜국 대우에 관한 규정으로, 조선에게는 불평등조약이라고 할 수도 있다).

비록 일제의 침략과정에서 일본이 미국의 필리핀 식민지화 인정을 내걸어 한반도의 식민지화를 인정해 준 잘못도 있었지만(가쓰라-태프트 밀약, 1905년), 이후 미국은 한국의 독립에 매우 많은 영향을 끼쳤고, 또 돕기도 하였다. 해방이 된 후에 다소 삐걱거리기도 하였지만 6·25 전쟁이 일어나자 앞장서 UN에 한국파병을 건의하였고, 누구보다 파병에 앞장섰다. 6·25 전쟁이 휴전된 이후, 1953년 10월 1일, 한국과 미국은 한미상호방위조약을 체결하여 외교적 동반자의 길을 걷게 되었고, 지금도 그 관계는 점점 발전하여, 군사적 문제만이 아닌 정치, 경제, 문화 등 다양한 방면에서 상호교류 하는 깊은 관계로 나아가고 있다.

미국 상선 제너럴 셔먼호

제6장 군사동맹

3부
안보외교와 위기관리

제7장 안보외교와 협상
제8장 군비통제
제9장 위기관리

제7장 안보외교와 협상

제1절 안보외교

1. 안보외교의 개념

외교의 사전적 정의는 국제관계에서 교섭을 통하여 국가 간에 맺는 대외 관계를 말한다. 이는 개별국가들이 자국이 추구하는 목적을 전쟁이 아니라 평화적인 방법으로 달성하려는 행위이며, 국가 간의 의사소통 수단을 통하여 상호 영향력을 행사하면서 협상을 통해 갈등을 해결해 나가는 과정이다. 외교는 나누는 방법에 따라 각각 영역별, 대상별 그리고 성격별로 구분할 수 있다.

- 영역 : 통상외교, 군사외교, 통일외교, 환경외교, 문화외교, 과학기술외교, 인권외교 등
- 대상 : APEC외교, ASEM외교, UN외교, 서방외교, 북방외교 등
- 성격 : 예방외교, 동맹외교, 방문외교, 파병외교, 공개외교, 비밀외교, 강압외교 등

안보외교란 국가로 대변되는 정치집단의 생사소멸과 그의 영향력, 영향권의 보존 및 확대, 명분적, 실질적 이익의 확보 및 증진과 연관된 외교이다. 일반적으로 외교를 '펜으로 수행하는 전쟁'이라 말하고

전쟁은 '총칼을 동원한 외교'라고 구분하여 왔으나, 안보외교는 전쟁을 비롯한 모든 가용수단과 방법을 운용하여 수행하는 외교인 것이다. 다시 말해, 안보외교란 국가가 보유한 모든 수단방법을 동원하는 외교로서, 항상 외교상대를 적과 아군으로 구분하는 우적(友敵)의 개념을 고집하지 않으며 형식도 강압적이고 온건하기도 하나 때로는 비굴한 양상을 취한다. 동원되는 수단 역시 가장 폭력적인 것에서부터 가장 비폭력적인 방식을 망라하고, 시간적으로도 전시와 평시 및 위기 시를 구별하지 않고 진행되는 것이 일반적이다. 이와 같이 안보외교는 대상·형식·수단·시간 면에서 고도의 가변성과 유연성을 보여주는 것이 특징이라고 할 수 있겠다.

2. 안보외교의 역사적 배경

일반적으로 외교행위가 평화적으로 달성되는 것에 비해 안보외교는 합의와 협의는 물론이고 군사력의 전면적, 제한적 사용까지 수단으로서 동원한다. 19세기경의 영국은 프랑스혁명 이후 집권한 나폴레옹의 독주를 막기 위해 프랑스와의 전쟁까지 불사하며 프랑스와 대적한 오스트리아, 러시아, 프러시아, 스페인 등의 유럽 국가들과 연합전선을 형성하였다. 결국 나폴레옹을 유배시켜 프랑스의 국가적·정치적 모습을 나폴레옹 집권 시기 이전으로 돌려놓는 데 커다란 역할을 수행하였다. 그러나 전쟁 후 영국은 프러시아나 러시아 등 유럽 대륙 국가들의 견제를 위해서 프랑스의 지나친 약화를 원치 않는 성격의 정책과 외교를 구사했다. 결과적으로 유럽대륙에 대한 자국의 영향력 증대와 함께, 유럽대륙 내에서 강력한 초강대국의 출현을 미연에 방지하고자 안보외교를 하였던 것이다.

또 다른 안보외교의 성격을 잘 보여준 유럽국가인 프러시아는 철혈 재상인 비스마르크를 중심으로 안보외교를 하였다. 통일 독일 제국을

〈그림 7-1〉 비스마르크

건설하기 위해 우선적으로 독일공국들 내의 관세를 철폐하여 경제적인 통합을 먼저 이룩한 뒤에 독일 공국과 오스트리아 및 프랑스와의 연대를 차단하기 위한 보오전쟁(1866)과 보불전쟁(1870~1871)을 일으켜 승리함으로써 프러시아 중심의 독일제국을 건설했다. 또한 그는 새롭게 탄생한 독일제국의 안전을 도모하기 위해 2중 보장외교를 펼쳤다. 러시아를 독일 측에 묶어 둠으로써 프랑스와 러시아의 대독일 연합전선의 형성을 차단하는 조치를 취하면서 독일제국의 탄생을 위한 두 차례의 전쟁을 운용하여 빚어진 변경 현상을 굳히고자 외교를 활용한 철혈재상의 역할을 하였다. 독일제국의 생성을 위해서 전쟁이 수단으로 동원되었고, 그렇게 생성된 제국을 보존하기 위하여 외교가 펼쳐진 셈이다.

히틀러가 집권하게 된 독일은 국가의 존립을 위하여 외교는 물론 나치즘을 내세우며 전쟁까지 일으켰다. 히틀러 집권 초기 당시 영국의 수상이었던 네빌 체임벌린은 전통적인 영국의 안보외교 방식에 따라, 유럽대륙 내의 평화와 질서를 유지하고 강대국의 출현을 방지하고자 유화정책 중심의 외교를 펼쳤다. 히틀러집권하의 독일은 강력한 팽창주의 정책을 시행하여 1936년 라인란트지역 병합, 1938년에는 체코와 오스트리아 까지 병합하면서 영토 확장을 시도하였다.

반면, 1차 대전으로 인해 전쟁에 지친 체임벌린의 영국은 히틀러가 더 이상의 영토 확장을 시도하지 않을 것이라고 크게 오판하여 독일이 오스트리아를 병합할 당시에도 '작은 양보로 값진 평화를 얻었다'며 독일의 무조건적인 팽창에 적극적으로 대항하지 않았다. 이러한 영국의 유화정책 뒤에는 유럽대륙국가의 하나인 소련이 적절하게 힘의 균형을 유지시켜 줄 것이라는 믿음도 존재했을 것으로 본다. 그러나 히틀러는 이를 이미 예상하여 1938년, 외상인 리벤트로프를 모스크바로 보내어 소련의 스탈린과 상호불가침 조약을 맺는데 성공한다. 소련의 통치자였던 스탈린도 독일의 팽창을 방관하는 유럽 극가들이 사실상 독일을 통해서 소련을 견제하려는 계략이 있다고 판단하여, 자국의 안전과 평안을 도모하는 차원에서 독일과의 상호불가침 조약을 체결한 것이다. 히틀러는 그의 자서전인『나의 투쟁』에서도 말하고 있듯이, 처음부터 소련에게 친화적으로 대할 생각은 전혀 없었다. 오히려 1차 대전[70]이 종전된 지 얼마 지나지 않아 효과적으로 2차 대전을 수행하기 위해서 소련과는 일시적으로 불가침 조약을 맺었던 것이다.

영토 확장을 목적으로 외교를 동원한 그는, 영국과 소련의 정세를 치밀하게 파악하여 자신의 목적을 달성하는 데 크게 활용하였다. 그가 보여준 외교는 상대를 불문하고 고도의 유연성을 보여줌은 물론, 전면적인 군사력 동원 이전에 제한적인 군사적 압박을 통하여 희생 없이 영토를 확장하는 등 안보외교의 역사적 표본이라 할 수 있다.

서양에 못지않게 한반도에서도 치밀한 안토외교의 역사는 시작되었다. 신라·고구려·백제가 대립과 공존을 반복하는 삼국시대부터 이러한 활동은 계속 되어왔다고 할 수 있는데, 그 기교나 정교함에서도 서양의 것을 능가하였다. 한반도의 안보외교에서는 중국이 빠질 수가 없는데, 중국내의 제후국가와 왕조국가들의 통합이나 패망은 한반도에도 적지 않은 영향을 끼쳤기 때문이다. 중국에서 수나라가 중국내 삼국을 패망시키고 중국대륙을 통일하자, 중국 내 국가들이 서로 적당하게 견제와 균형을 이루기를 바라는 상황에서 수나라에 대항하는 진나라를 도왔던 고구려도 수나라에 조공을 바치면서 우호관계를 유지하려 했다.

한편 고구려의 위세에 위협을 느끼던 한반도 남쪽의 백제와 신라는 고구려의 약화를 도모할 목적으로 수나라에 조공을 바치면서 고구려

---

[70] 정명복,『쉽고 재미있는 생생 세계전쟁 이야기』, 지문당, 2015, 101~142쪽.

침공을 부추기기도 하였으나, 수나라의 고구려 침공은 실패로 막을 내렸다. 그로 인한 피해를 극복하지 못한 수나라는 당나라에게 왕조를 넘기고 말았으며, 고구려 역시 국력의 피폐를 면할 수 없었다. 이 틈을 이용하여 고구려와 맞서 싸우기 위해 형성된 백제와 신라의 공조체제하에서 한강 유역과 죽령 이북을 차지한 신라가 독자적인 행동으로 그 지역을 독식하였다. 그 후 신라는 백제의 계속적인 침공을 받게 되어 고구려에 도움을 요청했으나, 죽령 이북의 영토를 먼저 반환하라는 고구려의 요구를 들어 줄 수가 없어서, 결국 고구려의 도움을 확보하지 못했다.

신라는 고구려를 굴복시키려는 당과의 결속을 다졌다. 당나라의 의복과 관료들의 계급제도까지 일부 사용해가면서 벌인 총체적인 외교활동을 통하여, 당나라 군대의 도움을 받아 660년에 백제를, 668년에는 고구려를 멸망시켰다. 그 후에 신라는 자신들까지 멸망시키려는 당나라를 상대로 얼마 전만 해도 적이었던 백제와 고구려 유민들의 협조를 얻어 당을 몰아낼 수 있었다. 중국의 수·당 그리고 고구려·신라·백제 등 격변의 정세 속에서, 당의 도움을 확보하여 백제와 고구려를 멸망시킨 신라는 각 정치집단의 생존과 영향권의 확보·확대를 위해 직접적인 무력사용은 물론, 조공이나 상대국의 문물을 수용하면서까지 입지를 개선해 나갔다. 이렇듯 자국의 생존과 안전에 필요한 군사적 또는 군사 외적인 개입을 유인하는 총체적인 안보외교 활동은 가히 일품이라고 할 수 있겠다.

과거는 물론 현재 우리가 살고 있는 21세기에도 이러한 안보외교는 지속적으로 이루어지고 있다. 과거의 과오를 반성하지 않고 급격히 우경화의 길을 걷고 있는 일본과 이에 대항하듯 방공식별구역[71]을 규정하여 전투기 출격 등의 간접적인 군사적 압박수단까지 동원하는

---

[71] 방공식별구역(防空識別區域: Air Defense Identification Zone, ADIZ)은 영공의 방위를 위해 영공 외곽 공해 상공에 설정되는 공중구역이다.

중국의 모습은 안보외교가 우리의 일상생활에서 항상 존재한다는 것을 명확히 보여준 셈이다. 역사가 말해주듯이 안보외교란 군사력의 동원은 물론, 기본적으로 자국의 번영과 안전을 도모하는 총체적인 외교활동이라고 해석할 수 있을 것이다.

3. 안보외교의 사례

가장 좋은 안보외교의 사례로서 중동지역의 이스라엘을 제외할 수 없다. 탄생하는 그 순간부터 주변 아랍 국가들에게 연합공격을 독립 선물로 받은 이스라엘은 자국의 생존을 위한 안보외교 수단으로 군사력을 지속적으로 사용하면서 오늘에 이르고 있다. 이스라엘은 1954년 이집트가 수에즈 운하를 국유화하며 조성된 위기 속에서 영국이나 프랑스보다 먼저 군사력을 동원하여 시나이 반도를 점령하는 작전을 수행하였다. 또한 이집트가 소련으로부터 무기를 다량 구입하여 군사력을 강화해 가고 있을 때 예방전쟁으로서 6일전쟁을 감행하여 반환했던 시나이 반도를 다시 점령하고 요르단 강의 서안을 점령하기도 했다.

그 결과 이스라엘은 1973년에 이집트의 공격(10월 전쟁)을 받기도 했으나, 미국의 중재로 점령했던 시나이 반도를 이집트에 반환하고 이집트와 평화적 관계를 구축하는 외교적 성과를 거두기도 했으며, 요르단과도 공존관계를 유지할 수 있게 되었다. 이로써 이스라엘은 주변 아랍 국가들의 연합공격 가능성을 배제시켜 국가적 생존을 보장하기에 이르렀다.

이러는 동안 이스라엘은 팔레스타인들이나 기타 아랍인들이 자행하는 테러행위에 응징과 보복으로 일관하여 그것을 근절하려는 노력을 기울였고, 이라크나 시리아의 핵개발 의혹 시설에 대한 선제 폭격도 마다하지 않았다. 무력사용을 통하여 외교적 성과를 거두기도 한 이스라엘은 항공 납치된 자국민들을 구출하기 위하여 외교적 협상을 벌이고, 그들을 구출하는 군사작전을 준비함과 동시에 위장수단까지 보여 주었다. 이처럼 이스라엘은 자국의 생존 보장을 위하여 무력사용을 통한 외교적 성과를 바탕으로 평화를 구축하거나, 테러에 대한 보복 및 응징과 더불어 납치된 이스라엘 국민들을 구출하는 군사작전을 준비·위장하기 위하여 외교적 협상을 하기도 한다. 이스라엘이 보여준 사례는 안보외교가 군사력의 부분적·전면적 사용을 수단으로 활용하고 있다는 좋은 예라고 볼 수 있겠다.

현재 초강대국으로서 위상을 떨치고 있는 미국도 과거부터 정치집단과 국가의 생존을 위해 안보외교 활동을 벌여왔다. 미국은 1776년 영국으로부터 독립 선언 직후 영국으로부터 무자비한 공격을 받을 때, 영국에 반하는 세력인 프랑스의 원조를 적극적으로 받아들여 기나긴 독립전쟁을 승리로 이끄는 발판으로써 활용하였다. 독립전쟁으로 영국에 대한 반감이 생겼음에도 불구하고 미국은 영국과 긴밀한 협력관계를 만들어 나갔으며, 1823년 먼로선언[72]으로 유럽열강도 아메리카 대륙에 대한 간섭을 하지 않았다.

미국도 유럽열강이 하는 행동들에 간섭을 하지 않는다는 고립주의적 외교방침을 내놓음에도 불구하고 영국에 한해서는 상대적으로 온화했던 면이 있었다. 이와 같은 결과는 영어 문화권으로서 동질성이 존재했던 면도 영향을 주었으나, 영국과의 협력 없이는 뛰어난 유럽의 선진문물을 수용할 수가 없었던 면이 더 크게 작용하였다고 볼 수 있다. 그 이후에도 미국은 일본과 가쓰라 태프트 밀약(1903)을 맺는 등 자국에 해가되지 않는다면 제국주의 국가로 성장하고 있던 일본과도 친교를 맺는 모습이었다.

그러나 1941년 팽창하고 있던 일본이 진주만을 기습공격하자 되도록 열강들이 일으킨 대전에는 참가하지 않으려던 자세를 즉각 바꾸어

---

[72] 1823년 12월 미국의 제5대 대통령 먼로(J. Monroe)가 의회에 제출한 연두 교서에서 밝힌 고립주의 외교 방침

일본과 독일을 향해 전면전을 벌였다. 결국에는 전쟁에서 승리함으로써 유럽대륙에 대한 미국의 영향력을 증대시킴과 동시에 막대한 이윤을 남기는 군비사업에 뛰어들게 되어 초강대국으로 성장하는 발판을 만들었다고 볼 수 있겠다. 이후 소련과 냉전구도가 형성될 시기에도 미국은 가변적 우적(友敵)개념의 안보외교를 하였다. 냉전시대의 크고 작은 자본 세력과 공산세력의 대립은 세계 곳곳에서 전쟁의 형태로 일어났고, 그 중에는 한국전쟁(1950~1953)드 예외가 될 수 없었다. 일반적으로 소련은 우방국에 해당하는 공산국가들을 제한적인 장비나 원조물자를 지원하는 등 소극적이었으나, 미국은 세계대전 이전의 소극적인 모습에서 재빠르게 탈피하여 자국의 국민들로 구성된 군대까지 대규모로 지원하는 등 매우 적극적인 모습을 보여주었다. 대한민국도 미국의 지원을 받은 것이 결코 적지 않다.

이후 미국은 소련이 아프가니스탄을 침공(1979)했을 당시에는 소련에 저항하는 아프가니스탄의 무자헤딘(성스러운 이슬람 전사를 뜻하는 이름의 무장단체)을 적극적으로 지원하였으나, 21세기에 들어 이러한 이슬람권 무장단체의 테러행위가 미국을 겨냥하게 되자(2001. 9. 11) 아프가니스탄을 상대로 전쟁까지 하였다. 2003년도에는 전 세계가 주목할 만한 이라크 전쟁도 실시한 바가 있다. 미국은 이렇듯 상황과 시기, 대상에 따라 가변적으로 대응하며, 일반적인 외교활동은 물론이고 직·간접적인 군사력의 동원까지 불사하는 등 안보외교의 좋은 예시를 보여주었다.

〈그림 7-2〉
무자헤딘 모습

제2절 군사외교

1. 군사외교

 군사외교는 외교의 하위 범주로, 그 대상이 군사 부분에 집중되는 것이다. 군사외교는 군사적인 차원에서 국가 간의 의사소통 수단을 통하여 상호 영향력을 행사하며 협상을 통해 갈등을 해결하는 과정이라고 할 수 있으며, 대외 군사협력과 동일한 의미로 사용되기도 한다. 대외 군사협력이란 외국과의 군사교류를 증진하고 협력분야를 개발하여 궁극적으로 국가안보와 국익증진에 기여하는 군사적 성격의 제반 대외활동을 말한다.

 군사외교는 주로 군사교류와 군사협력으로 구분된다. 군사교류는 고위 간부와 군 내부 인사들의 상호 방문, 군사훈련 참관, 학생 교류, 함정의 교환방문 등을 통해 이루어지며, 이러한 군사교류는 관련국들 간의 단순한 협의를 통해 이루어진다. 군사협력은 군사기지 제공, 무기 판매, 국가 간 군사훈련, 방위산업협력, 적대국과의 군비통제 등이며, 이러한 군사협력은 고도의 협상능력을 필요로 한다.

〈그림 7-3〉 군사외교 모델

2. 주변국과의 군사외교 사례

 한반도의 주변국들인 일본, 중국, 러시아 등은 세계 유수의 군사강국으로서 한반도 안보와 밀접한 연관을 가지고 있다.

일본은 2007년 방위청을 방위성으로 승격시킴으로써 군의 위상이 더욱 확고해졌다. 양국 관계는 1994년 최초로 국방장관 회담을 개최한 이래 각 군 참모총장 상호방문 등 군 고위급 교류 및 국방정책 실무자회의, 안보정책협의회 등 다양한 교류를 하고 있다. 또한 각 군 대학 및 사관생도의 교류와 유학생 상호파견 등 인적교류가 활발하게 진행되고 있으며, 한일 해상수색, 구조훈련, 수송기 상호방문 등 다양한 군사교류를 발전시키고 있다. 2015년 한일 국방장관회담 이후 아시아 안보회의 등 다자 간 회의를 계기로 장관회담이 지속해서 개최되었으며, 2018년 10월 아세안 확대 국방장관회의에서도 한일 국방장관회담을 개최하여 국방교류협력을 미래지향적으로 지속 발전시켜 나가기로 하였다.

중국과의 군사교류는 1993년 주중 한국 무관부가 개설된 이래 꾸준히 발전하여 2003년 양국 정상이 합의한 '전면적 동반자 관계'를 토대로 확대되었다. 2008년 한중 정상 회담에서 한중 정부는 양국 관계를 '전략적 협력동반자 관계'로 격상하고 외교당국 간 고위급 전략대화 채널을 구축하는 한편 한중 외교안보 대화를 정례화하기로 함에 따라 보다 높은 수준의 군사교류도 예상된다. 양국 간에는 북한의 핵문제 등 논의해야 할 과제가 산적해 있으며, 이 때문에 중국과의 군사교류는 한반도의 평화와 안정을 위해 매우 중요하다. 특히 한중 양국은 중국 군용기 한국방공식별구역(KADIZ) 진입에 따른 공중충돌 방지를 위해 2013년 이 후 중단된 방공실무회의 재개를 협의 중이며, 이외에도 차관급 국방전략대화 재개, 한중 해군 간 직통망 추가설치 논의 등을 추진하고 있다.

러시아와는 1990년 수교 이래 건설적이고 상호보완적인 동반자 관계를 유지해 오고 있다. 1999년 한국과 러시아는 '상호 보완적인 건설적 동반자 관계'를 설정한 데 이어, 2008년 정상회담에서는 '전략적 협력 동반자 관계'로 격상시킴으로써 정치, 군사, 외교 및 안보분야로까지 교류가 확대되었다. 한반도 주변 정보 공유를 포함해 외교와 국방 분야에까지 협력을 강화하기로 하였고, 아세안지역안보포럼과 유엔 협력은 물론 국제테러리즘, 기후변화, 핵무기 및 생화학무기의 비확산체제 등 국제 현안에 대해서도 공동대처를 다짐했다.

또한 군사교류의 일환으로 양국은 2007년 군사기술협력 양해각서에 서명했다. 군사기술협력 양해각서를 통해 한국은 러시아로부터 무기체계의 완성장비 및 핵심기술을 제공받고, 러시아에 제공한 경제협력차관 상환, 현금지불방식으로 대금을 처리하기로 했다.

특히 2018년 8월 모스크바에서 개최된 제3차 한러 국방 전략대화를 계기로 양측은 한러 관계의 중요성을 고려하여 전략대화의 수준을 차관급으로 격상하고 정례화하기로 합의하였다. 양측은 군 인사교류, 공군 간 직통망 설치, 국방교류협력 강화를 위한 제도적 기반 정비, 해상신뢰구축을 위한 한러 공동연구 추진 등에 대한 공감대를 형성했다.

이외에도 ASEAN을 중심으로 한 동남아 국가들, 호주와 뉴질랜드 및 유럽 국가들과의 협력을 통해 선진 군사교리와 기술을 발전시키고 군사과학 기술의 협력 및 교류를 활성화하여 방산수출을 늘려 나가고 있다. 아울러 서남아시아는 인도, 파키스탄, 방글라데시를 중심으로 국방 대학원생 교육방문, 위탁교육생 파견과 순항함대 상호방문 등으로 교류를 활성화하고 있다. 중동국가들과는 자이툰 부대 파병[73]을

〈그림 7-4〉
이라크 아르빌 현지에서
상황조치 훈련 중인
자이툰 부대 모습

---

[73] 정명복, 『쉽고 재미있는 생생 무기와 전쟁 이야기』, 2018, 306~315쪽.

개시로 우호적 여건이 조성되고 있으며, 무관부 설치와 방산물자 수출 및 기술협력 등 호혜적 성격의 군사외교를 확대해 나가고 있다.

유익한 이야기 코너 ⑦

러시아제 무기체계의 최초도입, 불곰사업

불곰사업은 대한민국 국군의 러시아제 무기 도입사업이다. 1991년 당시 노태우 정부는 북방외교의 일환으로 소련과의 수교를 추진하면서 경협 차관 30억 달러를 소련에 제공하기로 결정하였고, 91년 말까지 그 중 14억 7천만 달러를 소련에 제공하였으나 소련이 붕괴되고 말았다. 이후 1993년 소련의 채무를 계승한 러시아 정부는 이미 제공된 차관의 상환책임을 보증하였으나, 소련 붕괴 후 침체된 러시아의 경제 때문에 상환받은 차관은 1995년까지 현금 1910만 달러와 알루미늄 1270만 달러에 그치고 있었다.

자금부족에 시달리던 러시아 정부는 현금전환이 쉬운 원자재보다 헬기, 방산물자 등의 공산품으로 상환하기를 원했다. 그리하여 한국과 러시아 정부는 95년 7월 현금상환을 대신할 현물상환 협정을 체결하게 된다. 이에 따라 러시아는 일단 93년 만기 도래 분인 원금과 연체이자를 합쳐 4억 5000만 달러어치의 부채를 원자재, 헬기, 방산물자 등으로 95년부터 98년까지 상환하게 되었다.

1차 불곰사업은 1995년부터 1998년까지 진행되었다. 경협차관 2억 1400만 달러어치의 상환으로, T-80U 전차(33대)와 BMP-3 장갑차(33대), 그리고 Metis-M 대전차미사일(발사기 70문, 탄약 1,250발)과 이글라 휴대용 대공미사일(발사기 50문, 탄약 700발)을 도입하게 된다.

2차 불곰사업은 98년 8월, 러시아 정부가 모라토리움을 선언하여 경협차관 상환이 더 늦어지자, 러시아제 킬로급 잠수함 3척을 도입하는 636사업이 진행되었다. 하지만 해군 실사단의 보고를 토대로 한 해군의 강력한 반대에 부딪쳐, 대신 2차 불곰사업이 진행되었다. 2002년부터 2006년까지 진행되었고, 사업비는 5억 3400만 달러이다. 사업비 가운데 절반은 경협차관 상환, 나머지는 한국 정부의 현금 지급으로 이루어졌다. 2차 사업으로 T-80UK(지휘통제차)(2대), BMP-3, Metis-M(발사기 156문, 탄약 11,500발) 등이 추가 도입되었으며 무레나 공기부양정(3척), Il-103, Ka-32A 등이 도입되었다.

불곰사업을 통해 우리 군은 러시아제 무기를 도입함으로써 러시아의 앞선 군사기술을 습득할 수 있었으며, 이는 신궁과 천무 등 한국군의 독자적인 무기 개발에 큰 도움이 되었다. 또한 러시아제 무기를 주로 사용하고 있는 북한군의 무기체계를 연구함으로써 상대의 전력을 보다 확실히 파악할 수 있게 되었다.

불곰사업으로 도입한 한국군의 T-80전차

제3절 협상

1. 협상의 개념

협상이란 분쟁 당사국이 서로 대화를 통하여 각자의 주장을 조정함으로써 분쟁을 평화롭게 해결하는 상호 갈등의 조정 행위를 말한다. 달리 말하자면 분쟁 당사국 간에 이해관계가 상충될 경우 상호 수용 가능한 제의의 교환으로 당사자 간의 이해를 조정하는 과정[74]인 것이

---

[74] 황진환, 「군사외교와 협상」, 육군사관학교 편, 『국가안보론』, 박영사, 2001, 267쪽.

다. 협상의 대상이 되는 분쟁은 법률적 분쟁과 비법률적 분쟁 모두를 포괄하며, 국제법상 대화 또는 타협을 통하여 분쟁을 어떠한 방식으로 논의하고 어떻게 해결할 것인가 하는 것은 당사국들 간의 문제이다.

분쟁의 해결방법은 사법적 해결과 평화적 해결 등 여러 가지 방법이 있으며, 그 중 협상은 가장 평화적인 것이다. 협상에 의한 분쟁의 처리는 어떠한 제한도 받지 않는다. 이런 점에서 분쟁 해결을 위한 제3자의 개입을 필요로 하는 다른 평화적 해결방법과 구별된다. 협상제의를 받으면 그 내용에 대하여 가부의 태도를 취하든지 아니면 수정제의하는 것이 원칙이다. 협상 그 자체를 거부하는 것은 국제법상 용인되지 않으며, 외교협상을 거절하는 것이 일반적으로 인정될 경우 국제법 자체의 존립 의의가 사라지기 때문이다. 대부분의 국제조약에서 협상의 의무를 규정하고 있는 것은 이와 같은 국제법상의 이유 때문이다.

협상의 본질은 협력적 요소와 갈등적 요소가 공존한다는 것이다. 통상적으로 협상을 갈등적 차원으로만 인식하는 경향이 있으나, 협상은 근본적으로 협상을 하지 않았을 때보다 협상국 모두에게 보다 좋은 결과를 얻기 위해 추구하는 협력행위이다. 협상을 통해 얻는 결과가 유익하지 않다면 협상을 할 필요가 없다.

협상은 협상국 모두에게 좋은 결과를 얻기 위해 이루어지는 것이다. 협상에서 협상상황이란 한 당사자의 목표달성 여부가 자신의 선택과 결정뿐 아니라 상대방의 선택과 결정에도 크게 의존하는 경우를 뜻한다. 이는 상거래 흥정과 마찬가지로 흥정이 잘 이루어지면 모두가 이익을 보지만 때로는 더 큰 이익을 얻기 위해 상호 손해를 무릅쓴 계산된 모험도 불사할 경우도 있다. 즉 협상상황이란 협상자의 선택과 결정이 상호의존적인 다수 간의 전략적 상호관계를 말하며, 공동이익과 공동기피 상황을 포괄한다.

또한 협상은 두 가지 측면을 갖는다. 첫째는 효율적 측면으로, 양자의 정책을 조정하여 양자 모두에게 유리한 결과를 추구하는 경우이다. 둘째는 분배의 측면이다. 이는 얻어진 이익을 나누는 문제로서 이 경우 일방의 득은 상대방의 실로 이어지는 제로섬 상황이 된다. 전자는 통상 '윈-윈 전략'이라고 하며 국제협력의 영역에 속하는 협상은 주로 후자를 뜻한다.[75]

2. 협상의 조건과 성공요소

협상은 어느 경우에나 가능한 것이 아니며, 관련국 간에 다음과 같은 일정한 조건이 부합될 때 가능하다.

첫째, 당사국들이 상호 대립하는 이해관계가 있다고 인식하여야 한다. 당사국들 간에 추구하는 이익에 상호 간 대립이 없고 단순한 정보나 의견교환을 위하여 수행되는 행위는 협의이지 협상은 아니다.

둘째, 당사국들이 상대방의 입장을 이해하고, 상호 양보하며 대립된 이해관계를 조정할 가능성이 있다고 믿어야 한다. 만약 어느 일방이 상호이익을 조정할 가능성이 전혀 없다고 인식한다면 진정한 의미의 협상은 시작될 수 없다. 셋째, 당사국들이 협상을 통하여 이해관계를 조정하는 것이 유리하다고 인식하여야 한다. 협상을 위하여 투자한 노력에 비해 얻을 수 있는 결과가 보잘 것 없다면 협상상황은 발생하지 않는다.

협상의 성공에 영향을 미치는 중요한 요소는 국가의 협상능력과 실행의 신빙성이다. 첫째로 **협상능력**이란 협상국이 협상장에서 제시하는 보상이나 위협의 방법을 실행할 수 있는 국력을 갖추고 있는가의 여부이다. 여기서 국력은 구체적으로 경제력과 군사력을 의미하며, 이러한 능력이 뒷받침되어야 상대국에 대한 설득이 가능하고 성공적인 협상 목적을 달성할 수 있는 것이다. 그러나 협상능력에는 국력뿐만 아니라 협상대표단의 협상력도 매우 중요하다. 실제적으로 1993년

---

[75] 김태현, 「양면게임이론과 국제협상」, 김달중 편, 『외교정책의 이론과 이해』, 오름, 1998, 375~376쪽.

북한이 핵 위기를 조성하였을 때, 미국과 북한이 2년에 걸친 장기협상을 한 결과, 미국은 월등한 국력을 가졌음에도 북한에게 협상의 주도권을 빼앗기고 북한의 의도대로 협상을 종결하였다. 이처럼 협상력이란 국력과 국가의 협상전술, 대표단의 협상능력도 포괄하는 개념으로 보아야 한다.

둘째, 국가능력과 함께 중요한 것은 협상 시 상대방에게 제시하는 위협의 **신빙성**이다. 신빙성이란 협상상대국에게 협상조건과 파기 시 입어야 할 손실을 믿게 하는 능력이다. 만약 한 국가가 다른 국가에게 특정 조건을 수행하지 않을 경우, 군사력 공격을 감행하겠다고 위협할 시, 그 국가의 결행의지를 의심한다면 공격을 하겠다는 위협은 효과를 발휘할 수 없다. 즉, 어떤 국가가 협상상대국에 대하여 협상목적을 달성하기 위하여 보상과 위협을 효과적으로 활용하기 위해서는 상대국에 이를 반드시 이행할 것이라는 신빙성이 뒷받침되어야 한다는 것이다.

통상 협상 시 당사국이 협상 시 제시하는 방안에 대한 실행능력이 있으면 신빙성이 높아질 수 있으나 국가가 능력을 구비하고 있어도 제시하는 방안에 대한 실행 의지가 뒷받침되지 않으면 신빙성이 저하될 경우도 있다. 신빙성은 협상대상의 가치, 협상당사국의 능력, 역사적 경험 등 다양한 요소들에 의해 결정되기 때문이다. 협상국이 협상과정에서 위협의 방법을 구사할 경우 협상상대국이 자신들이 추구하는 협상의 대상 혹은 조건에 부여하는 가치가 높을수록, 위협의 방법을 구사하는 당사국의 능력이 많을수록 그 위협의 신빙성 또한 높아진다. 그러나 과거 협상 시 어떠한 위협을 천명하고서도 이를 실행하지 않은 경우가 많았다면 그 국가의 위협은 신빙성이 저하된다.

3. 협상수단

협상 시에 사용되는 주요한 수단에는 군사적 수단과 경제적 수단이 존재한다. 협상국은 두 가지 수단을 이용하여 상대국에게 보상과 위협을 다양하게 구사할 수 있다. 협상이 군사적 위협수단으로 활용되는 것은 주로 군사력 시위, 해안 봉쇄, 선박의 해상검색, 직접적인 공격위협 등이 존재하며 이러한 군사적 수단은 협상 상대국을 협상장에 끌어내거나 협상의 주도권을 잡는 데 이용된다. 보상의 수단으로 사용되는 경우는 군사물자원조, 전략무기제공, 군사협력 제공, 군사동맹 약속 등이 있다. 이처럼 군사적 수단은 협상상대국을 위협하는 수단으로만 생각하기 쉬우나 보상의 수단으로도 널리 활용되고 있다.

그러나 이러한 군사적 수단을 활용하는 데는 많은 문제점이 수반될 수 있고, 위협의 수단으로 활용할 경우 매우 위험한 상황으로 전개되기도 한다. 군사적 위협은 협상이 교착상태에 빠지거나 더 이상의 협상타결이 불리하다고 판단될 경우 활용된다. 만약 군사적 위협이 실패한다면 더 강도 높은 위협을 가하게 되고 이와 같은 상황이 고조될 때는 결국 직접적인 군사적 행동으로 이어진다. 이와 같은 경우처럼 군사적 수단으로 위협을 가할 경우 협상에서 추구하는 이익과 전쟁으로 발전될 때 지불해야 하는 손실을 보다 면밀히 판단하고 실행에 옮겨야 한다.

경제적 수단 역시 협상과정에서 보상과 위협의 방안으로 다양하게 활용된다. 경제적 보상책으로는 경제협력, 대외투자 지원, 경제교류 확대 등을 고려할 수 있으며, 위협의 방편으로는 경제 관계 단절, 경제 지원 철회, 특정 상품 수출금지, 상대국 상품 수입거부, 상대국의 자산 및 은행계좌 동결 등 다양한 방법이 존재한다. 경제적 수단은 군사적 수단이 지니고 있는 문제와 위험성을 회피하며 협상에 활용될 수 있는 수단이다. 경제적 수단은 활용할 수 있는 대안이 보다 더 다양하며, 세계적인 경제적 상호의존이 심화되는 가운데 국가 간의 협상에서 정치적 문제보다는 경제적 문제가 부각되면서 경제적 수단의 효용성 역시 증대되고 있다.

4. 협상전술

협상전술은 협상 이익과 목표의 달성을 위해 그 당시의 상황변화에 대응하여 가변적으로 나타나는 협상행태를 나타낸다. 따라서 상황의 변화에 따라 다양하게 전개되는 협상전술은 정형화될 수 없으며, 협상조건에 따라 달라지게 된다. 또한 같은 전술이라도 조건이 다르면 같은 효과를 기대하기 어렵다. 따라서 동일한 협상주체라 하더라도 환경이 바뀌면 사용되는 전술도 달리 나타나며, 특정 협상환경에서는 전혀 상이한 협상자라 하더라도 유사한 전술을 구사할 가능성을 배제할 수 없다. 실제 협상사례에서 나타나는 대표적 협상전술은 다음과 같다.

1) Toughness 전술

분위기 제압전술 혹은 주도권 확보전술을 말한다. 협상을 시작함에 있어 회담장소나 협상의제 선정, 대표단 구성문제 등에 고압적 협상태도를 보임으로써 협상초기 주도권을 확보하는 전술이다.

2) Precedent 전술

전례요구와 전제조건 추가 전술이며, 전례요구나 무리한 전제조건을 제안함으로써 상대의 합의가능 범위를 견제하는 전술이다.

3) Ignorance 전술

상대 무시전술이며, 협상상대를 무시하거나 제안을 거부함으로써 상대방을 흥분하게 하고, 상대로부터 더 많은 정보를 얻어내는 전술이다.

4) Haggling 전술

거짓양보전술 혹은 흥정전술로서 무리한 제안을 함으로써 상대의 협상안에 혼동을 주는 전술이다.

5) Deadline 전술
시간벌기 혹은 지연전술로서, 어떠한 조치가 발동되는 남은 시간을 최대한 활용하는 전술이다.

6) Face saving 전술
태도변화 유도전술로서 상대방의 체면을 세워주면서 협상태도변화를 유도하는 전술이다.

7) Batna 전술
교착위협전술로서, 협상 결렬 시 취할 수 있는 최상의 대안을 확보한 후, 상대방에게 협상조건이 달성되지 않으면 결렬시킬 것이라 위협하며 최대의 양보를 얻어내는 전술이다.

8) Off the record negotiation 전술
비밀협상전술로서 협상교착을 타개하기 위해 상대국과의 비밀접촉을 통해 돌파구를 찾는 전술이다.

9) Salami slicing 전술
상대방의 양보를 조금씩 얻어내는 전술이며, 단번에 목표를 관철시키는 것이 아니라 순차적으로 목표를 성취해 나가는 방법이다. 소금에 절인 살라미 소시지를 장기간 보관해 두고 조금씩 썰어 먹는 데서 유래한 말이다.

10) Bottom line 전술
최대양보선 확보전술로서 상대방에게 최대의 양보를 받아내기 위해 사사건건 트집을 잡아 상대를 궁지로 몰아넣고 양보를 받아내는 전술이다.

11) Reverse action 전술

전환경매 혹은 대안제시전술로서, 협상에서의 합의를 해 주는 대신 추가적 조건을 삽입하는 협상전술이다.

12) Raisin picking 전술

뽑아먹기식 전술이라고 하며, 건포도를 골라먹는 풍습에서 유래하였다. 상대와의 합의 내용이나 제안을 자신에게 유리한 것만을 골라 자의적으로 해석하고 상대에게도 이러한 해석을 강요하는 협상전술이다.

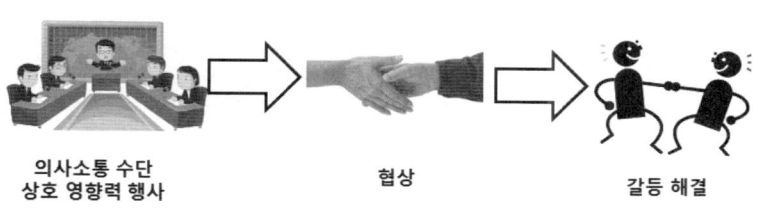

〈그림 7-5〉 협상의 과정

쉬어가는 코너 ⑦ (생각하는 통일안보)

-협상의 神 서희

서희는 거란이 고려에 침입했을 때 거란의 장군 소손녕을 찾아가서 고려는 어떤 손실도 입지 않은 채 많은 이익을 얻는 협상에 성공한다. 여기서 서희가 쓴 협상 전법은 'precedent 전술', 'bottom line 전술', 'raisin picking 전술', 'reverse action 전술', 'face saving 전술', 'ignorance 전술' 그리고 'toughness 전술'이다. 한마디로 한 번의 협상에서 총 12가지의 협상

전술 중 그 반이 넘는 7개의 전술을 사용한 것이다. 일단 precedent 전술 같은 경우, 오히려 거란의 고구려 땅을 고려에게 주어야 한다는 말로 무리한 전제조건을 제안하면서 거란의 땅 요구를 종식시켰다. 다음으로 bottom line 전술로는 거란이 고구려 땅을 점유하고 있는 부분을 트집을 잡고 여진 때문에 교역을 못하는 거지 안하는 게 아닌데 침입하냐며 트집 잡아 소손녕을 궁지로 몰아넣었다. raisin picking 전술로는 거란의 고구려 땅 요구에서 옛 땅을 돌려받는다는 것만 골라 자의적으로 해석하여 고구려의 옛 땅을 고려에게 주는 게 정당하다며 해석을 강요했다.

그리고 reverse action 전술 같은 경우는 현장에서 거란과 교역을 하겠다는 합의를 해준 대신 여진을 몰아내고 그 땅을 고려에게 준다는 추가적인 조건을 삽입하였다. face saving 전술로는 송과 거란이 비슷한 급이라고 하며 고려로서는 송과만 교역할 필요가 없다고 하여 상대의 체면을 세워주어 소손녕의 호의적 태도변화를 유도한 것을 들 수 있다. ignorance 전술은 소손녕에게 고려가 고구려를 계승한 것을 모르냐며 무시하고 또한 고려가 왜 거란과 교역 안하는지도 모르냐며 소손녕을 흥분시킨 것을 비유할 수 있겠다.

마지막으로 toughness 전술은 처음에 서희가 회담에 가자 소손녕이 "나는 대국의 귀인이니 그대가 나에게 뜰에서 절을 해야 한다"고 우겼을 때 "신하가 임금에게 대할 때는 절하는 것이 예법이나, 양국의 대신들이 대면하는 자리에서 어찌 그럴 수 있겠는가?"라고 되받아치며 회담에 응하지 않는 고압적인 태도를 보이며 주도권을 확보한 것과 같다고 할 수 있다.

제8장 군비통제

제1절 군비

1. 군비의 개념

　인류의 역사는 전쟁의 역사라고 말할 수 있다. 이러한 전쟁은 끊임없는 전쟁을 위한 무기의 준비에 의해서 이루어져 왔다. 후버 전쟁혁명평화연구소는 군비란 상대방에게 어떤 물리적 손상을 주기 위하여 사용되는 모든 형태의 폭력 도구라고 정의하고 있다. 군비는 국가목적과 국가이익을 지키기 위한 군사설비로 군대의 병력, 무기, 장비, 시설 등을 총칭하여 말한 것이다. 이와 같이 군비는 전쟁준비를 위한 폭력도구의 무기체계로서 발전하여 왔다.

〈표 8-1〉 무기체계와 전술변천과정

구분	무기체계	전술
원시전쟁	손, 발, 머리, 이빨 등 육체적 힘 이용	개인 힘의 싸움
고대전쟁	창, 칼, 화살, 투석, 갑주, 방패 등	집단전투, 종대대형
중세전쟁	화승포, 화포	선전투, 횡대대형, 3병전술(보, 표, 기병의 협동작전)
근대전쟁	총검, 기관총, 야포	3차원 전쟁, 후티어 돌파전술, 구로우 종심방어
현대전쟁	전차, 항공기, 잠수함, 핵무기, 정밀유도무기, 컴퓨터, 우주무기	3차원/5차원 전쟁 (지상, 해상, 공중, 우주, 사이버)

원시전쟁시대는 개인 간 또는 집단 간에 손으로 때리고, 발로차고, 머리로 박고, 이빨로 물어뜯는 주로 육체적 힘을 이용한 싸움을 하였다. 고대전쟁시대부터 본격적으로 도구를 사용하기 시작하여 창, 칼, 화살 등을 이용해 적을 공격하거나 방패나 갑주 등으로 몸을 보호하였다. 중세전쟁시대는 화약의 발명으로 화승포, 화포 등 화기를 사용하였으며, 근대전쟁시대에서는 총검, 기관총, 야포가 포함되었다. 현대전쟁시대에서 제1차 세계대전, 제2차 세계대전까지는 전차, 항공기, 잠수함, 핵무기 및 생화학 무기 등이 등장하여 3차원 전쟁이 수행되었으나, 오늘날 전쟁에서는 인공위성 및 컴퓨터 등장으로 정밀 유도 무기체계가 발달하여 지상, 해상, 공중, 우주, 사이버 공간을 이용한 5차원 전쟁으로 발전하였다.[76]

이러한 발전과정에서 변화하고 있는 무기체계는 오늘날에 와서 단순히 전쟁을 위한 도구적인 의미를 벗어나 무서울 정도의 정밀성과 가공할 대량살상무기들로 인해 통제할 수 없도록 그 개념이 어렵고 복잡해졌다.

2. 군비의 결정요소

국가가 자국의 이익을 지키고 생존하기 위해서는 어떠한 군비를 갖추어야 할 것인가는 대단히 중요한 과제가 된다. 군비를 결정하는 중요한 요소는 학자에 따라 여러 가지 주장이 있으나, 그 내용을 종합하여 보면 지리적인 요소, 자연자원의 요소, 산업능력 및 과학기술의 요소, 군대의 수와 질의 요소, 군간부 지휘능력의 요소, 국민의 수와 질의 요소 등 6가지 요소를 고려할 수 있다.

이와 같은 군비의 결정요소는 국가 목표(목적)를 달성하기 위해 군비를 갖추는데 중요한 요소들이 되고 있으나, 다른 한편으로는 군비

---

[76] 정명복, 『쉽고 재미있는 생생 세계전쟁 이야기』, 지문당, 2015, 참조.

통제의 대상 분야로서 국가 간의 군비통제정책에 결정적인 영향을 미치게 된다.

제2절 군비경쟁

1. 군비경쟁의 개념

헌팅턴(Samuel P. Huntington)은 군비경쟁이란 두 개의 국가 혹은 국가군이 갈등적 목표추구나 상호 공포로 인하여 평화 시에 군사력을 점진적이고 경쟁적으로 증강시키는 것이라고 정의하였으며, 스미스(Theresa C. Smith)도 군비경쟁을 군비의 양적 혹은 질적 증가로 정의하고 있다.

이상의 주장들을 종합하여 볼 때 군비경쟁이란 2개 국가 또는 그 이상의 적대적인 관계에 있는 국가들이 국가안보를 보장할 수 있는 군대를 증강하거나 무기의 파괴력을 향상시키고, 무기의 양을 경쟁적으로 증가시키는 일련의 군비증강 행위라고 정의할 수 있다. 예컨대 군비경쟁이란 A국가와 B국가가 내적요소와 외적요소에 의하여 상호 반응함으로써 군비를 상호 경쟁적으로 증가시키는 행위이다.

두 적대국가 간의 군비보유에 있어 상호반응에 의해 나타나는 현상은 크게 2가지로 분류할 수 있다. 하나는 두 나라 사이에 상호 반응 현상으로 나타나는 결과가 A국가와 B국가가 함께 군비증강 방향으로 전개되는 경우이고, 다른 하나는 이와 반대로 군비감소 방향으로 전개되는 경우이다. A국가와 B국가 간의 상호탄응에 의하여 군비증강 방향으로 전개되는 경우를 군비경쟁이라고 하고, 반대로 군비감소 혹은 군비동결 방향으로 전개되는 경우를 군비통제라고 한다.

이와 같은 군비경쟁이 성립되기 위해서는 한 국가가 상대국가로부터 두려움을 느끼고, 이 두려움에 대처하기 위한 상호작용에 의해 군비를 증강하게 되는 것이다.

2. 군비경쟁의 결정요소

군비경쟁은 두 개 또는 그 이상의 국가가 상호작용의 원인으로 군비증강을 향해 경주하는 것으로써, 경쟁국가들은 같은 목적을 가지고 같은 길을 달리게 되지만 내적 요소와 외적 요소에 따라 영향을 받게 된다.

군비경쟁요소는 내적 요소로서 정치체제 및 정치지도자의 리더쉽 특성, 경제적 요소, 사회, 심리적 요소, 과학기술적 요소 등이 있으며, 외적요소는 국제적 안보환경 및 적대국가와의 관계 등이 있다.

제3절 군비통제

1. 군비통제란 무엇인가?

군비통제란 적대국 간에 상호 존재하는 군사적 위협에 대해 군비증강 수단을 통해 대응하기보다는 상호 합의하에 군사력의 운용과 구조의 통제를 통해 그 위협을 제한하고 감소시킴으로써 기습공격과 전쟁발발의 위험을 제거하고 평화를 정착시키는 노력을 의미한다. 이러한 노력은 전쟁발발 시 피해의 범위와 강도를 줄이며 전쟁대비를 위한 군비를 축소하여 기타 제반 분야에 대한 투자를 확대하기 위한 협력적 안보정책이다. 이는 군사력의 건설, 배치, 운용, 사용을 확인, 제한, 금지 혹은 축소하고 합의사항의 위반을 제재하여 전쟁위험을 감소시키고 안보를 유지하려는 개념이다. 국가 간에 군비통제가 성립하기 위해서는 양국의 군사적 균형을 통한 자국 안보에 대한 보장이 선행되어야 하며, 군비통제 필요성에 대한 쌍방의 인식과 군비통제를 통하여 얻을 수 있는 공통의 이익, 상호신뢰를 바탕으로 한 진지한 자세가 필요하다. 결국 군비통제의 기본적 조건은 공통이익에 대한 인식이다. 군비통제가 당사국 간의 공통이익을 가지고 있다는 것과 군비통제와 안전보장정책이 서로 상충되지 않는다는 인식이 군비통제의 선결조건이다. 군비통제는 결국 군비축소와 군비제한, 무장해제 등의 어려운 과제와 상호 간 신뢰구축 등의 쉬운 과제를 포괄하여 다양한 상황에 융통성 있게 적용할 수 있는 안보정책이다.

군비통제의 기능은 군사적 기능과 정치적 기능으로 나눌 수 있다. 여기서 **군사적 기능**은 전쟁 가능성 감소, 군비경쟁 완화, 적대국 간 상호불신 감소 및 군사적 예측성 증대, 군사적 불균형 완화, 평화적 방법을 통한 국가 간 분쟁의 해결, 경제 및 사회복지 재원 확보, 국가 간 상호이해 및 신뢰 증진 등이 있다. 또한 **정치적 기능**으로는 분쟁 국가 간 대화의 장 마련으로 외교채널 유지, 군비통제 협상 자체가 안보에 대한 공감대를 형성하는 교육과 학습의 장을 제공, 국가안보의 안정성 증대 등을 꼽을 수 있다.

군비축소(reduction of armaments)는 이미 보유 중인 군사력의 수량적 감축을 뜻하며, 타국과의 상호 생존을 위하여 무리한 군비경쟁을 지양하며 이미 건설된 군비를 감축하는 것이다. 즉 군비나 무장된 군사력, 그리고 관련 지원활동을 양적, 질적으로 제한하는 국제적 합의나 일방적인 조치로 무리하게 군비(軍費)를 팽창하지 않고 축소하는 일을 말한다.

국제적 수준에서 군축이 문제로 등장 한 시기는 19세기 말로, 지구의 영토분할을 둘러싼 제국주의 국가들 간의 대립이 격해지던 때이다. 군비축소 문제는 표면적으로는 갈수록 대규모화되는 전쟁, 군사비 부담으로 인한 국가 재정의 압박, 일반 국민들의 평화에 대한 요구 등의 원인이 존재하지만, 그 이면에는 군비축소의 명목하에 타국의 군비를 축소시켜 자국이 군사력 우위를 유지하려는 강대국의 계략이 숨어있었다.

그 결과 군축회의는 전 세계의 평화라는 명분에도 불구하고, 실패와 무산으로 점철되어 있다. 특히 1930년대 이후에 군축문제는 활발히 진행되지 못하고 정체를 거듭하여 제국주의국가들 간에 군비확장 경쟁이 발생하여 제2차 세계대전에 돌입하게 되었다.

군비제한(limitation of armaments)이란 군사력의 수준을 양적 또는 질적으로 일정하게 제한하는 것이며, 전면전의 가능성을 줄이고 전쟁억제 효과를 증진하기 위하여 군비의 한도를 국제조약으로 정하는 것을 말한다.

또한 무장해제(Disarmament)란 군사력의 해체를 의미하는 것으로서 패전국에 대한 무장해제가 가장 대표적이고, 군대가 보유한 무기의 반납 또는 특정 지역 내의 군사시설을 철거함으로써 전투능력을 제거하는 것을 뜻한다.

2. 군비통제의 역사

1) 고대시대의 군비통제

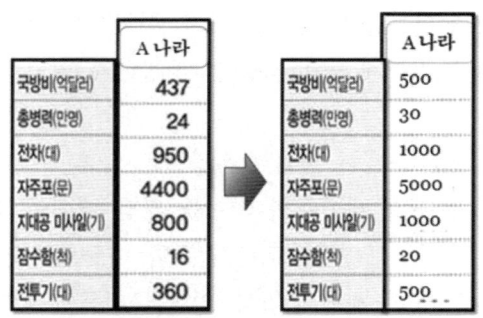

〈그림 8-1〉 군비제한의 예 - 군사력의 수준을 일정하게 제한함.

고대시대에도 전쟁보다는 군비통제를 통하여 평화를 지키고 유지하려는 노력이 있었다. 군비통제의 가장 고전적 방법으로는 국가 간에 왕자, 대신 등 주요인물을 상호인질로 하거나, 정략적 결혼제도를 통하여 신뢰를 구축하고 국가 간에 협약을 지킬 것을 검증하는 제도를 활용하여 전쟁을 예방하였다.

가장 오래된 제도적 군비통제의 사례로는 기원전 551년 양자강 주변의 고대 중국 제국들에 의한 군축협정이다. 중국 춘추전국시대에 14개 국가(송, 위, 노, 조, 진, 제, 초나라 등)는 군비감축을 위한 평화회의를 개최하여 군축협정을 체결하였으며, 그 결과 약 70년 동안 전쟁이 없는 평화를 지속시킬 수 있었다. 서양에서도 1139년에 로마 교황이 칙령을 내려서 기독교인 사이에는 장궁사용을 금지시키고, 기독교인 외에는 그 무기사용을 허용한 역사적 사실이 있다.

이와 같이 고대 국가에서도 폭력에 의한 전쟁보다는 군비통제에 의한 평화가 국가이익이 된다는 것을 인식하고, 영구 평화를 위해 고전적 군비통제정책을 제도화하고 발전시키기 위해 노력하였다.

2) 식민제국시대의 군비통제

영국의 식민지였던 미국은 영국과의 독립전쟁에서 승리함으로써 독립국가로 출발하였으나, 영국의 식민지였던 캐나다 국경인 오대호 장악을 위해 영국과 치열한 해군력 경쟁을 하지 않을 수 없었다.

영국은 주도권 확보를 위해 해군 전력을 증강하겠다고 발표하였는데 신생 독립국가인 미국은 영국을 상대로 한 해군력 증강 경쟁보다는 군비 통제협상을 통한 평화적 방법으로 해결할 것을 제의하였다. 영국과 미국은 상호전쟁을 치룬 직후로서 정치적·경제적·군사적으로 어려운 상황이기 때문에 군비통제협상을 추진하여 '러시-바고트 협정'[77])에 합의하였다. 이를 통해 영국과 미국은 동등한 톤수와 장비를

---

[77]) 미국과 캐나다 간 국경을 비무장화하여 군비축소에 합의하는 조약.

가진 2척의 함정으로 오대호의 해군력을 제한하고, 제한된 규모를 초과하는 함정은 배치할 수 없도록 규정하였다.

영국은 지리적으로 멀리 위치해 있어 오대호에서 해군력 유지를 위한 인적·물적 지원의 어려움 때문에 군비경쟁이 아닌 군비제한 협정을 체결하였다. 그 반면에 미국은 건국초기로서 군사력 건설을 위한 국방비 부담이 컸었기 때문에 군비제한협정을 타결하였다. 오늘날 오대호는 미시간호수 만이 미국이 전체를 차지하고 있고, 나머지 호수는 미국과 캐나다가 절반씩 소유하고 있다. 영국의 연방국으로 있는 캐나다와 미국은 세계에서 가장 긴 비무장국경선을 유지하고 있으며 21세기에도 러시-바고트 협정의 효력은 계속 발휘되고 있다.

3) 냉전시대의 군비통제

20세기는 재래식 무기와 핵무기를 비롯한 생화학무기 등 대량살상무기에 의해서 치러진 두 차례의 세계대전을 경험한 시대였다. 두 번의 세계대전을 통한 피해를 경험한 많은 국가와 사람들은 다시는 이같은 전쟁이 재발하지 않게 하기 위해서 재래식 무기에 대한 군비통제와 대량살상무기에 대한 군비통제의 노력을 활발하게 전개하였다.

그러나 제2차 세계대전 이후 미국과 소련을 축으로 한 냉전시대가 시작되면서 6·25전쟁, 베트남전쟁, 중동전쟁 등이 일어남으로써, 재래식 무기 군비통제는 실패하였지만 대량살상무기 군비통제는 부분적으로 성공하였다.

● 쉬어가는 코너 ⑧ (생각하는 통일안보)

- 희대의 악마 히틀러

군비통제가 실패한 대표적인 예로는 제1차 세계대전 후 나치의 등장

과 독일의 재건을 들 수 있다. 제1차 세계대전이 끝난 후 유럽의 국가들은 또 다른 전쟁을 우려하여 독일의 군비를 통제하려고 한다.

그러나 이런 군비통제가 무검증 군비통제 방식이었고 국제적인 협력 방식이 부재했기에 유럽의 국가들은 정보에 어두웠다. 그 결과 아돌프 히틀러를 선두로 하는 나치당이 어느새 독일을 장악하고 군비를 증강하며 군사력을 증가시키는 등 전쟁을 준비하고 있다는 사실을 알 수 없었다.

그 결과 히틀러와 그의 나치독일은 아무런 방해도 받지 않은 채로 전쟁을 일으킬만한 군사력과 자신감을 충분히 키울 수 있었으며 끝내는 체코슬로바키아를 합병하는 강수를 두기도 한다.

그러나 이때 유럽 국가들은 사태의 심각성을 모른 채 이를 용인한다. 히틀러는 그것으로 만족하지 않고 폴란드를 침공하는 것을 시작으로 유럽의 대다수 지역을 장악하며 유럽을 공포로 몰아넣는다. 이후 소련과의 불가침 조약을 어기며 전쟁을 확대하였고 미국이 참가하며 점점 전쟁이 커졌다.

이탈리아와 일본과 동맹을 맺고 전 세계와 맞서 싸운 독일은 비극적인 면에서도 강력했는데 그 이유는 히틀러가 군비를 확장하여 신무기를 개발하는 동안 아무런 제제가 가해지지 않았기 때문이다. 이런 환경 속에서 히틀러는 생화학무기와 최초의 미사일 V2 등 최악의 신무기로 영국을 폭격하기도 하며 지상 최대의 피해를 입혔다. 그 외에도 유대인 학살과 반 나치주의자의 학살 등 비인간적인 행동을 하며 전 세계의 어떤 전쟁보다도 잔인하고 끔찍한 2차 세계대전의 모습을 만들었다.

만약 군비통제가 사전에 진행되었다면 히틀러는 군비를 확장할 수 없어 군사력을 증강시킬 수 없었을 것이고 제2차 세계대전은 일어나지 않았을 것이다.

3. 군비통제의 형태와 신뢰구축방안

군비통제는 통제의 대상에 따라 '운용적 군비통제'와 '구조적 군비통제'로 구분된다.

1) 운용적 군비통제

운용적 군비통제는 군사활동의 투명성과 예측 가능성을 높이고 군사적 의도를 분명히 하여 전쟁 발발의 원인이 되는 오판이나 불신을 제거하는 데 목표를 두고 신뢰구축 방안수립, 특정 군사행위 금지, 완충지대나 안전지대 설치, 공세적 군사 배치의 해제 등 군사력의 운용 분야를 통제하는 것을 말한다. 헬싱키협약(1975), 스톡홀름협약(1986),[78] 비엔나협약(1992) 등이 운용적군비통제의 대표적 사례라고 할 수 있다.

정보교환 및 통신유지 조치	기습공격 방지 및 억제조치	선언적 조치
- 부대의 편성, 장비, 국방예산 등 각종 정보교환 - 주요 작전사령부 간 직통전화(hot line) 설치 등 통신망 구축 - 공동위기관리센터 설치 - 일정규모 이상의 군부대 군사활동 공개 - 군사훈련조정 의무화	- 부대 및 장비이동 감시 - 공세전력의 배치한계지대 설치 - 대규모 기동훈련 제한 - 조기경보 확보조치	- 무력의 선제사용 금지 및 불가침선언 - 핵, 화학, 생물학무기 등 대량 살상무기 사용금지

〈그림 8-2〉 운용적 군비통제의 주요조치 내용

---

[78] 1986년 9월 22일 스톡홀름에서 열린 유럽 35개국 군축회의에서 우발전쟁 방지를 목적으로 체결되었으며, 제2단계 전략무기협정(SALT II) 이후에 최초의 동서 간 안보협정이다. 이 협약은 군사적으로 그 의미가 크며 정치적으로도 구속력이 있고 적절한 검증방법을 포함하고 있다.

2) 구조적 군비통제

구조적 군비통제는 전쟁도발 능력의 감소 및 제거를 위한 실질적인 군사력의 규모와 구조를 통제하여 군사력 균형을 유지하고 안정을 달성하는 것이다. 핵, 화생방 무기 등 특정한 무기의 개발을 금지하는 부분적 군사력 규제와 군비제한, 축소, 해제 등 군사력 구조 분야를 통제하는 것을 의미한다. 여기에는 현 수준에서의 군사력 동결, 일정 수준 이상의 군비증강 제한, 특정 유형의 무기 또는 화력 사용 금지, 일정 비율 또는 수량 원칙에 따른 군사력 규모 감축 등이 존재한다. 구조적 군비통제의 대표적 사례로는 CFE(유럽재래식무기감축조약), SALT(전략무기제한협정), NPT(핵확산금지조약) 등이 있다.

3) 신뢰구축방안(CBM: Confidence Building Measures)

군비통제를 위해서는 상호신뢰 구축이 필수적이다. 신뢰구축방안이란 국가 상호 간의 불신으로부터 나타나는 군사적 위협과 불안요소를 제거하기 위하여 상호 교류를 증대하고 군사력을 제한하는 것이다. 신뢰구축방안에는 상대방의 인식에 영향을 미치는 주관적 방안과 상대방의 공격의도에 제약을 가하는 객관적 방안이 있다. 주관적 신뢰구축방안이란 국가 간의 관계에서 계량화할 수 없고 확인할 수 없는 심리적 의도를 과거의 상황을 분석하고 파악하여 상대방 인식에 영향을 미칠 수 있도록 조치를 취하는 것이다. 그리고 객관적 신뢰구축방안은 참관인 교환, 정찰비행, 비무장지대 설치, 기동의 사전통고와 감시 등 객관적으로 구분 가능한 방안을 말한다. 이와 같은 신뢰구축방안의 구체적 내용은 역사적으로 가장 성공적이었다는 1986년의 스톡홀름 협약에 잘 나타나 있으며, 스톡홀름협약에서 합의된 신뢰안보구축방안(CSBM: Confidence Security Building Measures)에는 사전통보, 정보, 검증CSBM 등이 포함되어 있다.

4. 군비통제의 사례

1) 유럽 재래식 무기 감축조약(CFE)

CFE(The Treaty on Conventional Armed Force in Europe)는 1990년 NATO와 WTO 간에 체결된 유럽 재래식 무기 감축조약이다. 이는 재래식 전력의 보유상한선을 정해 초과하는 부분에 대해서는 파괴하거나 민수용으로 전환하는 등의 방법으로 감축을 실행하는 것을 규정하고 있다. 이후 1999년 11월 유럽안보협력기구(OSCE) 정상회의는 재래식 무기에 관한 기존의 NATO와 WTO 간의 집단적 보유 상한을 국가별 보유상한으로 전환하였다. 또한 중부유럽 국가들의 전차, 전투기, 야포 등 재래식 무기를 10% 추가 감축하고 2001년 중반까지 러시아의 4개 군사기지 중 2개를 해체하여 주둔 병력과 장비를 철수하기로 합의하였다.

〈표 8-2〉 NATO와 WTO의 장비별 감축 규모

구분	보유상한선	NATO삭감 (보유)	WTO삭감 (보유)
전차	20,000	2,757 (22,757)	13,191 (33,191)
장갑차	30,000	0 (28,197)	12,949 (42,949)
화포	20,000	0 (18,404)	6,953 (26,953)
전투기	6,800	0 (5,531)	1,572 (8,372)
공격헬기	2,000	0 (1,685)	0 (1,642)

2) 전략무기제한회담(SALT: Strategic Arms Limitation Talks)

전략무기제한 회담은 미국과 소련이 핵무기 개발 경쟁의 억제를 위해 1969년 헬싱키에서 시작한 핵무기 제한협정이다. 핵 개발에서의 선두주자는 미국이었으나, 1949년 소련이 핵무기를 개발하면서 동서 간 핵무기 군비경쟁에 돌입하였으며, 1968년에 이르러서는 수량 면에서 미국과 소련의 핵전력이 동등한 수준에까지 올라서게 되었다. 핵전력의 질적인 면에서는 미국이 월등히 앞서 있었으나 수량적 측면에서는 양국이 균형을 이루게 되었고, 양국은 이미 탄도탄 요격미사일과 SLBM 등을 보유함으로써 제2타격(2nd strike) 및 상호확증파괴 능력도 갖추게 되었다.

〈그림 8-3〉 SLBM의 발사 모습

이와 같이 양국이 제2타격 능력을 보유하게 되자 핵 군비경쟁에서 오는 불안과 경제적 부담으로 인하여 양국은 한계를 느끼기 시작하였다. 이를 배경으로 시작된 것이 바로 미소 양국 간의 전략무기 제한회담이다. 이 회담은 현재까지 총 3단계로 진행되었으며, 회담의 단계는 다음과 같이 구분할 수 있다. 우선 SALT Ⅰ에서는 탄도탄 요격미사일(ABM)규제에 관한 협정과 공격용 전략무기 제한에 관한 잠정협정이 체결되었다. ABM 규제에 관한 협정은 각국이 2개의 기지에 각각 100기씩 총 200기까지의 ABM을 가질 수 있다는 것이 그 내용이다. 이에 대해서는 1974년 다시 양국 간에 합의가 이루어져 2개 기지를 1개 기지로 축소하고 수량도 100기를 상한선으로 하였다.

〈표 8-3〉 SALT Ⅰ

SALT Ⅰ		
ABM	1972년	기지 2개 각각 100기
	1974년	기지 1개 100기

공격용 전략무기 제한에 관한 잠정협정은 대륙간 탄도미사일(ICBM)과 잠수함발사 탄도미사일(SLBM)의 수량을 제한하려는 것인데, 미국의 경우는 ICBM 1054기, SLBM 710기, 소련의 경우는 ICBM 1618기, SLBM 950기까지 보유할 수 있다는 것이 그 내용이다. SALT Ⅰ 잠정협정

의 유효기간은 1977년 10월까지였으며, 두 협정 모두 1972년 5월 닉슨 대통령의 소련 방문 때 조인되었다.

1972년 11월부터 재개된 SALT Ⅱ 회담에서는 전략공격무기 제한에 관한 조약과 그에 관련된 부속문서 등이 채택되었다. 일명 'SALT Ⅱ 조약'이라고도 불리는 이 조약은 1979년 6월 빈에서 조인되었다. 그 내용은 양측이 보유할 수 있는 ICBM, SLBM, ASBM(공대지 탄도미사일) 및 중폭격기의 총수를 2,250기로 한다는 것과 이 가운데서 다탄두미사일(MIRV)화할 수 있는 운반수단은 1,320기를 초과할 수 없다는 것, ICBM과 SLBM은 1,200기를 넘지 못한다는 것, 이 중에서 MIRV화할 수 있는 ICBM은 820기를 초과하지 못한다는 것으로 되어 있다. 이 조약의 유효기간은 1985년 12월 31일까지였으나 발효되지 못하고 있다.

〈표 8-4〉 SALT Ⅱ

SALT Ⅱ	
ICBM, SLBM, ASBM, 중폭격기	2,250기 이하
MIRV화 할 수 있는 운반수단	1,320기 이하
ICBM, SLBM	1,200기 이하
ICBM(MIRV화 할 수 있는)	820기 이하

3) 전략무기 감축회담(START: Strategic Arms Reduction Talks)

전략무기 감축회담은 미국과 소련 간에 맺은 전략무기 감축협정을 말하며 대폭적인 전략무기 삭감을 추구하자는 미국 레이건 대통령의 제안에 따라 그해 1982년 6월 제네바에서 시작되었다. 전략무기제한협정이 제한적인 교섭이었던 데 비해 전략무기감축회담은 적극적 감축교섭의 성격을 갖는다.

미 정부는 전략무기의 양적인 동결을 원칙으로 하는 SALT 방식보다는 대폭적인 삭감을 요구하는 정책으로 전환하였으며, SALT Ⅲ을 START로 개칭하고 MIRV화할 수 있는 ICBM은 500기 이하로 하며, MIRV화할 수 있는 SLBM과 전략폭격기 등 모든 전략핵무기 운반수단의 총수를 1,500기로 감축할 것을 제안하였다. 그러나 SALT Ⅱ를 기준으로 전체

무기수의 삭감을 고려하던 소련이 미국의 START에 대하여 소련의 ICBM의 삭감을 일방적으로 강요하는 안이라그 반발함으로써 1983년 12월 협상이 일시적으로 중단되었다.

〈표 8-5〉 START

START(=SALT Ⅲ)	
ICBM(MIRV화 할 수 있는)	500기 이하
모든 전략핵무기 운반수단	1,500기 이하
회색무기 규제	

이듬해인 1984년 소련의 우주무기금지교섭 제안과 미국의 무기관련 6개 분야의 통합교섭방식인 엄브렐러 방식의 제창으로 1985년 미소 포괄군축교섭이 이루어졌다. 1989년 부시 미 대통령과 소련 고르바초프 대통령 간의 합의로 1990년 전략무기감축협상이 타결, 최종 합의에 이르렀고 제2차 전략무기 감축회담(START Ⅱ)의 기본 방향이 정해졌다.

1993년 1월 부시 미 대통령과 옐친 러시아 대통령은 START Ⅱ를 조인하였으며, 주요 내용은 효력 발생 후 7년간 핵탄두의 총 보유 규모를 3,800개~4,250개로 감축하고, 2003년 1월 1일부터 3,000개~3,500개로 감축한다는 것이다. 이 회담은 전략핵무기의 과감한 폐기와는 거리가 멀지만 핵무기로 인한 긴장과 공포를 어느 정도 해소한 점에서 그 의의가 있다고 하겠다.

〈표 8-6〉 한국의 국제 군비통제 레짐 참여 현황

구분	국제 군비통제 레짐	가입시기
핵 군축·비확산	국제원자력기구(IAEA)	'57. 8.
	핵확산금지조약(NPT)	'75. 4.
	포괄적 핵실험금지조약(CTBT)	'99. 9.
생물·화학무기 군축·비확산	생물무기금지협약(BWC)	'87. 6.
	화학무기금지협약(CWC)	'97. 4.
	무기거래조약(ATT)	'13. 6.
미사일 비확산	미사일기술통제체제(MTCR)	'01. 3.
	탄도미사일 확산 방지를 위한 헤이그 행동규약(HCOC)	'02.11.

재래식 무기	유엔 재래식 무기 등록제도(UNRCA)	'93. 3.
	특정 재래식 무기 금지협약(CCW)	'01. 5.
다자수출 통제체제	핵 공급국 그룹(NSG)	'95.10.
	쟁거위원회(ZC)	'95.10.
	바세나르체제(WA)	'96. 7.
	호주그룹(AG)	'96.10.
유엔 및 기타활동	유엔(총회 제1위원회/군축위원회(UNDC))	'91. 9.
	제네바 군축회의(CD)	'96. 6.
	대량살상무기 확산방지구상(PSI)	'09. 5.

출처: 국방백서 2018.

유익한 이야기 코너 ⑧

인류 파멸의 전주곡, 상호확증파괴

Mutual Assured Destruction(MAD), 즉 상호확증파괴는 냉전 당시에 만들어진 용어로, 전쟁이나 전투의 결과에 상관없이 양측 모두 파괴될 것이 확실한 상태를 이야기한다. 미소 핵군비경쟁 초기에 등장하여, 이후 모든 핵전략의 기초가 되었다. 단순히 양쪽이 모두 핵을 가졌다고 해서 상호확증파괴의 조건이 완성되는 것은 아니다. 상호확증파괴의 핵심적인 조건은 양쪽 모두 2차 타격능력(second strike capability), 즉 적에게 선제공격을 당했을 때 아군의 핵무기를 이용해 적 역시 초토화시킬 수 있는가의 문제이다. 따라서 미국에 비해 소련의 2차타격 능력이 완성되지 않았던 냉전 초반이나, 미래에 일정수준 이상의 정밀도를 보장하는 미사일방어시스템이 완성되어 적의 2차타격을 봉쇄할 수 있을 경우 상호확증파괴는 성립하지 않게 된다.

양극체제 하에서 상호확증파괴가 작동하여 균형이 이루어지는 경우를 전통적인 국제정치학의 세력균형(balance of power)과 비교하여 공포의 균형(balance of terror)이라 부르기도 한다. 과거 냉전 시절. 미국과 소련은 둘 다 핵의 어마어마한 위력을 잘 알고 있었기 때문에, 앞으로의 전쟁은 핵전쟁이라 판단하고 여러 종류의 핵무기를 개발하게 된다. 처음에는 핵의 투발 수단이 폭격기밖에 존재하지 않았고, 때문에 미국과 소련 모두 핵폭격기 개발에 열중했는데, 60년대쯤엔 미사일 기술의 발달로 초대형 미사일에 핵탄두를 장착해 발사하면 폭격기와 달리 도중에 요격도 불가능하고 완벽한 공격이 가능하게 된다. 때문에 소련의 스푸트니크가 미국에 준 충격이 엄청났고, 이후 ICBM과 같은 장거리 전략 미사일에 초점이 맞춰진다. 그러나 미사일 기지는 필연적으로 대형이 될 수 밖에 없어서, 위성과 항공기 정찰이 가능해지자 이번에는 잠수함에 핵미사일을 가득 싣고 저 멀리 북극 바다 속이나 태평양 깊숙히 숨겨놓는 전략이 나타나게 되었다.

단순히 핵 자체가 무서운 것이 아니라, 특히 전략 핵무기급의 위력이 문제가 되었다. 전략 핵무기는 상대편 국가의 전쟁수행능력을 무너뜨리기 위해 만든 것으로, 쉽게 말해서 상대편 군대를 목표로 하는 것이 아닌, 민간인과 산업시설과 도시 등을 공격하기 위해 만든 것이다. 원래는 이런 목적으로 사용될 경우 전략핵투발수단은 주요 도시 수십~수백여 개를 제압할 정도의 전력만 갖추면 MAD에 의해 상대에 대한 확실한 핵 억지력을 갖출 수 있을 것으로 생각되었다. 논자에 따라서는 이정도의 핵전력만 갖추는 것이 방대한 재래식 전력을 유지하는 것보다 값싸다고 주장하기도 했다.

그러나 핵미사일의 정확도가 향상되면서 문제가 발생하기 시작했다. 즉, 본래 강화콘크리트 구조물 지하에 설치된 핵미사일로는 핵미사일의 직격 및 지근거리 착탄에 의하지 않으면 파괴하기 어려우므로, 전략 핵미사일의 정확도가 낮을 경우 핵미사일로 상대 핵미사일을 파괴하기는 어려웠다. 그러나 미사일 정확도가 향상되면서, 기습공격으로 초기에 상대의 핵전력을 대부분 파괴할 경우 상대편은 잔여 핵전력으로 제한적인 피해밖에 끼칠 수 없는 반면 아군은 여전히 남아있는 핵전력으로 상대의 도시 등 인구·산업 밀집지대를 타격해 위협을 가할 수 있으므로 결과적으로 MAD의 결론과는 달리 핵전쟁에 승리하는 것이 가능해졌다.

따라서 미·소 양국은 단순히 상대 국가를 확증파괴할 정도의 핵전력만 보유하는 것을 넘어서, 상대의 핵전력을 초기에 기습제압할 수 있을 정도의 핵전력, 혹은 상대의 기습공격을 허용하고도 상대를 확증파괴하기에 충분한 핵전력이 잔존할 정도의 핵전력을 추구하기 시작했다. 이러한 전략목표는 당연히 상대의 핵전력에 의해 결정되는 가변적이고 재귀적인 목표이므로, 이때부터 미·소 양국은 극단적인 핵전력 경쟁으로 치닫기 시작했다. SALT(전략무기제한협정)가 이루어질 무렵에는, 양국은 수백 킬로톤~수 메가톤에 이르는 핵탄두를 서로에게 각각 1~2만 발가량씩 투발할 능력을 갖추게 되었다.

한편 MAD의 또 다른 문제점은 대응의 유연성이 결여되어있다는 점이었다. 즉, MAD에 따른 전략핵전력은 자국에게 도발하는 적국을 멸망시키려고 위협을 하기 위해 존재하므로, 실제 군사적 위협이 가해질 경우 상대국에 사용될 수 있어야 한다. 그러나 만약 적의 군사적 위협이 국운을 건 전면전이 아니라 국지적 이익을 확보하기 위한 제한전일 경우, 확증파괴전략에 의해 대응하기는 매우 까다로운데, 특히 상대국이 마찬가지의 핵전력을 갖추고 있어 MAD를 성립시킬 수 있을 때 더욱 그러하다. 그러므로 만약 서로 MAD에 의해 핵균형을 이룬 상태에서 재래식 전쟁이 발생하면, 정작 핵무기들은 상대편의 핵무기와 눈싸움만 하는 채로 전쟁억지력에 실질적인 도움을 주지 못할 가능성이 높다. 이 때문에 전략 핵미사일을 요격할 수 있는 ABM(Anti-Ballistic Missile)은 모든 핵전략의 기초이자 궁극인 MAD를 회피할 수단을 제공하므로 미국과 소련 양국은 ABM조약을 체결하여 이러한 수단의 배치를 제한하도록 하였다. MD(Missile Defense, 미국의 다층방어체제)는 이 조약에 정면으로 반하는 무기체계이기 때문에, 러시아의 큰 반대에 부딪히고 있는 것이다.

제9장 위기관리

제1절 위기와 위기관리

1. 위기란?

　'위기'라는 용어는 오늘날 여러 분야에서 별다른 개념 없이 자주 쓰는 통상적인 용어가 되었다. 그러나 국제정치 현상이나 국가안보문제를 다루는 학문적 영역 또는 정책적 영역에서 '위기' 혹은 '위기관리'는 전쟁과 평화의 문제와 함께 중요한 연구 대상일 뿐만 아니라 국가안보전략의 큰 부분을 차지하고 있다. 여기서는 위기란 무엇인가를 살펴보고 위기관리의 개념과 그 범주를 설정해 보고자 한다.

　먼저, 위기의 사전적 의미를 살펴보자.

　『Oxford Advanced Learner's Dictionary』에 의하면, 위기란 '문제들을 반드시 해결해야 하는 매우 위험하고 어렵고 불확실한 시기', 또는 '어떤 문제, 좋지 않은 상황이나 병이 가장 악화된 시점'을 의미한다.

　『American Heritage Dictionary of English Language』에서는 위기의 의미를 '어떤 사건의 과정에서 결정적인 시기 혹은 상황', '전환점', '불안정한 상황', '갑작스런 변화', 그리고 '저항의 긴장상태' 등으로 설명하고 있다.

　위기의 이와 같은 사전적 의미는 국가의 경우에도 적용될 수 있다. 즉, 어떤 국가가 전쟁을 택할 것인지 아니면 평화적 해결을 택할 것인지를 결정하여야 하는 전환적 국면을 국가위기라고 할 수 있다.

허만(Charles Hermann)은 위기를 "최고 목표를 위협하는 상황", "결정이 내려지기 전에 반응을 하기 위한 시간적 여유가 제한되는 상황" 그리고 "위기발생 시 정책결정자를 놀라게 하는 상황"이라고 정의하였다.[79]

그러나 국가안보전략의 관점에서 위기는 보다 복잡하고 중요한 의미를 지닌다. 일반적으로 국가가 처하게 되는 위기는 다음과 같이 정의되고 있다.

① 국가의 중요한 가치나 핵심적인 목표에 대한 심대한 위협으로 인해 즉각적인 대응의 필요성이 인식되는 긴박한 상황
② 평화와 전쟁의 연속선상에서 다른 국가와의 상충된 이해관계가 표출되어 갈등이 극도로 고조된 전쟁발발에 준하는 상황
③ 국내외의 제반 위협으로 인해 국가가 심대한 위험상황에 직면한 것을 정책 담당자가 인지하고 즉각적인 대응책을 강구하여야 할 필요성을 느끼는 긴급 상황

이와 같은 위기의 상황은 예상 여부, 시간적 여유, 위협대상 가치의 세 가지 개념적 요소를 기준으로 판단된다. 예상 여부란 정책결정자가 위기가 발생할 것을 예상하였느냐 아니냐를 말한다. 시간적 여유란 위기에 대처하기 위한 정책을 결정하는 데 어느 정도 시간이 있는가를 말한다. 위협대상의 가치란 얼마나 중요하다고 생각되는 목표가 위협을 받고 있는가를 말한다. 이러한 개념적 요소를 적용해 볼 때, 위기의 상황은 국가의 상위 가치에 대한 위협, 상황 발단의 돌발성 또는 의외성, 반응에 필요한 시간의 제한성, 사태발전의 불확실성을 특징으로 하고 있다.

국가의 핵심이익을 크게 '국가안보'와 '국가의 성장과 번영'이라는 두 가지 범주로 구분해 놓고 보면, 국가위기의 유형도 '국가의 안보를 위협

---

[79] Charles F. Hermann, 「Insight from Behavior Research」, 『International Crisis』(New York: The Free Press, 1972), p.125.

하는 위기'와 '국가의 성장과 번영을 위협하는 위기'로 구분할 수 있다.

첫째로 '국가안보를 위협하는 위기'란 국가의 존립에 대한 도전을 의미한다. 이는 외부로부터 직접적 도발이나 무력 침략으로 인해 영토의 보전이나 주권과 국민의 생명 및 재산의 보호에 심대한 지장을 초래하는 위협과 국내의 심각한 질서교란행위로 인한 사회안정의 파괴, 정권전복기도 등과 같은 위기상황을 뜻한다.

이런 유형의 위기를 야기하는 위협은 적의 전면적인 무력도발, 국지도발, 대규모 테러, 내란 및 폭동 유발, 후방침투 및 교란 등이 있다.

위기의 두 번째 유형에 속하는 것은 '국가성장과 번영에 대한 위협'으로 인해 야기된 위기다. 이는 국가안보에 대한 위기보다 광범위하고 비군사적 분야에 대한 위기를 포함한다.

즉, 국가경제의 성장과 번영, 국민복리의 증진 등에 대한 위협이라고 할 수 있으며, 이러한 위기는 태풍이나 홍수 등 자연재해, 대형사고 및 화재 등 인위재난, 신종전염병, 환경파괴 등을 예로 들 수 있다.

〈그림 9-1〉 2013년 7월 제7호태풍 '솔릭'으로 인한 타이완의 피해 모습

2. 위기상황의 전개과정

위기상황이 전개되어가는 과정은 상황에 따라 일치하지 않지만 대략 시간이 경과함에 따라 변화하는 과정을 분석해 볼 필요가 있다. 위기전개과정은 위기의 종류에 따라 달라진다. 적대세력이 있는 국가안보에 대한 위기와 적대세력이 없는 재난과 같은 위기는 진행과정이 근본적으로 다르다. 따라서 통상적으로 국가 간의 이해관계가 상충되면서 발생되는 국가안보위기의 전개과정은 다음과 같다.

위기의 첫째 단계는 돌발적으로 발생된 예기치 못한 상황으로부터 전개된다. 예를 들어 1968년의 '푸에블로호 납치사건'[80], 1976년도 판문점에서 발생한 '8·18도끼만행사건' 등은 어떠한 징조와 암시도 없이 갑작스럽게 발생한 위기이다. 그러나 대부분 상황발생 이전에 어떤 징조나 암시가 나타나지만 무관심과 부주의로 감지하지 못하는 경우가 많다.

〈그림 9-2〉 푸에블로호 모습

둘째 단계는 정책결정자가 공식·비공식적 보고계통을 통해 발생되는 상황에 대한 보고를 받고난 후, 위기에 대한 최초의 상황판단과 대응방안에 대한 검토가 이루어진다. 이 단계에서는 사태에 관한 정확하고 신속한 정보가 매우 중요한 역할을 하게 된다. 그러나 통상 위기발생 초기에는 정보가 너무 빈약하고 위기가 진행 될수록 너무 과다하다는 문제점이 있다.

다음 단계로는 상황판단결과에 따른 대응조치가 취해지고, 이에 대한 상대국의 맞대응이 이루어져 긴장이 고조되고 대립이 첨예화되면, 사태는 작용→반작용→상호작용의 확대과정을 거치면서 대결국면으로 접어들고 위기는 절정에 달하게 된다. 위기가 최고조에 이르면 결정적인 파국을 피하기 위한 본격적인 위기관리 조치들이 취해진다. 바로 이때가 강압과 양보의 적절한 조화를 통한 상호 이해조정과 분쟁해결 노력으로 더 이상의 갈등 증폭을 방지해야 하는 결정적인 위기의 분수령인 셈이다.

위기관리는 위기가 시작될 때부터 시작되며 초기에 사태가 진정되기도 하지만 상황이 계속 악화되고 여러 가지 위기관리 노력들이 실패하게 되면 사태는 파국으로 치닫게 되는 것이다. 그러나 위기관리

---

[80] 푸에블로호 납치사건: 1968년 1월 23일 북한 원산항 앞 공해상에서 미국의 정보수집함 푸에블로호가 북한의 해군 초계정에 의해 납치된 사건.

조치들이 효과를 발휘하면 사태가 수습되고 위기가 해소되어 성공적으로 상황이 종료되는 것이다.

3. 위기관리와 유형

위기관리(crisis management)는 일반적으로 조성된 위기상황이 더욱 악화되어 파국이나 종언으로 치닫게 되는 것을 방지하기 위해 가용한 모든 수단을 동원하여 그 사태를 수습 또는 원상회복하려는 노력을 의미한다. 특히, 국가의 존립이나 체제를 위협하는 위기가 전쟁으로 비화되는 것을 방지하는 노력을 의미한다. 위기는 평화로부터 전쟁으로의 진행과정이며 그 전환점 또는 분수령이라 할 수 있다. 따라서 위기를 성공적으로 관리하면 평화로 되돌릴 수 있지만 위기관리에 실패하게 되면 전쟁으로 치닫게 된다. 즉 위기관리란 양국 간 또는 여러 국가 간의 국가이익의 상충으로부터 발생하는 갈등과 분쟁상태가 전쟁으로 돌입하느냐 아니면 평화로 향하느냐를 결정하여야 하는 기로에서 분쟁 당사국들이 전쟁으로의 확대를 방지하고 그 사태를 수습하는 노력인 것이다. 위기관리는 인지된 위기상황이 더 이상 악화되지 않도록 취하는 일련의 조치를 말하는 것이나, 때로는 위기의 해결점을 찾지 못하고 우발상황으로 발전하는 경우도 적지 않기 때문에 평시부터 위기정책과 대안을 강구하는 것이 바람직하다.

앞에서 언급한 바와 같이 국가의 안위를 위협하는 위기상황은 전쟁으로부터 대규모 자연재해 · 인위재난과 테러 · 폭동 · 내란 등 사회혼란, 인터넷 마비로 인한 정보대란에 이르기까지 사회구조와 과학기술이 발전됨에 따라 그 영역이 확대되고 있다. 따라서 위기관리란 전 · 평시를 막론하고 국내외적으로 발생할 것으로 예상되는 군사적 혹은 비군사적 성격의 모든 위협에 대비하여 국가와 국민을 보호하기 위한 종합적이고 총체적인 제반 대응책을 체계적으로 강구하는 것을 말한다.

특히 전쟁의 우려가 있는 위기사태를 평화적으로 해결하는 것이다.

국가 간에 갈등이 발생하여 전쟁으로 확대될 위기가 조성될 경우, 어느 한 나라가 양보하거나 손해를 감수한다면 위기가 쉽게 종료되어 전쟁으로의 발전은 피할 수 있게 될 것이다. 그러나 대부분의 국가들은 자국의 이익을 지키기 위해 양보나 손해를 감수하지 않으려 하기 때문에 위기는 심화되고 확대되게 된다. 당사국들은 모두 자기 국가이익을 보호하고 증진시키기 위한 조치를 취하여야 하나 위기를 고조시키는 대안 선택은 회피하여야 한다. 정책결정자들은 예기치 않게 발생하는 위기를 극복하기 위한 위기관리 전략과 방책을 평시에 준비해 놓아야 한다. 국가의 정책결정자들은 자국의 이익과 입장을 지키면서도 사태가 악화되는 것을 피하기 위해 외교적 노력을 전개하되 한편으로는 협상을 뒷받침하고 사태 악화에 대비하여 군사적 대비를 사전에 강구하여야 한다.

위기관리에 있어 외교적 방책은 목표를 제한하고 목표를 달성하기 위한 수단들을 제한하는 데 중점을 둔다. 국가이익의 상충과 갈등은 일방 또는 쌍방이 자신들의 목표를 조심스럽게 제한하고 타협점을 찾을 때 전쟁으로 확대되지 않고 해결될 수 있다. 상대방의 희생을 요구하는 목표를 추구하게 되면 상대방은 강하게 저항하게 되고 위기는 전쟁 상황으로 확대될 위험성이 커지게 된다.

위기관리는 궁극적으로 국가이익에 부합하도록, 당면한 사태수습은 물론 미래 안보상황에 미치는 영향까지 충분히 고려하여 목표를 설정하고 대안을 모색하여야 한다. 이러한 점에서 위기관리는 평시 수행하고 있는 제반 안보정책의 연장선상에서 이루어져야 하며, 유사시에는 전쟁수행체제로 간단히 전환될 수 있도록 체계 구성과 기능 및 역할배분이 적절하게 이루어져야 한다.

국가위기를 성공적으로 관리하려면, 첫째, 위협을 가하는 상대방을 제압하거나 그렇지 않으면 적어도 자신이 패배자가 되지 않는다는 목표와 둘째, 전쟁으로 확대되는 상황을 방지하는 목표를 동시에 추구해야 한다. 따라서 위기관리의 본질은 전쟁을 회피하면서 동시에 자신의 이득을 최대화하거나 손실을 최소화할 수 있도록 강압과 회유 두 가지 전략을 최적의 비율로 혼합하여 구사하는데 있다.

위기관리 유형은 위기의 종류에 따라 달라지지만, 일반적으로 위협을 해소하는 방식에 따라 교섭적 위기관리, 수습적 위기관리, 적응적 위기관리라는 세 가지의 종류와 새롭게 대두된 방법인 시스템관점의 위기관리가 있다.

첫째로, **교섭적 위기관리**는 위협의 근원이 상대방의 고의적이고 직접적인 도발행위로부터 유발된 위기를 해결하려는 노력을 말한다. 이 경우 위기관리업무의 요체는 성공적인 협상의 수행이다. 즉 군사적 수단과 경제적인 수단을 이용한 보상과 제재방안의 제시, 이익의 상호조정을 위한 흥정을 통한 상호작용적인 위기의 허결을 시도하는 것이다.

두 번째 위기관리 유형인 **수습적 위기관리**는 국가 간 우발적인 사건에서 유발된 위기와 자연적·인위적 재난 또는 대형사고로 인해 발생된 긴급사태의 경우로 나누어진다. 이 경우 위기관리의 요체는 신속하고 효과적인 사태수습이라고 할 수 있으며, 사태수습의 최종목표는 원상회복 차원을 넘어 원래보다 발전되거나 개선된 상태를 지향하기도 한다. 수습적 위기관리 시 수행되는 구체적 조치내용은 다음과 같다. 먼저 국가 간 우발적인 상황발생으로 야기된 위기의 경우에는 상황에 대한 통제 및 대책논의를 위해 유관기관들과의 협조기구 설치, 동맹국이나 관련 국제기구와의 긴밀한 협의 및 공조체제 확립, 관련 정보의 교환과 공동노력으로 신속하고 효과적인 사태의 해결방안 강구, 사후 보상 또는 재발방지를 위한 대책 마련 등이다. 다음으로 대형재해 및 재난으로 인한 비상사태가 발생한 경우에는 일원화된 지휘통제기구의 설치와 비상통신망의 구축, 피해확산 방지를 위한 사태진압 조치와 응급 구호 및 구난조치를 위한 제반활동 전개, 상황발생 지역의 주변정리 및 질서유지, 사태에 대한 분석 및 평가, 향후 개선방향 검토 등 사후관리활동이다.

세 번째 유형인 **적응적 위기관리**는 국제질서나 구조의 갑작스런 변화, 즉 국제 상황의 변화에 대처하는 경우이다. 이러한 경우의 예로는 주변국의 새로운 국제적 행위자의 등장, 국제적 원칙이나 규범의 변화 또는 인접 국가정세의 급작스런 변화 등이 있다. 적응적 위기관리는 당면한 상황을 신속·정확하게 파악하고, 이에 대한 장·단기적 대응방안을 강구하여 변화된 상황에 대해 효과적으로 적응하는 것이다. 적응적 위기관리의 주요 조치내용은 상황변화나 사태추이에 관한 신속·정확한 정보 수집, 향후 전망에 대한 면밀한 관찰과 분석, 정책적 대응방향 정립과 구체적인 실천방안 모색, 결정된 대응방안 집행과 실시에 대한 감독 및 분석·평가 등이다.

마지막으로 넷째, **시스템관점의 위기관리**는 국가위기에 대응하는데 있어서 체계적인 위기관리를 핵심으로 보고 사전예방조치를 취하여 위기발생 확률을 최소화하는 한편, 위기가 실제로 발생하면 확산경로를 차단하고 피해를 최소화하여 국가가 추구하는 핵심가치를 최소한의 비용으로 보존하는 것을 국가위기관리의 목표로 한다.

위기관리 시 위기를 인지하기 위한 현황파악에서부터 오판을 최소화하기 위한 정보수집 및 분석이 중요하며, 위기발생요인을 잘못 식별하거나 위기전개양상을 잘못 판단하면 위기관리의 효율성이 저하될 수 있다. 또한 표면에 드러나는 단편적 처방은 위기요인을 축적시켜 향후 더 큰 위기를 초래할 수 있으며, 전체가 아닌 부분만 보고 위기확산경로를 예측하면 위기전개양상을 오판할 우려가 있다. 따라서 위기관리에도 시스템 사고와 분석을 적용하여 위기상황에 관련된 다양한 요인들을 전체의 관점에서 파악하고 이들 요인의 복잡한 관계를 고려하여 대응방안을 마련해야 한다. 여기서 시스템사고는 사건의 원인과 결과를 단선적으로 파악하는 것이 아니라 시스템 전체의 다양한 사건의 연관관계 속에서 상호 간의 피드백을 고려한 연결고리 관계로 파악하는 것을 뜻한다.

4. 위기관리절차

> ※ **위기관리원칙**
>
> 1962년에 발생한 쿠바 미사일 위기를 연구한 학자들이 합의한 위기관리원칙을 리차드슨이 정리한 것으로 다음과 같다.
>
> 첫째, 다양한 의견을 수렴하여 정확한 판단을 한다.
> 둘째, 결정된 정책을 실행에 옮길 때 시행착오가 발생하지 않도록 면밀한 통제를 하여야 한다.
> 셋째, 위기관리의 목표를 어느 정도 제한해야 한다. 분명하고 제한적인 목표추구는 위기관리에 도움이 된다.
> 넷째, 유연하고 점진적인 대안을 선택 해야 한다. 유연성이 결여된 선택은 굴욕적인 패배가 아니면 위기를 확대시킨다.
> 다섯째, 시간적 여유를 가지고 위기를 수습해야 하며 상대방에게도 충분히 판단할 시간을 허용해야 한다. 극심한 시간제약은 긴장도를 증가시켜 대안 선택의 폭을 줄이게 된다.
> 여섯째, 상대방의 입장에서 인지하고 이해하려는 노력을 해야 한다. 상대방이 잘못 이해하면 선의의 행위도 일을 그르칠 수 있다.
> 일곱째, 분명하고 정확한 의사전달이 요구된다. 직통전화 설치나 특사의 파견은 의사전달에 큰 도움이 된다.

1) 군사적 상황에서의 위기관리 절차

실제 위기상황에서 어떤 절차에 따라 대응책을 취해나가야 하는가는 매우 중요하다. 위기의 유형에 따라 절차도 달라지겠지만 미국 합동참모본부가 고안하여 긴급 상황에 활용하고 있는 위기조치절차가 매우 합리적이고 타당성이 있을 것으로 판단되어 이를 소개한다. 이 위기조치절차는 위기상황 전개, 위기평가, 방책개발, 방책선정, 실행계획 수립, 실행 등의 6단계로 구성되어 있다.

첫째, **상황전개**(situation development) 단계는 국가안보에 위협이 되는 문제나 사건이 발생하게 된 상황을 말하며, 이 단계에서는 상황감시 강화, 문제의 정확한 인지, 위기징조에 대하여 신속한 보고 등을 하게 된다.

둘째, **위기평가**(crisis assessment) 단계는 위기관리기구나 자문기관에 기초적인 첩보분석과 상황보고가 이루어진 상태로서 주요 활동내용으로는 정책결정기구나 건의기구에 의한 문제의 인식과 의미 분석, 지속적인 정보의 수집과 종합적 분석, 상황에 대한 평가 등을 실시한다.

셋째, **방책개발**(course of action development) 단계에서는 상황분석과 평가를 기초로 가용한 대응방책들을 정리하고 방책별 장단점을 비교평가 한다. 주요 활동은 가능한 방책들의 정리 및 평가, 각 방책별로 실행가능성 평가분석, 방책에 대한 종합적 검토 및 평가 등이다.

넷째, **방책선정**(course of action selection) 단계에서는 실무담당부서의 분석과 평가를 토대로 종합한 최선의 대응방책을 최고정책결정자에게 건의하여 최종적인 결정을 내리도록 한다. 주요 내용은 우선순위를 부여한 방책의 작성 및 제출, 최고결정자에게 실무적 차원의 조언 제공, 최종적인 방책의 선택 등이 해당된다.

다섯째, **실행계획 수립**(execution of planning) 단계에서는 선택된 방안을 집행하는 데 필요한 세부적인 행동계획을 마련하고 최종적인 실행 준비를 한다.

여섯째, **실행**(execution) 단계에서는 최종결정자에 의해 선택된 방책의 실행결심 및 명령 하달, 담당부서별로 부여된 임무수행, 실행에 대한 지휘·통제 및 지속적인 상황보고를 한다.

이상과 같이 미국의 합참에서 활용하고 있는 6단계의 행동절차가 모든 상황에 적합한 것은 아니다. 그러나 이를 토대로 사안별 특성을 고려하여 행동지침과 실행계획들을 수립한다면 상당히 유용할 것으로 생각된다. 그리고 시간과 여건이 허락한다면 방책선정 시나 최종

계획 수립 시 시뮬레이션을 활용하여 모의훈련을 실시하는 것이 효과적이며, 또한 기 수립된 계획도 문제점 보완과 개선책을 지속적으로 도모해야 할 것은 물론 상황이 예상치 않는 방향으로 진행될 때에 대비한 우발 계획을 반드시 마련해야 한다. 위기관리절차는 위기상황에 따라 확연히 달라진다. 절차를 구분하는 가장 분명한 기준은 위협하는 적의 존재여부이다. 미국 합동참모본부에서 적용하는 위기관리절차는 국가를 위협하는 적이나 적대세력이 존자하고 군사적 위협으로 조성된 위기 시에 적용한다.

2) 비군사적 상황의 위기관리절차

적이 존재하지 않는 재난 등의 비군사적인 위기는 일반적으로 재난관리절차를 적용한다. 재난 유형은 자연현상에 의해 발생하는 홍수, 지진 등과 같은 자연재난과 과학·기술의 조작이나 운용상의 부주의 실수, 방사능 오염, 가스

〈그림 9-3〉 2011년 3월 후쿠시마 원전 사고 모습

폭발, 구조물 붕괴 등의 인위재난으로 구분한다. 재난관리절차는 예방, 대비, 대응, 복구단계로 구분되며 세부절차는 재난 및 안전관리기본법에 명시되어 있다.

예방단계는 재난이 실제로 발생하기 전에 상황촉진요인을 미리 제거하거나 가급적 일어나지 않도록 억제 또는 완화하는 과정을 의미한다.

대비단계는 상황발생 시 수행해야 할 제반사항을 사전에 계획, 준비, 교육, 훈련함으로써 대응 능력을 제고시키고, 상황발생 시 즉각적으로 대응할 수 있도록 태세를 강화시켜 나가기 위해 취해지는 제반 활동을 말한다.

대응단계는 국가의 자원과 역량을 효율적으로 활용하여 신속하게 대처함으로써 피해를 최소화하고 2차 피해 발생가능성을 감소시키는 일련의 활동이다.

마지막으로 **복구단계**는 재난으로 인해 발생한 피해를 위기 이전의 상태로 회복시키고, 제도개선 및 운영체계 보완 등을 통하여 재발을 방지하고 재난관리능력을 보완하는 일련의 사후관리 활동이다.

군사적 위기와 비군사적 위기상황 전개의 가장 큰 차이는 독립변수, 매개변수 등 변수의 차이이다. 군사적 위기는 상황발생으로부터 위기 전개과정에 변수가 많아 상황예측이 매우 불확실하기 때문에 다양한 대안을 수립하고 이를 시행해야 하지만, 재난의 경우 변수는 발생시간과 장소, 규모가 주를 이루기 때문에 전개되는 과정이 거의 일정하다. 따라서 사전에 대비계획을 수립하여 이를 법규화 함으로써 정책결정 과정을 대부분 생략하고 기계적으로 신속히 대응할 수 있는 것이다.

제2절 위기관리의 정책결정과 체계

1. 위기정책결정의 영향요소

위기가 발생할 때에 정책결정과정에 관련되는 주요 영향요소는 독립변수, 매개변수, 종속변수라는 세 개의 변수 군으로 분류된다.

독립변수는 위기사건 자체와 위기가 발생한 배경이 되는 국내외적 환경요인들을 포함한다.

매개변수는 정책결정을 하는 소규모 정책결정 집단이 개별적으로나 전체적으로 상황을 인식하는 과정에 영향을 미치는 요인들을 의미한다.

종속변수는 정책결정을 하는 소규모 정책결정 집단에서 고려한 방안 중에서 선정된 정책을 말한다.

2. 위기관리정책결정모형

1) 합리적행위자모형(Rational Actor Model)

합리적행위자모형은 국가를 인격체로 보고 하나의 국가가 합리적인 의사결정과정을 통하여 자국의 안보와 관련된 정책목표를 실현시키기 위해 최적의 대안을 선택하게 된다는 것으로서, 국가는 통합능력을 보유하고, 대안을 고려하고 분석할 수 있는 전지전능한 자, 합리성을 가진 자라는 가정에 토대를 두고 있다.

2) 조직행위모형(Organizational Behaviour Model)

조직행위모형은 국가나 정부가 하나의 행위자라고 보기보다는 나름대로의 독자적 영역과 권한을 갖는 여러 개의 즈직들로 느슨하게 연결되어 있다고 보는 모형이다. 정책결정은 정형화된 표준행동절차(SOP)에 따라 움직이는 관련 정부조직들의 선택에 의해 영향을 받으며, 이러한 맥락에서 결정과정은 곧 조직행위로 그리고 정책은 조직과정의 산물로 간주된다. 안보사건이 발생되면 정부 각조직의 대응은 사전에 준비되어있는 표준행동절차에 의해 결정된다. 따라서 이 모형에 의하면 정책은 정부조직과 조직과정의 상호작용으로 결정되는 산물이다.

3) 정부정치모형(Governmental Politics Model)

정책결정의 주체가 국가나 조직이 아니며 직위를 가진 개인, 즉 관료들이라고 보며, 정책은 곧 상이한 이해관계를 가진 관료들 사이의 타협과 흥정의 산물이라고 보는 입장이다. 이 모형은 합리적 행위자 모형과 같이 단일한 행위자로 보지 않고, 많은 행위자들이 참가하여 게임을 하며, 이들은 일관된 국가이익이 아니라 각자가 생각하는 국가이익, 조직이익, 개인이익에 따라 정책을 흥정한다. 이들은 정부지도자들 뿐만 아니라 관련된 외부 인사들도 포함되며, 이들은 국회의원, 이익집단, 로비스트, 시민단체 대표들, 외국관리들을 망라한다.

4) 점증주의모형(Incrementalism Model)

점증주의모형은 정책결정자들이 정책대안을 선택함에 있어서 정보시간, 분석능력의 제한과 대안선택의 명확한 기준의 결여 등과 같은 상황에서 과거에 비하여 소폭의 변화가 가미된 대안을 선택한다는 모형이다.

5) 혼합탐사모형(Mixed-Scanning Model)

혼합탐사모형은 합리적 행위자 모형과 점증주의 모형의 장점을 취하여, 중요하다고 생각되는 정책대안을 우선적으로 탐색하는 근본적 결정을 한 이후 이 테두리 내에서 소수의 정책대안에 대하여 세밀하게 분석하는 세부적 결정을 하는 모형이다.

3. 위기관리 체계

1) 미국의 위기관리 체계

미국의 위기관리체계는 전통적 안보위기관리체계(국가안전보장회의, National Security Council), 국내적 안보위기체계(국토안전부, Department of Homeland Security), 재난관리체계(연방비상사태관리청, Federal Emergement Management Agency)로 구분된다. 이 중 국가안전보장회의를 주축으로 한 대통령 중심의 국가안보정책결정체계가 위기관리의 전략개념과 방책을 토의·결정하고 그 실행을 지도하고 있다.

미국의 국가안보회의는 행정부가 바뀌면서 조직이 재편되어 왔으나 근본적인 조직과 기능은 그대로 유지되고 있다. 국가안보회의는 본 회의, 정책검토위원회(PRC: Policy Review Committee), 특별조정위원회(SCC: Special Coordination Committee), 상설 참모조직으로 구성·운영되어 있으며, 국가위기관리와 전쟁지도에 관한 전문적 기능을 수행하도록 하였다. 본 회의는 주로 정책의 조정과 조언을 통하여 대통령의 안보정책 결심을 지원하는 기능을 수행한다. 국가안보회의 구성인원은 대통령, 부통령, 국무장관, 국방장관, 재무장관, 국가안보보좌관 등으로 구성한다. 합참의장과 국가정보국장을 자문위원으로 참석시키고 필요시에는 비상임위원을 추가할 수 있도록 하였다.

정책검토위원회는 외교와 국방, 국제경제, 정보 분야 등에 대하여 포괄적이고 장기적인 정책을 개발하는 기능을, 특별조정위원회는 특수하고 구체적인 안보현안을 조정하는 기능을 수행한다.

그러나 실질적으로 국가안보회의는 대통령의 정치적 성향과 정책결정 스타일에 따라 그 위상과 기능 및 조직이 여러 차례 바뀌어 왔다. 어떤 정책도 최종적으로 결정되어 나오기까지의 과정에는 의사결정권자의 신념과 정치철학, 이해관계, 개성, 직무상의 권한과 책임이 크게 반영되는 것이 불가피했기 때문이다.

2) 이스라엘의 위기관리 체계

이스라엘은 민방위사령부(Home Front Command : HFC)[81]를 중심으로 국가 위기관리에 대한 국가 총력전 수행을 위한 기구가 조직되어 있으며 군이 직접 주도할 수 있도록 되어 있다.

조직은 구조담당, 보안담당, 비재래식(화생방)담당, 관찰담당, 의료담당, 소방담당, 경보 및 경고담당, 정보·지시·대시민 업무 담당으로 나뉘어져 있으며, 주요 기능은 시민 방어가념 창출, 국가 비상사태 대비, 시민교육 및 지도·감독, 모든 민·관·군 체계들에 대한 사태 방지, 극복방법 지도 안내, 후방 전력으로 대기, 관할 영역 내에서 지역사령부 역할 수행 등이다.

---

[81] 사령관은 국가경찰, 소방대 및 기타 민방위지원 요소를 통합·지휘하도록 작전통제하며, 해·공군사령부(소장)는 총참모장의 자문관 기능을 수행한다.

3) 일본의 위기관리 체계

국가 위기관리에 대해 군사 · 정치 · 경제 · 외교 분야에 대해서는 안전보장회의에서 담당하고, 재난 분야에 대해서는 내각부 방재담당조직에서 담당한다. 이러한 일본의 위기관리체계는 군사위기에 대해서는 안전보장회의를 핵심으로 하여 자위대가 주로 대응하는 체계를 갖추고 있는 반면, 각종 비군사적 재난에 대해서는 중앙방재회의, 방재담당대신(정책 총괄관), 내각 위기관리감 등을 중심으로 대응하는 체계로 나뉘어 있다.

통치권 차원에서 군사위기에 대한 신속한 정책결정이 이루어 질 수 있으며 이러한 결정에 대해서는 군사집행기관으로서의 자위대가 명령을 이행하도록 되어 있고, 중간에 행정부 수준에서의 결정 및 협의기구는 없다. 통치권 수준에서의 군사위기 관련 정책결정기관은 지역별 차원의 군사위기관리체계를 직접 통제할 수 있다.[82]

안전보장회의는 북한 미사일 위기, 북핵 사태, 괴선박 침투 등 전통적 안보위협과 외교 · 경제 · 에너지 · 식량 등 군사 외적 위협요인들을 총체적으로 담당하고 있으며, 군사 · 정치 · 경제 · 외교를 조정 · 통합 · 협조시키는 최고 상설 안보정책결정기관으로서 그 임무와 역할을 수행하고 있다.

내각부 방재담당조직은 태풍, 지진, 해일 등과 같은 자연재난과 원자력 임계사고 등과 같은 인위 재난을 담당하고 있다. 지방공공 단체장은 피난주민의 구원조치를 취하거나 피해대처, 교통규제, 그리고 생활 관련 시설의 안전 확보를 위해 적절한 조치를 취한다. 공공기구 단위의 지역에서는 피난 주민을 유도하는 책임을 수행하는 한편 피난민들의 부상에 대해서는 응급조치를 강구하고 위험지역에 대한 경계구역을 설정하여 통행을 관리함으로써 주민의 안전을 도모한다.

---

[82] 통합방위본부, 『통합방위 실무지침서』, 통합방위본부, 2012, 240쪽.

지정공공기관으로서의 방송사는 경고방송을 내보내고 일본 적십자사의 구원활동에 협력하며, 운송업자들은 피난주민의 이송과 긴급지원의 운송 책임을 진다.

4) 한국의 위기관리 체계

한국은 대통령 중심제를 기본 골격으로 하고 있기 때문에 위기관리 의사결정체계를 구성하고 있는 정부기구들은 대통령을 중심으로 운영된다. 대통령은 위기관리의 최종 결정권을 가지며, 조언과 자문을 제공받을 수 있는 참모조직을 설치, 운영하고 있다. 대통령은 각료와 측근 참모 그리고 상설 및 한시적 보좌기구 등을 통하여 특정의 조언 및 건의를 받아 위기관리 정책을 결정하며, 정부 부·처, 기관에 결정된 정책의 추진 및 집행을 지시한다.

위기관리 의사결정과정을 보면 소관 정부 부·처 기관에서 분야별, 영역별 정책을 입안하고 관련 정부기관과의 협의를 거쳐 국무회의에 상정하게 된다. 국무회의에서는 상정된 정책안건을 총괄적으로 조정, 심의하고 대통령이 최종적으로 결정하게 된다. 대통령은 최종적인 결정에 앞서 국가안보회의로부터 해당 사안에 대한 전문적 조언과 자문을 받는다.

국가안보와 관련된 주요 조직 및 기구를 보면, 우선 대통령이 안보정책을 최종적으로 결정하는 지위에 있으며, 국무회의가 국가안보문제에 관한 정책심의, 조정기관의 지위를 갖는다. 또한 대통령에 대한 자문기구로서 국가안보회의가 있다. 그리고 국방부와 외교통상부 및 통일부를 비롯한 각 정부부처가 분야별 정책 수립 및 집행기관의 역할을 담당한다.

한국의 국가안전보장회의(NSC: National Security Council)는 제3공화국 수립과 더불어 1962년 개정된 헌법에 의거해 국가안전보장에 관련된 대외정책, 군사정책과 국내정책 수립에 관하여 국무회의 심의에 앞서 대통령의 자문에 응하기 위해 설치되었다. 국가안보회의 구성은 정부가 바뀔 때마다 다소 변화가 있었으나 대통령이 의장이 되고 국무총리, 외교·국방·통일부 장관 및 국정원장 등이 주요 위원이 되었으며 비상기획위원장이 상근위원이 되어 회의를 준비하는 등 실무를 담당하였다.

1998년 김대중 정부 등장과 더불어 국가안전보장법을 개정하여 국가안전보장회의는 비상기획위원회와 분리하여 대통령 외교안보수석이 국가안보회의 사무처장을 겸직토록 하였다. 또한 산하에 상임위원회를 두되 상임위원회 위원장은 통일부장관이, 위원은 외교통상부장관, 국방부장관, 국가정보원장 및 안보회의 사무처장이 되도록 하였다.

2003년 노무현 정부 출범과 더불어 기구가 대폭 확장이 되어 장관급 국가 안보보좌관이 사무처장직을 수행하고 차관급 사무차장을 두었으며, 그 밑에 전략기획실, 정책조정실, 정보관리실, 위기관리센타 등의 참모조직과 상황실을 갖추어 국가안보에 관한 업무를 총괄하였다. 역대 국가안보회의와 다른점은 전통적인 군사적 안보 뿐 만 아니라 재해·재난을 포함한 포괄적 안보분야까지 통합하였다는 점이다, 이때 국가위기관리 매뉴얼이라는 문서를 만들어 가시적인 절차를 마련하기도 하였다.

2008년 이명박 정부 출범과 더불어 국가안전보장회의 법을 개정하여 상임위원회와 사무처를 폐지하고 외교안보정책회의를 신설하였다. 외교안보정책회의에는 외교·국방·통일부장관과 국가정보원장, 국무총리실장, 청와대 외교안보수석이 참석하며 의장은 외교부장관이 맡으나. 외교안보수석은 외교안보부처 실무조정회의를 소집, 주재한다.

2013년부터 시작된 박근혜 정부는 국가안전보장회의의 조직과 기능을 확대하는 등 위기관리체계를 공고히 한 바가 있다.

또한 2017년 문재인 정부가 들어서서도 국가위기관리센터를 운용하고 위기관리 표준매뉴얼을 전면 개정하는 등 위기관리체계를 개선하였다.

쉬어가는 코너 ⑨ (생각하는 통일안보)

- 잿더미에서 부활한 불사조, 비잔틴제국

"모든 국가가 이념과 현실 사이에서 차이를 보이는 것은 당연한 일이다. '자유와 평등', '전쟁 포기', '노동자 계급의 국가' 등 그 이념을 일일이 열거하자면 끝이 없지만 그것을 현실적으로 실현하고 있는지를 묻는다면 분명히 '그렇다.'라고 대답할 수 없다. 그러나 비잔틴제국만큼 표면적인 이념에 집착한 국가는 별로 없었다. 인종적으로 그리스인이면서 그리스어를 사용했지만 로마인·로마제국이라고 스스로 칭한 것이 그 대표적인 예이다."[83]

여기에서 볼 수 있듯이 '로마라는 정체성은 비잔틴제국의 전부였다.' 사실 비잔틴제국은 로마가 동·서로 분단된 이후 이미 로마라고 하기보다는 새로운 국가였다. 그러나 로마라는 정체성이 무너지는 순간 비잔틴제국을 이어주는 연결점이 무너지는 것이고, 그 연결점이 무너지면 국가의 존속에 문제가 오는 것은 당연하다. 그런데 비잔틴제국은 현명하게도 이 연결점을 절대로 놓으려 하지 않았다. 이는 위에 '비잔틴제국만큼 표면적인……' 부분을 보면 알 수 있다. 이것이 우선 비잔틴제국이 스스로의 약점을 알고 보완하기 위한 노력을 했다는 증거이다. 그리고 군관구제와 둔전병제 또한 그들의 철저한 의식을 알게 해준다. 군관구제는 병농일치(兵農一致)의 둔전병제를 기반으로 하였다. 둔전병으로 국경 지대에 정착한 농민들은 자신의 토지를 지키기 위해 싸웠으므로 전투력과 사기가 높았다. 스트라테고스라는 군 사령관에게 모든 권한이 집중된 각 군관구는 자신들의 실정에 알맞게 방위 체제를 효과적으로 발전시킬 수 있었으며, 비잔티움 제국은 용병(傭兵)들에게 지불하던 재정 지출을 크게 줄이면서도 국방력의 강화를 이룰 수 있었다. 군관구제의

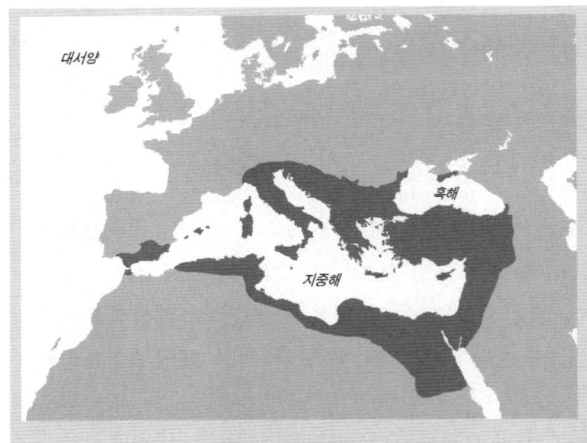

비잔틴 제국의 위치(진한 회색 영역)

실시로 대토지 소유제도에 기초했던 비잔티움 제국의 사회체제는 소규모 토지를 소유한 자영농민과 자유촌락을 기반으로 한 것으로 변화하였다. 자영농민을 기반으로 농업생산력도 회복되어 이슬람 세력에 시리아와 이집트를 빼앗기면서 나타났던 식량 위기도 극복하고, 국가의 조세수입도 늘려 사회의 안정을 회복할 수 있었다. 이러한 군관구제와 둔전병제로 그들은 국가를 이슬람세력으로부터 안전하게 지킬 수 있었다.

제3절 안보위협에 대한 대응

1. 외교안보

1) 국제연합(UN)

제2차 세계대전이 끝나고 더 이상의 세계적인 전쟁 재발을 방지할 목적으로 조직된 UN은 대한민국 건국부터 오늘날까지 대한민국의 안보를 위하여 가장 많은 노력을 기울였던 국제기구이다.

---

83) 이노우에 고이치, 『살아남은 로마 비잔틴제국』, 다른세상, 2010, 22쪽.

대표적인 예로 대한민국 정부수립, 6·25전쟁 지원과 그 후 전쟁 재발을 막은 정전관리, 그리고 국제무대에서 대한민국을 적극적으로 지지한 역할 등이 있다.

전쟁 이후에도 UN군 사령부를 계속 유지하고, 중립국 감독위원회를 운영하여 정전협정 위반을 통제함으로써 전쟁 억제에 결정적인 역할을 하였다. 국제적으로 반기문 (전)UN 사무총장 및 김용 (전)세계은행 총재 등 한국인들의 활약이 높아짐에 따라, 이제 UN은 국제무대에서 대한민국을 지지하고 국격을 높여주는 기구로서 역할을 하고 있다. 현재 대한민국의 많은 인력이 UN평화유지군으로, 각종 봉사단체로 세계 여러 나라에서 활동을 하고 있다.[84]

〈그림 9-4〉 반기문 (전) UN 사무총장 모습

2) 한미관계

한미관계는 대한민국의 지정학적 취약성을 극복할 수 있게 했다. 한반도는 강대국들의 중간지역이라는 지정학적 조건 때문에 이웃나라들로부터 빈번한 침탈의 대상이 되곤 하였다. 예로부터 중국은 한반도와의 관계를 순망치한의 관계로 인식하였고, 일본은 한반도를 대륙으로 향하는 교두보로 보았다. 또한 러시아는 한반도를 부동항을 확보하는데 필요하다고 생각했다. 그래서 이들 세 나라는 한반도를 차지하기 위해 청일전쟁과 러일전쟁을 벌였고, 한반도를 분할하려 하기도 했다. 실제로 임진왜란 당시 명나라와 일본 간의 휴전협상 당시 한반도 분할을 논의했었다. 청일전쟁 직전에도 청나라와 일본이 한반도 분할을 논

---

[84] 안전행정부, 『국가안보와 공직자의 자세』, 2012, 71~72쪽.

의했으며, 러일전쟁 직전에도 39도선 분할을 논의하기도 했다.

지금도 대한민국은 중국, 러시아, 일본 등 군사력 기준으로 세계 2~4위 국가들로 둘러싸여 있다. 브레진스키는 지정학적 이유 때문에 세계에서 안보여건이 가장 위험한 국가를 그루지아 다음으로 대한민국이라고 하였는데, 한미동맹은 지금껏 대한민국의 안보를 확보할 수 있는 가장 중요한 역할을 해왔다. 만약 한미동맹이 없다고 가정할 경우, 독도를 자기 땅이라고 주장하는 일본, 황해에 대한 패권을 노리는 중국, 그리고 동해에서 일본과 러시아의 갈등 틈바구니 속에서 그들의 위협을 받게 될 가능성이 매우 높을 것으로 예상된다.

한미동맹으로 대한민국의 안보가 튼튼히 보장되었기 때문에 대한민국은 산업화와 민주화에 성공할 수 있었다. 주한 미군의 주둔으로 대한민국은 국방비를 최소화하면서 가용 자원을 경제개발에 집중 투입할 수 있었다. 1960~1970년대를 통해 북한은 국내총생산의 15~20%를 국방비에 투입했지만 대한민국은 5% 정도만 투입했을 뿐이다. 또한 외국 투자자들은 미국의 방위공약을 믿고 안심하여 대한민국에 투자를 했다. 뿐만 아니라 미국은 대한민국의 경제발전이 공산침략을 막는 지름길이라 확신하고 대한민국 제품이 미국시장에 진출할 수 있도록 그들의 시장을 개방했기 때문에 1960년대 후반 대한민국은 수출품의 40~50%를 미국시장에서 팔 수 있었다.

2018년 국방백서에 따르면, 2017년 미국은 국내총생산(GDP)의 3.11%를 국방비로 지불하고 있으나 대한민국은 2.33% 수준에 불과하다.[85] 그동안 튼튼한 안보가 유지되었기 때문에 대한민국의 민주화도 성공할 수 있었다. 한미동맹이 존재하지 않고 주한 미군이 없었다면 대한민국은 안보위기로 인해 민주화가 거의 불가능했을 것이다.[86]

---

[85] 국방부, 『2018 국방백서』, 2018, 242쪽.
[86] 안전행정부, 『국가안보와 공직자의 자세』, 2012, 73~75쪽.

3) 한일관계

1965년 6월 22일 일본과의 국교 정상화 이후 양국 간 민간투자 등 경제협력을 활발히 해왔고 안보측면에서도 북한의 위협에 대하여 국제적으로 공동보조를 취하면서 대응함으로써 도발을 억제하는 데 기여하였다.

위안부 문제와 한·일 간의 과거사 청산, 그리고 독도를 자기들의 영토라고 주장하는 등의 문제들이 있지만, 한편으로는 한류바람 등으로 민간차원의 문화적 교류가 증가되어 감정적인 대립이 완화되고 있다. 그리고 북한으로부터의 안보위협을 받는 대한민국과 같은 처지에 있는 일본은 어떤 방식으로든지 유사시에 한·미·일 공동안보의 틀 내에서 대한민국과 안보이익을 공유할 수 있도록 관계를 미래지향적으로 발전시켜야 할 것이다.[87]

2018년 3월에는 외교·국방 안보정책협의회가 3년여 만에 개최되어 동북아 안보환경에 대한 인식공유 및 양국 국방정책에 대한 상호 이해를 제고하였다. 앞으로도 역사 왜곡 및 독도에 대한 일본의 부당한 주장에 대해서는 단호하고 엄중하게 대처하는 한편 한반도와 동북아의 평화와 안정을 위해 지속적으로 협력해 나가야 할 것이다.

4) 한중관계

1990년 6월 한·중 수교 후 중국은 남·북간에 위기상황이 조성될 때마다 조정자 역할을 하며 위기관리 측면에서 한국을 지원하였다. 수교 당시의 911만 달러에서 2011년도에는 1409억 4300만 달러로 22배 증가하여 처음으로 미국과 일본과의 교역을 합한 것보다 더 많게 될 정도로 경제적으로 밀접한 동반자가 되었다.

이 외에도 한류 붐을 통하여 문화교류가 활발하게 진행되는 등 다양한 분야에서 비약적으로 발전하고 있으며, 2008년 5월 양국 관계가

---

[87] 위의 책, 75~76쪽.

'전략적 협력동반자 관계'로 격상되면서 한·중 FTA 협상을 진행 중에 있다. 국방 분야 교류협력도 활발히 추진되고 있다. 2010년 10월 베트남에서 개최된 아세안 확대 국방장관회의(ADMM-Plus)에서 한중 국방장관은 한반도의 안정과 평화를 위해 양국 간 긴밀한 협력의 필요성에 대해 공감하였다. 또한 2017년 12월 한중정상회담에서 양국정상은 한중간의 협력을 정치, 외교, 안보 등 분야로 확대하고 다양한 고위급 수준의 전략적 대화를 활성화해 나가기로 하였다.

5) 한러관계

1990년 수교 이래 한·러 교류협력 관계는 다양한 분야에서 지속적으로 발전하고 있다. 기획재정부에 따르면 한·러 교역 관련 통계를 집계하기 시작한 1992년에 양국 교역은 1억 9천만 달러였으나, 2008년에는 181억 달러에 달해 1992년보다 90배 이상 급증했다.

특히 2008년 9월 양국 관계가 '전략적 협력동반자 관계'로 격상됨에 따라 정치·경제·에너지·우주기술 분야에서 협력을 강화하고 있다. 2010년에는 수교 20주년을 맞이하여 각종 기념행사가 양국에서 개최되었다. 11월 서울에서 개최된 국방연구원 주관 국방학술회의를 통해 한·러 군사협력에 대한 평가와 전망이 이루어졌으며, 앞으로도 양국은 국방 분야의 교류협력을 더욱 확대해 나갈 것이다.[88]

특히 2017년 9월과 2018년 6월, 11월 정상회담 등을 통해 한·러 우호협력을 증진하고 신뢰를 심화시키며 양국의 관계를 지속 발전시키고 있다. 또한 정부는 '신북방정책'을 추진하여 러시아와 국방교류협력을 확대하고 군사적 신뢰를 제고하여, 궁극적으로 양국관계가 한반도와 동북아의 평화와 안정에 기여할 수 있도록 발전시키기로 하였다.

---

88) 위의 책, 76~77쪽.

6) 유럽연합(EU)과의 관계

EU회원국들은 전통적으로 대한민국에 대하여 우호적이었다. 6·25전쟁 16개 참전국 중에서 병력을 파견한 영국, 프랑스, 그리스, 네덜란드, 룩셈부르크, 벨기에 등 6개국과 의료지원을 한 이탈리아, 노르웨이, 덴마크, 스웨덴 등 4개국을 포함한 총 10개국이 공산주의 침략으로부터 대한민국을 수호하는데 크게 기여하였다.

6·25전쟁 이후 UN을 통하여 혹은 개별 국가를 통하여 대한민국 안보의 든든한 후원자가 되어주었을 뿐 아니라, 1960년대 어려운 시기에 독일은 광부 및 간호사 인력채용(매년 6,000여 명 수준)과 그들의 인건비를 담보로 한 차관 제공 등으로 대한민국의 경제개발에도 크게 기여하였고, 영국이나 프랑스 등 다른 나라에서도 경제협력을 아끼지 않았다. 2011년 7월에 발효된 한·EU FTA를 통하여 우리는 북미시장보다 더 큰 시장을 선점함으로써 경제영토를 확장하는 계기를 마련하게 되었는데, 이것은 직·간접적으로 대한민국의 안보를 튼튼히 하는 또 하나의 포괄적인 안보의 중요한 축을 구축하였다고 말할 수 있다.[89]

특히 2018년 10월 문재인 대통령의 이탈리아 방문을 계기로 양국은 '한·이탈리아 국방협력협정'에 서명하고 국방협력 외연을 더욱 확대해 나가기로 하였다. 또한 국방부는 유럽연합, 북대서양조약기구와 지속적인 협력을 추진하는 동시에 영국, 프랑스 등 전통적 우방국가와의 양자 국방협력을 발전시켜 나가는 한편 중유럽 및 북유럽 국가로 외연을 확대해 나갈 예정이다.

2. 국방선진화 노력

안보환경변화 추세에 따라 고도의 정밀성과 파괴력이 향상된 무기

---

[89] 위의 책, 77쪽.

체계의 확산과 지휘통제통신체계(C4I)의 발달로 인해 '네트워크 중심전(NCW)'이 장차전의 전장을 지배할 것으로 예측하여 병력 중심의 군사력 건설에서 벗어나 첨단화된 군의 건설을 목표로 국방개혁을 추진하여 왔다. 국방개혁을 효과적으로 추진하기 위하여 정부는 '국방개혁 기본계획(2006~2020)'을 공표하고, 국방개혁 추진 업무를 전담하는 국방개혁실을 국방부장관직속으로 신설하여 2011년까지 1단계 국방개혁을 추진하였다. 그 결과 군 구조 분야에서 병력 3만 3,000여 명을 감축하였고, 11개 부대를 해체하는 대신 첨단무기체계를 증강하였으며, 전구작전 지휘체계구축을 위해 합참의 1단계 조직 개편을 실시하였다. 또한 육·해·공군의 첨단 무기체계를 지속적으로 증강하면서 북한의 비대칭 위협 등 다양한 군사위협과 미래 잠재적 위협에 대비할 수 있는 긴급 군사력을 보강하고 국방 전반에 걸쳐 경제성·효율성을 제고하였다.[90]

앞으로도 4차 산업혁명 기술의 첨단과학기술 기반으로 전력을 보강하고 북한위협을 포함한 전방위 안보위협에 신속히 대응할 수 있도록 정예화된 부대구조로 개편할 것이다. 육군은 신속결정적 수행이 가능한 구조로, 해군은 수상·수중·항공작전 능력을 보강하여 입체전력 운용에 적합한 구조로 개편한다. 해병대는 상륙작전 역량을 강화하는 구조로 개편하며, 공군은 정찰·감시 능력을 강화하고 다층방어 능력을 보강하여 효과중심의 항공우주작전 수행이 가능한 구조로 개편한다. 국직부대는 임무수행의 효과성과 조직·예산의 효율성 등을 고려하여 개편할 것이다.

1) 군구조 개혁추진

전시작전통제권 전환 이후 한국군 주도의 전쟁 기획과 전구작전수행이 가능하도록 효율적인 군사지휘체계를 구축하고, 새로운 연합방

---

[90] 위의 책, 78쪽.

위체제를 정착할 수 있도록 '상부지휘구조' 개편 안을 발전시키고 있다. 또한 장차전 양상과 미래 작전환경을 고려하여 기민한 작전수행이 가능하도록 중간 지휘계선을 단축하고 부대 수를 축소시키며 이에 따라 절감된 병력으로 전투부대 편성의 완전성을 높여 전투력을 강화하는 '부대구조'개선을 지속적으로 추진해왔다. 한편, 연평도 및 백령도 등 서북도서와 서해 NLL에 대한 북한의 국지도발에 효과적으로 대응하기 위하여 별도의 방위사령부를 편성하여 단일 통합 지휘체제를 통하여 효과적으로 대응하도록 하였다.

'병력구조' 개혁을 통해 병 복무기간 단축으로 숙련병을 충분히 확보하는 것이 어렵기 때문에 간부 중심으로 정예화하여 기술 집약형 구조로 전환해 왔다. 병력규모를 축소하는 대신 현역은 전투부대 위주로 운용하며 비전투부대에서는 민간자원 활용을 확대하도록 추진해왔고, 앞으로도 상비병력 규모는 무기와 장비의 전력화와 연계하여 단계적으로 조정할 계획이다.

2) 전력증강 및 국방정보화 환경구축

2011년부터 2015년까지 총 293개의 방위력 개선사업을 추진하였다. 현재도 재래식 전력 면에서 세계 6위의 전력을 보유하여 북한의 재래식 전력보다 총체적인 전력과 질적인 면 모두 우위를 점하고 있으나 전력증강이 완료되면 핵 및 화생방무기를 제외하고 총전력 면에서 북한군을 완전히 압도할 수 있을 것으로 판단된다.

현재도 가용재원 범위 내에서 북한, 잠재적 위협, 초국가적 · 비군사적 위협 등 전방위 안보위협에 효과적으로 대응하기위해 선택과 집중에 의해 전력을 증강하고 있다. 앞으로도 핵 · WMD와 장사정포 위협을 억제 · 대응할 수 있는 전력을 우선적으로 구축하고, 잠재적 위협에 대비하는 전략적 억제능력을 구비할 것이다. 그리고 군 구조 개편과 연계한 적정 전력, 테러 · 사이버위협 및 재해 · 재난 등의 대비전력, 4차 산업혁명 · IT기술 등 과학기술 발전을 견인할 수 있는 전력을 지속해서 확보할 것이다.

또한, 국방부는 '종합발전 마스터플랜'과 추진 전략을 수립하여 네트워크 중심의 국방정보화사업을 추진하고 있다.

3) 사이버전 대비태세 증강

사이버 위협에 대비한 정보보호체계 구축과 대응 절차를 체계적으로 운영할 수 있도록 2009년에 정보보호훈령을 개정하였다. 또한 군단급 이상 부대는 '컴퓨터 침해사고 대응반(CERT1)'을 편성하여 국방정보체계를 24시간 관제하고 적시 대응하고 있다. 2010년 1월 11일 사이버사령부를 창설하여 전군 차원의 사이버전 수행 대응센터를 설치 운영하면서 국방정보통신망에 접속된 모든 컴퓨터에 바이러스 방역체계, 해킹 탐지·차단체계, 해킹 메일차단체계를 구축하였다. 또한 서버와 네트워크는 방화벽, 암호 장비 등 보호체계, 침입 탐지와 침해 방지를 위한 취약점 분석체계를 갖추고 있다. 한편, 정보공유 환경의 안정적 운영을 위해 주요 데이터에 대한 접근 권한을 세분하여 관리하고 비밀자료 관리체계를 구축하여 보호하고 있다.

또한 국방부는 '국방사이버공간에서의 절대적 우위를 달성한다'는 도전적인 비전하에, 사이버공간을 정확하고 안전하며 효과적으로 창출·유지·보호하고, 사이버전장에서 적대세력에 비해 사이버공간 활용의 우위를 보장한다는 전략목표를 수립하였다.

4) 예비전력 정예화

전시 초기작전 수행을 위해, 동원사단과 정밀보충대대의 증·창설에 따른 동원지원과 작전지역 확대에 맞도록 안정화부대의 동원지원체계를 정립하였다. 그동안 거주지 근처의 부대로 개별 동원되거나 부대단위로 동원 지정되었으나 현역 시 복무했던 부대로 동원되는 체제로 바꾸었다. 적소 특기자와 4년차 이내 예비군의 동원지정률 향상을 위해 배정지역을 전국으로 확대하고, 유사특기 지정 범위도 확대하고 있다.
그리고 예비전력의 정예화를 위하여 동원자원관리체제를 개선하고 향방 무기현대화와 부족한 향방전투장구류도 단계별로 100% 확보할 계획이다.

3. 비상대비태세 강화

비상대비란 "국가위기를 초래하는 비상사태에 대비하는 것"을 말한다. 비상대비 업무는 국가기관이 국가 안전보장을 위태롭게 하는 비상사태 발생 시 효율적으로 대처하기 위하여 평시에 준비하는 업무를 말한다. 따라서 비상대비업무는 협의의 의미에서는 전쟁에 대비한 업무라고 규정할 수 있으나, 광의의 의미로서는 전쟁, 내란, 대형재해, 재난, 심각한 경제위기 등 각종 비상사태에 대비하는 업무이다.

우리나라의 비상대비 업무는 1962년 12월에 국가안전보장회의사무국을 설치하여 국가 동원에 관한 연구를 시작하였고, 1968년 5월 29일에는 향토예비군 설치법이 제정되어 예비군이 창설되었다. 한편, 적의 침투 및 도발이나 그 위협에 대응하기 위하여 국가 총력전 개념을 바탕으로 국가의 방위요소를 통합운용하기 위한 통합방위법이 1991년 1월에 제정되었고, 2010년 4월에 '국가전시지도지침'을 '국가전쟁지도지침 대통령훈령 제284호'로 개정하였다.[91]

2011년에는 민방위 기본법을 전면 개정하여 민방위사태 발생 시 국가와 지방자치단체의 신속한 수습 및 복구의무를 명시하는 등 민방위사태에 따른 응급대책 및 구호에 관한 근거를 마련하였으며, 또한 2012년 2월에도 비상대비 자원관리법을 개정하여 전시 등 비상대비 자원관리체계화 기반을 마련하는 등 비상대비 기능을 크게 강화하였다.

---

[91] 위의 책, 86~87쪽.

최근에는 안보영역이 국민의 안전을 위협하는 모든 범위로 확대됨에 따라 다양한 안보위협에 대응하기 위해 통합방위 수행체계를 개선하고 발전시키고 있다. 특히 2017년은 중앙통합방위회의 개최 50주년의 해로서 핵, 테러, 생화학 위협 등 다양한 안보위협에 대한 범국가 차원의 대비책을 마련하기도 하였다.

쉬어가는 코너 ⑩ (생각하는 통일안보)

- 미래로 향하는 키워드, 소통

모든 흐름에 있어서 소통의 중요성이란 아무리 강조해도 지나치지 않는 요소 중에 하나이다. 실제로 의사소통(communication)이 잘 이루어지지 않아 안보위협에 제대로 대응하지 못하고 위기에 처한 사례들이 많이 존재한다.

16세기에 들어와서 일본에서는 백여 년간에 걸친 전국시대의 혼란을 도요토미 히데요시[豊臣秀吉]가 수습하고 있었다. 통일에 성공한 도요토미는 다이묘들의 관심을 밖으로 분출시키고, 그 여세를 몰아 대륙과 한반도를 정복하려는 야욕을 품게 되었다. 이에 일본에서는 정탐꾼을 보내 한반도의 정세와 지형을 파악하고 서양의 총포술을 도입하여 조총을 개발하는 등 대륙정벌을 위한 준비에 박차를 가하였다.

그러나 조선에서는 태조 건국 이래 지속적인 평화가 유지되고 있었고 문치가 꽃을 피워 국방과 군역제도는 더욱 허물어졌다. 일본이 전쟁에 앞서 삼포왜란, 을묘왜변을 일으킬 때도 조선 조정은 '미개한 왜구가 우리의 문물을 탐하는구나'라는 안이한 생각을 가지고 있었다. 또한 서인 율곡 이이가 조정에서 10만양병설을 주장하자 동인에서는 이 평화로운 시대에 군사를 양성하는 것은 국력의 낭비이고 전쟁이 발생하더라도 명나라가 조선을 보호해 줄 것이라는 생각을 가지고 있었다. 더하여 일본에 다녀온 동인 김성일[金誠一]은 서인의 주장을 비난하고 대일안심론을 폈다.

결국 1592년(선조 25) 4월에 고니시를 필두로 한 약 20만 명의 일본군이 조선을 침략하자 대비가 없었던 조선 조정은 피난에 급급했고 1년에 가까운 시간동안 오직 명나라의 지원만을 바라보며 대책 없이 허송세월을 보냈다. 만약 이순신이 이전부터 유성룡의 천거를 통해 남해안에서 방비를 튼튼히 하고 있지 않았다면 조선은 역사 속으로 사라졌을 것이다.

전쟁발발 이전 동인이 서인의 10만양병설을 받아들이고, 대신들과 국왕 사이에 소통이 제대로 이루어졌다면 조선의 역사 자체가 뒤바뀔 수 있었을 것이다. 우리가 잘 알지 못하고 넘어가는 소통의 부재가 국가안보에 큰 걸림돌이 될 수 있다는 사실을 깨달아야 할 것이다.

4부
대한민국의 미래, 그리고 통일

> 제10장 동북아 안보환경과 한국의 미래
> 제11장 북한의 위협과 주한미군
> 제12장 통일정책과 추진전략

제10장 동북아 안보환경과 한국의 미래

제1절 동북아의 안보환경

1. 개요

　냉전의 20세기가 공산권의 붕괴로 종식된 이후 탈냉전과 안보협력이 대두되고 있는 21세기에도, 동북아 지역의 안보환경은 다양한 긴장요소로 인해 유동적이고 불안정한 모습을 보이고 있다. 동북아의 강대국들은 안정과 평화를 유지하기 위한 협력을 추구하면서도, 역내 질서의 주도권과 영향력을 강화하는 과정에서 견제와 대립의 구도를 심화시키고 있기 때문이다. 세계 유일의 초강대국인 미국과 경제대국인 일본은 미일상호방위조약을 바탕으로 한 전통적인 안보동맹 관계를 밀착하면서 북한과 중국으로 대표되는 역내 잠재적 안보위협에 공동으로 대처해 나갈 것임을 공개적으로 천명하고 있다. 미국은 괌과 일본열도를 중심축으로 삼고 미군을 신속 대응군 체제로 재배치하여 중국을 견제하는 전략 구도를 형성하고 있다. 일본은 미국에 편승하여 보통국가의 보통군대를 추구하고, 평화헌법 제9조를 무력화하려는 의도를 보이고 있다.
　미국과 일본이 이러한 연합 축을 공고하게 다지고 있는 전략적 지형 변동에 대응하여 중국과 러시아도 견제 축을 형성하고 있다. 중국은 러시아와의 전략적 제휴관계를 준 군사동맹 수준으로 강화하려는

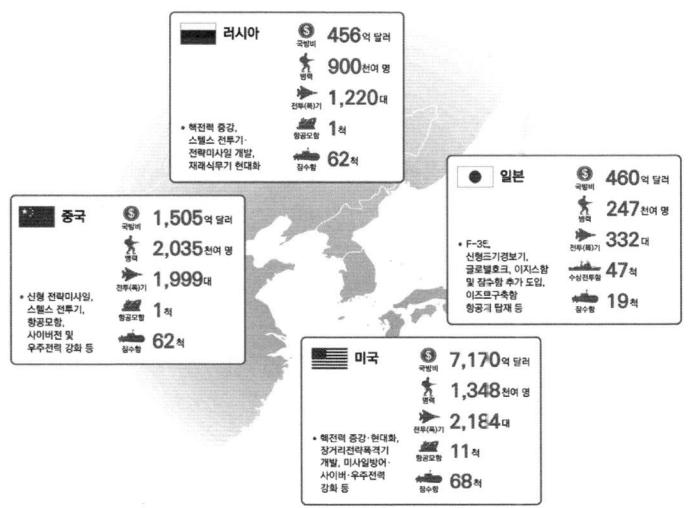

• 출처: 「The Military Balance 2018」(국제전략문제연구소, 2018년 2월), 미국 2019 회계연도 국방수권법(NCAA)

〈그림 10-1〉 한반도 주변 4국의 군사력

의도를 보이고 있으며, 러시아 역시 중국과의 안보협력을 강화하는 가운데 2008년의 남오세티아 전쟁[92] 등을 통하여 미국의 역내 영향력을 견제하는 모습을 보이고 있다. 이처럼 동북아지역은 지정학적 대립이 우세한 가운데 이해관계를 바탕으로 한 제한된 협력이 모색되고 있다. 냉전체제의 해체와 함께 잠재되어 있던 갈등과 분쟁 요인들이 표면으로 분출되고 있으며, 많은 안보 전문가들은 동북아지역의 경우 국가들 간의 전통적 갈등 요인과 냉전의 유산이 군사적 대결과 충돌의 불씨로 작용할 우려가 있는 것으로 분석하고 있다.

---

[92] 2008년 남오세티아 전쟁은 2008년 8월부터 발발한 친미 성향의 조지아〈그루지야〉군과 친 러시아 성향의 남오세티아 분리주의자들 사이의 전쟁이다. 2008년 8월 7일, 조지아군〈그루지야군〉이 분리 지역인 남오세티아의 수도인 츠힌발리에 진군하여 군사 작전을 하면서 본격적으로 전쟁이 시작되었다. 러시아가 이러한 공격에 반응하여 8월 8일 국경을 넘어 남쪽 남오세티아에 전차 및 야전포 등의 지상 부대를 진군하여 전투가 본격화 되었다. 8월 12일 유럽 연합 의장국인 프랑스의 중재가 있었고, 조지아〈그루지야〉의 미하일 사카시빌리 대통령은 자국의 독립국가연합 탈퇴를 선언하였다. 러시아는 8월 16일 평화협정안에 서명하였다.

2. 해양 분쟁의 심화

최근 들어 동북아 지역은 해양 분쟁의 화약고가 되고 있다. 이 지역의 주요 국가들이 모두 해양과 맞닿아 있는 지리적 특성으로 인해 육지로 둘러싸인 국가가 거의 없으며 대부분 국가들이 해양을 통해 서로 연결되어 있기 때문에 해양이 안보 환경에서 차지하는 비중이 매우 높다. 특히 역내 국가들 모두가 해양 공간을 경제적으로 활용하기 위해 배타적 경제수역(EEZ: Exclusive Economic Zone) 개념을 도입하면서 그 갈등이 커지게 되었다. 경제수역을 선포할 경우 연안국은 해안으로부터 200해리(약 370km)까지의 엄청난 수역에 속하는 자원을 배타적으로 이용하고 관리하는 권리를 가진다.

동북아 해양질서는 전통적으로 연안국들의 배타적 권리가 인정되는 12해리 영해와 그 너머의 자유로운 공해로 이루어졌었다. 그러나 이제 이러한 해양질서는 경제수역의 선포로 커다란 도전을 맞이하게 되었다. 바다의 주권 관할 범위가 과거 섬에 대한 영유권 문제에서 배타적 경제수역의 확정 문제로 확대된 것이다. 역내 국가들은 배타적 경제수역의 범위를 두고 서로 자신에게 유리한 입장을 고집하고 있으며, 그 편차의 존재가 바로 분쟁의 잠재성이 되고 있다.

동북아 해양질서의 또 다른 문제는 해상 수송로 확보 경쟁이라 할 수 있다. 최근까지는 대표적인 해양세력인 미국과 일본이 강력한 해군력을 바탕으로 동아시아 지역의 해상 교통을 통제해 왔다. 그러나 최근 대륙세력인 중국이 활발한 해양 진출에 나서면서 각축전이 벌어지고 있다. 중국은 전통적으로 대륙에 머무는 국가였으나 이제 해양으로 진출하지 않으면 더 이상 경제성장의 동력을 유지할 수 없기 때문에 해양 권익의 보호를 국가전략의 목표로 삼고 해양 역량을 강화하고 있다. 이는 미국과 일본의 입장에서 보면 중대한 안보 도전이 된다. 이러한 점에서 동북아 지역 해양은 미·일 연합 축과 중국 축이 충돌하는 전쟁터가 될 수도 있다는 분석이 나오고 있다. 중국이 미·

일과의 격돌을 감수하면서까지 해양으로의 진출을 시도하는 이유는 에너지 확보와 관련된 것으로 분석되고 있다. 중국의 급속한 경제 발전으로 산업화의 핵심 원자재인 석유와 철강 등의 수요가 증가하자, 이를 수송하는 데 필수적 경로인 남중국해와 말라카 해협에 대한 영향력을 증대하고자 하는 것이다.

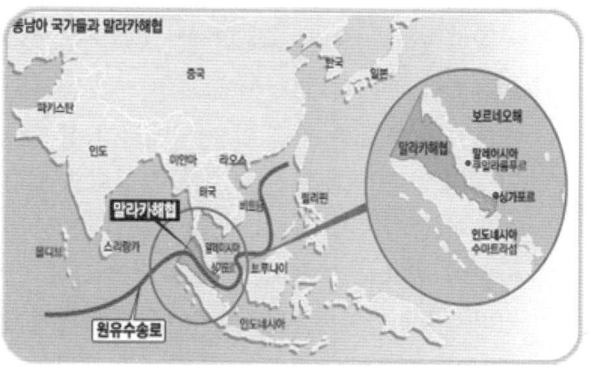

〈그림 10-2〉 말라카 해협

게다가 중국은 1968년 유엔극동경제위원회가 동중국해와 남중국해에 엄청난 석유가 매장되어 있다는 보고서를 제출하자 이 지역에 대한 관할권을 강화하기 시작하였다. 하이난 섬(해남도)에서 960km 떨어진 남사군도[93] 지역의 제해권을 확보하기 위해 1974년 당시 베트남이 관할하고 있던 중간 지점의 시사군도를 점령하고, 그 곳에 10여 년에 걸쳐 군용기가 이착륙할 수 있는 1,600m 길이의 활주로와 5,000톤급 함정이 정박할 수 있는 항만

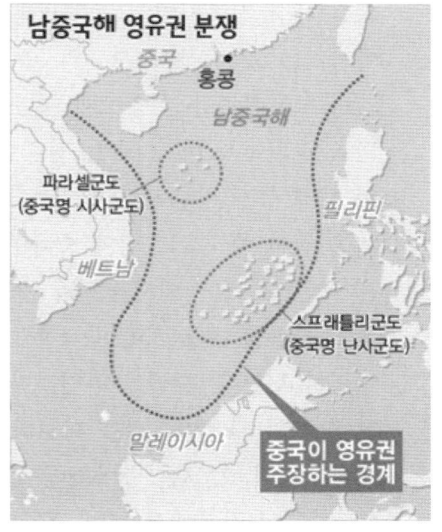

〈그림 10-3〉 남중국해 영유권 분쟁

---

[93] 남사군도(南沙群島)는 남중국해의 남부 해상에 있는 군도이다. 동쪽은 필리핀, 서쪽은 베트남과 사이에 걸쳐 있다. 풍부한 광물 및 석유 자원의 부존 가능성으로 인하여 중화인민공화국, 중화민국, 베트남, 필리핀, 말레이시아, 브루나이가 각각 영유권을 주장한다.

시설을 건설하였다. 1988년에는 난사군도의 산호초 몇 개를 점령하고 영유권을 주장하기도 하였다.

　미국과 중국은 최근 이 지역에서 육상 및 해상 수송로를 둘러싼 전략적 경쟁을 강화해 온 것으로 분석되고 있다. 미국은 원유의 육상 수송로인 중앙아시아와 해상 수송로인 중동-말라카해협-남중국해를 장악하여 필요할 경우 중국의 원유 수급에 영향을 미치려고 노력하고 있다. 이에 반해 중국은 말라카해협을 공동 관리해 온 싱가포르, 인도네시아, 말레이시아와 각각 협정을 체결하여 이 일대 진출을 노려온 미국과 일본보다 영향력 측면에서 한층 앞서 있는 상황이다. 가장 중요한 해상 전략지역인 말라카해협은 태평양-인도양, 유럽-아프리카-아시아를 잇는 해상 수송의 요충지이다.

　바다를 통하는 수송로에 대한 기득권은 이제까지 미국의 전유물처럼 인정되어 왔다. 미국은 강력한 해군력을 바탕으로 전 세계적 차원의 해양 통제권 내지 지배권을 장악해온 것이다. 그러나 오늘날 미국의 이러한 패권 그물망에 중국이 도전하는 모습이 보이고 있다. 미국은 대만, 조어도, 남사군도와 중동 등지에 해양 통제권을 유지하기 위한 그물망을 쳐놓았고, 중국은 이 그물망을 뚫고 원해로 진출하는 데 전력하고 있다. 중국은 파키스탄 과다르 항의 건설비용 80%를 감당하고 항구의 자유이용권을 확보하였고, 미얀마의 코코 섬에 기지를 확보하였으며, 2003년 방글라데시에서 치타공 항구의 건설에 착수하였다. 미국의 입장에서 보면 중국의 이러한 해양 진출은 기득권에 대한 중대한 도전으로 인식될 수밖에 없다. 중앙아시아를 통제함으로써 유라시아 대륙을 지배하고, 남중국해를 통제함으로써 태평양과 인도양을 지배하려는 강대국 간의 파워게임이 벌어지고 있는 것이다.

유익한 이야기 코너 ⑨

중·일 영토분쟁, 댜오위다오

　중국의 이러한 해양 진출 시도는 지역적 세력 경합을 벌이고 있는 일본의 감시와 견제를 받지 않을 수 없다. 대표적 사례로서 댜오위다오(釣魚島: 일본명 센카쿠 열도)를 둘러싼 마찰을 들 수 있다. 이 섬 주변 해역은 천연가스와 석유 자원이 매장되어 있는 것으로 추정되는 곳으로 중국과 일본, 그리고 대만이 서로 영유권을 주장하고 있다. 2005년 5월 26일자 홍콩 문회보의 보도에 의하면 이틀 전 오전 중국 민간 단체인 바오야오 연합회 소속 대원 7명이 일본 구함의 감시망을 뚫고 이 섬에 상륙하는 사태가 발생하기도 하였다. 그들은 섬에 중국 국기인 오성홍기(五星紅旗)를 꽂고 자신의 영토임을 주장하는 경계비를 남겼다. 이에 일본은 해상 보안청 소속 무장경찰 18명을 헬리콥터로 이 섬에 투입하여 상륙한 중국인 7명을 연행한 것으로 알려져 있다.

　일본은 중국이 댜오위다오 인근 동중국해 해상에 가스전 광구를 설정하고 천연가스를 뽑아낼 수 있는 단계에 이르자 뒤늦게 공동 개발과 매장량 정보 제공을 요청하고 있다. 일본의 입장은 그 지역이 양국 사이의 중간선에서 4km 떨어진 곳에 위치해 있으나 그 광맥은 자신의 바다 속까지 뻗어 있기 때문에 가스 소유권이 있다는 것이다. 결국 중국과 일본은 동중국해 가스전 분쟁을 해결하기 위해 2006년 3월 초 베이징에서 국장급 협의를 개최하였다. 당시 일콘 언론의 보도에 의하면, 이 협의에서 양국 간의 입장 차이는 좁혀지지 않았으나 중국이 가스전 공동 개발에 대한 새로운 계획을 제안한 것으로 알려져 있다. 댜오위다오 부근과 동중국해 북부 한·일 대륙붕 공동 개발 구역 주변 가스전을 공동 개발하자는 것이다. 이에 대해 일본은 난색을 표명하였다. 두 구역 모두 일본이 주장하고 있는 중·일 배타적 경제수역을 기준으로 일본 쪽에 더 가깝기 때문이다.

아베 신조 당시 관방장관은 중국의 제안을 받아들일 수 없으며 동중국해가 우호 해역 이라는 인식하에 재검토해 주 기 바란다는 입장을 밝혔다. 오히려 일본은 중국이 설치한 가스전 채굴 시설이 양국 배 타적 경제수역 경계의 중간선

댜오위다오(센카쿠 열도)

에서 가까운 데다 가스전이 양국 수역에 걸쳐 있다는 이유를 들어 공동 개발을 요구하였다. 이에 리자오싱 중국 외교부장은 기자회견을 열어 중국의 가스전 개발은 일본과의 분쟁 해역이 아닌 중국 근해에서 이루어지고 있다고 강조하면서 중국이 개발하고 있는 가스전에 대한 독점권을 주장하였다. 중·일 양국 간의 이와 같은 입장 차이는 사활적인 해양권익이 걸려있기 때문에 좁혀지기 어려울 것으로 전망된다.

3. 역내 국가들의 동북아 안보정책

1) 미국

미국은 세계에서 유일하게 존재하는 초강대국으로서 그 어떤 국가 또는 세력도 도전하지 못하는 세계질서의 유지를 안보의 궁극적 목표로 삼고 있다. 세계질서의 주도 기반을 확고하게 다지고 있는 것이다. 미국의 이러한 안보 목표는 두 가지의 구체적 전략에 의해 추구되고 있다. 첫째는 장기적 관점에서 세계적 차원의 도전 세력을 허용하지 않는 전략으로서 잠재적 적국인 중국을 견제 및 봉쇄하는 것이다. 둘째는 당면한 위협을 제거하는 전략으로서 테러와의 전쟁을 수행하는 것이다.

이러한 기조는 2005년 3월 발표된 국방전략보고서에 수록된 '21세

〈그림 10-4〉 미국과 군사협력 맺고 있는 중국 주변국

기 안보위협유형'에서 잘 드러난다. 안보위협의 유형을 총 네 가지로 분류한 이 보고서에서는 재래식 군사력으로 미국에 도전하는 전통적인 의미의 분쟁을 뜻하는 '전통적 위협'과 비 재래식 방법으로 전통적 우위의 상대방을 위협하는 테러 활동인 '비전통적 위협'을 명시하고 있다. 미국은 '전통적 위협'인 중국을 견제하기 위하여 이미 일본과 밀착된 동맹관계를 구축해 놓았고 '2+2 회의'를 통해 연합 작전운용 구조까지 발전시켰다. 인도와는 2005년 6월 워싱턴에서 군사협력조약을 체결하고, 향후 10년간 무기 공동 생산과 미사일 방위 협력 등 군사협력을 강화하기로 합의하였다. 외교 전문가들은 미국과 인도 간의 군사협력 조약 체결을 대중국 포위 전략의 일환으로 분석하고 있다. 외형상으로는 양자 차원의 군사협력 내용을 담고 있으나, 실제로는 중국을 견제하기 위한 전략적 포석의 성격이 짙다는 것이다.

이에 더해 미국은 중장기적으로 동북아지역에 주둔하고 있는 미군을 GPR(Global Defense Posture Review)계획에 따라 재편성하여 전략적 유연성을 증대시키고, 역내 위기사태 발생 시 신속히 대응할 수 있는 체제를 갖추어 이를 바탕으로 미국이 주도하는 아시아-태평양 안보질서를 유지하고자 한다. 특히 미국은 동북아 지역에서 패권적 리더십을 유지하며, 새로운 지역 패권 세력인 중국의 부상을 저지하는 데 우선적 목표를 두고 있다.

　미국은 중국과 인도가 2020년까지 세계의 패권 구도를 바꿔놓을 수 있는 주요한 행위주체로 등장할 것이라고 전망하고 있다. 미국은 중국의 부상을 저지하기 위하여 미일동맹을 강화하고 그 바탕에서 한미동맹과 대만과의 관계를 유지하며 지역 안정을 추구하고 있다. 또한 중국의 부상에 위협을 느끼고 있는 한일 양국과 남중국해 연안 국가들, 인도와 중앙아시아 국가들과의 다자 또는 양자 간 안보협력을 증대시키며 미국의 전략적 영향력을 아시아 전체로 확대시켜 중국에 대한 견제를 시도하고 있다.

　탈냉전 시대 이후 미국의 대 한반도 정책은 한반도의 비핵화와 대량살상무기 확산방지, 그리고 한반도의 평화와 안정 유지에 목표를 두고 있다. 동시에 미국은 대중국 견제를 전제로 한미동맹에 기반 한 한반도 정책을 모색해 왔다. 또한 북한의 핵무기와 ICBM 등의 장거리 투사수단은 한국에 대한 위협에 국한되는 것이 아니라 미국의 안보에도 지대한 위협이 될 수 있기 때문에 북핵 문제에 대한 지속적이고 긴밀한 협력을 필요로 하고 있다.

2) 중국

　중국의 부상은 21세기 세계질서의 가장 중요한 변수로 논의되고 있다. 중국은 1978년 등소평이 '실사구시' 정책을 추구하기 시작한 이래 연 평균 10% 수준의 고도 경제성장을 거듭하여 왔다. 2010년 10월 국민 총생산 측면에서 중국은 일본을 앞질러 미국 다음의 G2국가가 되었다.

　그러나 경제 규모 이외의 많은 국력 평가요소에서 G2국가로 진입하지 못하고 있다. 아직 중국은 여러 가지 측면에서 G1인 미국과 격차가 매우 크다. 그런 점에서 G1-G2 간의 경쟁보다 G2-G3, G2-G4, G2-G5의 경쟁이 아직 끝나지 않은 측면이 많다. 21세기에 G2에 있었던 독일이나 일본이 G1이 되지 못하고 G3, G4로 밀려난 사례도 눈여겨봐야 한다.

중국에 대한 미국의 군사적 경계심은 새로 형성되고 있는 동북아 안보정세와 군사정세를 함축하고 있다. 외교문서 성격인 전략문건에서 미국은 중국에 대해 군사력 증강 의도를 명확히 할 것을 요구했고 주변국의 안보적 우려를 적시했다. 가장 직접적으로는 중국의 군비증강을 경계한 것이다. 아울러 미국은 우리나라를 비롯한 미국의 동맹국들에게 동맹국가 간 협력을 강조하고 있다. 우리에게 직접적으로 한·미·일 안보협력을 강화해 줄 것을 요청한 것이다. 우리가 한·미·일 안보협력을 강화할 경우 필연적으로 중국은 우리를 군사적으로 경계할 것이고 북한 및 러시아와 군사협력을 강화할 것이다. 미국의 의도대로 안보협력 구도가 진행될 경우 동북아에 새로운 진영의 대결적 군사구조를 심화시킬 가능성이 크다. 동북아의 새로운 진영의 대결적 구조는 북핵문제 해결, 북한 민주화, 남·북한 협력관계 강화라는 안보현안 해결에 장애가 될 수 있을 것이다.[94]

최근 중국은 미국과 일본의 전략적 연합에 의한 포위를 돌파하고 아시아를 자신의 영향권으로 편입시키는 것을 대외정책 목표로 설정하였으며, 이를 위해 ①러시아와의 전략적 동반자관계 발전, ②상하이 협력기구(SCO)의 활성화, ③아세안 국가들과의 협력 강화, ④서남아 국가들과의 협력 증진 등을 추구하고 있다. 이러한 차원에서 중국은 러시아와의 오래된 국경선 획정 문제를 해결하였고, 자국 영토에서 러시아와 연합 군사훈련을 실시하였으며, 상하이협력기구에 참여하고 있는 중앙아시아 국가들에게 자국 주둔 미군의 철수를 요구하도록 하였다. 베트남과도 관계를 개선하였고, 아세안 국가들과는 자유무역협정(FTA)을 체결하였다. 미국이 이라크와 아프가니스탄 사태 등에 대외적 노력을 집중하고 있는 사이에 중국은 아시아·태평양 지역에 대한 영향력을

---

[94] 안전행정부, 『국가안보와 공직자의 자세』, 2012, 40~41쪽.

〈그림 10-5〉 상하이협력기구

확대해 나가고 있는 것이다.

또한 중국은 부국강병을 강력하게 추구하기 위해 지금까지의 경제 우선 정책을 경제·국방 동시 건설 정책으로 전환하였다. 후진타오 주석은 2004년 7월에 개최된 당 정치국 제15차 집단학습에서 국가 주권과 안전이 최우선이며, 국익을 지키기 위해서는 국방과 경제가 함께 가야 한다고 강조한 바 있다. 중국은 고도성장을 이룬 경제력을 바탕으로 세계 3위의 군사력을 착실하게 발전시켜 왔으며, 특히 대만해협과 남중국해에 대한 작전능력을 강화하였다. 중국은 최근 공세적 전략개념이 포함된 '신시기 전략방침'을 채택한 것으로 알려져 있다. 그 주요 내용은 적의 위협을 국경 밖에서 격퇴하고 기습을 포함한 공세작전을 수행하며, 해양과 우주를 전략적 전방으로서 중시한다는 점을 포함하고 있다. 뿐만 아니라, 미래의 전쟁 양상을 '고기술 조건하의 국지전'으로 상정하고, '과기강군'(科技强軍)을 강조하고 있으며, 정보화를 통한 군 현대화 건설을 급속한 도약으로 달성한다는 점을 밝히고 있다.

이러한 '정보화 조건하 국지전 승리 전략'을 달성하기 위하여 국방비를 지속적으로 증액하며, 군 현대화를 추진하고 있다. 육군은 신속대응능력, 해군은 원양작전능력, 공군은 장거리작전능력을 향상하는 데 주력하고 있으며 2009년 10월 1일 건국 60주년 기념 열병식에서는 신형 무기가 대량으로 공개되었다. 열병식에는 중국이 자체 제작한 조기경보기와 공중급유기를 비롯하여 미국 본토에까지 도달할 수 있는 사정거리 1만 km 이상의 대륙간탄도미사일인 둥펑-31A, 자체 개발한

4세대 전투기인 J-10, J-11 등이 공개되었다. 또한 항공모함 '바랴그'호[95]와 신형 스텔스기인 J-20 등을 개발하며 자국에 유리한 안보환경 조성과 역내 패권 획득을 위해 국내 경제개혁과 발전을 지속시키고,

〈그림 10-6〉 개수된 '랴오닝 호'. 중국의 첫 항공모함이다.

군의 현대화를 추진하며, 동북아의 국제질서가 미국에 의해 일방적으로 주도되는 것을 막는 데 중점을 두고 있다.

냉전 종식 이후 중국의 대 한반도 정책은 한반도의 안정 유지에 우선을 두고 그 바탕 위에서 중국의 영향력을 확대하는 것이다. 중국은 한반도에서 남북 간 분쟁이 야기될 경우, 중국의 경제발전과 안보에 큰 위협이 될 것으로 인식하고 있다. 만일 한반도에서 분쟁이 발생하면 일본의 군사력 확대와 미일동맹의 강화구실이 될 뿐 아니라 미군의 동북아 주둔과 개입을 항구적으로 가능하게 할 것으로 보고 있다. 또한 같은 맥락에서 북한의 핵 위기가 고조될 경우 미국의 영향력이 커지는 현실을 경계하여, 북핵 개발로 인한 우기 악화를 방지하는 데 많은 노력을 기울이고 있다.

한국과는 1992년 첫 수교 이래 1998년 1월 한중 정상회담에서 '21세기를 향한 협력 동반자 관계'를 구축하였고, 이어서 주요 인사들의 상호 방문을 통해 양국 간의 교류를 활성화해 왔으며, 2007년에는 한국의 최대 교역국이 되었다. 2008년 5월에는 이명박 대통령의 중국 방문

---

[95] 1990년 10월 취역한 구소련 해군의 항공모함 어드미럴 쿠즈네초프급을 사들여 개수한 함정이다. 2011년 8월 10일 스랑(施琅)이라는 이름으로 취역하였으며, 중국은 여기서 얻은 기술을 활용하여 2020년 이전 전력화를 목표로 베이징급 항모의 연구개발 및 건조를 진행 중이다.

시 양국 간의 관계를 전략적 협력 동반자 관계로 격상시키는 데 합의했다. 그러나 2001년 중국의 국책기관인 변강사지 역사연구중심에서 시작된 '동북공정'의 추진은 한국과의 역사적 갈등을 야기할 수 있는 현안으로 부상하고 있다. 동북공정은 동북 지방의 전략적 가치가 증대됨에 따라 중국이 이 지역에 대한 역사적 연고권을 선점하려는 의도로 파악되며, 우리의 고구려사를 편입하여 북한체제의 급속한 붕괴나 돌발사태 발생 시, 한반도 북부 지역에 대한 적극적 관여와 개입을 정당화하기 위한 사전 포석이라는 예측이 힘을 얻고 있다.

3) 일본

오늘날 군사와 안보 차원에서 일본을 설명하는 대표적 화두는 '보수 우경화'이다. 일본은 2차 세계 대전 패전 후 헌법 9조에서 육해공군과 그 외 어떠한 전력도 보유하지 않으며, 국가의 교전권 또한 인정하지 않는다는 평화헌법 조항을 명시하였다. 평화헌법으로 인해 일본은 군대를 갖지 못하였으나, 1954년 치안유지를 이유로 자위대를 창설하였다. 자위대는 사실상의 군대이며, 겉으로는 허술하게 포장되어 있지만 실질적으로는 구 일본제국의 군사력 운용경험과 군사기술의 잠재력을 바탕으로 꾸준하게 전력 증강에 힘써 왔으며, 현재는 최신 장비로 무장된 최정예 전력을 보유하고 있다.

최근에 일본 정부는 증폭되고 있는 우파적 민족주의 분위기를 타고 자위대의 '보통 군대화'를 조직적으로 추진하고 있다. 군대의 보유를 금지하고 있는 평화헌법의 개정을 추진하면서, 자위대의 임무·역할 확대, 방위청의 방위성 승격, 유엔안보리 진출 등을 동시 병행적으로 추구하며 적극적으로 국제 사회의 문제에 군사적으로 개입하는 '군사적 보통국가'로의 변신을 꾀하고 있다. 안보 전문가들은 이와 같은 일본의 보수 우경화가 이제는 되돌릴 수 없는 대세인 것으로 분석하고 있다.

일본은 이러한 보통국가화를 추진하면서 1996년 미일 안보 공동선언을 배경으로 유사법제화를 추진하였다. 유사법제란 일본이 타국으로부터 무력공격을 받는 등의 비상사태가 발생했을 때 자위대와 정부의 대응방침을 규정한 법규다. 유사법제는 「무력공격사태법안」, 「자위대법 개정안」, 「안전보장회의설치법 개정안」 등 3개 안으로 구성되어 있다. 이

〈그림 10-7〉 일본의 최신 아타고급 이지스 구축함

법에 의해 정부는 비상사태 시 민간의 인적 물자동원 등이 가능하다. 이 법은 우리나라의 「비상대비자원관리법」과 유사하다.

유사법제는 1977년부터 검토를 시작하였으며, 검토기간 중 국내외 반대여론에 밀려 제정이 연기되어왔으나, 2002년 고이즈미 총리가 입법화를 지시하여 2003년 5월 15일 중의원을 통과하고, 6월 6일 참의원을 통과하면서 법제화되었다. 이로써 일본 패전 58년 만에 전시에 대비한 국가체제정비를 목적으로 한 법제가 일본에서 처음 효력을 발생하게 되었다.

또한 일본은 2004년 기존의 「방위대강」을 대체하는 「신 방위계획대강」을 수립하였다. 대체된 방위대강에는 기존의 전수방어, 문민통제, 비핵의 3원칙이 그대로 포함되었고, 미일 안보체제의 중요성이 강조되었다. 또한 9·11 테러 이후 등장한 뉴테러리즘과 대량살상무기, 대륙간탄도미사일 등의 새로운 위협에 대비한다는 기본방향을 제시하였다. 이와 함께, 북한의 군사적 움직임을 '증대한 불안정 요인'으로 간주하며, 중국의 군사력 현대화와 해양 활동 범위의 확대를 경계하고 있다. 또한 국제평화협력활동의 일환으로 중동에서 동아시아에 이르는 지역에 대한 안보 문제에 적극적으로 관여해 나갈 방침을 명확히 제시하였고, 자위대의 임무를 '국제적인 안전보장 환경을 개선하고 일본에 위협이 미치지 않도록 하는 것'으로 재설정하였다.

그리고 중요한 것은 미사일 방어시스템(MD)에 참여하여 탄도미사일 위협에 대처하겠다고 명시한 것이다. 신 방위대강 발표와 동시에 관방

장관은 담화를 통해 MD시스템의 공동연구개발과 생산을 위해 '무기수출 3원칙'을 완화하겠다고 했다. 국제적인 무기거래의 장애를 제거함으로써 미국과 공동개발 및 생산을 추진하고 있는 MD시스템 구축에 박차를 가하겠다는 의도로 해석된다. 또한 신 방위대강에서는 가변적이고 유동적인 새로운 안보환경에 대처하기 위해 '다기능적이고 탄력적이며 실효성 있는 방위력'을 구축하겠다는 목표를 설정하고 있다.

이러한 조치의 일환으로 방위력 공백지이자 중국과의 영토분쟁이 심화되고 있는 남서 도서지역과 게릴라, 특수부대 등의 공격에 대처할 수 있는 부대를 설치하기로 한 것이다. 또한 육상자위대 정원을 15만 5천 명으로 축소하고, 전차와 전투기, 호위함 등 구형 무기체계를 감축하는 대신 MD 등 첨단 무기의 개발, 신형 이지스함과 아파치 공격헬기 등을 도입하는 데 예산을 투입하기로 하였다. 항공자위대는 전투기의 항속거리를 늘리기 위하여 공중급유기 부대를 신설하기로 하였는데, 이는 자위대의 전수방어 원칙에 위배된다는 논란을 불러왔다.

최근 들어 일본은 급속히 변화하고 있다. 평화헌법과 전수방위, 경제적 국제 공헌이라는 기본원칙들이 대거 수정되거나 훼손되고 있으며, 교전권을 포기하고 군대를 갖지 않는 '평화국가'에서 정상적인 군사력을 보유한 '보통국가'로 변화하고 있다. 또한 '유사법제' 및 '자위대 파병법' 제정에서 나타나는 바와 같이 일본은 종래의 소극적 안보정책에서 탈피하여 군사적 수단의 행사를 통해 적극적으로 국제사회에 개입하는 '군사적 보통국가'로의 변신을 목표로 하고 있다.

냉전 종식 후 일본은 한반도의 안정이 일본의 안보에 매우 중요하다는 인식 하에 미일 안보동맹을 축으로 하여 한반도에서의 세력균형을 유지하고 중국의 영향력 확산을 차단하는 데 우선적 목표를 두고 있다. 일본의 대 한반도 정책의 목표는 한반도의 위기상황 발생 방지, 일본에 적대적인 정권의 수립 저지, 한반도에 대한 정치경제적 영향력 확보를 통한 최대한의 이익 추구 등이다. 또한 일본은 한반도에 강력한 통일국가가 등장할 시 동북아시아의 안보균형이 깨질 가능성도 있다고 우려하며 남북한의 통일보다 현상유지를 바람직하게 보고 2개의 한국 정책을 추진하여 왔다.

일본의 전통적인 안보 전략은 중국의 군사력 현대화 및 해양 진출에 대한 경계와 북한의 핵 및 탄도탄 전력에 대한 위협의식에 바탕을 두고 있다. 「신 방위대강」에서도 북한의 군사적 움직임을 지역안정보장에 중대한 불안정요인으로 판단하고 있으며, 이에 따라 북한이 유발한 위협요인을 제거하는 것이 일본의 핵심적인 안보정책 목표가 되었다. 일본은 이러한 목표를 달성하기 위해 정보전력 강화, 특수부대 양성, 서북부 해안 고속 미사일함 배치 등의 전력보강을 실시하였다. 나아가 북한의 핵무기 개발을 수용하지 않는다는 입장을 고수하며, 북한이 핵실험을 하거나 미사일 발사시험을 할 때 일본은 정부차원에서 매우 신속하게 대응하며 대비태세를 강화하였으며, 유엔이 북한에 대한 제재를 가할 수 있도록 대북제재결의안을 주도하거나 국제적인 압력을 가하고 있다. 결국 북한의 핵무기와 미사일 개발은 일본의 보통국가화 정책을 수행하는 데 좋은 명분을 제공하고 있는 것이다.

일본은 한국과는 전통적 우방으로서 경제적, 군사적 우호협력관계를 유지하고 있으며 북한의 핵무기 개발에 대해서는 미국과 더불어 공동보조를 맞추어 왔다. 그러나 역사, 교과서, 독도, 배타적 경제수역 문제 등의 갈등이 상존하고 있다. 특히 독도 문제는 서로 양보할 수 없는 영토 문제이기 때문에 미국의 강한 견제가 없으면 언제든지 분쟁지역으로 변할 가능성을 내포한다.

4) 러시아

신생 러시아는 푸틴 정부체제 출범과 함께 강대국 위상의 회복에 진력하고 있는 모습이다. 구소련의 붕괴 이후 계속된 국력 및 영향력의 하강을 중단시키고 '강한 러시아'로 '부활'한다는 것이다. 사실 러시아는 그동안 미국에 의한 전략적 포위와 경제·사회적 침체로 인해 '약한 대국'의 면모를 벗어나기 어려웠다. 대외적으로는 NATO의 동진,

독립국가연합(CIS) 내 일부 국가의 친미화, 중동·중앙아시아 내 미군 주둔, 미국의 대탄도미사일(ABM) 조약 탈퇴 및 미사일방어체계 추진 등으로 대외 진출이 막힌 형국이었다. 대내적으로는 경제 침체의 지속과 사회 혼란의 심화 등 난제의 산적으로 인해 체제 유지 자체에 심각한 도전을 받았으며, 설상가상으로 체첸사태[96])에서는 국가안보 문제 관리의 무력증을 확연히 노출시켰다. 푸틴은 이러한 상황에서 서방의 자본과 기술을 적극 활용하는 실용주의적 대외정책을 추진하였으며, 오일 달러와 방산 수출을 기반으로 경제를 회생시키는데 주력하였다.

그 결과로 러시아는 선진 7개국(G-7) 정상회담에 합류하여 지금은 G-8국가가 되었다. 중국과는 소모적 경쟁을 중단하고 협력관계로 전환하였으며, 일본과 경제협력을 위한 협상을 계속하고 있다. 또한 서방과의 경제협력을 도모함과 동시에 구 소련의 핵무기 독점을 유지함으로써 국제사회에서 강대국으로서의 위치를 견지하고 있다. 미국과 함께 핵무기 비확산에 외교적 노력을 기울이며 대외적으로는 미국이 주도하는 세계 전략에 사안별 조건부로 공조하는 모습을 보이는 한편, 미국의 일방적 세계질서 주도를 견제하기 위해 중국과의 전략적 연대를 구축하고 인도와의 안보협력관계를 긴밀화하려는 움직임을 보이고 있다.

이처럼 러시아는 역내에서의 미국의 주도적 영향력을 견제하면서 주요 행위자 간 세력균형을 유지하고, 접경국가들과 우호관계 구축을 통한 국경지역의 안정을 유지하면서 포괄적인 양자협력을 강화하고 있다. 또한 역내 다자 간 협력기구에 적극적으로 참여하고, 극동과 시베리아 지역의 발전을 위한 역내 국가들과의 협력을 추진하며 반테러와 대량살상무기의 확산방지를 위한 다자 간 협력을 강화하고 있다. 이를 통해 미국의 패권적 지배와 일방주의를 견제하며, 유엔 안보리 상임이

---

96) 체첸은 캅카스 해 북부, 그루지야와 압하지야 공화국 인근의 지역을 통칭한다. 체첸 공화국이 위치하고 있는 캅카스 일대는 풍부한 지하자원과 천연자원들로 인해 러시아에겐 매우 중요한 전략거점이다. 체첸 사태는 1994년부터 시작되어 현재까지 이르고 있는 러시아와 체첸 공화국 사이의 전쟁을 통칭한다.

사국 지위와 다자안보 체제를 통한 군비통제의 실현을 추진하고 있다.

러시아는 2001년 6월 발표한 「신 외교정책 개념」에서 "러시아는 한반도 문제의 해결과정에서 동등한 참여를 보장받고 남북한 양국과 균형된 관계를 유지하는 데 노력을 집중할 것이다."라고 명시하고 있다. 이와 같은 등거리 외교를 바탕으로, 러시아는 ① 한반도의 비핵지대화 및 대량살상무기 비확산 ② 군사적 대결의 해소를 통한 평화와 안정의 유지 ③ 평화통일의 기반을 조성하기 위한 남북한 간의 건설적 대화와 교류의 지지 ④ 호혜적 경제협력의 확대 ⑤ 한반도 주변 3국과 세력균형 유지라는 실리 추구를 목표로 하고 있다. 러시아는 소련 붕괴 이후 약해진 한반도에 대한 영향력을 회복하고, 동북아시아와 태평양 지역에서의 영향력을 확대하고자 한다. 시베리아 횡단철도와 한반도 종단철도, 송유관 및 가스관이 한반도를 통과할 시 안정적으로 관리하며, 미국의 패권 억제 및 다자안보체제를 통한 지역의 균형자 및 조정자 위상을 확보하기 위해 동북아에 군사력을 배치하고 있다.

쉬어가는 코너 ⑪ (생각하는 통일안보)

– 독도의 눈물

독도는 삼국시대부터 신라의 땅이었으며 16~19세기에도 조선의 땅이었음을 국내의 문헌들에서 발견할 수 있다. 예를 들어서 『세종실록』 「지리지」, 『신증동국여지승람』, 『동국문헌비고』, 『증보문헌비고』 등에서 확인할 수 있다. 또한 일본의 문헌에서도 발견할 수 있는데 『은주시청합기』, 『돗토리번 답변서』(1695년), 『죽도(울릉도) 도해 금지령』(1696년), 『개정 일본여지노정전도』(1779년), 『삼국접양지도』(1785년), 『조선국교제시말내탐서』(1870년) 등을 보면 일본도 옛날부터 울릉도와 독도를 조선의 영토로 보고 있다는 것을 알 수 있다. 그리고 최근에 발견된 『태정관

문서』(1877년)를 보면 17세기부터 19세기에 걸쳐 독도가 일본영토가 아니라 조선의 영토라는 것을 공식적으로 말해주고 있다. 태정관이란 일본메이지 정부의 최고행정기관이다. 또한 대한제국 때에는 1900년 칙령 41호를 공포하여 독도가 우리의 영토라는 것을 명기했다. 일본 측은 무주지 선점론을 내세우며 독도 편입을 정당하다고 주장하고 국제법상 아무 이상이 없다고 말한다. 그러나 일본의 주장은 역사적 사실을 입증하는 근거 자료를 무시하는 설득력이 없는 억지 주장이다. 따라서 1905년에 일본이 주장하는 시마네 현 고시를 통한 독도 편입은 국제법상 무효인 것이다. 그리고 일본은 샌프란시스코 강화조약을 체결 할 때 독도를 자국영토라고 하였다. 하지만 독도는 1943년 12월에 이루어진 카이로선언에 따라 대한민국의 영토로 모두 회복하였다. 이러한 근거자료에도 불구하고 일본은 계속적으로 억지주장을 펼치고 있으며 독도의 영유권 문제를 국제적인 분쟁지역으로 끌고 나가고 있다. 또한 대한민국이 독도문제에 대한 허점 그리고 실효적인 관리가 잘 안된다면 일본은 모든 수단과 방법을 가리지 않고 독도를 자국령으로 편입시키기 위해 노력할 것이다. 그러면 우리는 우리의 안보와 영토를 지키기 위해 어떻게 나아가야 할까? 첫 번째는 정확한 역사적인 사실과 논리적으로 일본의 주장을 반박하고 독도가 대한민국의 땅이라는 것을 정확히 밝혀야한다. 두 번째는 정치·외교적으로 주변국과 긴밀한 협조를 해야만 한다. 세 번째는 혹시 모를 일본의 군사적 도발을 막기 위해서 해군의 전력을 보강하는 등 대응방안을 강구해야 한다. 네 번째는 우리의 실효적인 지배를 강화하고 독도의 해양기지건설 등 여러 가지 많은 사업을 해야만 한다.

　일본이 침탈의 과거사를 진정으로 인정할 때 동북아시아지역의 영유권 분쟁은 궁극적으로 해결 될 것이다. 또한 한국정부는 지금부터라도 독도에 대한 그동안의 미온적인 태도에서 벗어나 적극적 대응논리 개발과 아울러 독도 수호에 대한 의지를 분명히 하고 독도는 더 이상 한일 양국의 영토분쟁이 아님을 명백히 밝혀야 할 것이다.

제2절 한국의 위상과 미래

1. 전략적 대응

대한민국이 네 마리의 코끼리인 4대강국에 둘러싸인 개미 같은 존재라고 비유했던 폴 케네디는 대한민국이 머지않아 독일, 프랑스를 따라잡고 18세기 전성기 네덜란드와 같은 강국이 될 것이라고 했다. 그렇게 되기 위해서는 지도자는 지도자대로 국민은 국민대로 동북아 정세를 제대로 알고 다음과 같이 대처해야 할 것이다.

첫째, 동북아가 새롭게 냉전적 진영대결 구조로 가는 것은 우리 생존전략에 매우 도전적 요소이다. 냉전시대의 산물로 한반도는 분단되었고 6·25전쟁까지 치렀다. 그래서 우리는 냉전적 질서로 가는 것을 막기 위해 미국과 중국이 전략적으로 신뢰하고 협력하도록 하는 중재자 역할을 해야 한다.

둘째, 동북아 국가 간의 군비경쟁 분위기를 완화하기 위한 노력을 주도할 필요가 있다.

셋째, 북한 핵문제 해결을 위해 지속적인 남북 정상회담 등 남북관계 개선은 물론 국제 공조를 더욱 강화해 나가야한다.

넷째, 영토 분쟁과 관련한 주변국의 군사력 사용 여부에 대해 면밀히 파악하고 대처해야 한다. 특히 중국이 증강된 군사력을 외교적 목적에 어떻게 사용하는가에 대해 경계해야 할 것이다.

다섯째, 우리가 갖고 있는 자산을 적극 활용해야한다. 2차 핵안보정상회의의 성공적 개최 등 확인된 우리의 외교적 역량을 제대로 활용해야 하고 한·미 협력 관계를 활용하여 우리 안보를 더욱 튼튼하게 할 필요가 있다.

결론적으로 우리에게는 동북아 국가들과 협력을 통해서만이 해결할 수 있는 안보현안과 역사적 과제가 산적해 있다. 북한 핵을 폐기하고 북한체제가 안고 있는 부조리를 해결하고, 최종적으로 통일을 달성하기 위해서 동북아정세를 제대로 진단하고 대처해 가야한다. 아울러 우리는 언제 어디서 어떠한 상황이 발생하더라도 국가이익을 지킬 수 있는 포괄적 안보태세를 강화해야한다.[97]

2. 한국의 위상

국제사회에서는 대한민국의 경제발전을 '라인강의 기적'이나 '일본의 기적'에 비유하여 '한강의 기적'이라 일컫는다. '라인강의 기적'이나 '일본의 기적'은 1960년대 중반에 나온 말로 독일과 일본의 고도성장을 지칭한 말이다. 그러나 독일과 일본의 기적은 참된 기적이라 할 수 없다. 두 나라는 이미 19세기 말에 발전의 기적을 이룩하여 20세기 전반에 세계를 상대로 전쟁을 벌였던 세계적 강대국이었다. 그러한 나라가 경제 활력을 회복하는 것은 어려운 일이 아니다.

세계가 '한강의 기적'을 본격적으로 인식하게 된 것은 1988년 서울올림픽을 통해서이다. 이 대회는 성공적으로 잘 치러진 행사였지만, 세계 수 억의 사람들이 텔레비전을 통해 놀랐던 것은 전쟁으로 찌들고 가난한 나라로 여겼던 대한민국이 일본 못지않은 현대 산업화된 국가로 변화되었다는 것이었다. 식민지에서 벗어난 나라, 전쟁으로 폐허가 되었던 나라, 세계에서 가장 가난했던 나라, 원조로 지탱하던 나라, 모두가 우리나라를 상징하는 말이었다.

지금 대한민국은 세계 10위권의 경제대국으로서 자유와 번영이 넘치는 나라, 개발도상국에서 선진국 원조 클럽인 개발원조위원회 회원국이 된 유일한 나라, 정보통신(IT) 분야에서 세계 선두를 달리고 있는 나라, 대도시와 고속도로는 국산 차량으로 붐비는 나라이다. 외환

---

[97] 안전행정부, 『국가안보와 공직자의 자세』, 2012, 44쪽.

보유액은 세계 4위, 에너지 수입 세계 4위, 연구개발 인력 세계 7위, 군사력(핵전력 제외) 세계 6위, 종합국력 세계 9위로 탄탄한 나라가 되었다. 불과 몇 십 년 사이에 세계의 밑바닥에서 최고 수준으로, 세계의 변방에서 중심으로 초고속 발전한 나라이다. 이것은 서구에서 200~300년에 걸렸던 것을 우리는 반세기라는 짧은 기간에 이룩한, 남다른 역사이다.

2011년 대한민국은 무역 규모 1조 달러를 돌파하여 세계에서 9번째로 1조 달러를 달성했다. 대한민국 이외에 1조 달러를 달성했던 나라들은 모두 식민지 또는 반식민지를 경영했던 전통적 강대국들이었다. 100년 전 '은둔의 왕국'이 지금은 수출 세계 7위, 무역총량 세계 9위의 무역대국이 되었다. 수출 대한민국을 뒷받침하고 있는 것은 강력한 제조업으로, 현재 조선(세계 1위), 반도체(세계 1위), 휴대폰(세계 1위), 자동차(세계 5위), 철강(세계 5위) 등 첨단 제품은 물론, 플라스틱·화학·부품 분야에서도 세계적인 경제력을 자랑하고 있다. 6·25 전쟁 직후 1953년 대한민국의 국민총생산은 13억 달러였으나 2011년에는 1조 달러를 넘어 760배 이상 성장했다. 50년대 아프리카의 한 나라만도 못했던 우리의 경제력은 오늘날 남아공을 제외한 아프리카 53개국의 경제력을 모두 합친 것보다 커지게 된 것이다.

대한민국은 건국 당시부터 1970년대 중반까지 국제사회로부터 지속적으로 원조를 받던 나라였다. 그러한 나라가 1996년 선진국 클럽인 경제협력개발기구(OECD)의 회원국이 되었고, 2009년 11월에는 개발원조위원회(DAC)의 24번째 회원국으로 가입했다. 개발원조위원회는 경제협력개발기구 산하 위원회의 하나로 개발도상국의 발전을 지원하기 위해 공여국 간 정책을 조정하는 조직이다. 이로써 대한민국은 1961년 경제협력개발기구 출범 이후 원조 수혜국에서 원조 공여국으로 지위가 바뀐 첫 번째 사례가 되었으며, 원조를 받아왔던 나라가 원조를 해온 나라들의 파트너가 되어 개발도상국들을 함께 지원하게 되었다. 개발원조위원회 가입국은 '선진국 중의 선진국'이라고 불리기 때문에 우리나라의 국제적 위상은 한 단계 높게 격상되는 계기가 되었다.

높아진 국가적 위상을 바탕으로 대한민국은 2010년 주요 20개국(G20)정상회의와 2012년 핵안보정상회의를 주최하고 2018년에는 동계올림픽도 개최하였다. 또한 레바논, 남수단 등 세계 분쟁지역에 평화유지군을 파견하고 소말리아 해역에 청해부대를 상주시키는 등 총 12개 국가에 1,099명을 파병하여 세계평화를 위해 적극 기여하고 있다.[98]

3. 대한민국의 미래

전쟁 당시의 참혹한 폐허를 목격했던 사람들은 대한민국이 다시 일어나리라고는 전혀 예상치 못했다. 근래에 대한민국을 방문한 외국의 6·25전쟁 참전용사들은 잿더미였던 대한민국이 몇십 년 만에 이처럼 놀라운 발전을 이룩한 데 대해 놀라움을 금치 못하며 그들이 뿌린 피와 땀이 보람찬 것이었다고 감격해 한다.

또한 한반도 통일은 역사적 필연이다. 한반도 문제 전문가들은 한반도 통일을 밝게 전망하고 있다. 앞으로 10년 내외의 기간에 통일의 길이 열리기 시작한다는 것이다. 세계적 투자회사 골드만삭스(Goldman Sacks)는 2009년 9월 발표한 「세계경제전망 보고서」에서 북한의 잠재력을 고려할 때 남북통일이 이루어진다면, 2050년 무렵 우리의 1인당 소득은 일본, 독일 등을 제치고 세계 2위를 차지할 것으로 내다봤다, 골드만삭스가 주목한 것은 북한의 풍부한 천연자원과 우수한 노동력이다. 북한에는 북한 국내총생산의 140배에 달하는 우라늄, 아연, 납 등 광물자원이 풍부하다. 통일에 따른 불확실성 증가와 통일비용 부

---

[98] 국방부, 『국방백서』, 2018, 291쪽.

담이라는 어려움도 있지만 통일은 우리나라 발전에 엄청난 기회와 역동성을 제공할 것이 틀림없을 것이다. 통일시대가 열리면 우리 경제도 시장 확대, 개발 협력 수요, 새로운 사업 발굴, 인력난 및 입지난 해소, 풍부한 지하자원 등 새로운 성장동력 덕분에 새로운 도약의 기회를 맞을 것이다. 더구나 통일대한민국이 되면 인구가 7,500만 정도가 되어 프랑스(6,400만), 영국(6,000만), 이탈리아(5,900만)을 능가하게 된다. 그 결과로 대한민국은 독일, 프랑스, 영국에 버금가는 중강국(中强國: middle power)으로서 국제사회에서 핵심 역할을 하게 될 것이다.

대한민국 60여 년의 발자취는 정말 놀라운 것이고 자랑스러운 것이다. 우리는 이러한 나라에 살고 있다는 사실에 자부심을 가져야 한다. 현실적으로 여러 가지 어려움에 직면하고 있기 때문에 낙관적인 전망보다는 비관적인 전망을 하는 사람들도 적지 않지만 과거 어두운 시절에도 절망하지 않고 어려움을 극복했다.

우리나라는 지금 대내외적으로 적지 않은 어려움에 직면하고 있다. 자본주의 선진국으로 불리던 유럽, 일본 등이 심각한 위기에 처해 있다. 과도한 복지정책으로 인한 문제와 과도한 무역흑자를 누리고 있는 중국 등 세계경제의 구조적 불균형 때문이다. 불확실성을 더해 가고 있는 북한도 우리에게는 큰 부담이다. 또한 우리 국민 스스로 국가주요 정책에 합의점을 찾지 못하고 분열과 갈등을 일으키고 있다. 우리가 최악의 어려움을 극복했던 저력을 생각한다면 우리는 그 같은 도전을 능히 극복할 수 있을 것이다. 더구나 세계경제의 중심은 아시아 및 태평양지역으로 옮겨왔고 대한민국은 그 중심에 있다. 따라서 우리가 어떻게 하느냐에 따라 일류선진국으로의 진입여부가 좌우되므로 반드시 선진국으로 올라설 수 있다는 희망을 가지고 국민 모두가 하나 되어 최선을 다해야 할 것이다.[99]

---

[99] 안전행정부, 『국가안보와 공직자의 자세』, 2012, 33~35쪽.

제11장 북한의 위협과 주한미군

제1절 북한의 안보위협

1. 배경

　북한은 공산당 정권이 수립된 이후부터 변함없는 한반도의 적화 통일을 추구하고 있으나, 그 수단인 대남 군사도발[100]에 있어서는 한반도의 주변 정세나 내부적 환경의 변화에 따라 대결국면과 대화국면을 적절히 활용하며, 도발의 형태와 양상을 달리하는 전술적 변화를 구사하였다. 6·25 전쟁 직후에 북한은 정전협정 체제 하에서 국가재건에 초점을 맞추고 전후의 상처를 수습하려 하였다. 이 시기 북한은 거짓 평화공세를 펼치며 남북 연방제와 군축제의 등 각종 협상을 제안하였다.
　이후 5·16 군사정변으로 반공 성향의 박정희 대통령이 집권하자 위협을 느낀 북한은 당시 베트남 전쟁의 전개양상에 주목하게 된다. 내부의 혁명세력에 의한 남베트남의 혼란 양상을 북한은 매력적으로 받아들였고, 그와 같은 혼란을 목표로 남한 내의 자생적 혁명역량을 조성하기 위하여 1964년의 3대 혁명역량 강화와 66년의 4대 군사노선을 천명하며 남한 적화혁명에 대한 야욕을 드러내었다. 이 시기 북한은 1968년 1월 21일 청와대 기습사건과 11월 13일 울진 삼척지구 무장공

---

[100] 정명복,『쉽고 재미있는 생생 무기와 전쟁 이야기』, 2018, 315~316쪽.

비 침투사건을 통해 베트남과 같은 게릴라활동 가능성을 탐색하였다.

1970년대 들어 국제사회에는 데탕트[101] 체제가 형성되었다. 두 번의 침투작전 실패로 전술적인 한계를 인식하게 된 북한은 데탕트 분위기를 인식하고 7·4 남북공동성명과 각종 남북 회담 등을 수용하였다. 그러나 이후 남한 정부의 반공 정책과 주한미군 주둔이 지속되자 북한은 평화 공세를 중단하고 1974년 박정희 대통령 암살기도[102]와 휴전선 남침땅굴, 1976년 판문점 도끼만행 사건 등을 통해 무력 도발을 감행하였다.

1980년대 들어 김정일 후계 구도가 공식화되며 북한은 정치적으로 민감한 시기를 맞이하게 되었고, 남한 내 5공화국의 집권에 따른 민주화 요구와 정치적 혼란을 틈타 호전적인 무력도발을 감행하였다. 1983년 미얀마 아웅산 묘소 폭파사건을 통하여 국가원수를 직접 암살하려 하였으며, 1987년에는 6·29 선언으로 가라앉은 정치적 혼란을 재조성하고, 88올림픽의 성공적 개최를 저지하기 위하여 KAL기를 폭파하였다. 이러한 도발 양상의 변화는 북한이 체제결속 및 후계체제 확립을 위해 군사적 정면 도발이 아닌 은밀한 테러를 감행하였다는 것을 의미한다. 북한이 최근의 천안함 피격 사건에서도 철저히 범행을 위장, 부인하며 은밀한 공격을 감행하였다는 점에서 우리가 주목해야 할 도발의 양상이라고 할 수 있다.

1990년대 초 공산권의 몰락과 미군의 우수한 현대전 수행능력이 가감 없이 발휘된 걸프전을 겪으며, 북한은 세계 유일의 강대국으로 올라선 미국이 자국의 체제생존에 가장 큰 위협임을 절감하였다. 결국 90년대 이후 북한의 군사적 도발은 이러한 미국의 위협으로부터 체제

---

[101] 데탕트(Détente)는 프랑스어로 긴장 완화를 뜻하는 낱말로, 1970년대 이후 냉전 양극 체제가 다극 체제로 전환되면서 미소 간의 긴장이 완화되던 현상이다.

[102] 1974년 8월 15일, 광복절 기념식장에서 북한의 지령을 받은 재일 한국인 문세광이 권총으로 박정희 대통령 암살을 기도하였으나 실패하고 당시 영부인 육영수 여사를 저격하여 살해한 사건이다.

생존을 보장받기 위한 노력의 연장선상에 있는 것이다. 북한은 90년대 초중반 남한과 각종 공동선언과 합의서를 체결함과 동시에 핵 개발을 진행하여 미국과 직접 협상하기 위한 노력을 지속하였다. 94년의 제네바 합의 타결로 핵을 담보로 한 미국과의 직접협상이 가능해지자, 북한은 남한과의 기존 합의들을 무시하고 미국과의 직접 협상을 통한 체제생존 추구에 몰두하게 된다.

2000년대 들어 북한은 공식적으로는 중단되었던 핵 개발 재개를 선언하고, 우리 정부의 대북 포용정책에도 불구하고 NLL[103]을 도발하며 미국을 협상테이블로 끌어내 대한민국을 배제한 북미 양자 간의 협상을 체결하려 하였다. 북한은 1, 2차 연평해전과 대청해전을 통하여 대칭적 해군전력으로는 한국 해군을 제압할 수 없다는 것을 인식하였으며, 급기야 2010년에는 천안함 피격, 연평도 포격도발 사건과 같은 새로운 양상의 도발을 감행하였다. 또한 2017년도에는 거진 동방 NLL침범과 소형무인기 침투 및 탈북을 가장한 침투 간첩을 검거한 사건도 있다.

2. 북한의 주요 대남 도발 사례

1) 김신조 청와대 습격사건(1968. 1. 21)

김신조 청와대 습격사건은 북한 민족보위성 정찰국 소속 공작원(124부대) 무장공비 31명이 청와대 습격과 정부요인 암살 지령을 받고 기습 침투한 사건을 말한다. 대한민국 군 복장으로 휴전선을 돌파한 무장공비 31명은 북한산 산길을 타고 잠입해 세검정 파출소 관할 자하문 초소까지 이르지만, 경찰 검문에 정체가 발각되자 총기를 난사

---

[103] Northern Limit Line, 즉 NLL은 1953년 8월 30일 당시 유엔군 사령관 마크 클라크 대장이 설정한 대한민국과 북한의 서해 및 동해 접경 지점의 경계선이다. 아군 함정 및 항공기 초계활동의 북방한계를 규정해 남북한 양측 간에 일어날 수 있는 충돌을 방지한다는 정전협정의 실질적인 이행에 목적을 둔 사실상의 해상경계선이자 군사분계선이다.

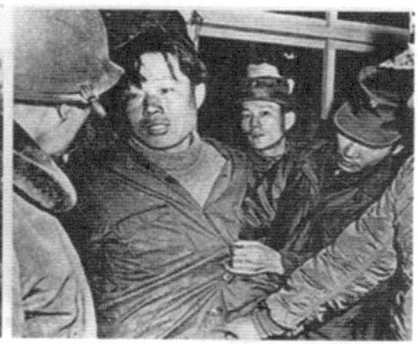

〈사살된 북한공비들〉 〈우리 군에 의해 생포된 김신조〉
〈그림 11-1〉 김신조 청와대 습격사건

하고 4대의 시내버스에 수류탄을 던져 무고한 시민들을 살상하는 만행을 저질렀다. 이날 밤 최규식 총경을 비롯하여 7명의 군경과 민간인이 살해되었고, 많은 인원이 중상을 입었다.

군경 수색대는 2월 3일까지 31명의 공비 중 김신조 소위 1명을 생포하였고, 도주한 2명을 제외한 28명을 사살하였다. 생포된 김신조에 따르면 이들은 대통령 관저 폭파와 고급 지휘관 암살, 서울 교도소 폭파, 서빙고 간첩 수용소 폭파 후 수감자를 대동하여 월북할 목적을 가지고 있었다. 정부는 이 사건을 계기로 250만 명의 향토예비군을 창설하였고, 미군과 협조하여 을지연습을 매년 실시하였다. 또한 군 내에 무장공비 전담 특수부대를 편성하였고, 휴전선 전체에 철책을 구축하였다.

이날 유일하게 생포됐던 김신조는 김일성 독재의 위선을 깨닫고 귀순, 현재는 목회자로 살아가고 있으며, 당시 침투경로는 '김신조 루트'라 불리고 있다.

2) 울진, 삼척지구 무장공비 침투사건(1968. 10. 30)

1968년 10월 30일부터 11월 1일까지 3일에 걸쳐 울진, 삼척지구 연안을 통하여 북한 측 무장공비 120명이 유격대 활동거점 구축을 목적

〈그림 11-2〉 울진, 삼척지구 무장공비 침투사건

으로 침투하였다. 이들 무장공비들은 그 해 1월 청와대 폭파를 목표로 서울에 침투하였던 북한민족보위성정찰국 소속의 124군부대로서 3일 동안 네 차례에 걸쳐 각 30명씩 특수정을 이용, 해안에 상륙하였다. 이후 8개조로 나뉘어져, 경상북도 울진, 삼척, 봉화, 명주, 정선 등지로 침투하였다.

공비들은 남한 측의 군복, 신사복, 노동복 등 갖가지 옷차림으로 위장하였고, 주민들을 집합시킨 다음 북한 책자를 나누어 주면서 북한의 발전상을 선전하는 한편 사상 교육을 실시하여 인민유격대에 가입할 것을 강요하였다. 또한 비무장의 민간인을 대검으로 찌르거나 돌로 머리를 쳐 무참히 살해하는 등의 만행을 저질렀다. 이 때 평창군 산간마을에서는 10세의 이승복 어린이가 "나는 공산당이 싫어요"라는 절규와 함께 처참한 죽음을 당하였다.

11월 3일 오후 2시 30분, 상황을 보고받은 대간첩 대책본부는 강원 정선, 영월, 삼척 지구에 을종사태를 선포하고 군경과 예비군을 동원해 포위망을 구축하고 본격적인 소탕 작전에 돌입하였다. 12월 28일까지 벌어진 소탕작전에서 무장공비 107명을 사살하였고 4명을 생포하였으며 3명 자수, 6명은 북으로 도주하였다.

이 사건으로 모두 31명의 민간인 사망과 34명의 군경 전사자가 발생하였으며, 국민의 대북경계를 높이는 계기가 되었다. 한편, UN한국통일부흥위원단은 이 사건이 한반도의 긴장을 초래, UN의 평화통일

노력을 방해하였다는 결론을 내리고 UN총회에 특별보고를 하기로 결정하였다.

3) 판문점 도끼 만행사건(1976. 8. 18)

판문점 도끼 만행사건은 UN군이 판문점 주변 시야를 가리는 미루나무의 가지치기 작업을 하던 중에 북한군이 작업 중지를 요구하였으나 응하지 않자, 수십 명의 북한군이 갑작스레 도끼와 몽둥이를 휘둘러 미군 장교 2명을 살해하고 나머지 9명에게는 중경상을 입힌 사건이다.

당시 UN군 11명(한국군 5명, 미군 6명)이 한국 노동자 5명과 함께 '돌아오지 않는 다리' 남쪽 UN군 측 제3초소 근처에 있는 미루나무의 가지치기 작업을 하고 있었다. 잠시 후 박철 대좌(대령)이 지휘하는 북한군 30여 명이 접근하여 가지를 치지 말라며 시비를 걸었고 위협하였다. 이에 항의를 하자, 북한군은 초소에서 대기 중이던 30여 명의 증원부대와 함께 폭력을 행사하여 보니파스 대위와 마크 배럿 중위를 벌목도끼로 내리쳐 살해하고 9명의 UN군 장병에게 중경상을 입혔으며, UN군 트럭 3대와 초소를 모두 파괴하였다.

이에 UN군 사령관 리처드 스틸웰 장군은 워싱턴 국가안보회의에 준

〈한국군, 미군, 북한군이 한데 뒤엉켜 있는 모습〉

〈북한은 당시 휘두른 도끼를 판문점 북쪽 정전협정조인장에 전시해두고 있다.〉

〈그림 11-3〉 판문점 도끼 만행사건

전시체제인 데프콘 3 발령을 요청해 승인받았고, 북한군도 북풍 1호(준전시체제)를 발령하였다. 양 군이 대치하는 가운데 '폴 버니언 작전(Operation Paul Bunyan)'이 입안되었다. 이후 21일 준전시태세가 데프콘 2로 상향된 가운데 대규모 미군병력이 급파되어, 폴 버니언 작전을 개시하였다. AH-1 공격헬기 7대와 다목적 헬기 20대의 직접 엄호 하에 미루나무 절단작업이 완료되었으며, 한국 군 측에서도 특전사 1여단 김종헌 소령을 지휘관으로 하는 64인의 특전사 대원들로 구성된 결사대가 편성되어 공동경비구역 내의 북한군 초소 4개를 파괴하는 데 성공하였다.

한미 양국의 강경한 태세에 위축되어 작전 내내 일체의 대응을 하지 않았던 북한은 급하게 수석대표회의를 요청하였고, 김일성이 직접 인민군 총사령관 자격으로 사과 성명을 발표하여 사태는 일단락되었다.

4) 미얀마 아웅산 폭탄테러(1983. 10. 9)

미얀마 아웅산 폭탄테러는 버마(현 미얀마)를 국빈 방문 중이던 전두환 前대통령 암살을 기도하기 위해 북한 특수공작원이 아웅산 묘소 건물 천장에 폭탄을 미리 설치, 행사 직전 폭파시킨 대참사를 가리킨

〈폭탄테러 후 폐허가 된 아웅산 묘소〉   〈사건으로 희생된 15위의 유해가 국민장이 열리는 여의도로 향하는 모습〉

〈그림 11-4〉 미얀마 아웅산 폭탄테러

다. 당시 서석준 부총리를 비롯한 이범석 외무부 장관, 함병춘 대통령 비서실장, 이계철 주 미얀마 한국 대사, 김재익 청와대 경제수석비서관 등 17명이 그 자리에서 숨지고 수십 명이 부상을 당했다.

　미얀마 정부는 이 사건을 수사하며 배후가 북한이라는 것이 밝혀지자 11월 4일 북한과의 외교관계를 단절하였으며, 양곤에 있는 북한 대사관 직원들의 국외 추방을 단행하였다. 이 사건으로 코스타리카, 코모로, 서사모아 등 제3세계 국가들 상당수가 북한과의 외교 관계를 단절하거나 대사를 추방하였으며 미국과 일본을 비롯한 69개국이 대북 규탄 성명을 발표하였다.

5) KAL 858기 폭파사건(1987. 11. 29)

　KAL 858기 폭파사건은 이라크 바그다드를 출발한 대한항공 858기가 대한민국 서울로 향하던 중 미얀마 근해에서 공중 폭파되어 탑승객 전원이 사망한 사건을 말한다. 이 여객기에는 중동 건설 현장에서 귀국하던 한국인 근로자 등 승객 93명과 외국인 2명, 승무원 20명 등 모두 115명이 탑승하고 있었는데, 아랍에미리트의 수도 아부다비에 도착한 뒤 방콕으로 향하던 도중 실종되었다. 이후 여객기 잔해가 태국 해안

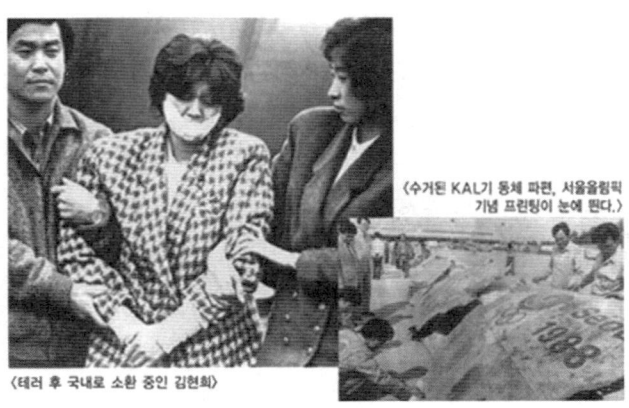

〈그림 11-5〉 KAL 858기 폭파사건

에서 발견되자, 30일 오후 858기의 추락이 공식적으로 발표되었다.

조사 결과, 북한 공작원 김승일(조사 중 독약으로 자살)과 김현희가 KAL기 내에 라디오와 술병으로 위장한 시한폭탄을 설치하고 도중에 내려 상공에서 폭발하도록 한 것으로 드러났다. 이 사건은 북한 내부에서 88서울올림픽 개최 등으로 체제경쟁에서 뒤질지 모른다는 위기의식이 커지자, 88올림픽 개최를 방해하기 위해 KAL기를 폭파시킨 것이다.

이후 김현희는 1990년 3월 재판을 받고 사형이 언도되었으나, 전향 의사 표현과 북한의 도구로서 이용된 점이 정상 참작되어 대통령 특별사면으로 석방되었다.

6) 제1, 2차 연평해전(99. 6. 15/ 02. 6. 29)

1999년 6월 15일 벌어진 1차 연평해전은 서해 연평도 인근 해상에서 남북 해군 함정 간의 교전으로, 북방한계선을 넘어 우리 영해를 무단으로 침범한 북한 경비정을 저지하는 과정에서 일어난 사태였다.

대한민국 해군은 고속정과 초계함 10여 척을 동원하여 두 차례에 걸쳐 선체를 충돌시켜 북한 경비정을 밀어내려 하였다. 그러나 충돌 공격을 받은 북한 경비정은 25mm 기관포로 선제공격을 가해 왔으며, 북한 어뢰정 3척도 가담하였다. 우리 해군은 초계함의 76mm 함포와 고속정의 40mm 기관포 등으로 응사하여 북한 어뢰정과 경비정을 명중시켰다. 이 교전에서 북한의 어뢰정과 중형 경비정 등 2척이 침몰하였으며, 다른 경비정 3척도 크게 파손된 채 퇴각하였다. 제1차 연평해전은 북한의 북방한계선 무력화 책동을 분쇄한 우리 해군의 쾌거라고 할 수 있다. 특히 남북 해군 간의 장비와 기술, 운용체계의 현격한 차이는 바다를 지키는 우리 해군의 당당한 위용을 과시하였고, 우리 국민들에게도 큰 신뢰를 안겨주었다.

그러나, 북한은 1차 연평해전 패전에 대한 보복으로 3년 후 한·일 월드컵이 한창이던 2002년 6월 29일 같은 장소에서 2차 연평해전을 일으켰다.

〈연평도 인근 해역에서 우리 해군고속정과 북한경비정(우)이 충돌하고 있는 모습〉 〈치열했던 전투의 현장을 말해주는 참수리호 선체의 촘촘한 총탄 흔적〉

〈그림 11-6〉 제1, 2차 연평해전

제2차 연평해전은 북한 경비정의 의도적인 기습 공격으로 시작되었다. 교전에 앞서 북방한계선 북측 해상에서 북한 경비정 2척이 북방한계선을 침범하면서 남하를 시작하였고, 이에 우리 해군 고속정 4척이 즉각 대응에 나서 초계와 동시에 퇴거 경고방송을 하는 한편, 교전 대비태세를 취하였다. 그러나 북한 경비정은 아무런 사전 경고 없이 갑자기 선제 기습포격을 가했고, 대한민국 해군 고속정 참수리 357호(정장 윤영하 소령[104])의 조타실이 화염에 휩싸였다. 이 때부터 양측 함정 사이에 교전이 시작되었고, 인근 해역의 해군 고속정과 초계함들이 교전에 참가하였다. 이 교전으로 윤영하 소령 등 6명이 전사하였으며, 19명이 중경상을 입었고, 고속정 1척이 침몰하였으나, 북한측 역시 막대한 피해를 입고 퇴각하였다.

7) 천안함 피격 사건 (2010. 3. 26)

천안함 피격 사건은 백령도 근처 해상에서 대한민국 해군 천안함이 북한 잠수정에서 기습 발사한 어뢰에 의해 피격되어 우리 해군 46명이

---

[104] 이 사건을 추모하고, 전사자를 기리기 위해 참수리급 고속정의 후계함 사업으로 개발된 대한민국 해군의 차기 고속함이 윤영하(尹永夏, 1973~2002) 소령의 이름을 따서 윤영하급으로 명명되었다.

〈안양된 천안함 함미의 참혹한 단면〉

〈북한 소행임을 알려주는 '결정적 증거'인 어뢰 추진체〉

〈그림 11-7〉 천안함 피격 사건

전사한 사건이다. 당시 백령도 남서쪽 약 1km 지점에서 초계활동을 하고 있던 포항급 초계함인 천안함은 외부에서의 폭발로 인해 선체가 두 동강 나며 침몰하였다. 피격 직후 인근 지역에서 작전 중이던 속초함과 백령도 등지의 고속정, 해경 함정에 의해 구조작업이 시작되어 총 104명의 승무원 중 58명이 당일 구조되었으나, 46명은 그날 구조되지 못했고 떠내려온 시신도 발견되지 않았다. 실종된 46명 중에는 제2차 연평해전에 참전해 부상을 입었던 박경수 중사도 포함되어 있었다.

더구나 실종자들을 찾기 위해 무리한 잠수를 해 오던 해군 특수전여단 소속 한주호 준위[105]가 결국 잠수병으로 사망하는 일이 발생하기도

---

[105] 한주호(韓主浩, 1958~2010) 준위는 35년의 군 경력 중 19년 6개월을 해군 UDT 교관으로 재직하였고, 2009년 3월 청해부대 1진(문무대왕함)에 선박검색 요원으로 승조하여 총 7차례의 해적선 퇴치 작전에서 활약할 정도로 능력을 인정받은 군인이었다. 천안함 침몰 후 본부의 명령에 따른 구조대 편성에 작전부서가 아닌 작전지원부서에 재직 중임에도 불구하고 잠수 베테랑으로서 구조임무에 자원하여 편성되었다. 구조 현장에서 만 52세라는 잠수요원으로서의 노령에 아랑곳하지 않고 주변의 만류에도 불구, 숙련도가 낮은 청년 대원이 더 위험할 수 있다는 견해를 피력하며 솔선, 높은 파고, 낮은 수온, 인간의 한계

하였다.

8) 연평도 포격 사건 (2010. 11. 23.)

연평도 포격 사건은 북한군이 대한민국의 영토인 연평도를 향해 기습 포격한 사건으로 76.2mm 평사포, 122mm 대구경 포, 130mm 대구경 포 등을 이용해 연평도 군부대 및 인근 민가를 향해 개머리 해안부근 해안 포기지로부터 포격을 시작하였다.

이에 해병대 연평부대는 첫 타격 13분 후 K-9 자주포로 무도 포진지에 80여 발의 대응사격을 실시하였다. 대한민국은 우선 서해5도에 '진돗개 하나'를 발령하였고, 북한의 도발임이 명확해지자 전군으로 '진돗개 하나'를 확대 발령하였다. KF-16 2대를 긴급 출격시켰고, 추가로 KF-16 2대와 F-15K 4대를 출격시켰으나 이후 도발이 계속되지 않아 실

〈까만 연기를 내며 불타는 연평도〉

〈안타까운 목숨을 잃은 서정우 병장(좌)과 문광욱 이병(우)〉

〈북한 포격에 폐허가 되어버린 민가〉

〈그림 11-8〉 연평도 포격 사건

를 넘어선 깊은 침몰 수심 등의 악재에도 쉼 없이 거듭된 목숨을 건 잠수수색 중 사망하여 안타까움을 더하고 있다.

질적인 타격은 이루어지지 않았다.

이로 인해 우리 군 2명이 전사하고 16명이 부상을 입었을 뿐만 아니라 민간인도 2명 사망하고 52명이 부상을 입는 피해가 발생했다. 북한군이 발사한 포탄 중에는 열압력탄[106]이 포함되어 있었는데, 열압력탄은 공중에서 터지면서 작은 파편들이 퍼지기 때문에 북한이 민간인을 살상하기 위한 의도에서 기습 포격을 감행하였다는 분석이 제기되었다.

북한이 연평도에 직접 포 사격을 한 것은 국제연합 헌장과 국제법을 위배한 전쟁도발 행위로 간주된다. 유엔헌장 제51조가 개별 국가의 자위권(right of self-defense)행사를 규정하고 있다. 하지만 대한민국 국군이 자국의 영역 내에서 자체 방위훈련을 하고 있는 상황에서 북한군이 122mm 방사포까지 동원하여 무방비 상태의 민간인 지역을 무차별 포격을 가한 행위는 자위권에 해당한다고 보기 어려운 중대한 전쟁 범죄인 것이다. 주요 서방 국가들은 일제히 북한을 강력히 비난하며 정전 협정 준수를 촉구하였다. 천안함 피격 사건과 비교하여도 유례없이 신속하고 단호한 어조로 성명을 발표하였는데, 이는 해상 무력충돌과 민간인과 육상 시설에 대한 직접공격이라는 사태의 중대성 차이에서 기인한 것이다.

북한의 도발은 과거에 국한되지 않고 군사분계선에만 한정되지 않는다. 그들은 지금 이 순간에도 움직이고 있고 전 지역에서 도발을 할 수 있다. 이것이 우리가 안보의식을 더욱 확고히 해야 할 이유이다.

---

[106] Thermobaric Bomb. 분진폭발의 원리를 적용한 폭탄을 통칭한다. 탄이 목표물에 닿거나 근처에 가면 신관이 작동하여 소형 폭약 등으로 1차적으로 폭발을 일으킨다. 이때 내부에 들어있던 발화성 액체가 미세한 에어로졸 형태로 주변에 뿌려지며, 곧이어 점화가 되면 폭발하여 순식간에 불덩이(Fireballl)가 비산하며 피해를 입히게 되고 동시에 주변으로 고압의 충격파를 방출하여 넓은 범위에 있는 인명을 살상하게 된다.

3. 북한의 군사전략

북한의 대남전략은 「노동당 규약」과 헌법에 근거를 두고 있으며, 역대 정권의 민족화해와 대북 포용정책 표명에도 불구하고 조금도 변함없이 수행되었다. 북한의 노동당 규약은 북한의 최상위법으로, 헌법보다 더 강한 구속력을 지니고 있으며 그 전문에 대남적화통일 노선을 명시하고 있다. 북한군이 '남조선 혁명과 해방'을 통하여 '한반도의 공산화'를 실현하기 위한 무력 수단으로 규정되어 있다. 북한은 국제정세의 변화와 경제난에도 불구하고 노동당 규약에 명시된 한반도 적화통일을 위하여 대규모 군사력을 유지하고 있으며, 극심한 경제난 속에서도 핵무기와 미사일 등 대량살상무기를 확보하는 데 주력하고 있다.

1) 기습전

북한군은 초전에 아군의 조직적인 전투수행능력을 파괴하고 공황을 유도하여 전쟁의 주도권을 장악하기 위해 기습전을 감행할 것이다. 이를 위하여 공격 시기나 공격방법을 기만하는 한편, 국내에 사전 침

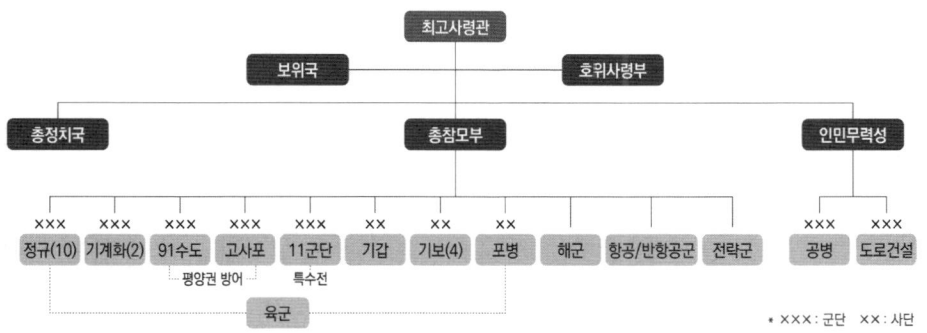

〈그림 11-9〉 북한의 군사지휘기구도

북한의 한반도 군사전략은 전쟁발발 시 미 증원군이 한반도에 전개되기 전에 전쟁을 종결하는 '단기속전속결전략'을 기본으로 하고 있다. 이를 위해 북한군은 초전 기습공격과 특수부대를 침투시켜 배합전을 수행하고, 강력한 화력집중으로 전쟁의 주도권을 장악한 후, 강력한 전차와 기계화부대를 이용하여 종심 깊은 전과확대를 실시할 것이다. 출처: 국방백서, 2018.

투되어 있는 공작원들을 통하여 사회혼란을 조성하고, 사이버전 부대와 특수작전부대로 국가의 지휘통신체계와 후방을 교란함과 동시에, 미사일, 화학무기, 항공기 등으로 아군의 지휘부와 공군기지, 주요 산업기지 등을 타격하여 심리적 마비를 달성하려 할 것이다. 북한군은 장사정포병의 대규모 화력지원 하에 아군이 조직적인 방어태세를 갖추기 전에 전연지대를 돌파한 후 기갑 및 기계화부대를 주축으로 한 속도전을 감행하여 아군의 후방 깊숙이 전과확대를 실시할 것이다. 또한 기습전 능력을 극대화하고 아군의 화력전 효과를 감소시키며 육해공과 땅굴 등을 통해 침투할 수 있는 특수작전부대를 대폭 증강하고 있다.

2) 속전속결전

속전속결이란 전쟁을 오래 끌지 않고 종결시키는 단기결전의 개념이다. 북한은 경제난으로 전쟁을 장기간 지속할 수 있는 능력이 없다. 따라서 전쟁이 시작되면 미군의 증원전력이 도착하기 전에 신속히 전쟁을 종료하여야 한다. 전쟁을 조기에 종결하는 방법은 우리나라 대부분의 국가자원이 집중된 수도권을 조기에 점령하거나, 핵심지역을 탈취한 후 유리한 위치에서 협상을 유도하는 방법 등이다. 북한은 단기속결전을 수행하기 위해 기계화부대와 자주포부대 위주의 부대를 편성하고 중장거리 미사일, 대량살상무기 등을 개발하고 있다.

3) 배합전

배합전이란 정규전과 비정규전을 배합하여 전후방의 구분이 없이 전 국토를 동시에 전장화한다는 개념이다. 북한은 국가수준의 전략적 배합으로부터 전술제대의 전술적 배합에 이르기까지 다양한 배합전을 강조하고 있다. 북한군은 아군의 주력을 전선지역에 고착시키고, 경보병부대 등 특수부대를 후방에 침투시켜 전쟁공포심과 공황을 조성하려 할 것이다. 북한은 배합전을 수행하기 위하여 경보병부대를 증강시킴과 동시에 공중침투를 위한 AN-2기, 해상침투를 위한 공기부양정과 잠수정을 도입하고, 지상침투를 위해 휴전선을 관통하는 땅굴을 구축해 놓고 있다.

〈그림 1˚-10〉 북한의 경보병

4. 재래식 군사력

북한의 상비전력은 육군 110만여 명, 해군 6만여 명, 공군 11만여 명, 전략군 1만여 명 등 총 128만여 명으로 파악된다. 여기에 예비전력으로 교도대 60만, 노농적위대 570만, 붉은 청년근위대 100만, 준군사조직 40만여 명 등 총 770만 명에 달한다.

북한의 육군은 총참모부 예하에 10개의 정규 전·후방 군단, 2개 기계화군단, 91수도방어군단, 고사포군단, 11군단, 1개 기갑사단, 4개 기계화보병사단, 1개 포병사단 등으로 편성되어 있으며, 기갑/기계화부대 및 특수전부대 위주의 편제가 특징이다. 이는 기동성과 종심타격을 중시하는 소련식 교리의 영향으로 보이며, 기갑부대의 총 전차 전력은 4,300여 대이나 이는 주력전차로 분류할 수 없을 정도의 수준인 T-34 등 구형 전차를 포함한 숫자이며, 가용전력으로 분류할 수 있는 전차는 T-55와 T-62, 폭풍호 등을 합친 2,800대이다.

또 북한은 포병전력에도 많은 투자를 아끼지 않아, 위협이 될 수 있는 240mm방사포나 122mm방사포를 모두 합치면 방사포가 약 5,500여 문에 달한다. 특히 최근 개발이 완료되어 일부 배치된 300mm방사포는 중부권까지 공격이 가능하다. 우리 후방지역에 침투 가능한 특수전 부대는 약 20만 명으로 추산되며 유사 시 남한 전 지역에 침투하여 후방교란과 혼란을 조성할 능력을 갖추고 있어, 전시에 특수전부대의

〈표 11-1〉 남북한의 군사력 비교표

2018년 12월 기준

구분			한국	북한
병력(평시)	육군		46.4만여 명	110만여 명
	해군		7.0만여 명 (해병대 2.9만여 명 포함)	6만여 명
	공군		6.5만여 명	11만여 명
	전략군		-	1만여 명
	계		59.9만여 명	128만여 명
주요전력	육군	부대	군단(급)	13(해병대 포함)	17
			사단	40(해병대 포함)	81
			여단(독립여단)	31(해병대 포함)	131
		장비	전차	2,300여 대(해병대 포함)	4,300여 대
			장갑차	2,800여 대(해병대 포함)	2,500여 대
			야포	5,800여 문(해병대 포함)	8,600여 문
			다련장/방사포	200여 문	5,500여 문
			지대지유도무기	발사대 60여 기	발사대 100여 기(전략군)
	해군	수상함정	전투함정	100여 척	430여 척
			상륙함정	10여 척	250여 척
			기뢰전함정(소해정)	10여 척	20여 척
			지원함정	20여 척	40여 척
			잠수함정	10여 척	70여 척
	공군		전투임무기	410여 대	810여 대
			정찰·감시통제기	70여 대(해군 항공기 포함)	30여 대
			공중기동기(AN-2 포함)	50여 대	340여 대
			훈련기	180여 대	170여 대
			헬기(육해공군)	680여 대	290여 대
예비병력			310만여 명 (사관 후보생, 전시근로 소집, 전환/대체 복무 인원 등 포함)	762만여 명 (교도대, 노농적위군, 붉은청년근위대 등 포함)

출처: 국방백서 2018.
- 남북 군사력 비교를 위해 육군 부대·장비 항목에 해병대 부대·장비도 포함하여 산출.
- 북한군 야포문 수는 보병 연대급 화포인 76.2mm를 제외하고 산출.
- 남북 군사력 현황은 양적 비교만 제시하였음. 군사력을 실질적으로 비교하기 위해서는 양적 비교뿐만 아니라 장비성능 및 노후도, 훈련수준, 합동전력 운용 개념 등을 종합적으로 고려한 정성적 평가가 함께 이루어져야 함.
- 육군 여단 비교의 경우 2016년 국방백서에서는 남북 기동여단만 비교하였으나, 2018년 국방백서에서는 군단급 이상 제대에 편성된 독립여단인 포병, 공병, 항공여단 등을 포함하여 비교한 것임.

후방 침투와 중요 시설물 파괴를 통한 후방 교란이 우려된다. 최근에는 요인 암살작전을 전담하는 특수작전대대를 창설하였고 특수전 부대의 위상을 강화하기 위해 '특수작전군'을 별도의 군종으로 분류하는 등 특수작전능력을 지속적으로 강화하고 있다.

전 차
4,300여 대

장갑차
2,500여 대

야 포
8,600여 문

방사포
5,500여 문

〈그림 11-11〉 북한 지상군의 주요장비 현황
출처: 국방백서 2018.

북한의 해군은 해군사령부 예하에 동해와 서해 총 2개의 함대사령부와 13개 전대, 2개의 해상저격여단으로 구성되어 있고, 잠수함 70여 척, 수상전투함 430여 척, 상륙함 250여 척을 보유하고 있다. 전투함은 대부분 소형 고속함 위주로 구성되어 있으며, 잠수함정은 기뢰부설, 수상함 공격 그리고 특수전 부대의 침투지원 임무를 수행하고 있다. 또한 공기부양정 130여 척과 고속상륙정 90여 척 등 후방침투를 위한 장비를 보유하고 있다. 공기부양정의 주 임무는 전쟁 발발 직전에 특수부대원들을 탑승시켜 고속으로 우리 해안 후방에 침투하는 것이며, 30~50명의 완전무장한 병력을 태우고 시속 80~90km 이상의 고속으로 우리 해안에 상륙할 수 있다. 북한군이 공기부양정을 동시에 운용한다면 4,000~6,000명의 특수부대원들을 침투시킬 수 있을 것으로 평가된다. 특히 최근에는 신형 중대형 함정과 다양한 종류의 고속특수선박(VSV)[107]을 배치하여 수상공격능력을 향상시키고 있다.

---

[107] Very Slender Vessle

| 전투함정 | 상륙함정 | 기뢰전함정(소해정) | 지원함정 | 잠수함정 |
| 430여 척 | 250여 척 | 20여 척 | 40여 척 | 70여 척 |

〈그림 11-12〉 북한 해군의 함정 현황
출처: 국방백서 2018.

　북한의 공군은 항공 및 반항공사령부 예하에 5개 비행사단과 1개의 전술수송여단 및 2개의 공군저격여단이 있으며, 지상방공부대는 5개의 SAM여단과 3개의 전탐기 연대로 편성되어 있다. 총 병력 11만 명, 전투기 810여 대, 정찰기(감시통제기) 30대, 수송기 510여 대, 직승기(헬리콥터) 300여 대, 훈련기 170여 대를 보유하고 있다. 공군에서는 회전익기인 러시아제 Mi-24 Hind 50여 기가 항공지원을 받지 못하는 우리 보병과 기갑 병력에 직접적인 위협이 될 수 있을 것이며, 고정익기는 MIG-23 40여기와 MIG-29 40여 기가 주력으로 사용되고 있다. 또한 AN-2수송기 300여 대를 이용하여 아군 후방 지역에 특수전 부대를 침투시킬 수 있는 능력을 갖추고 있는데, 동시에 운용한다면 약 4천여 명의 특수전 부대를 침투시킬 수 있다. 방공체계는 항공 및 반항공군 사령부를 중심으로 항공기, 지대공 미사일, 고사포, 레이더 부대 등으로 통합 구축되어 있다. 또한 GPS전파교란기를 포함한 다양한 전자교란장비를 개발하여 대공방어에도 운용하고 있는 것으로 추정된다.

| 전투임무기 | 감시통제기 | 공중기동기(AN-2 포함) | 훈련기 | 헬기(해군 포함) |
| 810여 대 | 30여 대 | 340여 대 | 170여 대 | 290여 대 |

〈그림 11-13〉 북한 공군의 항공기 현황
출처: 국방백서 2018.

제2절 북한의 핵무기 개발

1. 북한의 핵무기 개발 변천사

북한은 1956년 소련과 「조·소 원자력 평화적 이용에 관한 협정」을 체결하여 소련으로부터 핵 기술 지원을 받기 위한 기반을 마련하였고, 중국과도 1959년 원자력 협정을 체결하였다. 이후 북한은 영변에 원자력 연구소를 설립하였고, 1965년 소련의 지원을 받은 최초의 연구용 원자로[108]를 가동하며 핵 프로그램을 시작하였다. 1979년 북한은 연구용 원자로 가동 과정에서 축적한 기술을 바탕으로 고농축 플루토늄 생산에 적합한 5MWe급 원자로를 착공하였고, 1986년에 완공하였다.

북한은 또한 1985년 소련으로부터 400MWe급 원자로 4기를 도입하기 위한 「조·소 원자력발전소 건설 관련 경제 기술 협정」을 체결하는 과정에서 NPT[109]에 가입하였으나, NPT상의 의무인 IAEA[110] 안전협정 체결을 지연시키며 핵무기 개발에 대한 의혹을 증폭시켰다. 1989년 프랑스의 상업위성 SPOT호가 영변 지역에 있는 핵 시설을 촬영하였으며, 영변에서 북한이 핵 개발을 하고 있다는 사실을 인지한 한국과 미국은 IAEA

〈그림 11-14〉 영변의 5MWe급 원자로
출처: 국방백서 2018.

---

108) IRT-2000, 최초에는 연구용으로 2MWt급을 도입하였으나 자체기술로 출력을 8MWt까지 증강시켰다.
109) 핵 확산 금지 조약(核擴散禁止條約, Nuclear Non-Proliferation Treaty)은 핵을 보유하지 않은 나라가 새로 핵무기를 갖는 것과 보유국이 비 보유국에 핵무기를 제공하는 것을 금지하는 조약이다.
110) 국제 원자력 기구(國際原子力機構, 영어: International Atomic Energy Agency, IAEA)는 NPT에 따라 원자력을 군사적인 목적으로 이용하는 것을 막고 평화적인 목적의 이용을 장려하기 위해 1957년 7월 29일에 설립된 준 독립기구이다.

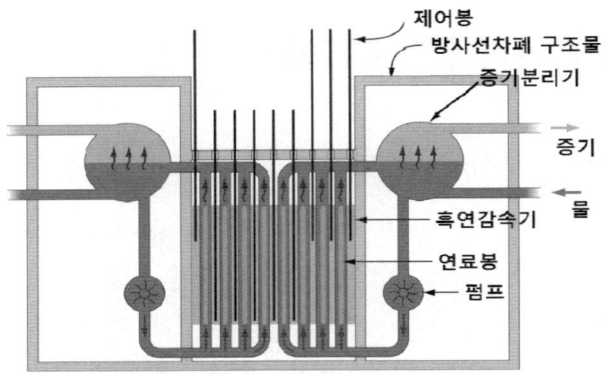

〈그림 11-15〉 5MWe급 원자로인 RBMK의 원리

차원의 핵 사찰을 촉구하였다. 또한 북한 핵 관련 정보를 국제 쟁점화 하였으며, 북한 핵 개발 프로그램의 최대 지원국이었던 소련과 외교 적인 협력을 통하여 북한을 압박하였다.

1991년에 접어들며 국제 사회의 IAEA 핵 사찰 요구가 가중되자 북한은 주한미군 전술핵무기의 철수와 한반도의 비핵지대화를 제의하였다. 한미 양국 정부는 남북 대화의 테두리 내에서 핵 문제를 해결키로 하고, 남북한 비핵화 공동선언과 남북 상호 사찰을 통해 북한의 핵개발을 저지하기로 하였다. 결국, 1991년 12월 31일 북한은 핵무기의 시험, 생산, 접수, 보유, 저장, 배치, 사용을 금지하는 한반도 비핵화 공동 선언에 합의하였다. 공동 선언은 NPT체제하의 의무이행사항이 아닌 핵 재처리시설과 우라늄 농축시설 보유 금지를 규정하고 있으며, 핵통제공동위원회가 실시하는 핵 사찰을 수용할 것을 명문화하였다.

북한은 IAEA 와의 안전조치 협정에 따라 보유 중인 핵시설과 플루토늄 추출량에 대한 최초 보고서를 IAEA에 제출하였다. 그러나 IAEA의 사찰 결과 북한이 주장한 방사화학실험실은 사실상 플루토늄 재처리시설이었으며, 북한이 신고한 추출량 90g과 IAEA 측 추정치 수 kg 간에 커다란 불일치가 발생하였다. 이에 IAEA는 문제의 규명을 위한 전면 특별사찰을 요구하였고, 북한은 IAEA의 거듭된 요구를 모두 거부하였다. 특별사찰 문제를 둘러싸고 IAEA와 북한 간의 대립은 점차 고조되었으며, 북한은 IAEA를 조정하는 미국을 거듭 비난하였다.

1993년 1월 한국과 미국은 연례적인 팀 스피리트[111] 훈련이 3월 중순부터 실시될 것이라고 발표하였다. 이에 북한은 팀 스피리트 훈련 실시가 자국에 대한 중대한 위협이라는 이유로 남북대화의 일체 중단과 준 전시상태를 선포하였으며, 1993년 3월 12일에는 NPT 탈퇴를 공식 선언하였다. 북한의 NPT탈퇴 선언에 따라 IAEA는 1993년 4월 1일 북한을 핵안전협정 불이행 국가로 규정하고, 핵사찰 문제를 유엔 안전보장이사회에 회부하는 결의안을 가결하였다.

4월 19일 북한은 핵과 관련하여 미국과 직접 협상을 촉구하였고, 6월 2일의 1단계 북미 고위급회담의 결과로 6월 13일 발효될 예정이던 북한의 NPT 탈퇴가 유보되었으나, 7월 16일에 있었던 2단계 북미고위급회담 후 IAEA사찰단이 북한을 방문하여 핵 사찰을 시도하였다. 5MWe원자로와 재처리시설에 대한 접근을 거부하는 등 북한이 사찰 활동을 제한함에 따라 정상적인 사찰 활동이 불가능하였다. 북한이 기본적인 핵 사찰조차 거부하고 있는 상황에서 클린턴 정부는 제재라는 강경책을 둘 수밖에 없는 상황으로 나아가고 있었다.

이듬해인 1994년 5월 14일 북한은 사전 통고 없이 단독으로 핵 연료봉 교체 작업을 시작하였고, 미국과 IAEA는 북한의 증거인멸을 저지하기 위해 연료봉 인출의 중지와 인출된 연료봉의 보존을 요구하였다. 6월 10일 IAEA 이사회는 대북제재 결의안을 채택하였고, 기다렸다는 듯 북한은 IAEA를 탈퇴하며 사찰을 더 이상 받지 않겠다고 하는 외교부 성명을 발표하였다. 또한 북한은 UN이 대북 제재안을 결의할 경

---

[111] 팀스피리트(Team Spirit)는 1976년부터 1992년을 제외한 1993년까지 이뤄진 주한 미군과 대한민국 국군의 합동 군사훈련이다. 1994년부터 2007년까지 RSOI (Reception, Staging, Onward Movement and Integration of Forces)로 바뀌었다가, 2008년 3월부터는 키 리졸브로 대체되었다. 북한은 매년 한미 합동군사훈련을 '북침 준비훈련'으로 비난해 오고 있다.

우, 이를 선전 포고로 간주하겠다고 위협하여 한반도의 전쟁 발발 가능성에 대한 국제적 우려가 증폭되었다.

이렇게 일촉즉발의 위기 상황으로 치닫던 북핵 문제의 긴장국면을 해소한 것은 지미 카터[112] 전 미 대통령의 방북이었다. 카터는 클린턴 대통령의 특사 자격으로 6월 15일부터 6월 18일까지 북핵 문제의 해결을 위해 평양을 방문하여 김일성과 만나 회담을 벌였다. 회담 결과 미국은 UN에서의 대북 제재 결의안 추진을 중단하였으며, 이후 9월 23일부터 10월 17일까지 제네바에서 열린 북미 고위급회담에서「북미 기본합의문」, 즉 제네바 합의가 이루어졌다.

〈그림 11-16〉 증식로에서 만들어진 플루토늄

그러나 이 제네바 기본합의문은 북한 핵문제를 완전히 해결한 것이 아니라 단지 플루토늄을 이용한 핵무기 개발, 그것도 현재와 미래의 핵개발을 동결하는 데 그친 것이었고, 고농축 우라늄을 이용한 원자탄의 개발은 문제 삼지 않았다. 또한 기존에 이미 추출된 플루토늄의 행방, 이른바 과거의 핵에 대해서는 추궁하지 않은 미완의 합의였다.

1차 북핵 위기의 결과로 등장한 제네바 기본합의문에 따라 북한은 핵개발을 동결하였고, 핵무기확산금지조약에 복귀하였으며, 국제원자

---

[112] 지미 카터(1924~)는 민주당 출신 미국 제39대 대통령으로 대통령 퇴임 이후 1차 핵 위기 시에 북한을 방문하여 북미관계를 중재하였다. 세계 인권문제에도 관심을 가져 국제연합 국제연합인권고등판무관의 제도를 시행하도록 노력하여 독재자들의 인권 유린을 제약하였다. 국제형사재판소를 만드는 데도 기여하여 인권유린범죄자를 재판하고 국제적인 처벌을 받게 하는 등 국제인권신장에 기여하였다. 세계의 집 없는 사람들을 위해 집을 지어 주는 해비타트 운동과 단기간 집짓기 봉사 프로젝트인 지미 카터 프로젝트에 앞장섰으며 동남아시아의 쓰나미, 허리케인 카트리나, 아이티 지진 등으로 재해가 발생했을 때 봉사단을 조직해 구호활동에 참여하였다. 이러한 인권과 외교 중재, 봉사에 대한 공로를 인정받아 2002년 노벨평화상을 수상하였다.

력기구의 사찰을 수용하는 대가로 미국은 북한에 중유를 제공하고, 연락사무소를 개설하여 북미관계 개선에 나섰으며, 100만KW급 경수로 2기를 책임지고 제공하게 되었다. 특히 경수로 2기를 제공하기 위하여 한국, 미국, 일본은 1995년 한반도에너지개발기구, 즉 KEDO를 창설하게 되었다.

그러나 2001년 9월, 9·11 테러사건이 발생하면서 부시 정부의 대북 정책은 강경노선으로 선회하게 된다. 미국은 테러와 대량살상무기를 별개의 것으로 취급했던 종래의 전략을 수정하여 대량살상무기를 사용한 테러를 최악의 상황으로 상정하게 되었다. 또한 대테러전쟁을 전 세계 규모로 확대하여 전개할 것을 천명하면서 구체적으로 이라크와 북한에게 대량살상무기 사찰을 요구하였다. 부시 정부는 2001년 12월 북한을 포함한 7개국에 대해 핵무기 사용 비상계획을 마련하고 이를 위한 소형 핵무기 제조 계획을 포함하는 '핵 태세 보고서'를 의회에 제출하였다.

또한 2002년 1월 연두교서를 통하여 북한을 이라크, 이란과 함께 대량살상무기를 추구하는 '악의 축'으로 규정하였다.

미국은 북한에게 제네바 북·미 합의는 물론 한반도 비핵화 선언을 정면으로 위반하는 농축우라늄 프로그램을 자발적으로 폐기할 것을 강력히 촉구하였다. 그리고 2002년 11월 한반도에너지개발기구, 즉 KEDO 이사회는 북한의 농축우라늄 프로그램이 폐기될 때까지 중유 공급을 중단할 것을 결정하였다. 이러한 조치에 반발한 북한은 같은 해 12월 제네바 합의에 의한 핵 프로그램의 동결 해제와 핵발전소 재가동을 선언하고 국제원자력기구의 핵 봉인과 감시카메라를 철거하였으며, 국제원자력기구 감시원 두 명을 출국시키고 핵무기확산금지조약, 즉 NPT를 두 번째로 탈퇴하였다.

미국은 북한이 제네바 기본합의문을 지키지 않은 사실을 강조하며 북한과의 양자회담보다는 다자회담을 통한 합의를 주장하였다. 북미 양측은 2003년 4월 베이징에서 북, 미, 중 3자 회담을 개최하여 북핵

문제 해결을 위한 첫 공식 대화를 시작하였다. 이후 중국의 적극적인 중재와 미국의 이라크 전 조기 승리에 따른 결과로 2003년 8월 남·북한과 미국, 중국, 일본, 러시아가 참여하는 6자회담이 베이징에서 개최되었다.

2. 6자회담

제1차 6자회담에서 참가국들은 서로의 첨예한 입장 차이만 확인하고 평화적 해결을 위한 접점을 찾지 못하였고, 차기 회담의 일정조차 잡기 못한 채 공동발표문 대신 중국 측의 회담 요약문을 발표하는 것으로 마무리하게 된다. 2004년 2월 제2차 6자회담이 개최되었고, 여기서는 북한 핵 문제의 평화적 해결 원칙과 한반도 비핵화선언을 포함하는 7개 항의 의장성명이 채택되었다.

2004년 5월 베이징에서 1차 실무회담이 개최되었으나, 참가국들의 입장 대립으로 큰 진전을 보지 못하였다. 2004년 6월 하순 개최된 제3차 6자회담에서 미국은 북한이 고농축우라늄 핵 프로그램을 포함한 핵 폐기를 전면적으로 선언하고 핵 프로그램 및 시설 제거를 위한 준비 등을 취하면, 안전보장 제공, 양자관계 개선, 에너지 지원 등의 상응조치를 취하겠다는 안을 내놓았다. 미국의 이러한 협상안은 기본적으로 '선 핵 폐기 후 보상'의 기본입장에 기초한 것이었다. 그러나 북한은 이 같은 미국의 입장을 단호히 거부하면서, '선 보상 후 핵 폐기'의 제한적 핵 포기 입장을 유지하였다.

북미 양측의 첨예한 입장 차이로 인하여 타협이 쉽지 않아지자, 북한은 핵무장을 기정사실화하는 입장을 드러내는 등 미국을 압박하기 시작했다. 북한은 2005년 2월 10일 외무성 대변인 성명을 통해 "부시 행정부의 증대되는 대조선 고립 암살 정책에 맞서 핵무기 전파방지조약에서 단호히 탈퇴하였고 자위를 위해 핵무기를 만들었다"고 발표함

〈그림 11-17〉 2008년 12월 8일 중국 베이징에서 열린 6자회담

으로써 최초로 북한의 핵 무장을 공식화하였다.

이후 몇 달간의 우여곡절 끝에 2005년 9월 19일 제4차 6자회담 2단계 회의에서 '9·19 공동성명'이 채택되었다. 9·19 공동성명은 북한 핵문제 해결을 위해 관계 각 측이 이행해야 할 사항을 포괄적으로 규정하고 있다. 이 공동성명의 채택으로 북한 핵문제 해결이 가시권에 들어온 것으로 생각되었으나, 소위 방코 델타 아시아(BDA) 은행의 북한 비밀계좌 동결 문제로 9·19 공동 성명의 이행은 1년여간 지체되었다.

그러자 북한은 2006년 10월 9일 국제사회의 거듭된 경고에도 불구하고 핵실험을 강행하였다. 이로써 북핵 문제는 핵무기 제조가 가능한 핵물질 보유 차원을 벗어나 북한을 핵보유국으로 인정할 것인가 말 것인가의 차원으로 옮겨지게 된다. 이후 유엔 안보리의 대북 제재가 실시되기 시작했다. 이런 가운데 6자회담이 재개되었고 2007년 2월 제5차 6자회담에서 9·19 공동성명의 초기이행조치를 위한 합의서, 즉 2·13 북핵 합의서가 채택되었다. '2·13 북핵 합의서'는 북한의 핵 프로그램 포기를 위한 초기이행조치를 포함한 3단계 해결 구도, 즉 '핵 폐쇄→ 핵 불능화→ 핵 폐기'를 제시하고 있다. 하지만 명확한 시한을 설정하지 않음으로써 북한의 과거 핵 활동 규명과 검증, 보유 핵무기의 완전 폐기까지 걸리는 시간은 얼마가 될지 가늠하기 어렵다는 맹점을 가지고 있었다.

2007년 7월 1단계 핵 폐쇄 조치가 이행 완료되었고, 미국은 2년간 현안으로 제기되었던 BDA의 북한 계좌 동결을 해제하였다. 이후 6자는 2007년 10월 3일 9·19 공동성명 2단계 이행조치 합의서인 10·3 북핵 합의서를 채택, 2008년 말까지 북핵 불능화 및 핵 프로그램의 완전한 신고를 하도록 합의하였다. 그러나 북한은 12월 31일을 넘기고도 이 같은 의무를 제대로 이행하지 않았고, 6자회담은 또 다시 교착상태로 빠져들었다.

2008년 들어 북한과 미국은 북핵 문제의 진전을 위해 '베이징 회동(2.19) → 제네바 협의(3.13) → 뉴욕 접촉(3.24, 28) → 싱가포르 협의(4.8)' 등 다양한 접촉과 협의들을 진행하였으며, '4·8 싱가포르 잠정합의'를 통하여 핵 신고문제에 대한 타협점을 찾을 수 있었다. 그 결과는 2008년 5월 미국의 50만 톤 대북 식량 지원 발표와 2008년 6월 북한의 영변 원자로 냉각탑 폭파 사건 등으로 나타났다.

3. 북한 핵 개발의 현황

2009년 북한의 2차 핵실험은 2006년 10월의 1차 핵실험에 비해 그 규모와 성능 면에서 진일보한 것으로 판단된다. 북한의 핵 능력이 지속적으로 증가, 발전하고 있다는 것이다. 폭발 후 지진계에 나타난 진도는 4.5에서 4.7로 측정되었으며, 이는 최대 20킬로톤까지의 폭발력을 가진 것으로 추정된다. 실제로 시험 당일 조선중앙통신은 핵 실험 사실을 언급하면서, "이번 핵 실험은 폭발력과 조종기술에 있어서 새롭고 높은 단계에서 안전하게 진행되었다"고 발표하였다.

그렇다면 북한의 핵 능력은 과연 어디까지 와 있는가. 현재로서 북한이 핵무기를 완성했는지의 여부를 확인할 방법은 없다. 2002년 콜

린 파월 미 국무장관은 북한이 두 개
의 핵무기를 보유한 것으로 알고 있다
고 말한 바 있다. 2005년에는 김계관
북한 대표가 북한이 여러 개의 핵무기
를 가지고 있으며, 더 만들고 있다고
말한 적도 있으나 이것이 얼마인지 공
식적으로 확인된 바는 없다. 현재로서
북한의 핵능력을 판단하는 중요한 기
준은 북한이 과연 핵무기를 만들 수
있는 핵물질을 얼마나 생산, 보유하고

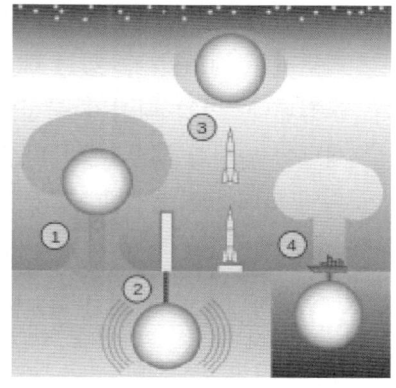

〈그림 11-18〉 핵실험의 유형-
①대기권 내 ②지하 ③대기권외 ④수중

있느냐의 문제로 귀결된다. 알려진 바대로 북한의 핵물질은 주로 영
변의 원자로에서 추출된 핵연료를 플루토늄으로 재처리 한 것이다.
2009년 현재 영변 핵시설의 가동상황을 볼 때, 북한은 30~50kg의 플루
토늄을 추출한 것으로 추정된다. 이는 하나의 핵무기에 약 6kg이 소
요된다고 계산할 때 5~8개의 핵무기를 만들 수 있는 양이다. 1차 핵실
험에서 5~6kg을 사용했다고 추정하면 4~7개 분량이 남은 것이고, 다
시 2차 핵실험을 통해 핵물질 재고는 더욱 줄었을 것이라는 추측이
가능하다.

북한은 우라늄 프로그램의 존재를 줄곧 부인해오다, 2차 핵실험 이
후 2009년 6월 12일 새로운 유엔 제재결의안 1874호가 채택되자 바로
다음날인 6월 13일 북한외무성 성명을 통해 우라늄 농축 작업에 착수
할 것임을 선언하였다. 성명에 의하면 북한은 우라늄 농축 기술 개발
이 성공적으로 진행되어 시험단계에 들어선 것으로 평가하였다. 북한
의 핵무장화는 향후 북한이 얼마나 빨리 핵 프로그램을 재가동하여
추가적인 핵물질을 생산할 수 있는지의 문제와 중요한 연관이 있다.
지금까지 불능화가 상당히 진전된 영변 핵시설을 재가동하기에는 최
소 6개월에서 1년여의 시간이 걸릴 것으로 예상되며, 기존에 사용하던
5MWe원자로는 상당히 불안정한 상태에 있는 것으로 알려져 있다.

그럼에도 불구하고 북한이 영변 시설을 재가동할 경우 1년에 1개의 핵무기를 제조할 수 있는 6kg의 플루토늄을 생산할 수 있을 것으로 추정된다. 만약 나아가 북한이 영변에 건설 중이던 50MWe원자로를 새로이 완성할 경우 매년 10개 정도의 핵무기를 만들 수 있는 핵물질을 궁극적으로 생산해 낼 것으로 추정된다. 또한 거기에 농축 우라늄

〈표 11-2〉 북한의 미사일 개발 역사

1970년대 초	중국의 미사일 개발계획 참여, 미사일 기술 획득(추정)
1976.~1981.	소련제 SCUD-B 미사일 및 발사대를 이집트로부터 도입, 역설계/개발
1984. 4.	SCUD-B 미사일 최초 시험발사
1986. 5.	SCUD-C 미사일 시험발사
1988.	SCUD-B/C 작전 배치
1990. 5.	노동미사일 최초 시험발사
1991. 6.	SCUD-C 미사일 발사
1993. 5.	노동미사일 시험발사
1998.	노동미사일 작전 배치
1998. 8.	대포동 1호 미사일 시험발사(북한 측: 위성발사 주장)
2006. 7.	대포동 2호 시험발사 및 노동미사일·SCUD 미사일 발사
2007.	무수단미사일 작전 배치
2009. 4.	장거리 미사일(개량형 대포동 2호)발사(북한 측: 위성발사 주장)
2009. 7.	노동미사일·SCUD 미사일 발사
2012. 4	장거리 미사일(개량형 대포동 2호)발사(북한 측: 위성발사 주장)
2015. 5.	동해 해상에서 SLBM 1발 시험발사 공개
2016. 3.	고체로켓 엔진시험 공개
2016. 6.	무수단미사일 2발 동해로 발사
2017. 2. 12.	평북 구성에서 북극성-2형 미사일 발사
2017. 3. 6.	평북 동창리에서 SCUD-ER 미사일 발사
2017. 3. 22.	강원 원산에서 무수단 미사일 발사(실패)
2017. 4. 5.	함남 신포에서 화성-12형 미사일 발사(실패)
2017. 4. 16.	함남 신포에서 화성-12형 미사일 발사(실패)
2017. 4. 29.	평남 북창비행장에서 화성-12형 미사일 발사(실패)
2017. 5. 14.	평북 구성에서 화성-12형 미사일 발사
2017. 5. 21.	평남 북창에서 북극성-2형 미사일 발사
2017. 5. 29.	강원 원산에서 SCUD 계열 미사일 발사
2017. 7. 4.	평북 방현에서 화성-14형 미사일 발사
2017. 7. 28.	자강 무평에서 화성-14형 미사일 발사
2017. 8. 26.	강원 깃대령에서 단거리 탄도미사일 발사
2017. 8. 29.	평양 순안비행장에서 화성-12형 미사일 발사
2017. 9. 15.	평양 순안비행장에서 화성-12형 미사일 발사
2017. 11. 29.	평남 평성에서 화성-15형 미사일 발사

출처: 국방백서 2016, 2018.

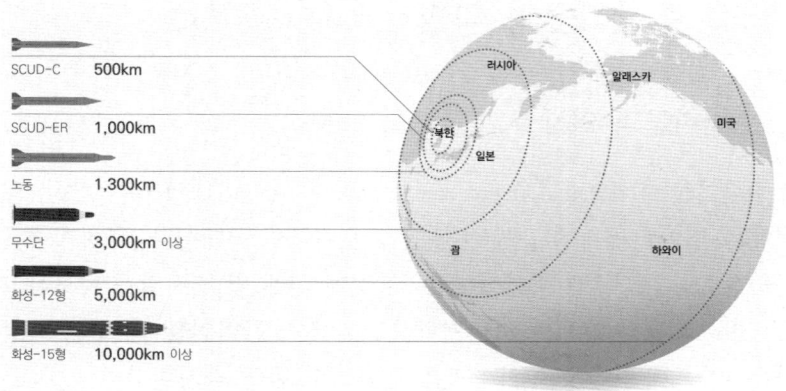

〈그림 11-19〉 북한의 미사일 사거리
출처: 국방백서 2018.

시설까지 가동된다면 북한의 핵 능력은 수년 안에 상징적인 수준을 넘어 인도와 파키스탄을 능가하는 실질적인 핵보유국으로 등장할 가능성이 열려있다. 또한 2013년 2월, 2016년 1월과 9월, 2017년 9월 등 4차례의 추가 핵실험을 감행하였다. 특히 6차 핵실험에서 보여준 핵폭발 위력은 약 50kt으로 이는 과거 핵실험에 비해 현저히 증대되어 수소탄 시험을 시행한 것으로 평가되었다. 수차례 핵실험 직후 북한은 핵보유국임을 강조하면서 핵탄두의 표준화·규격화·소형화·경량화·다종화 달성을 주장하였고 핵탄두와 미사일의 대량생산 및 실전배치 의사 등을 표명하고 있어 더욱 가능성이 커지고 있으므로 국가 안보에 심대한 우려가 되고 있다.

제3절 주한미군의 역할

1. 주한미군의 역사

주한미군(駐韓美軍, United States Forces Korea: USFK)은 안보상의 이유로 대한민국에 주둔하는 동맹국인 미국의 군대이다. 주한미군은 한미상호방위조약과 주한미군지위협정에 의해 법적 지위를 확보하고 있으며, 그 통솔 주체는 한미연합사령부이다. 한미연합사령부의 사령관은 미군 대장이며, 부사령관은 대한민국 국군 대장이다.

일본이 제2차 세계대전에서 항복함에 따라, 한반도의 중앙을 가로지르는 위도 38도선 이남에 주둔하고 있던 일본군의 항복을 받아내기 위해 1945년 9월 8일 존 하지 중장이 이끄는 미국 제24군단 소속 미군 제7 보병사단이 처음으로 인천에 도착하였다. 이어 제40사단과 제6사단이 도착하여 총 77,600명의 미군이 남한에 주둔하였으며, 이후 약 3년간 하지 중장은 남한에 대한 군정[113]을 실시하게 되었다. 미군은 1948년 남한의 단독 정부가 수립된 이듬해인 1949년에 철수하였으나, 1950년 북한이 불법 남침을 감행함에 따라 유엔군의 일원으로 한국전에 참전하였다.[114]

〈그림 11-20〉 6·25전쟁 시 미국의 참전

미군은 한국전쟁 수행을 위하여 신병모집을 개시하고 기존 병력의 복무기간을 연장하면서 예비군을

---

113) 군정(軍政) 또는 군사 정부란 군인이 통치권을 장악하거나 전면에 나서서 통치 행위를 하는 정치 체제이다. 주로 전시(戰時) 또는 전후에 군대가 행하는 임시 행정 행위나 군부가 국가의 실권을 장악하고 행하는 정치 행위(Military dictatorship)를 아우르기도 하며, 민정(民政)의 반대 개념으로 쓰인다.
114) 정명복, 『잊을 수 없는 생생 6·25전쟁사』, 2018, 109~113쪽.

소집하여 군의 정원을 증강시켰다. 한국전쟁이 종료될 때까지 연인원 약 180만 명의 미군이 참전하였으며, 3년간의 전쟁에서 미군은 사망자 36,940명, 부상자 92,134명, 실종 3,737명, 포로 4,439명 등 총 137,250명 이라는 엄청난 희생을 치렀다. 참전 미군 중에는 미군 장성의 아들 142명 이 포함되었는데, 이 중 34명(약 25%)이 부상 혹은 전사하였다.

치열했던 전쟁은 1953년 7월 27일의 정전 협정 체결로 일단락되었 고, 이후 1953년 10월 1일, 워싱턴에서 한미 양국 정부에 의해 한미 상호 방위조약이 조인되었다. 1954년 11월 17일부로 발효된 이 조약으로 한 미 양국은 자유와 평화라는 공동의 이상에 기초한 동맹관계를 형성하 게 되었다. 이 조약은 한반도에서의 전쟁 억제를 위한 미군 주둔의 제 도적 보장 장치이며, 연합방위체제의 법적 근간으로서 주한미군지위 협정과 양국 정부 간의 각종 군사 및 안보 관련 후속 협정들의 기초를 제공하였다.

1960년대 말, 미국은 베트남전의 장기화에 따른 국내외 여론 악화 와 전비지출, 인플레이션, 달러화 약세 등의 어려움을 안고 있었다. 이러한 상황에서 아시아 국가들의 안보에 대한 미국의 부담을 경감시 키기 위해, 닉슨 대통령은 1969년 7월 25일 "아시아에서 재래식 전쟁 이 발발했을 경우 그 방위의 1차적 책임은 당사국이 져야 하며, 미국 은 선택적이고 제한적으로 지원할 것이다"라는 요지의 '닉슨 독트린' 을 발표하였다.

이에 따라 미국 정부는 1971년 7월까지 아시아에서 총 4만 2천 명의 미군을 철수시키기로 하였다. 그리하여 주월 미군과 해외주둔 미군의 감축이 본격적으로 추진되었고, 한국에서도 1971년에 미군 제7사단이 철수하게 되었다. 이로 인해 주한미군은 61,000명에서 43,000명으로 감축되었고, 서부전선 최전방에 배치되었던 미군 제2사단은 후방으로 철수하고 한국군이 그 지역을 담당하게 되었다.

1977년 1월 미국 대통령으로 취임한 카터는 한국의 인권 상황을 비 판하며 주한미군을 4~5년에 걸쳐 단기적으로 전면 철수할 계획임을 발표하였다. 이에 한국 정부는 한국군의 현대화 계획115)이 완료되고 한반도의 평화유지 조치가 강구될 때까지는 주한미군의 완전철수를 보류하는 노력을 강화하였다. 주한미군의 철수가 실천 단계에 이르자 주한 미 8군 참모장 싱글러브 소장은 워싱턴포스트지 동경 지국장과의 인터뷰에서 "4~5년 내에 주한 미군을 철수시키겠다는 카터 대통령의 계획은 곧 전쟁의 길로 유도하는 전략적 오판이다."라는 반대 의사를 표명하였다. 2년 6개월간의 줄다리기 끝에 카터의 주한 미군 철군 계획은 백지화되었다. 실제로는 약 1개 전투대대만이 철수하였으며, 이들 3,000여 명을 제외한 약 4만 명의 주한미군은 그대로 한국에 주둔하게 되었다.

2. 주한미군의 가장 큰 힘

1) 정보자산

미군이 압도적인 정보 전력을 바탕으로 이라크군을 손쉽게 섬멸한 걸프전 및 이라크전처럼 상대보다 우세한 정보전 능력은 현대전쟁의 승패를 결정짓는다. 이런 맥락에서 주한미군이 보유하고 있는 막강한 정보전 자산은 한반도 안보의 핵심적인 요소이다. 막강한 정보자산을 통해 북한의 군사적 움직임과 기습 의도를 사전에 감지하여 전쟁을 억제할 수 있으며, 억제가 실패하여 전쟁이 발발하더라도 경고 시간을 현저히 앞당김으로써 적의 기습 효과를 상실케 할 수 있다. 또한 전시 작전 수행 간에는 접적지역으로부터 수백 킬로미터에 달하는 적의 종심을 파악함으로써 장거리 투사전력과 연동하여 적의 핵심표적

---

115) 닉슨 독트린의 영향으로 자주국방의 필요성을 절감한 박정희 대통령이 주도한 율곡사업(栗谷事業)을 말한다. 율곡사업은 대한민국이 1974년부터 국방 8개년 개획(1974~1981)에 따라 시작한 최초의 자주적 전력증강 사업과 군무기, 장비의 현대화 작업을 통칭한다. 율곡사업이라는 명칭은 10만 양병설을 주장했던 율곡 선생의 유비무환 사상을 본받고자 하는 뜻을 내포하고 있다.

〈그림 11-21〉 글로벌 호크　　　〈그림 11-22〉 고고도 정찰기 U-2S기

을 신속히 무력화시킬 수 있는 것이다.

　주한미군의 정보자산 및 운영체제는 바로 이러한 능력을 제공해 주고 있다. 미 육군의 정보자산 중 공식적으로는 약 25%가 남한 지역에 주둔하고 있으며, 이는 미국에게 한반도가 이라크·아프가니스탄에 이은 중요한 전략적 가치를 지니고 있음을 의미한다. 이들 중에서 가장 주목을 받는 부대는 바로 제501 정보여단이다. 제501 정보여단은 미 육군정보보안본부(INSCOM) 소속의 8개 정보여단 중 하나로 부대 전체가 한국에 주둔해 있으며 예하에는 3대대, 524대대, 532대대, 527대대가 있다.

　오산에 파견돼 있는 미 공군 5정찰대대의 경우 북한 전역을 상대로 신호정보와 영상정보를 수집한다. 5정찰대대는 평택의 캠프 험프리 기지를 종합적으로 연결하여 전시 지휘통제를 담당하는 종합센터로 비밀정보수집 활동을 하고 있다. 특히 5정찰대대 소속의 최신 U-2S 정찰기 3대는 하루에 1회씩 교대로 출격해 휴전선 인근의 20km 고공에서 7~8시간씩 비행하면서 북한 쪽 60~70km 지역을 TV카메라로 촬영하듯 샅샅이 정찰한다. U-2S기를 통해 수집된 정보는 미 태평양군사령부(PACOM)와 미 공군전투사령부, 주한미군 '한국전투작전정보센터'(KCOIC), '한미연합분석통제본부'(CACC)에 제공된다.

　KCOIC와 CACC에는 U-2S기가 수집한 첩보 외에 미 공군우주사령부(SPACECOM)가 운용하는 정찰위성 사진과 기타 한미 정보기관이 입수한 영상 및 통신 감청정보, 인간정보가 종합적으로 입수되어 분석된다. 현재 한국군은 미7공군이 운용하는 고가의 첩보위성과 U-2R/S 정찰기 등을 통해 전략정보 100%, 전술정보의 70%를 제공받고 있다.

이처럼 24시간 한반도 상공을 감시하는 미군의 군사정찰위성과 최소 8만 피트 상공에서 정찰 임무를 수행하는 U-2기, 글로벌호크 고고도 무인정찰기 등의 각종 첨단 정보자산은 실시간으로 북한군의 움직임을 분석, 파악하고 있다. 주한미군이 보유하고 있는 이러한 정보자산이야말로 대북 억제력의 핵심요소이며, 유사시 최소한의 피해로 신속하게 적을 격퇴할 수 있는 밑바탕이자 한반도 전쟁 억제의 핵심적인 축이라고 할 수 있다.

2) 막강한 전투력

주한미군의 전력은 최첨단 장비[116]로 구성되며 21세기 과학전을 주도할 수 있는 능력을 갖추고 있다. 2005년 7월 주한 미 제2사단은 디지털 미래형 사단인 작전지원사단(Unit of Empolyment-x, UEx)으로 개편을 완료하였다. 이는 종래의 사령부-군단-사단-여단의 4단계 편제를 가지는 기존 체제에서 작전지원사령부(UEy)-작전지원사단(UEx)-작전부대(UA)의 3단계 편제로 전환되는 것을 의미한다. 이는 지휘계통의 축소로 위기에 신속히 대응할 수 있는 능력을 갖추려는 조치이며, 북

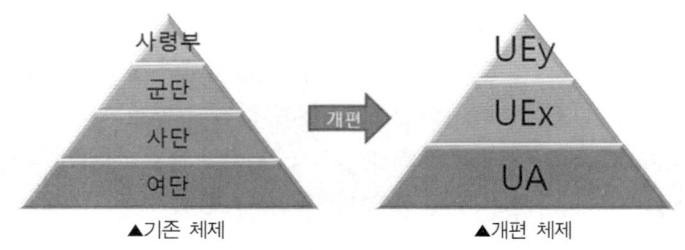

〈그림 11-23〉 주한미군의 체제 개편

---

116) 정명복, 『쉽고 재미있는 생생 무기와 전쟁 이야기』, 2018, 297~306쪽.

한의 기습적인 무력도발에 신속히 대응하는 데 적합한 편제라고 할 수 있다.

이에 따라 주한미군 UEx는 전투부대(UA), 다기능항공부대(UA), 포병대대(UA), 직할 본부대대로 편성되며, 120여 대의 신형 M1전차와 250여 대의 브래들리 장갑차, 30여 문의 155㎜ 팔라딘 자주곡사포, 30여 문의 다련장로켓포(MLRS), 패트리어트를 포함한 각종 지대공, 지대지 유도탄과 전천후 전투능력을 갖춘 50여 대의 AH-64헬기 등으로 무장되어 있다. 또한 UEx 체제의 도입으로 해외주둔 미군의 전략적 유연성이 증대됨에 따라, 한반도의 위기상황 발생 시 주일미군을 위시한 다수의 UA들이 이전보다 훨씬 신속하게 증파될 것이다.

주한미군은 이처럼 우리 군이 취약한 육군항공 전력과 장거리 화력투사 능력을 보완하는 역할을 수행한다. 패트리어트 미사일은 1983년 처음 실전 배치된 항공기 및 대탄도탄 요격용 미사일로, 1991년 걸프전 당시 70%의 명중률을 기록하였다. 이후 미군은 지속적인 개량 사업을 통하여 성능을 향상시켜 왔으며, 한반도에는 1994년부터 미군의 패트리어트 1개 대대가 주둔하여 임무를 수행하고 있다.

최근에 미군은 군사적으로 새로운 작전 요구사항을 반영하여 '국제공역에서의 접근과 기동을 위한 합동개념 (JAM-GC16[117])'을 발전시켜 최적의 합동군 지원체제를 구축하고 있다. 한편 대륙간탄도미사일

〈그림 11-24〉
F-15K, B-1B, F-35B
연합훈련(2017년 6월)
출처: 국방백서 2018.

---

[117] Joint Concept for Access and Maneuver in the Global Common

(ICBM), 잠수함발사탄도미사일(SLBM), 전략폭격기 등 핵전력 3축체계를 현대화하고 다층적인 미사일 방어체계 구축을 추진 중이다. 또한 F-22, F-35 등 스텔스 전투기, P-8 포세이돈 해상초계기, 버지니아급 핵잠수함, 해저 무인잠수정, 전략폭격기 등 해·공군 첨단전력을 아태지역에 배치하고 있다. 2018년 8월에는 「2019 회계연도 국방수권법(NDAA17[118])」이 제정됨으로써, 2016년부터 매년 국방비를 증액시켜 '힘을 통한 평화' 추진을 위한 안정적 예산 사용의 토대를 마련하였다. 육군은 병력 규모를 현재 47만 6천여 명에서 1만 1,500명을 증원하고, 전술 차량 3,000여 대와 다목적 장갑차량 200여 대 등 전력 보강을 추진하는 한편 군 현대화 추진을 주도하기 위해 2018년 6월 육군성 예하에 '육군 미래사령부(AFC18[119])'를 창설하였다. 해군은 병력 규모를 현재 51만 2,000여 명에서 8,600명을 증원하고, 핵잠수함 2척, 항공모함 1척, 구축함 3척 등 전력구축 사업을 승인하였다. 공군은 병력 규모를 현재 32만 5,000여 명에서 4,000명을 증원하고, 전투기, 공중급유기, 수송기 등 기존의 획득 및 성능개량 예산을 정상 편성하여 전력을 증강하는 데 주력하고 있다. 또한 F-22의 지상공격과 전자전 능력을 보강하고 있으며, B-2와 B-52를 대체할 장거리타격폭격기(LRS-B19[120])를 개발 중이다. 아울러 국방수권법은 주한미군을 2만 2,000명 이하로 감축하기 위해서는 국방장관이 의회에 당위성을 증명해야 하는 의무를 부과함으로써 주한미군의 급격한 감축을 제한하였다. 미국은 사이버 및 우주 분야의 안보태세를 강화하기 위한 노력도 지속하고 있다. 2017년 8월 사이버 사령부를 독자적 지휘체계를 갖춘 통합사령부로 격상하였으며, 2018년 8월에는 우주 분야 도전에 효과적으로 대응하기 위한 우주군 창설 계획을 공식 발표하는 등 새롭게 대두되는 안보

---

[118] National Defense Authorization Act
[119] Army Future Command
[120] Long Range Strike Bombe

분야에서도 비교우위를 유지하기 위한 노력을 지속하고 있다.

3. 주한미군 재배치

한미 양국은 주한미군의 안정적인 주둔 여건을 보장하고 우리 국토의 균형적인 발전을 위해 전국에 산재한 미군기지를 평택과 대구, 2개의 허브기지로 통·폐합하여 재배치하는 주한미군기지 이전을 추진하고 있다.

2004년 7월 22일부터 23일 양일간 미국 워싱턴에서 열린 제10차 미래한미동맹정책구상회의(FOTA)에서 한미 양국은 유엔사, 연합사를 포함한 용산기지를 평택 지역으로 이전하기로 합의하는 '용산기지 이전협정'을 체결하였다. '미 2사단 재배치' 계획 또한 논의되었는데, 주로 경기 북부 지역에 분산 배치되어 임무를 수행하고 있는 주한 미군 제2사단을 미군 측의 주한미군 재배치 계획에 따라 주둔기지 통폐합을 추진하는 사업이다.

우선 1단계로 한강 이북 지역에 위치한 주한미군의 군소 기지들을 동두천과 의정부 지역으로 이전 통합하고, 2단계로 주요 부대를 평택 및 군산 지역 등으로 이전한다는 계획이다. 주한미군은 현재 전국에 산재된 43개 기지에서 2개 권역 총 16개 기지로 재배치될 예정이다.

주한미군의 재배치가 완료되면 주한미군의 미래지향적인 전투준비태세 유지를 위한 안정적 주둔여건을 제공함으로써 한미연합방위력이 증대됨은 물론 한미 동맹이 더욱 공고하게 발전하는 기반이 될 것이다.

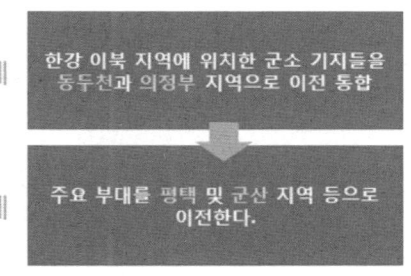

〈그림 11-25〉 주한미군 재배치

〈그림 11-26〉 주한미군의 주요조직과 보유 전력
출처: 국방백서 2018.

이러한 주한미군 재배치는 미국의 세계적 군사변환 차원에서 해외 주둔군 재배치계획의 일환으로 추진되고 있다. 전쟁개념이 첨단 무기와 장비를 사용하는 과학전으로 바뀌었고, 미국의 세계전략이 변화함에 따라 현재와 같은 해외주둔군의 고정 배치의 필요성이 사라진 것이다. 한강 이북 미군 부대의 평택 이전과, 주한미군의 신속기동군 재편 흐름 등은 이러한 미국의 전략적 유연성 정책과 연관되어 있다.

미국은 주한미군 감축에 따른 전력공백을 보완하기 위해 2003년부터 2006년까지 4년에 걸쳐 150개 분야에 110억 달러 규모를 투자하여 주한미군의 전력 현대화를 추진하였다. 이를 통해서 주한미군의 전투력을 강화하고, 정예 신속기동군 위주로 주한미군을 재편하여 전력운용의 극대화를 추구하려는 것이다. 주한미군의 전력 현대화는 이러한 맥락에서 주한미군 UEx와 항공부대(UA)를 주축으로 우리 군이 취약한 정보자산 및 C4ISR[121] 분야와 육군항공 전력, 장거리 화력투사 능력을

---

[121] C4ISR(Command, Control, Communications, Computers, Intelligence, Surveillance and Reconnaissance) 체계는 적의 상황을 먼저 보고 먼저 공격할 수 있는 감시와 정찰 기능을 전자 지휘통제체계인 C4I에 유기적으로 결합한 것을 말한다. 이는 지휘통제체계인 '지상전술지휘통제(C4I)'와 감시정찰정보체계인 '전장감

강화하는 방향으로 이루어지고 있다. 미군은 네트워크 중심전에 대비해 지휘, 통신, 정보 기능을 대폭 보강하였으며, 2개의 UEx를 창설하는 데 1천만 달러를 투입하여 C4I디지털 네트워크 장비를 갖추었다. 이로써 주한미군 UEx는 실시간으로 정보를 공유하고 통합하여 전장에서의 역할을 극대화할 수 있게 되었다.

따라서 주한미군의 규모는 일부 감소되었으나 실질적인 전투능력은 보다 강화되어 한미 연합군의 도발 억제 및 방위태세는 더욱 굳건해지고 있다. 국방부는 2018년 11월 기준으로 평택 험프리스 기지 건설사업을 대부분 마무리하고 미국 측과 시설 물 인수인계를 실시하고 있으며, 각 부대별 이전계획에 따라 부대 이전을 진행하고 있다. 2017년에는 용산에 있던 미8군사령부가 평택기지로 이전하였고, 2018년에는 주한미군사령부·유엔군사령부·미2 사단 본부 등 주요 부대가 이전을 완료하였으며, 계획대로 대부분의 미군부대 이전을 차질 없이 완료할 예정이다. 기지 이전이 완료되면 주한미군은 보다 안정적인 주둔 여건하에서 한반도에서 무력분쟁을 방지하는 것은 물론, 동북아 평화와 안정을 증진하며 나아가 세계 평화에도 기여하는 중요한 역할을 지속 수행할 것으로 기대된다. 우리 정부는 미국과의 긴밀한 협의를 통해 주한 미군의 현대화와 전력증강이 차질 없이 추진되도록 협력해 왔다. 우리 군도 국방 개혁과 전력 증강을 착실히 추진함으로써 정예화된 선진 강군을 육성하여 연합방위능력을 강화하고 대북 억지력을 향상시킬 수 있도록 지속적인 노력을 가하고 있다.

시체계(ISR)'로 구성되며, 이들 체계를 통합한 C4ISR 체계는 '센서-지휘 통제-타격' 체계 간 연동으로 모든 제대가 실시간에 전장 상황을 동일하게 인식함으로써 전장 상황에서 최적의 지휘결심 및 임무지시 지원을 가능하게 한다.

제12장 통일정책과 추진전략

제1절 통일의 개관

1. 개요

　수많은 국가와 민족이 흥망성쇠의 역사를 반복하면서 발전하여 왔고 그 가운데 어떤 국가는 지구상에서 영원히 사라져 버렸는가 하면, 어떤 민족은 분열되고 분단되었다가 다시 통일되어 일어나는 사례도 있다.
　국가는 국민·영토·주권 3요소로 이루어진다. 대한민국의 영토는 전 한반도라는 점이 헌법 제3조에 천명되어 있으므로 북한주민은 헌법상 대한민국 국민으로 간주된다. 즉 헌법 규범상으로는 실제와는 달리 영토와 국민이 분열되어 있지 않고 통일되어 있는 것이다. 문제는 주권이다. 현실적으로 주권, 즉 주권적 의사는 분열되어 남과 북의 두 개 정권에 의해 행사되고 있는바, 통일은 바로 이와 같은 주권적 의사의 통합을 의미한다.
　즉 통일은 남북한에 현존하는 2개 정권의 통일을 의미하는 것이며, 정치학적으로는 2개 정치권의 통합을 가리킨다. 2개의 정권이 1개의 정권으로 통합되기 위해서는 어떤 형태로든 하나의 정권이 법적으로 정리되어야 한다. 그것은 남북한의 정치 지도자들의 기득권 포기를 전제로 한다.

2. 통일의 의의

1) 통일의 의미

우리는 현재 통일된 국가를 확립하지 못한 채 분단의 현실 속에 살아가고 있다. 일제 강점으로부터의 독립이 단일 국가 수립으로 이어지지 못하고, 북위 38도선을 경계로 국토가 분단되었다. 민족의 비극인 6·25전쟁을 겪으면서 고착된 한반도 분단은 이제 70년을 넘어섰다.

그러나 유구한 역사 속에서 우리는 한민족(韓民族)[122]으로서의 의식과 고유의 전통과 문화를 이어 왔다. 우리 민족은 고조선에서 시작해 삼한(三韓)을 거쳐 고구려, 백제, 신라로 나뉘었으나 신라에 의해 삼국 통일을 이루었다. 이후 후삼국으로 분열되었지만 또다시 고려를 통해 통일을 이룬 경험을 지니고 있다. 이러한 과정을 거쳐 우리가 형성한 공통의 역사의식은 민족의 결속과 발전에 기여하였으며, 오늘날 남북한 분단을 극복하기 위한 통일의식으로 작용하고 있다.

우리 역사 속에서 드러나듯 통일은 민족의 동질성을 회복하고 공동체 의식을 확고하게 한다. 역사상 최초의 통일국가를 세운 신라와 재통일을 이룬 고려는 한민족 공통의 경험과 정서를 회복시키고, 공동운명체로서의 의식을 더욱 확고히 했다. 이와 마찬가지로 남북한이 통일을 이룬다면 분단으로 인해 생겨난 이질성들을 서로 융합할 수 있을 것이며, 상호교류와 소통을 통해 오랫동안 공유해 왔던 우리 고유의 문화와 동질성을 발전적으로 계승할 수 있게 될 것이다.

아울러, 통일은 경쟁과 갈등으로 인한 민족 역량의 낭비를 막고 평화와 번영을 가져온다. 삼국시대와 같이 서로 분열되어 있는 과정에서 우리 민족은 상존하는 전쟁의 위협과 불신, 경쟁과 대립으로 인한

---

[122] 우리 민족을 지칭하는 대표적 표현은 한민족(韓民族)이다. 한민족을 뜻하는 '한(韓)'이라는 용어는 '크다', '높다' 등의 의미가 있다. '한(韓)'이 지니는 이러한 의미는 1897년 대한제국(大韓帝國)이나 1919년 상하이의 대한민국(大韓民國) 임시정부, 1948년 대한민국(大韓民國) 국호에서도 계승되고 있다.

갈등을 겪어야 했다. 그러나 통일 달성 이후에는 보다 부강한 국가공동체 안에서 발전과 번영을 누릴 수 있었다. 남북한 또한 통일 이후에는 현재의 갈등과 소모적인 고통에서 벗어나 평화와 안정을 누릴 수 있으며, 민족의 역량을 결집하여 지속 가능한 발전을 모색해 나갈 수 있을 것이다.

이처럼 통일은 민족사적 과제이자 분단의 고통과 폐해를 극복할 수 있는 기회이기도 하다. 남북 분단은 이산가족의 아픔을 비롯해 분단으로 인한 갈등과 국력의 낭비를 가져왔고, 이는 민족의 발전과 성장의 지체를 초래하고 있다. 또한 분단 70여 년을 넘어서면서 한민족으로서 오랫동안 공유해왔던 역사와 전통문화 및 언어의 동질성 등이 점차 축소되고 이질화가 심화되고 있다. 남북의 이질화는 남북한 간 경제 격차와 맞물려 젊은 세대들의 통일에 대한 부정적인 인식으로까지 이어지고 있다.

통일은 일차적으로 분단 극복을 의미하지만 단순히 분단 이전의 상태로 돌아가는 것만을 의미하지 않는다. 통일은 국토를 분단 이전의 상태로 회복하는 것인 동시에, 서로 다른 두 체제를 자유민주주의와 시장경제의 기반 위에 하나로 통합해 새로운 민족공동체를 건설하는 것이다. 이러한 의미에서 통일은 미래를 향한 새로운 역사의 창조 작업이라고 할 수 있다. 통일의 미래지향적 의미를 보다 다양한 관점에서 살펴보면 다음과 같다.

첫째, 지리적 측면에서의 통일은 국토의 통일을 의미한다. 국토의 통일은 통일국가 건설의 물리적 기반을 제공한다. 우리 민족은 오랫동안 한반도라는 지리적 공간 속에서 하나의 생활권을 이루면서 살아왔다. 따라서 국토의 통일은 구성원 모두가 한반도 내의 어느 곳이든 자유롭게 왕래하고 거주할 수 있는 터전을 마련하는 것을 의미한다. 이런 점에서 통일은 단순히 국토 면적의 합계가 늘어나는 것뿐만 아니라 생활권의 확대도 가져올 것이다. 우리는 분단으로 인해 대륙과 해양으로의 진출이 가로막힌 '섬나라'와 같은 지리적 한계를 겪어 왔다. 그러나 통일은 우리로 하여금 한반도 전체를 효율적으로 이용하게 할 뿐 아니라 대륙과 해양을 연결하는 한반도의 지리적 이점을 다시금 회복하고 이를 극대화할 수 있다는 의미가 있다.

둘째, 정치적 측면에서의 통일은 체제의 단일화를 뜻한다. 통일은 남북한에 세워진 두 개의 정치체제를 통합해 하나의 국가로 만드는 것이다. 통일은 대립되어 왔던 남북의 정치체제를 통합하여 단일 헌법, 단일 정부, 단일 국가를 수립하는 것을 의미한다. 남북 간에 단일한 정치체제를 만드는 것은 분단으로 인한 체제와 이념의 갈등 그리고 전쟁의 위협을 극복하게 한다는 의미가 있다. 또한 통일로 인해 남북한 지역 모두에 평화가 정착되고, 진정한 민주주의가 확산되며 더욱 성숙할 수 있다는 점에서 그 의미가 있다.

셋째, 경제적 측면에서의 통일은 서로 다른 두 경제권의 통합을 의미한다. 남과 북은 분단과 함께 자유로운 시장경제체제와 사회주의 계획경제체제로 나누어졌고 경제 생활권 또한 남북으로 단절되었다. 국가 간 경제적 의존성과 통합성이 증대되고 있는 오늘날의 국제적 상황에 비추어 볼 때, 남북 경제권의 통합은 미래 한반도의 경제발전을 위한 바람직한 환경을 형성할 수 있을 것이다. 더욱이 남북 경제권의 통합은 한반도 전역 뿐 아니라 북방 경제권과 동북아 경제권, 태평양 경제권 등으로 범위를 확대하고 더 큰 경제발전의 기반이 마련된다는 의미를 지닌다.

넷째, 사회·문화적 측면에서의 통일은 민족 고유의 동질성을 회복함은 물론, 보다 다양하고 풍부한 사회·문화적 공동체로 발전됨을 의미한다. 우리 민족은 동일한 언어와 문화, 생활방식을 공유하며 살아왔다. 그러나 분단의 장기화로 남북 간 이질화가 심화되면서 한민족으로서의 일체감이 점점 약해지고 있는 실정이다. 남북한 간 영토와 체제의 분단은 오늘날 마음의 분단으로까지 이어지고 있으며, 남북이 하나였던 기억을 공유하고 있는 세대들은 점차 줄어들고 있다.

통일은 두 개의 남북한 체제가 하나로 통합되는 것을 의미하지만 진정한 의미의 통일은 남북한 주민들이 '우리 의식(we-feeling)'을 가지고 하나의 국가 테두리 안에서 소속감을 공유하는 상태라고 할 수 있다. 즉 통일은 오랫동안 나뉘어 살아온 남북한 주민들 간의 마음의 분단을 극복하고 하나의 통일 국가 내에서 새로운 문화와 미래를 함께 만들어 나간다는 의미가 있다.[123]

2) 통일문제의 성격

첫째, 통일은 우리 민족이 지향해야 할 미래이다. 우리 민족은 장기간 분단의 고통 속에 통일된 국가를 확립하지 못한 채 살아왔다. 분단 상황의 지속은 불필요한 국력 낭비와 이산가족의 고통 등 여러 측면에서의 폐해를 낳고 민족의 발전을 저해하고 있다. 또한 분단의 장기화는 남북 간 이질화, 경제 격차 등을 심화하면서 민족의 정체성을 훼손시키고 있다. 이런 점에서 통일은 분단의 고통과 폐해를 극복하고 국가와 민족의 지속 가능한 발전을 위해 달성해야 한다고 볼 수 있다.

통일은 일차적으로 분단 극복을 의미하지만 분단 이전의 상태로 돌아가는 것이 아닌 평화롭고 풍요로운 행복한 민족 공동체를 새롭게 건설하는 것을 의미한다. 이러한 의미에서 통일은 과거로의 회귀가 아니라 오히려 미래를 향한 새로운 역사의 창조 작업이다. 또한 통일은 무조건적, 당위적 차원이나 통일 만능주의의 관점이 아니라 남북 지역 주민 모두에게 분단의 폐해를 극복하고 더 높은 삶의 질을 누릴 수 있게 할 것이라는 점에서 의미가 있다.

둘째, 통일은 민족문제이자 국제문제이다. 남북 분단은 제2차 세계대전의 종식과 함께 미·소 양국의 한반도 분할 점령에 의해 시작되었다. 이후 북한의 남침으로 시작된 6·25전쟁을 통해 민족 간 갈등,

---

[123] 통일교육원, 『2018 통일문제 이해』, 2017, 8~13쪽.

대립이 심화됨으로써 분단은 공고화되었다. 한반도 분단의 과정은 주변국들의 이해관계가 깊숙이 개입되면서 진행되었다. 따라서 분단 및 통일의 문제는 민족문제이자 국제문제라는 이중적 성격을 띠고 있으며, 남북 분단의 극복만이 아닌 동아시아와 전 세계적 냉전구조 해체 및 평화체제의 구축 등과도 관련되어 있다.

따라서 통일은 남북한의 협력 속에서 주도적으로 이루어야 하며, 이와 동시에 국제사회의 지지와 협력이 필요하다. 통일은 분단되어 있는 남북한이 재통합을 이룸으로써 새롭게 공동체를 형성하는 것이라는 점에서 무엇보다도 남북한의 긴밀한 협력 속에 추진되어야 한다. 또한, 주변국들의 이해관계가 반영된 국제 이슈라는 점에서 주변국들의 지지와 협력이 필요하다. 구체적으로 남북한 통일이 한반도의 평화와 안정 유지를 넘어 동북아 지역의 평화와 번영을 가져오는 것이라는 사실을 주변국들에게 인식시켜야 한다. 즉, 분단을 극복하고 평화 통일을 만들어가기 위해 북한과 화해 및 교류·협력을 도모하면서 주변국들에게 우리 통일의 정당성과 필요성에 대해 지지와 협조를 구하는 노력도 병행해야 한다.

셋째, 평화는 한반도 통일에 있어서 우선되어야 할 가치이다. 통일은 평화적인 방식에 의해 이루어져야 한다. 우리는 통일을 원하지만 어떠한 형태로든지 통일이 되기만 하면 된다는 통일지상주의를 추구하지는 않으며, 통일을 통해 한반도의 진정한 평화와 민족의 공동 번영이 보장되는 미래를 희망하고 있다. 통일은 보다 자유롭고 풍요로운 행복한 삶을 추구하는 것이라고 할 때, 통일의 전 과정 역시 평화롭게 진행되어야 한다.

평화는 단순히 전쟁이 없는 상태를 유지하는 것이 아니라 적극적이며 항구적인 것을 의미한다. 따라서 남북한은 통일에 앞서 남북한 간 신뢰를 기반으로 한 한반도 평화체제를 구축하려는 노력이 필요하다. 한반도 평화체제는 항구적인 평화를 실질적이고 제도적으로 보장하기 위한 것으로, 우리는 남북한의 주도적 역할 속에 국제 협력을 이끌어 낼 수 있는 다자적 접근을 모색해야 한다. 한반도 문제의 당사자인 남북한을 비롯해서 한반도 주변 국가들의 공존공영 및 교류협력을 지향할 때 한반도 평화체제가 이루어질 수 있을 것이다.

넷째, 통일은 튼튼한 안보에 기초하여 평화와 번영을 구현하는 방향으로 추진되어야 한다. 평화 통일은 남북 간의 화해와 협력을 통한 공존공영과 평화 정착을 통해 달성될 수 있다. 남북한이 평화적으로 통일을 이루기 위해서는 우선 통일을 함께 할 상대로서 서로의 실체를 인정하고, 남북한 간 호혜협력의 관계로 발전해가야 한다. 오랜 분단 시기 동안 남북한은 대립과 갈등 속에 상호 불신과 적대의식을 강화해 왔다는 점에서 이를 극복하는 노력이 통일에 앞서 선행되어야 한다.

평화는 최선의 안보 상태를 의미하지만 항구적인 평화가 정착되기까지 굳건한 안보는 평화를 지키는 토대가 된다. 오늘날과 같이 냉엄한 현실 속에서 평화통일 노력은 남북관계 발전과 더불어 튼튼한 안보에 기초하여 추진되어야 한다.

다섯째, 통일은 국민적 합의하에 추진되어야 한다. 통일은 국가적 차원의 이해관계에 그치지 않고 개인적 차원의 이해와도 직결되는 우리 시대의 과제이다. 즉, 통일은 특정 집단이나 계층의 문제가 아니라 분단된 한반도에서 살아가는 우리 국민 모두의 삶과 직접 연결되어 있는 문제라는 것을 국민들에게 이해시켜야 한다. 통일이 가져오는 이익을 향유하기 위해서는 국민 각자의 일련의 책임과 의무가 따른다는 것도 인식시켜야 한다.

이를 위해서 무엇보다 중요한 것이 통일교육이다. 올바른 통일교육을 통해 남북문제를 둘러싼 우리 내부의 갈등을 해결하는 동시에 통일에 대한 국민들의 인식과 열망을 높여나가야 한다. 또한, 통일미래 비전과 그것을 실현하기 위한 과제 등에 대한 국민적 합의와 공감대를 형성하고 확산시켜 나가야 한다.

3. 통일의 필요성

우리가 통일을 해야 하는 이유는 민족사적 당위성에서부터 공리(公利)적인 이유에 이르기까지 여러 가지가 있다. 그러나 오늘날의 세계화·다문화 추세를 감안할 때, 과거와 같은 민족이나 당위 중심의 통일 논의를 넘어서는 통일의 필요성 논의가 필요하다. 통일은 비단 민족의 숙원이나 당위일 뿐만 아니라, 남북 주민 모두가 지금보다 더 평화롭고 풍요로운 환경 속에서의 인간다운 삶을 보장받기 위해 반드시 필요하다.

그러나 분단이 장기화되면서 많은 국민들은 분단의 고통과 폐해에 대해 무감각해지거나 통일문제에 대해 무관심해 보이기도 한다. 또한 적지 않은 국민들이 통일에 대한 기대보다는 통일 과정에서 예상되는 경제적 부담과 사회 혼란 등을 우려하면서 심지어 통일에 대한 회의감을 가지기도 한다. 통일의식과 관련된 많은 조사들에서 우리 국민들은 통일의 필요성과 당위성에 대해서는 대체로 긍정적이지만, 남북 간 이질화나 경제적 격차 등 현실적인 측면을 고려하면서 통일문제에 대한 의구심과 부담감을 드러내기도 한다.

이런 상황에서 국민들의 관심과 참여 속에 통일을 실현하기 위해서는 무엇보다도 국민들의 통일에 대한 인식이 긍정적으로 바뀌어야 한다. 즉 통일이 사회·경제적 혼란으로 야기되는 비용보다 훨씬 큰 이득을 가져다준다는 확신과 함께, 21세기 민족의 번영과 발전, 개인의 삶의 질 향상과 행복 등을 위해 통일이 반드시 필요하다는 인식이 요구된다. 이를 바탕으로 통일의 필요성을 정리해 보면 다음과 같다.

첫째, 남북 구성원 모두에게 자유, 인권과 행복한 삶을 보장하기 위해 통일이 필요하다. 특히, 남북 이산가족과 북한이탈주민 등이 분단으로 인해 겪고 있는 고통을 해소하고 북한 주민의 삶을 개선하는 차원에서도 통일이 필요하다. 통일은 북한 주민도 우리와 마찬가지로 자유와 복지, 인간의 존엄과 가치 존중이라는 권리를 누릴 수 있게 해

준다. 결국 통일은 분단에 따른 유·무형의 비용을 없애고 새로운 이익을 창출함으로써 국가·사회뿐 아니라 개인의 삶의 질도 한층 향상시킬 것이다.

둘째, 분단 구조의 불안정성과 비정상성을 극복하고 지속가능한 발전을 이룩하기 위해서 통일이 필요하다. 정전체제에 의해 유지되고 있는 분단 구조는 사소한 계기로도 긴장이 고조되고 언제든지 전쟁이 재발될 수 있는 불안정성을 지니고 있다. 분단 구조는 소모적인 경쟁과 대결로 인해 많은 자원을 낭비시킬 뿐 아니라 구성원의 고통과 손실 등 상당한 사회적 비용까지 유발시키고 있다. 따라서 분단 구조에 따른 불안정성을 극복하고 소모적인 자원의 낭비를 막고, 사회적 비용을 절감시켜 지속가능한 발전을 하기 위해서는 통일이 반드시 필요하다.

셋째, 남북한이 통일을 해야 하는 근본적인 이유는 남과 북이 언어, 문화, 역사 등을 공유한 하나의 민족 공동체를 이뤄왔다는 사실과 관련이 깊다. 남북한 주민은 한민족이라는 정체성을 기초로 하나의 민족공동체를 이루며 살아왔다. 우리 민족은 동일한 언어와 문화, 혈통을 지니고 있으며, 수많은 국난을 겪으면서도 공동체 의식을 갖고 단결해 통일 국가를 발전시켜 온 역사를 지니고 있다. 그러나 지난 70년의 분단으로 인한 민족 간 대결과 갈등은 오랜 기간 같은 민족으로 간직해 왔던 공통의 민족정체성을 크게 훼손시켰다.

따라서 분단으로 인해 굴절된 역사를 바로잡고 민족의 역량을 극대화하는 새로운 민족 공동체를 건설하기 위해서 통일은 반드시 실현되어야 한다. 우리 민족은 오랜 시간 동안 같은 문화와 전통을 유지해왔으나 분단 이후 다른 체제와 사회로 나누어져 살아오면서 문화적으로도 점차 이질화되고 있다. 이러한 이질화를 극복하고 우리 민족의 동질성을 회복하기 위해서도 통일이 필요하다.

넷째, 통일이 되면 모든 국민들이 다양한 편익을 누릴 수 있기 때문이다. 통일은 전쟁 위협을 해소해 항구적인 평화를 가져올 뿐 아니라 내부의 이념적 대립에서 벗어나 사회 통합과 국론 결집을 가능하게 한다. 또한 통일로 인한 안보 위협의 해소는 국가 신용등급과 국가브랜드 가치를 높여 코리아 디스카운트(Korea discount)[124]를 코리아 프리미엄(Korea premium)[125]으로 전환시킬 것이다.

현재 우리나라는 세계 10위권의 경제대국이지만 성장 속도가 둔화되고 있는 상황이다. 통일은 새로운 성장 동력과 시장의 확보를 통해 비약적 성장을 가능하게 할 것이다. 통일은 일차적으로 국토 면적의 확장과 인구 증가로 인한 내수 시장 확대를 가져온다. 이와 더불어 남한의 자본과 기술이 북한의 노동력 및 지하자원과 결합해 시너지 효과를 창출함으로써 새로운 성장 동력을 확보하게 된다. 또한 해양과 대륙 진출의 요충지에 있는 한반도의 지정학적 특성을 살려 태평양과 유라시아를 연결하는 물류와 교통의 중심지로 부상하기 위해서라도 통일은 반드시 필요하다.

다섯째, 통일은 한반도의 전쟁위협 제거와 평화정착을 통해 동북아와 세계 평화에 기여하기 위해서 필요하다. 북한의 핵 개발과 전쟁의 위험이 완전히 가시지 않은 한반도의 불안한 정세는 동북아 지역의 평화와 안정을 저해하는 요소로 작용해 왔다. 통일은 한반도에서의 전쟁 위험을 완전히 제거하고 핵과 미사일 문제를 비롯한 '북한 문제'를 해결함으로써 한반도에 평화를 정착시킬 수 있다. 나아가 남북한 통일은 한반도 뿐 아니라 동북아 지역은 물론 세계평화에 기여할 수 있다. 우리가 평화와 인권 등 인류 보편적 가치와 원칙을 존중하는 국가로서 21세기의 동북아 시대를 선도하며 세계 평화와 인류 공영에

---

[124] 코리아 디스카운트(Korea discount)는 한국 경제의 불투명성, 불확실성을 근거로 외국인들이 한국의 주가를 실제 가치보다 낮게 평가하는 것을 말한다. 주로 남북 분단으로 인한 불안정성, 유동성 등이 경제상황의 불확실성으로 연계되어 실제보다 한국의 주가 가치를 낮게 책정하여 한국의 제품 및 한국 브랜드의 질을 신뢰하지 않고 낮게 평가하는 현상을 의미한다.

[125] 코리아 프리미엄(Korea premium)은 한국 증시에 외국인의 투자가 급격히 늘어나고, 한국의 대외적 국가브랜드 가치 상승에 따라 한국 제품에 대한 신뢰가 높아지는 등 경제 분야에서 나타나는 한국에 대한 선호현상을 말한다.

기여하는 중심 국가가 되기 위해서라도 남북은 반드시 통일을 이루어야 할 것이다.[126]

4. 통일의 유형

분단된 국가와 민족이 다시 통일을 이룩한 유형을 알아보면 무력적 강제통일모형, 일방적 흡수통일모형, 대등적 합병통일모형이 있다.

〈표 12-1〉 통일의 유형

구분	무력적 강제통일	일방적 흡수통일	대등적 합병통일
통일 상황	•전쟁 또는 무력개입에 의한 통일 상황	•합의에 의한 일방적 흡수통일 상황	•합의에 의한 대등적 합병통일 상황
통일 과정	•통일 지상주의 치중 •계획적, 의도적 통일	•예측불가 통일	•공존의 원칙에 근거 •계획적 통일
통일 전제	•당사국의 강력한 군사력 보유	•상대국 체제 붕괴	•상대의 기존체제의 인정
당면 문제	•대립과 적대감 잔존 •민족멸망 초래	•예측 불가능한 상대국가 붕괴에 대비	•당사국가간 기득권 다툼 •통일 불안
접근 시각	•수용불가 ※북한의 추구방안	•상대국가 자극 가능 ※한반도에서 실현가능 방안	•이상적 유형 •통일 이후 혼란 최소화 ※한국의 추구방안
통일 사례	•베트남 통일 남북예멘(2차통합)	•독일통일	•남북예멘 협상통일 (1차통합)

무력적 강제통일모형은 전쟁 또는 무력개입에 의한 통일로서, 관계 국가는 강력한 군사력을 보유하고, 통일지상주의에 집착하여 대립과 갈등에 의한 전쟁으로 민족멸망을 초래할 수 있는 유형이다. 피 합병 국가의 무조건적 굴복과 무장해제로 주도국가의 국가통일 및 군사통합을 하게 되며, 이때는 피합병국가의 군제를 폐기하고 관련 자산에 대한 보상도 하지 않게 된다. 역사적으로 북베트남은 남베트남을 무

---

[126] 통일교육원, 『2018 통일문제 이해』, 2017, 14~16쪽.

력적 강제로 베트남을 통일하였으나 국가 통일과정에서 남베트남인들의 난민 탈출로 인한 보트피플127)과 내분 등으로 많은 살상적·파괴적 사건 등이 있었다.

　일방적 흡수통일모형은 당사국가 간에 합의는 하지만 주도국가의 일방적인 흡수로 통일을 하는 것으로서, 피 합병국가 군제의 가용성 및 군사자산에 대하여 보상을 고려하게 된다. 또 상대국가가 붕괴되면 흡수통일을 해야 하기 때문에 항상 통일에 대비해야한다. 그 예로는 독일통일로서 서독의 튼튼한 국력은 동독의 붕괴를 흡수하여 통일을 완성하였다.

　대등적 합병통일모형은 당사국가 간에 대등한 입장에서 합의로 합병통일을 하는 것으로서, 당사국 간의 대등한 입장에서 정치적·군사적 통합 조건을 합의하여 정치체제·군사제도가 혼성으로 통합을 한다. 그렇기에 이 유형은 공존의 원칙에 근거하여 기존의 체제를 인정한 가장 이상적인 통일모형이 된다. 그러나 당사국 간에 주도권 확보 경쟁으로 제도적인 무력갈등 요인이 내재되어 있어, 그 요인을 최소화하지 못하면 갈등 및 내전이 일어날 수 있다. 그 예로 1차로 북예멘과 남예멘이 대등적 합병통일을 성공하였으나 당사국가 간에 기득권 다툼으로 다시 분단되어 2차로 북예멘은 전쟁을 통한 무력적 강제로 남예멘을 재통일하였다.

유익한 이야기 코너 ⑩

무력적 강제통일모형, 베트남통일

　프랑스에 대항하는 독립운동인 제1차 베트남전쟁이 제네바 협정으로 끝난 후 베트남은 남북으로 나뉘게 되었다. 북베트남에는 강력한

---

127) 남베트남의 패망을 전후하여 해로를 통해 탈출한 베트남 난민.

통치권을 확립하여 호치민이 이끄는 공산정권이 세워졌고, 남베트남에는 독자적으로 국민투표와 총선거를 통해 미국의 지원을 받는 정부가 수립되었다.

이후 1956년부터 북베트남의 침공이 본격화되어 남베트남은 북베트남과 남베트남 내부 베트콩의 조직적인 저항으로 체제유지가 어려운 상황이 전개되었다. 이에 통킹만 사건을 계기로 미국이 베트남 전쟁에 참전하였으나 여론 악화로 어려움을 겪고 결국 파리협정을 통해 철수하게 되었다. 파리협정 후에 남북베트남 당사자로 구성된 휴전감시기구는 사실상 제 기능을 수행하지 못했고, 쌍방 간 전투는 그치지 않고 계속 되었으며, 결과적으로 북베트남에 의한 무력통일의 기회를 제공하게 되었다.

북베트남은 파리협정이 조인된 후부터 남베트남을 전쟁을 통한 무력적 강제통일을 하기 위해 군사력을 증강하고 무력통일전략을 완성하였다. 북베트남군과 남베트남 내부의 베트콩 합동으로 1975년 3월 11일 남베트남에 대한 총공세작전을 개시하였으며, 그 결과 1975년 4월 30일 남베트남의 수도 사이공(호치민 시)이 함락됨으로써 무력적 강제통일모형에 의한 공산화통일이 되었다.

제2절 남북한 통일정책 비교

1. 한국의 통일정책

1) 북진통일정책(제1공화국: 1948~1960)

제1공화국 당시는 이승만 대통령의 북진통일론이 한반도 통일문제를 해결하기 위한 한국의 기본입장이었다. 그의 정책은 한국의 독자적 헌정질서와 주권 하에 남북한을 통일하는 것이었다. 북진통일은 북한 정부에 대한 한국의 공식적 입장을 대변하는 것이었으나 이 정책은 감정적 고려에 기반하고 있었을 뿐이었고 실제로 영토의 통일을 달성할 가능성은 거의 가지지 못했다. 1953년 7월 27일 이전에는 한국의 정책결정자들은 북진통일론에 위배된다는 이유 때문에 휴전을 반대했다. 그러나 미국의 도움 없이는 북진통일을 달성할 수가 없었고 워싱턴 지도자는 이러한 군사적 통일방안에의 지원을 주저했다. 그 당시 미국과의 의견조정과정에서 워싱턴 측은 전쟁피해복구에 대한 군사적·경제적 원조를 제시했고 한국 측은 이를 수락할 수밖에 없었다.[128] 그 후 이승만은 선거에서의 부정과 부패한 행태 때문에 대통령직을 사임하고 말았다.[129]

2) 중립화통일방안(제2공화국: 1960~1963)

제2공화국의 의원내각제 하에서 장면 박사가 정권을 잡았다. 학생들과 진보적인 정치인들은 중립화를 표방하는 국내외 주장들의 영향을 받았다. 제2공화국 첫 해의 주요 논쟁점은 한국인에 의한 중립화 통일문제였다. 국내의 중립화주의자들은 통일은 한반도 주위의 세 나라(중국, 일본, 소련)와 미국 등 네 나라의 압력과 갈등을 피할 수 있을 때에야 성취가 가능하다는 견해를 제시했다.

한국인 중립화주의자들에 의해 제기된 중립화방안은 한국 정부의 정책결정에 영향을 미치지 못하였다. 중립화방안의 강점은 통일에 대한 한국인의 자율적 노력과 한반도에 대한 외세의 영향력 감소라는 측면을 강조한다는 데 있다. 반면에 결점은 그 방안이 현실적이지 못하다는 것이다. 학생들과 진보적 정치인들과는 달리 한국의 정책결정자들은 중립화에 반대했고 '유엔감시하의 전한반도에서의 자유총선거'를 통한 통일방안을 지지했다.[130]

---

[128] 정명복, 『잊을 수 없는 생생 6·25전쟁사』, 2018, 301~303쪽.
[129] 김용제, 『한반도 통일론』, 박영사, 2009, 164쪽.
[130] 위의 책, 164~165쪽.

3) 선 경제·후 통일 정책(제3공화국: 1963~1972)

장면 정부는 경제제일주의를 내걸긴 했지만 이 정책을 추진할 만한 능력을 갖추지 못했다. 이후 3년 동안 군사혁명그룹은 남북협상을 추진하던 집단적 또는 개인적 차원의 공개된 정치토론을 억압했다. 새로운 군부지도자 박정희는 이승만의 정책을 따라 북한과의 상호관계를 거론하는 일체의 토론을 금지시켰다. 그러나 박정희는 이승만의 군사적 통일전략을 그대로 원용하지는 않았다. 그의 '개발주의'와 '반공주의' 계획은 정치적 안정을 기반으로 하여 경제성장을 우선적으로 달성해야만 한다는 것이다. 그런 후에야 북한과 협상을 할 수 있다는 것이다. 박정희 정권 초기의 10년 동안, 정치적 안정과 경제성장의 추진이라는 명목 하에 비록 강제적이긴 해도 목표로 세운 계획을 밀어 붙였다. 그는 이 기간 동안 통일논의를 회피하려고 노력한 것으로 보인다.

1963년 가을에 군정이 끝나고 새로운 민선정부가 출범했다. 혁명위원회 지도자였던 박정희 장군이 주도한 견실한 경제계획으로 인해 박정희 장군은 제3공화국의 대통령이 되었다. 그는 한국이 북한에 비해 경제력의 우위를 점해야만 남북한 간의 친선을 도모할 수 있다고 확신했다. 그는 1970년대 후반에 이르면 통일이 성취될 수 있다고 기대했던 것 같다.[131]

4) 대북친선정책과 준 냉전 (제4공화국: 1972~1981)

1·2차 경제개발 5개년계획을 통해 어느 정도의 경제성장을 이룩한 박정희 대통령은 통일문제에 대해 보다 적극적인 자세를 취했다. 남북한 간의 화해기간(1970~1974) 동안에 한국은 북한에 대해 계속적으로 변화된 정책을 취했다. 이 정책은 적십자회담(1971), 남북공동조절위원회(1972), 평화통일외교정책선언(1973), 남북불가침협정(1974)의 결과로 남겼다.

---

[131] 위의 책, 166쪽.

또한 1974년 박대통령은 '평화통일 3대 원칙'을 발표했다. 우선 첫 번째는 남북이 상호불가침협정의 비준을 통해 항구적 평화를 달성하자는 것이다. 두 번째는 다양한 협상과 교역을 통한 남북한 간의 신뢰회복이다. 세 번째는 한반도 전역에서의 자유 · 보통선거의 실시였다. 한국의 지도자들이 뜻하고 있던 바는 국민의 기본권으로서의 자유 · 공정선거의 원칙을 소개하는 것이었다. 남북한 양 지역에서의 자유 · 보통선거의 수락은 한국으로서 큰 양보였지만 북한은 제안에 재차 응하지 않았다. 이 당시 한국이 제안했던 모든 정책은 실제적으로 현상의 변화에는 큰 의미를 지니지 못하는 것이었다. 박 정권은 '선 건설, 후 통일'이라는 기본전제를 깔고 단순한 유화정책을 취했던 것뿐이었다. 따라서 북한에 대한 한국의 정책은 어떠한 실질적 효과도 가져올 수 없다는 것이다.

남북한 간의 관계는 1975년 베트남이 북베트남에 의해 통일되면서 다시금 긴장상태로 접어들게 된다. 한국은 워싱턴의 외교정책이 주로 행정부에 의해 주도되지만 그것은 국민과 의회의 영향을 받지 않을 수 없다는 것을 깨닫고 국가안보라는 명목 하에서 인권과 정치적 자유에 대한 탄압을 정당화시킨다. 한국은 그런 탄압이 긴 안목에서의 평화통일달성에 불가피하다고 믿었다. 게다가 문세광에 의한 육영수 여사 저격사건, 비무장 지대에서의 땅굴발견 그리고 김일성의 베이징방문 등에 의해 북한이 전 한반도의 공산화계획을 포기하지 않았음을 알게 된다. 한국정부는 한반도의 공산화를 막기 위해 단기적인 정치적 자유의 희생은 국민들이 감수해야 한다고 역설했다.[132]

5) 민족화합 · 민주통일방안(제5공화국: 1981~1988)

이 통일 방안은 분단 이후 최초로 종합적이고 체계적인 통일방안을 제시한 것이 특징이다. 이 평화조건의 전제는 우선 고위층의 예비회

---

[132] 위의 책, 167~169쪽.

담을 위한 대화의 문이 열려야 하고 실무자 수준에서 그것들이 실행될 수 있어야 한다는 것이다. 일곱 가지의 예비조항들은 평화라는 원칙 위에 기초되어 있고 폭력적 요소와 통일 민주공화국(UDRK)을 실현하기 위한 다른 장애들을 유지할 수 있도록 해줄 것이라고 주장되었다. 그것은 남북한을 각각 민족국가행위자로 간주하면서 아울러 호혜성과 평등성의 원칙을 포함하고 있다. 전쟁방지를 위한 상호불가침, 상호내정 불간섭, 군사정전협정에 기초한 평화적 상호공존, 통신·체육·교역부문에서의 상호교류와 협력, 양 정부 간의 외교적 연락창구교환 등의 일곱 가지의 전제조건들은 과도기적 상황에서의 실용적이고 합리적인 제안들이다.

통일민주공화국(UDRK) 안은 한국 측의 '후 통일'정책과 관련되어 있는데 이는 민족자결, 평화적 절차의 원칙에 입각하고 있다. 이 통일민주공화국은 헌법 제정을 위해 남북한 공동의 조직구조인 민족재통일을 위한 자문회의(CCNR)를 요구한다. 민족재통일자문회의의 구성원은 남북한 양측의 지역과 주민을 대표하는 것으로 되어 있다. 헌법 제정과 관련하여 전두환 대통령의 방식은 타협과 교섭이라는 유연성을 보여준다. 민족재통일자문회의는 전문화된 노동의 분화, 공시적 규칙, 남북한 정부의 공식적 관점의 규제, 위계적 구조, 민족주의적 관점에서의 구성원 선출 그리고 적성과 능력 등을 고려한 것이라 한다. 따라서 헌법을 제정하는 일에 있어서 실제적인 효율성이 제고될 수 있다는 것이다. 민족재통일자문회의가 조직된 후에 회의가 진행되면서 양측을 대표하는 위원들은 합의된 헌법에 도달하기 위해서 이의가 있는 의견들을 조정할 수 있을 것이다.

요약하자면 전 대통령의 통일정책은 한반도 통일이라는 복잡한 문제를 유연하게 풀어나갈 수 있는 혁신적이고 창조적인 사고에 기초된 것이다. 그의 통일헌법 제정제안은 통일방식의 새로운 명제가 도출되기 전까지 남한의 공식적 입장으로 위치할 것이다.[133]

6) 한민족공동체통일방안(제6공화국: 1988~1993)

이 방안은 민족화합·민주통일방안을 보완하고 '민족공동체'라는 통일의 틀과 '남북연합'이라는 중간과정을 제시한 통일방안이다. 한민족공동체통일방안은 1987년 개정 헌법에서 최초로 분단 상황을 인정하고 통일은 평화적으로 달성한다는 원칙을 준수했다. 제6공화국은 새로운 차원에서 남북관계의 정립을 위해 노력한 결과가 '민족자존과 통일번영을 위한 특별선언(7·7선언)'과 '한민족공동체 통일방안'으로 구체화된 방안을 제시했다. 7·7선언에서 한국은 북한을 대결의 상대가 아닌 '선의의 동반자'로 간주했고 남북한이 번영을 이룩하는 민족공동체 관계를 발전시키는 것이 통일한국을 달성하는 지름길이라는 방향을 제시한 정책선언이다. 이 선언에서 민족공동체 형성을 위한 남북한 간의 인적·물적 교류, 협력의 기본적 정책방향을 제시한 양국 간의 공식적인 교류·협력이 시작되었고 대표적 조치 중 하나가 '남북교류에 관한 법률'이다. 한민족공동체통일방안은 7·7선언의 계승과 남북한 간의 이질적 체제대립을 인정하는 것만으로는 통일을 달성하는 데 어렵다는 전제를 하고 있으며, 완전한 통일한국을 달성하는 과정에서 남북한 간의 교류와 협력을 통한 민족공동체를 회복시키는 과정에 역점을 두고 있다 이를 바탕으로 장기적으로 정치적 통일이 이루어지는 상태를 만들어 간다는 방안이다. 이 방안의 내용을 분석해 보면 통일원칙으로 '자주·평화·민주'를 제시하고 통일한국 국가의 미래상으로는 '자유·인권·행복'이 보장되는 민주국가를 표방하고 있다. 통일한국의 수립절차과정에서 남북한 대화의 추진으로 신뢰회복을 하고 정상회담을 통해 민족공동체헌장 채택을 제시하고 있다. 이 과정에서 남북의 공존·공영과 민족사회의 동질화와 민족공동생활권의 형성을 추구하기 위하여 과도적 통일체제인 '남북연합(The Korea Commonwealth)'을 거쳐 민족공동체헌장의 합의에 따라 남북정상회의,

---

133) 위의 책, 172~173쪽.

남북각료회의, 남북평의회, 남북공동사무처를 두게 되어 있다. 또한 장기적으로 통일헌법의 규정에 따라 통일국회와 통일정부를 구성하여 완전한 통일국가인 통일민주공화국을 수립한다는 청사진이다.[134]

7) 민족공동체 통일방안(문민정부: 1993~1998)

민족공동체 통일방안이 나오기 전 남북한 신뢰회복과 교류·협력 활성화 방안을 대내외적 환경조성과 핵문제와 남북한 관계로 들여다 볼 필요가 있다. 1993년 한반도는 민족통일의 과정에 있어서 역사적으로 중요한 전환점에 처해 있었다. 당시 중국의 지하 핵실험, 러시아의 보수파에 대한 유혈진압, 한국정부의 긴급장관회의, 에커먼 미 하원 아·태소위원장의 방북, 유엔 총회가 북한에 대한 국제원자력기구(IAEA)의 핵사찰 수용을 촉구하는 140대 1의 결의안을 채택한 것은 한반도를 둘러싸고 진행된 끝없는 변화를 보여주는 증거였다. 한국은 문민정부 출범 이후 신한국 창조를 위해 변혁의 틀을 설정하고 통일한국을 21세기 전에 달성한다는 목표를 세운 다음 새로운 탈냉전적 국제질서 조류를 주변 4강과 관계를 유지 및 수립함으로써 민족통일의 대내적 기반조성에 노력하고 있었다. 반면에 북한은 경제문제와 대내적 고립에서 오는 체제위기를 해결하기 위하여 핵확산금지조약 협정 탈퇴소동 등 핵개발 카드를 사용하고 기존의 남북대화통로를 봉쇄하면서 여전히 냉전시대 의식을 가지고 김일성·김정일 계승, 핵무기개발로 변혁이 없이 체제유지에 급급하고 있었다.

남북한 관계상황을 총괄적 측면에서 보면, 한반도 질서를 우리 민족의 의지와 무관하게 피동적으로 규정했던 시대는 완전히 지나갔다. 민족주의와 시장경제체제를 근간으로 하는 새로운 탈냉전적 국제질서 속에서 한반도문제는 동서 간의 대결에서 민족 내부의 문제로 바뀌어 한반도 통일도 한민족이 해결해야 할 시대적 당위성으로 받아들

---

[134] 위의 책, 174~175쪽.

일 때가 왔다. 1992년 2월 19일 남북한 간에는 기본합의서가 발효되어 상호 간에 정치적으로 화해하고 군사적으로 침범하지 않으며, 경제·사회·문화적으로 교류·협력하도록 분단 이후 최초로 책임 있는 쌍방당국이 공식적으로 선언했다. 이 합의서는 한반도 분단사 중 통일로 가는 과정에서 유리한 제도적 환경설정에 큰 획을 그은 것이라고 볼 수 있다.[135]

8) 낮은 단계의 남북연합 (국민의 정부: 1998~2003) (참여정부: 2003~2008)

2000년에 접어들어 남북관계는 남북경제공동체 건설, 베를린선언 등을 통해 평화정착에 신중을 기하게 되었다. 특히 북한은 당국 간의 남북경협을 통한 북한경제회복 지원, 냉전종식과 평화정착, 이산가족 문제해결, 남북당국 간 대화추진 등을 제안한 남북정상회담 개최용의를 표명해옴으로써 남북정상회담합의가 가능해졌다. '제1차 남·북 정상회담'은 역사적으로 55년 분단사의 새로운 출발점을 알리는 남북 최고당국자 간의 만남으로서 적대관계에서 화해협력의 새 시대를 여는 전환점을 마련한 것이고, 구조적 차원에서는 한반도평화를 위한 기본구도를 복원시켰다는 점에서 의의가 있다고 분석된다. 이후 이산가족상봉, 금강산 관광, 북한의 남한주최 스포츠 경기 참가 등 민간 교류 사업이 본격적으로 시행되면서 국민의 정부 햇볕정책을 통해 한반도에 평화를 증진한 공로로 김대중 전 대통령이 2000년 노벨평화상을 받았다.

기능적 측면에서는 남북화해협력과 신뢰구축을 위한 중요한 계기가 작용했다고 볼 수 있겠다. 남북정상회담의 성과는 6·15공동선언 5개항으로 남북의 최고당국자가 합의 서명한 문건으로 분단 역사상 처음으로 상호 간의 이해 증진, 남북관계의 발전, 평화통일을 실현하는 데 초석을 놓는 역할을 하였다.[136]

---

[135] 위의 책, 181쪽.

9) 이명박 정부의 대북정책(이명박 정부: 2008~2013)

이명박 정부는 제6공화국의 다섯 번째 정부로 주목표를 경제 살리기에 초점을 두었다. 이명박 정부는 대북정책으로 '비핵·개방 3000 구상137)'을 발표하면서 북한이 핵 포기 시 대가를 지불한다는 정책을 마련하였다. 이 대북정책은 '국민의 정부'와 '참여정부'의 대북정책과의 차별화에 초점을 두었지만 구체적인 북한의 대응책과 해법이 결여되어 있다. 분단에서 통일로 가는 과정에 과거 정책의 장점은 살리고 단점을 보완하는 차원이 결여되어, 기대치 않은 결과로 남북한 간의 긴장과 대결상태를 재생산하는 것은 시행착오라고 평가할 수 있다. 이 구상은 주로 선 비핵화, 선 개방을 전제로 하여 북한을 일방적 지원 대상으로 분류함으로써 북한으로부터 강한 반발을 불러왔다. 한국사회 내부에서도 북한의 비핵과 개방을 이끌어 내는 방법론이 결여되어 선전용 구호이지 정책은 될 수 없다는 비판을 받았다.

이러한 측면에서 2008년 7월 11일 이명박 대통령은 '상생과 공영'의 대북정책을 거시적인 비전으로 제시하였다. 대북정책의 목표를 지난 10년 동안 국민적 합의 없이 추진된 '햇볕정책'의 부작용을 치유하고 경직된 북한체제를 변화시키는 데 초점을 맞추면서 한국이 남북관계의 주도권을 갖는 것을 제시한 바 있다. 이명박 정부가 대북정책의 새로운 기조로 내세운 '상생과 공영'은 '선 대북지원, 후 남북현안 협의·해결' 기조로 가지 않고 북한의 비핵화를 최우선으로 하여 향후 핵 검증 및 북핵 협상의 진전에 따라 보다 적극적인 정책으로 발전하는 이상적인 대북 제의이다.138)

---

136) 위의 책, 219~220쪽.
137) 북한이 핵을 포기하고 개방에 나서면 대북투자를 통해 북한의 1인당 국민소득을 10년 후 3,000달러로 올리고 400억 달러 규모의 국제협력기금조성에 나서기로 한 것이다.
138) 김용제, 『한반도 통일론』, 박영사, 2009, 235~236쪽.

10) 박근혜 정부의 대북정책(박근혜 정부: 2013~2017)

박근혜 정부는 역대 정부의 대북정책의 장단점을 고려해 남북 간 신뢰형성을 핵심으로 하는 '한반도 신뢰프로세스'와 실행계획으로 '한반도 평화통일을 위한 구상' 및 '3대 통로'를 제안했다. '한반도 신뢰프로세스'는 튼튼한 안보를 바탕으로 남북 간 신뢰형성을 통해 남북관계를 발전시키고, 한반도에 평화를 정착시켜 통일기반을 구축하고자 한 정책이다. '한반도 평화통일을 위한 구상(드레스덴 구상)'과 '3대 통로'는 환경·민생·문화 분야 등 남과 북이 혼재 여건에서 함께 추진할 수 있는 사업을 통해 남북 간에 신뢰에 기반한 공동체를 형성해 나가고자 한 것이다. 그러나 북한의 호응이 없어 남북 간 신뢰구축을 위한 일련의 시도는 남북관계 발전으로 이어지지 못했다.[139]

이상에서 살펴본 바와 같이 김대중·노무현·이명박·박근혜·문재인 정부는 김영삼 정부의 "민족공동체 통일방안"을 계승하고 있음을 알 수 있다.

2. 남북한의 통일노력

한반도는 1945년 8월 15일 해방과 더불어 남북분단 및 6·25전쟁의 아픔이 있었고, 그동안 냉전체제에서 갈등과 분쟁이 지배하여 왔다. 그러나 2000년 6월 13일부터 6월 15일까지 있었던 남한 김대중 대통령과 북한 김정일 국방위원장이 평양에서 역사적 정상회담을 갖게 됨으로써 남북한 주민들에게 분단의 벽을 넘어 민족적 동질감을 느끼게 하였다. 특히 남북한의 정상이 합의하여 발표한 6·15남북공동선언에서 통일 자주적 해결, 연합-연방제 공통성 인정, 친척 방문단 교환, 경

---
[139] 통일교육원, 『2018 통일문제 이해』, 2017, 105쪽.

〈그림 12-1〉 6·15 남북정상회담

제협력 확대, 당국대화 재개의 역사적 서명은 한반도에 새로운 통일역사를 시작케 하는 전환점이 되었다.

그동안 남북한 관계는 적대적 분쟁관계로서 대결을 통한 각각의 단결과 발전을 추구하였다면, 6·15남북공동선언 이후의 관계는 협력적 공존관계로서 협력을 통해 남북내부와 민족전체의 발전을 추구하게 되었다. 1972년 7월 4일에 합의된 7·4남북공동성명은 자주, 평화, 민족 대단결이라는 통일의 대원칙을 만들어 냈지만, 그 원칙 자체가 너무 포괄적이고 남북한 양측의 해석이 너무 달라 구체적인 실행에 들어가기에 앞서 양측 체제 강화에 이용당하는 결과로 귀결되었다. 1991년 12월 13일 발표된 남북기본합의서를 비롯해서 1992년 9월 17일 부속합의서는 남북관계를 처음으로 특수관계로 인정한 문서다. 교류와 협력, 평화를 위한 불가침, 정치적 신뢰회복 등을 위한 구체적인 이행조치 내용까지 담았으나, 이행조치 실행을 위한 조건 등을 쓰고 난 뒤 남북한 양측의 해석과 이견이 노출되면서 실천되지 못했다. 그리고 2000년 6월 15일에 합의된 남북공동선언은 7·4남북공동성명과 같이 원칙적인 합의의 성격이 강하지만 양측 정상이 직접 그 선언을 이행하는 문제까지 논의한 이후에 나온 것이라는 점에서 그만큼 실천 가능성이 높은 것이다.

특히 남측의 연합제와 북측의 낮은 단계의 연방제가 가진 공통성을 인정하고 양측이 실현해 나갈 목표로 삼는 등 통일방안에 대한 최초의 합의였다. 6·15남북공동선언은 이산가족 문제와 비전향 장기수 문제를 인도주의라는 같은 범주 속에서 해결방법을 마련한 것은 과거에는 감히 생각할 수 없었던 새로운 접근이었다.

3. 남북한의 통일정책 비교

한국은 1989년 9월 11일에 한민족공동체 통일방안을 국내외에 천명하였다. 통일의 3원칙으로 자주·평화·민주의 원칙을 제시하였는데, 이는 민족자결정신을 도모하고 민주적으로 통일을 이룩하고자 하는 뜻을 가지고 있다. 통일의 과정은 공존공영의 토대 위에서 남과 북이 연합하여 단일 민족사회를 지향하여 단일민족국가로 통일민주공화국을 건설하는 것이다.

과도적 통일체계로서 남북연합을 구성하며, 이것은 통일국가 실현의 중간과정으로서 민족의 공존공영, 민족사회의 동질화, 그리고 민족공동 생활권 형성의 역할을 추구하고 있다. 또한 사회·문화·경제공동체 실현을 위하여 남북정상회담을 통해 민족공동체 헌장을 채택·공포하고, 평화와 통일을 위한 기본방안, 상호불가침에 관한 사항, 남북연합기구의 설치, 운영에 관한 남북 간의 포괄적인 합의를 규정하고 있다.

통일국가 수립절차로는 남북평의회에서 마련한 통일법안을 민주적 방법과 절차에 따라 확정 공포하며, 통일이념이 정하는 내용에 따라 총선거 실시→ 통일국회와 통일정부 구성 →통일국가 완성 등의 절차를 수립하는 것이다.

통일국가는 민족구성원 모두가 주인이 되는 하나의 민족공동체로서 각자의 자유·인권·행복이 보장되는 민주국가로, 국가형태는 단일국가이며, 국회구성은 양원제(상원은 지역대표성, 하원은 국민 대표성)로 한다. 통일 민주공화국의 정책기조로는 민주공화체제로 민족성원 모두의 복지를 증진하고, 민족의 항구적 안전이 보장되는 단일민족국가, 모든 나라와 선린우호관계를 유지하며 세계평화에 이바지하는 것으로 되어 있다. 이러한 통일의 원칙을 토대로 하여 기존의 통일방안에서 통일과정과 통일국가의 미래상을 보완·발전시켜서 민족공동체 통일방안을 발전시켜 나가는 것이다.

<표 12-2> 남북한 통일 정책 비교

방안내용	민족공동체 통일방안	고려연방제 통일방안
통일철학	자유민주주의(인간중심)	주체사상(계급중심)
통일원칙	자주·평화·민주	자주·평화·민족 대단결 등
전제조건	없음	국보법폐지, 주한미군철수
통일과정	화해협력-남북연합-완전통일 (민족국가 → 통일국가)	연방국가의 점차적 완성 국가체제 조립우선 (국가통일 → 민족통일)

민족공동체 통일방안은 하나의 민족공동체를 건설하는 방향에서 통일을 점진적이고 단계적으로 이루어나가야 한다는 기조하에 통일의 과정을 3단계로 설정하고 있다.

제1단계인 **화해·협력단계**는 남북한이 적대와 불신·대립관계를 청산하고, 상호신뢰 속에 긴장을 완화하고, 화해를 정착시켜 나가면서 실질적인 교류·협력을 실시하여 협력적 공존을 추구해 나가는 단계이다. 이러한 1단계 과정을 거치면서 남북한은 상호 신뢰를 바탕으로 민족동질성을 회복하고 본격적으로 통일을 준비하는 방향으로 나가게 된다.

제2단계인 **남북연합단계**는 남북한이 연합하여 단일 민족공동체 형성을 지향, 궁극적으로 단일 민족국가를 건설한다는 목표를 설정하고, 남북한 간의 공존을 제도화하는 중간과정으로서 과도적 통일체제인 남북연합의 구성 및 운영하는 단계가 된다. 남북연합단계에서는 남북한 간의 합의에 따라 법적·제도적 장치가 제도화되어 남북연합기구들이 창설 및 운영되게 된다.

제3단계인 **통일국가 완성단계**는 남북연합단계에서 구축된 민족공동의 생활권을 바탕으로 정치공동체를 실현하여, 남북한 두 체제를 완전히 통합하는 것으로서 1민족 1국가의 단일국가로의 통일을 완성하는 단계이다. 즉, 통일헌법에 따른 총선거를 통해 통일정부를 구성함으로써 평화통일을 완성하게 되는 것이다. 민족공동체 통일방안에서는 통일국가의 미래상으로 민족구성원 모두가 주인이 되며, 민족구성원 개개인의 자유와 복지와 인간존엄성이 보장되는 선진 민주국가를 제시하고 있다.

특히 2000년 6월 15일 김대중 대통령과 김정일 국방위원장은 역사적인 남북정상회담을 통하여, 남과 북은 나라의 통일문제를 그 주인인 우리 민족끼리 서로 힘을 합쳐 자주적으로 해결해 나가기로 하였다. 남과 북은 나라의 통일을 위한 남측의 연합제 안과 북측의 낮은 단계의 연방제 안이 서로 공통점이 있다고 인정하고, 앞으로 이 방향에서 통일을 지향시켜 나가기로 하였다.

남한의 통일방안 변화과정을 알아보면 제1공화국의 북진통일정책을 비롯해서 제4공화국까지는 단지 남북 자유총선거에 의한 단일국가 수립이라는 단순 개념을 지니고 있다가, 1982년 제5공화국에서 통일헌법제정으로 규정한 민족화합 민주통일방안을 제시한 이래, 제6공화국에서는 국민의 의견을 수렴하여 1989년에 한민족공동체 통일방안에 남북연합제를 수용하였고, 문민정부에서는 1994년에 민족 공동체 건설을 위한 3단계 통일방안을 제시하여 지속되고 있다.

그 반면에 북한은 남한보다 먼저 체계적으로 통일방안을 발전시켜 제시하였는데 1960년대에 과도적 남북연방제를 제안한 이후로 1민족, 1국가, 2제도, 2정부 형태의 고려연방제 통일방안을 발전시켜 왔다. 특히 김일성 주석이 1991년 신년사에서 제시했던 낮은 단계(느슨한) 연방제는 완전한 고려연방제 달성에 앞서 잠정적으로 지역정부에 국방·외교권 등을 부여함으로써, 남한의 남북연합과 일정부분의 공통점을 지니게 되었다고 할 수 있다.

유익한 이야기 코너 ⑪

대등적 합병통일, 예멘통일

예멘은 1571년 오스만터키에게 점령되어 그 지배를 받게 된 이후 다른 민족의 식민통치를 벗어나는 과정에서 분단되었다. 제1차 세계대전으로 인하여 오스만터키가 철수하면서 남예멘지역을 제외한 북예멘은 독립하게 되었다. 1918년 왕정체제로 독립한 북예멘은 아랍 부족사회의 전통이 강한 보수적인 국가로 군사쿠데타로 왕정이 붕괴된 후 자본주의 시장경제체제로 발전하였다. 한편 남예멘은 영국함대에게 수도를 점령당함으로써 영국의 식민지로 바뀌게 되어 1967년 마르크스주의를 표방한 민족해방전선이 독립을 쟁취할 때까지 무려 28년간 영국의 식민통치 아래 지배를 받아왔다.

경제적으로 후진성을 면치 못한 예멘은 석유사업개발을 위한 통일정책의 필요성으로 인해 '트리폴리선언'과 '쿠웨이트협정'과 같은 정치적 협상기간을 거쳐 통일을 준비하였다. 23년이나 걸린 통일준비기간 동안 국내 권력투쟁뿐만 아니라 남북예멘간의 무력충돌이 두 차례나 있었지만 마침내 하나로 합쳐지게 되었다. 통일예멘의 권력구조는 베트남과 독일과는 달리 1대 1의 대등한 합의 통일방식으로서 모든 기구를 존속시키면서 중앙기구만을 만들어 통일해 가는 방법을 취하였다.

그러나 이질적인 사회체제에서 정치통합의 수순을 무리하게 진행시킴으로써 통일예멘은 군대는 물론 경찰 및 정보조직과 일반 행정조직 등에서 실질적인 통합을 이루지 못하였다. 2개의 국가가 국경선만 없애고 독자적으로 국가를 경영하는 경우가 되었던 것이다. 결국 남북예멘은 통일 후 4년 만에 내전사태로 돌입했고, 북예멘의 일방적인 우세로 인해 남예멘의 수도를 함락시키고 1994년 7월 7일 2차로 무력적 강제로 재통일하였다.

제3절 통일에 대한 전망

1. 한반도 통합 모형

1) 연방제 모델(Federation Model)

연방제모델은 조직적인 정치연합체를 수립하는 것을 목적으로 하고 있다. 이 모델은 미국 연방제의 개념을 적용한 것으로, 권력이 지방정부와 중앙정부 사이에 분산되어 있는 정부체계를 의미한다. 이 모델은 단일정치체제와 국가연합체제 중간에 있는 체제로 중앙정부와 지방정부의 권력이 양면으로 소통하는 것이다. 이 체제를 유지하는 나라는 미국, 오스트레일리아, 캐나다, 독일, 인도 그리고 멕시코이다. 미국의 경우, 연방제의 초기단계에서 지방정부가 아닌 중앙정부가 외교문제를 책임지고, 지방정부는 국내문제를 전담한다.

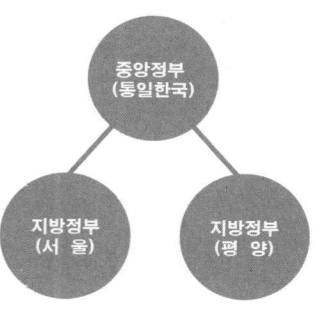

〈그림 12-2〉 연방제 모델

이 국가연합모델을 한반도에 적용하는 경우, 한국과 북한 양측은 조세나 개인권 통제와 같은 주요 통치권은 보유하지만 중앙정부에 약간의 권력을 위임하게 된다. 중앙정부는 제한된 기능을 보유한 사무국을 가지고 입법 권한은 없으나 도의적인 설득을 통해 권한을 행사하게 된다. 즉 두 개의 한국은 그들의 권위를 포기하지 않은 채 상호 문제해결을 위해 협력하게 된다. 중앙정부는 두 개의 지방정부에 대해 우위를 가지지 않고, 지방정부는 중앙정부의 입력정보에 따라 직접적으로 활동하게 된다. 중앙정부의 권한은 지방정부에 대하여 그들의 의지를 강행할 만큼 강한 것이 아니며, 이는 '더 완벽한 정치적 통일체'를 향한 과도적인 모델로 간주된다.

이에 갈퉁(Johan Galtung) 교수[140]는 연방제수립을 할 경우 미국의 워싱턴과 같이 어떤 지방정부의 권한도 미치지 않는 양 체제의 수도로서 판문점을 제안하였다.

연방제는 지방적 자긍심과 전통 그리고 힘의 유지라는 장점을 가지나

---

[140] 노르웨이 국제평화 연구소 창설자이며 오슬로 대학교에서 평화와 분쟁연구 교수로 재직하였다.

연방제가 정치지도자의 개인적 목적으로 사용될 경우에는 단점을 지니게 된다. 연방의 최소한의 조건은 지리적 근접 정도와 기능적인 이해가 일치해야 한다는 것이다. 두 개의 상이한 체제가 모든 국민의 전체적 요구라는 공통된 맥락 하에서 하나의 정치공동체로 통합될 수 있다.[141]

2) 기능주의모델(Functionalist Model)

기능주의모델은 체제유지에 주목하고 있다. 즉 어떤 정책을 체제운영에 이용하는지 그리고 그것이 어떻게 새로운 정치체계를 유지하는가에 주목하는 것이다. 영국의 국제관계 이론가 미트라니(David Mitrany)에 의하면, 평화를 유지하고 국제간 경제협력을 증진하기 위한 방법으로서 기능주의 이론을 소개하였다. 그는 국제협력은 기능적 연관관계들에 의해 이루어져야 하며 이 국제협력은 "공동의 이해관계가 존재하는 분야에서, 그리고 이들이 공유되는 정도에 따라, 공동의 이해관계들을 묶어내는 것"이어야 한다고 주장한 바 있다. 그는 좀더 나아가서 국가와 시민사회의 여러 요구, 특히 경제발전과 복지요구를 충족시킬 수 없는 점을 감안하여 국제협력의 필요성을 주장하면서 비정치적이며 기술적인 영역에서 통신·의료·범죄에 대한 공동대응, 원료에 대한 공동구입 등을 제시한 바 있다.

기능주의 분석은 주로 단계적이고 절차론적 차원으로 한반도통일 문제에 관하여 기본적인 틀을 이루고 있다. 통합을 이루는 데 남북한 사이에 본질적으로 합의하기 어려운 정치적인 부분은 제외하고 비정치적인 경제·사회·기술적 차원에서 시작하여 종국적으로 통일한국을 달성하는 데 역점을 두고 있다.

하나의 정치적 국가행위자를 창출해 내기 위해 한국은 단순하고 쉬운 문제에서 복잡한 문제로 접근하는 점진적인 접근(사회·문화→경

---

[141] 김용제, 『한반도 통일론』, 박영사, 2009, 39~41쪽.

제→군사→정치)을 주장하고, 북한은 우선적으로 큰 걸음을 내딛는 포괄적 접근(정치→사회·문화→군사→경제)을 주장하였다. 이 새로운 질서를 창출하기 위한 합리적인 방안은 무엇인가를 조직이라는 측면에서 보면, 사회·문화와 정치제도가 추상적인 것으로 상부구조에 속하는 반면 경제·군사제도는 실제적인 요소로서 하부구조인 실질적인 토대에 속한다. 이러한 과정을 통해 한국문화의 동질성 회복을 하게 되어 평화적인 통일을 이룰 수도 있을 것이다.

기능주의모델은 두 개의 남북한이 대등한 파트너로서 교섭한다는 것과 그에 따라 한반도에서 유일한 통치 국가로 남으려는 북한의 주장을 약화시킬 수 있다는 장점을 가지고 있다. 그러나 목표설정이 막연하고 기능적 통합이 정치적 통합이라는 완전한 통합으로 나가지 못하고 도중에 좌절될 수 있다는 위험성을 가지고 있다. 즉 아무리 비정치적 교류가 확대되어도 정치지도자의 통합의지가 수반되지 않을 경우 통일은 어렵다는 뜻이다. 게다가 한반도 분단이 장기화 혹은 고착화할 가능성이 있기 때문에 비능률적이고 보수적이라는 단점을 가진다.[142]

3) 신기능주의모델(Neo-Functional Model)

신기능주의모델은 기존의 협조적 행위나 움직임을 분석함으로써 한국과 북한의 실질적 통합을 가능케 하는 의사 결정론적 접근을 목표로 한다. 신기능주의 이론의 대표적 학자는 하스(Ernst B. Hass)로 정치적 연관성이 결여된 기술적 활동이나 협동에 의한 방식을 선택하는 대신, 의도적으로 정치적으로 중시되는 영역을 택하여 이것을 통합의 기술진이 계획할 수 있도록 환경을 조성하는 것을 주장한다. 신기능주의 이론은 의도되지 않은 결과나 분리된 두 단위의 의도적인 연대행위로부터 통합에 도달할 수 있다는 것을 전제로 하고 있다. 유

---

[142] 위의 책, 42~43·48쪽.

럽공동체(European Community)가 유럽연합(European Union)으로 발전하는 1990년대에 다시 재조명을 받은 이론이다.

기능주의모델에서 기능적 요구가 생겨난 후 이에 따라 제도와 기구가 생겨난다는 논리와 달리, 부분적 통합의 확장논리를 통해서 연속적인 통합에 이를 수 있는 제도와 기구를 구상한다. 전자는 정치적 간섭을 회피하는 방법에 의존하는 반면, 후자는 의식적인 정치적 결단의 필요성에 역점을 두고 있다.[143]

4) 전자통일모델(Electric Unification Model)

전자통일모델은 탈 냉전시대에 정보화·세계화 및 자유무역 개방시대가 급진전하는 국제사회와 동북아 내지 한반도도 본질적으로 신기능적 변화를 경험하는 것을 전제로 하고 있다. 전자통일이란 한마디로 "남북한이 웹을 통하여 하나의 사이버공간으로 통합되고 난 후 다시 현실세계로 통합되는 과정"을 의미한다. 자세히 풀어본다면, 남북한 7천만 국민이 "디지털기기를 활용한 인터넷을 중심으로 한 의사소통의 공간" 속에서 정보를 공유함으로써 하나의 집합체(통합)를 형성하는 것을 말한다. 이때 형성되어진 집합체(통합)는 현실공동체(real community)가 아니고 가상공동체(cyber community)이다. 가상공동체는 구성원 간의 상호작용이 인터넷을 통하여 이루어지고, 공동의 유대는 인터넷상에서 상호작용의 결과로 나타나는 것이다. 남북한 국민들이 웹을 통해 가상공간에서 상호 작용하고, 누구의 간섭이나 통제 없이, 스스로 변화하고 주변 환경에 적응해 나가는 것이라고 할 수 있다.

이 모델에서 중요시하는 점은 인터넷의 위력을 통일한국의 여론수렴과정에 활용하여 남북한과 세계 각국에 살고 있는 한민족의 통일여론을 디지털시대에 맞게 수렴하여 이루는 과정을 제시하는 것이다.

---

[143] 위의 책, 49~50쪽.

현재까지 정치·군사적 측면으로만 통일연구가 이루어져 왔다. 그러나 정보화 사회를 맞이하여 이제는 인터넷상, 즉 사이버 상에서도 통일연구가 이루어져야 한다는 논리이다.

전자통일 모델의 비전은 정보통신을 이용한 전 세계 네티즌의 통일에 대한 사이버 여론형성과 이를 바탕으로 한 새로운 전자통일국가의 건설이다.

전자통일모델은 아날로그시대의 통일연구방안과 디지털로 구성된 정보화시대에 인터넷이라는 무한한 정보의 바다 속에서 남한과 북한이 '사이버상의 통일한국'을 만들어 실질적인 통일한국의 청사진을 만들어 낼 수 있다. 이는 어느 한쪽의 일방적인 행동이 아닌 양쪽이 동일한 노력 하에 인터넷을 활용하여 하나로 합쳐지는 점을 말한다. 그 결과 남한과 북한의 인식차이를 통신이라는 간접연결체로 완화시킬 수 있다는 장점을 가지고 있다. 그러나 북한은 지식기반산업이 중심이 되는 IT에 필요한 인터넷 인프라 구축이 미약하고 이메일 사용도 극히 소수에게 한정되어, 정보통신의 환경에서 남한과의 합작은 어렵다. 전자통일모델이 어느 한쪽의 일방적인 행동으로 이루어지는 것이 아닌 양쪽의 동일한 노력으로 이루어져야 하는 점을 감안해 볼 때 북한은 극히 제한적인 상황에서 일반주민에게 효율적으로 접근이 안 되는 점이며, 북한당국의 개방적인 정책대안 없이는 비효율적이라는 점이다.

반면에 남한은 국가보안법과 남북교류협력법의 명확한 정립이 없어 혼란을 야기시킬 수 있다. 게다가 인터넷의 익명성을 빙자해 폭력적이고 비생산적인 글을 올리는 속칭 '악플러' 폐해와 정치적·상업적인 목적으로 올라오는 글들을 해결해야 하는 문제점이 남아있다.[144]

---

[144] 위의 책, 52~53·61~64쪽.

2. 통일한국에 대한 전망

한국 측의 민족공동체 통일방안은 단일국가형태로 두 개의 지역정부를 통괄하는 주권을 갖고 있으나, 북한 측의 고려민주연방공화국은 보다 완전한 정치적 통일과 중립으로 가는 과도기적인 방안으로 이해된다. 가장 중요한 전제는 미래의 통일은 협상과 타협을 통해서 반드시 한국인들에 의해 성취되어야 한다는 점이다. 한국과 북한의 지도자는 합리적인 정책을 취해야 하고 그런 의미에서 한반도에서의 잠정적인 협정에 대해 충분한 정보를 갖고 예민하게 반응해야 한다.[145]

위와 같은 상황을 고려함으로써 통일한국의 정책목표의 통합체를 조망하고 정치체계의 이상적 전형을 건설하면 새로운 수도를 지정하고 남북한 사이에 통합 또는 혼합된 헌법을 제정할 가능성을 발견할 수 있을 것이다. 상세한 절차상의 문제는 내부적 요인과 국제적인 요인들의 연결선상에서 해결해 나갈 수 있다. 통일한국의 목표의 총체는 민족주의=자주, 민주 그리고 동질성=민주적 단결 등으로 나타난다. 북한 측의 제안과는 달리 잠정적인 한국합중국(United States of Korea)은 일시적으로 권력이 남북한으로 분할 된 형태의 정부체제를 상징한다. 양 정부는 두 개의 상이한 단계에서 이뤄지는 두 개의 다소 느슨한 결합에 기반하여 평화적으로 공존하는 모델이다. 여기서 두 개의 다소 느슨한 결합에 기초한 평화공존의 정의는 상호작용하는 둘 이상의 조직 간에 일방의 어떠한 행위가 다른 타방에 영향을 덜 미치는 느슨한 상태의 결합을 뜻한다. 이러한 느슨한 결합상태에서 서로에게 영향을 미치지 않는 이유로 유연하게 대처하고 수정할 수 있는 가능성을 전제하거나 확보할 수 있는 장점을 지니고 있다.

처음 단계에서는 남북한 주연 사이에서만 협정이 맺어지는 것이 아니라 남북한과 각각의 후원자 내지 조연 사이에도 비슷한 결합이 맺

---

[145] 위의 책, 333~334쪽.

어지게 된다. 미국은 여전히 독점적 영향력 행사를 예방하는 아시아·태평양 세력으로 남는 매우 중요한 조언자이다. 두 개로 나눠진 한반도는 평화적으로 공존한다. 남북한 주연의 자주성과 새로운 국제환경 내지 국제질서는 남북한을 동시에 포함하는 자유공개선거를 통해 정치적 통일을 배태할 것이다. 이 통일한극은 장기적으로 이뤄질 수 있는 목표이다. 그 전에 남북한은 '좋은 이웃나라'로 존재하고 서로가 정치적 단일성을 유지하면서 미국과 캐나다 간에 성립된 방식과 같이 자유로운 인적 교류와 통신교환을 통해 자유의 원칙을 공유해야 한다. 그리고 남북한 주연은 일본과 중국 조연의 직접 개입을 견제하기 위해서 미국과 러시아 주연에도 일련의 관계를 맺는다. 단기적 차원에서 한국합중국이 발전하는 초기의 단계에서 중앙정부는 국내문제를 관할하게 될 것이다. 두 번째이자 마지막 단계는 주권민족국가의 수립이다. 여기서 모든 한국인은 한국 내에서 거주이전의 자유를 누리고 단일헌법을 가지고 단일한 군대를 보유하게 된다. 한국합중국은 현재 한반도의 어려운 난관들을 극복하게 될 것이고 국내적 요인뿐만 아니라 강대국들과 남북한 사이의 서로 중첩된 교섭을 원만히 수행할 것이다.

　협상의 시작에는 남북한 간의 전향적 자세의 지속성이 요구된다. 아울러 남북한의 평화적 공존과 평화적 상황의 지속에 대한 강대국들의 입장에 대한 인식이 필요하며 한국합중국이라는 제도에 대해 남북한 정치체제의 독자적 권위의 자발적 복종이 필요하다. 한국합중국은 다음과 같은 일을 다룰 것이다. 지방정부 간의 협정, 대중들 간의 계약, 국제적 수준 또는 남북한 정부수준의 회의를 통한 새로운 단일정부의 수립이 그것이다. 한국합중국에게 요구되는 최소한의 것들은 지리적 접근과 기능에 대한 정치체제의 중층적 작동들이다.

　두 개의 다소 느슨한 결합에 기초한 상호공존의 실천에는 많은 조건들이 필요하다. 우선 남북한 쌍방에 의한 북·미 상호 간의 외교적 교차승인과 양 당사자 간의 적대적 행위의 중단이 요구된다. 그리고 그들을 묶어낼 수 있는 높은 수준에서의 일정 정도의 정치적 공동체와 개인적·민족적 차원에서 정치구조에 대한 위협을 배제하고 국민들의 이전자유와 북한 인권문제를 보장할 수 있는 남북한 간의 긴밀한 협력이 요구된다. 그러나 미국과 러시아가 위의 방안에 동의한다면, 일본과 중국이 현재 보유한 영향력이 손실을 입게 된다. 자연적으로 일본과 중국 두 나라는 이것을 원치 않을 것이다. 이러한 새로운 현상을 해소하기 위해서는 한국이 주연국가로서 조연국가 간의 갈등요소들을 유연하게 대처하고 수정할 수 있는 가능성을 잘 활용하는 통일한국의 외교역량을 발휘해야 한다.

두 번째 단계에서 원래의 목적을 달성한 후에 미·러 간의 협정은 종결될 것이고 두 개의 한국은 재통일될 것이다. 얼마나 빨리 두 번째 단계가 도래하는가 하는 것은 남북한이 그들의 대내외적 차이점을 얼마나 효과적으로 상쇄시키는가 하는 것에 달려 있다. 현재의 주어진 상황에서 가까운 장래에 앞의 모델이 완전히 실현되는 것을 기대할 수 없다. 한반도에 있어서 요구되는 모든 조건들은 아직 만족스럽지 못한 상황이다. 남북한 정책결정자들은 두 번째 단계에서는 마땅히 포기해야 할 그들의 이념을 지금도 고집하고 있다. 남북한 간의 정치적 합의가 없이는 완전한 통일에의 전망이 그리 밝지만은 않다. 그러나 만약에 느슨한 협정에 의거한 상호공존이 성립되고 한국국민들이 순차적인 계획을 따를 것임을 결정한다면 실행 가능한 결과가 도출될 것이다.

현재 상황에서 바람직한 수도는 서울과 평양의 중간에 위치한 판문점이다. 판문점은 비무장지대 내에 천혜의 공원을 갖춘 이상적인 수도의 모습을 보여줄 것이다 새롭게 건설되는 수도는 '비극에서 축복으로'의 전환을 상징하고 아울러 '죽음에서 삶으로', '유혈 충돌에서 평화적 통일'로의 전망을 밝혀주게 될 것이다. 한국 내에서 종종 생기는 신도시를 참조할 때 실현가능한 제안이라고 분석된다. 통일헌법은 상세한 절차를 밝힌 한국 측의 제안을 토대로 북한 측의 보충안을 통해

제정될 수 있다.

통일이란 문제와 민족공동체 통일방안, 고려민주연방공화국 안을 분석한 후에 국내외의 학자들은 미래 지향적으로 더 창조적인 모델을 탐구해야만 할 것이다. 현재 제기된 통일방식은 분단된 두 개의 한국을 통일시키는 길로 원만히 작동하지 못하고 있다.

앞의 전제들을 바탕으로 남북한의 정책결정자들로서는 머지않은 미래에 있어서 실행 가능한 통일방안을 모색하는 데 적극적으로 두뇌집단에게 자문을 구해야 한다. 언제 평화통일이 될지 현재 예측하기는 어려우나 인간의 운명이나 국가도 미리 정해진 것이 아니기 때문에 3가지 가능한 미래를 생각할 수 있겠다.

첫째, 장기적인 흐름을 큰 틀에서 점검하는 것이다. 특히 시나리오는 여러 조건이나 변수들이 미래에 영향을 줄 수 있는 점을 예측하는 것이다.

둘째, 미래는 알 수 없지만 그릴 수 있기 때문에 여러 가능성 있는 대안을 미리 점검할 수 있다.

셋째, 세계를 지역별로 중요한 흐름, 시나리오, 문화, 사회, 정치의 내용을 중심으로 한 정보에 의하여 점검하는 것이다.

이러한 탐사에 근거해서 한반도에서는 천연자원의 부족에도 불구하고 한국인들의 창조적인 인적 자원을 기반으로 경제기적이 가능했던 것이다. 앞으로 있을 통일한국도, 평화통일도 현존하는 정치적 환경들을 인식하고 한국인들의 창조적인 능력을 이용함으로써 성취될 수 있다고 본다.[146]

---

[146] 위의 책, 334~338쪽.

유익한 이야기 코너 ⑫

일방적 흡수통일모형, 독일통일

제2차 세계대전에서 연합국에 패배한 독일은 1945년 점령된 데 이어서 1949년 동독과 서독 정부가 수립되었다. 이는 두 번씩이나 세계대전의 진원지가 되었던 독일에서 군국주의의 뿌리를 뽑고 주변국가들의 안전보장을 위해서 동과 서로 분할하여 서쪽은 미국이 동쪽은 소련이 점령하게 되었다. 이로써 독일은 1990년 재통일을 이루기까지 두 개의 독일로 분단되어 대립하였다. 1969년 브란트 수상이 집권하면서 할슈타인 정책을 포기하고, 공산국가를 대상으로 하는 접근과 병행하여 동독과의 관계 개선을 목표로 하는 동방정책을 추진하였다. 그로인해 1970년 동독과 서독이 분단된 지 4반세기만에 수상 간에 2차례의 정상회담을 가진 이후 계속해서 통일을 위한 조약들을 체결하였다.

그러나 동독과 서독 간의 교류가 활발하게 됨에 따라 동독 시민들의 서독으로의 탈주가 증가하자 동독정부는 현지의 서독대사관 및 영국대사관과 미국대사관 등을 폐쇄하게 된다. 이어서 소련에서 사회주의 국가들의 공동번영을 위해 제의한 페레스트로이카까지 거절하자 동독 시민들은 개혁과 민주화를 위해 전국으로 시위를 벌이기 시작하였다. 시위는 계속 확대되어 시위대가 2백만 명이 넘게 되었고 탈출자가 37만명이나 발생하자 결국 동독 내각은 총사퇴하고 베를린 장벽의 개방을 선포하였다.

동독은 자유총선거를 통해 독일연맹이 집권하고, 서독과 통일을 위한 조약들을 체결한 끝에 통일 이전에 법적 구속력을 갖는 문서를 만들어 통일독일을 완성하였다. 마침내 1990년 10월 3일 서독과 통일을 원한다는 선거 결과에 따라 서독이 동독을 흡수하여 연방국가로 통합되었다.

독일 시민이 베를린 장벽을 부수는 모습

제4절 통일 추진전략과 우리가 해야 할 일

1. 한반도 통일의 추진전략

1) 남북관계 정상화

한반도 통일을 위해서는 남북관계의 정상화가 무엇보다 중요하다. 그렇기 위해서는 남북 간 신뢰 형성을 통해 남북관계를 안정적으로 관리하고 발전시켜야만 할 것이다. 구체적인 추진계획으로서는 먼저 이산가족 및 국군포로, 납북자 문제 등을 실질적으로 해결하고 영유아, 임산부 등 취약계층을 대상으로 한 순수 인도적 지원은 정치적 상황과 구분하여 지속적으로 추진해야 한다.

또한 남북 당국 간 대화재개 및 상시 대화채널을 구축하고, 기존 합의내용 중 우선추진 가능분야를 점검하며 남북간 합의 이행 문화를 정착해야 관계가 호전 될 것이다. 개성공단의 발전적 정상화 및 국제화, 실질적으로 도움이 되는 경제협력사업 추진, 다각적인 사회문화 교류의 내실화 등 남북 간 호혜적 교류협력을 활성화 하는 것도 반드시 필요하다. 그리고 정치·군사적 신뢰구축 및 교류협력의 상호 보완적 발전을 위하여 무력도발 중단과 상호 체제 인정 등 기본적인 조치부터 실천하고, 교류협력의 활성화와 균형이 맞게 정치·군사 분야에서 추가적으로 신뢰가 구축되어야 한다. 나아가 북한의 자생력 제고를 통해 경제공동체 건설의 기반을 마련하고 북한지역에 국제투자 유치를 지원하며, 서울·평양 남북교류협력사무소 설치 문제는 여건을 감안하여 검토하는 등 남북한 신뢰와 비핵화 진전에 따라 '비전 코리아 프로젝트[147])'를 추진하도록 한다.

2) 작은 통일에서 시작하여 큰 통일 지향

작은 통일에서 시작하여 큰 통일을 지향한다는 것은 통일비전을 제시하고, 경제·환경 공동체 등을 추진함으로써 평화통일의 기반을 조성한다는 것을 의미한다.

먼저 남북관계상황 진전을 감안하여 녹색경제 협력 도모, 남북 간 농업협력, 개성 공단 내 신재생 에너지 단지 조성, DMZ 세계평화공원 조성, 한반도 환경 인프라 구축을 위한 협력을 하는 등 '그린데탕트'를 통한 환경공동체를 건설한다. 또한 북한인권법 제정 등 북한 인권 개선을 위한 대내외 환경을 조성하고 민간단체·국제사회와의 협조체계를 확대 발전시켜 북한주민의 삶의 질 개선을 통한 '행복한 통일' 여건을 조성하도록 한다. 그리고 비핵화 진전에 따라 남북경제계 인사 교류·방문을 통한 유대 강화, 동북아 공동발전과 연계한 한반도 통합 네트워크를 만들어 '비전 코리아 프로젝트' 등을 통한 경제공동체를 건설하고 광범위

---

[147]) '비전 코리아 프로젝트'는 북한의 자생력을 제고하고, 경제 개발을 지원하는 사업으로 철도·도로 및 전력·통신 등 인프라 확충, 북한의 국제금융기구 가입 지원 및 경제특구 진출 모색 등의 사업을 지칭한다.

〈그림 12-3〉 공감대형성 및 남북 교류협력 모습

한 의견수렴을 거쳐 민족공동체통일방안을 계승·발전시키는 것이다.

3) 실질적 통일 준비

통일준비를 철저하고 성공적으로 하려면 국내외적으로 통일 공감대를 확산하고 통일 대비 역량 강화를 통해서 실질적으로 내실화해야 한다.

구체적인 내용으로 먼저 북한이탈주민에 대한 생애주기별 맞춤형 교육·의료 지원 강화 및 통일미래의 역군으로 육성하기 위하여 북한이탈주민 재교육 확대 및 학교중심 맞춤형 교육을 강화하여 자립기반을 확충한다. 또한 해외 북한이탈주민 보호를 위해서는 국제사회와 협력을 강화하는 것이 바람직하다. 또한 유관부처 간 통일을 대비하여 협조체제를 강화하고, 통일미래세대를 위한 콘텐츠를 개발하는 등 국민통합에 기여하는 통일교육을 추진하고 종합적 통일재원 조달방안을 마련하여 실질적인 통일준비 역량을 강화해야 한다. 끝으로 주변 4국과 협의체를 구축·운영하고, 「한민족 통일 네트워크 구축사업」을 추진하는 등 통일외교를 통한 국제적 통일공감대를 확산하는 것도 무엇보다 중요하다고 하겠다.

2. 통일한국의 미래구상과 혜택

1) 통일한국의 비전

먼저 정치적 차원에서 통일한국 수립은 분단이라는 왜곡된 역사를 바로잡고 근대의 민족국가 수립을 완성한다는 의미를 갖는다. 이는 한반도 전 지역에서 자유와 평등, 인권 등 인류의 보편적 가치를 존중하는 자유민주주의 국가로 거듭날 것이다. 또한 통일은 우리 민족의 국제적 위상을 높이고, 결집된 민족적 역량을 토대로 세계평화와 번영, 인권증진에 기여할 수가 있다. 특히 동북아 지역에서 해양세력과 대륙세력의 대립이 갈수록 첨예화되고 있는 상황이므로 다자안보체제를 정착시키는 '평화의 가교' 역할을 하면서 지역의 공동번영을 선도해 나가야 한다.

경제적인 면에서는 시장경제 질서를 바탕으로 성장과 분배가 조화롭게 이루어지는 풍요로운 국가가 될 것이다. 다음과 같은 경제적 기회를 잘 활용한다면 세계 속에서의 통일한국의 위상은 한층 더 높아질 수가 있다.

첫째, 통일한국은 중국, 러시아 등 대륙국가와 미국, 일본, 동남아시아 등 해양국가를 연결하는 교통의 요지가 되면서 동북아 무역 및 물류기지로 부상할 수 있다. 최근 중국은 새로운 실크로드 개척 전략인 '일대일로(一帶一路)'의 기치 아래 인프라 구축에 주력하고 있고, 러시아도 '신동방정책'을 통해 연해주 개발에 적극 나서고 있으므로, 대륙경제와 해양경제를 접목하는 허브국가로 부상할 수 있을 것이다.

또한 북한지역의 관광 수요급증, 대륙과 해양 모두 용이한 접근성 등으로 동북아의 연계관광 중심지, 관광대국이 될 수 있다. 동·서해안 항구도시들은 해상 크루즈 관광과 시베리아횡단철도(TSR)를 이용한 유럽으로의 철도여행이 모두 가능한 관광허브가 됨은 물론, 비무장지대(DMZ), 백두대간 등도 새로운 생태·평화관광단지로 거듭날 것이다.

둘째, 분단시대의 한반도는 토지이용이 왜곡되고 군사분계선에 인접한 지역은 개발이 제한되었기 때문에 남북통일이 된다면 균형발전은 물론 이 지역들을 경제성장의 동력으로 삼을 수 있다. 특히 경기만 일대, 신의주일대, 동해안 지역, 중국·러시아와 만나는 국경지역 등은 통일한국의 경제적 이익을 극대화 할 수 있는 핵심개발 지역이다.

셋째, 통일한국은 북한지역에 매장된 막대한 양의 지하자원으로 인하여 '지하자원 부국'으로 될 것이다. 북한은 마그네사이트(세계 1위), 석탄, 철광석, 우라늄, 금 등이 풍부하며 특히 첨단제품 생산에 필요한 희토류도 매장되어 있다. 이러한 북한 지하자원을 효과적으로 활용한다면 에너지와 자원의 수입의존도를 크게 줄일 수 있고, 나아가서는 외국으로 자원을 수출할 수도 있을 것이다.

〈표 12-3〉 남북한 지하자원 규모

광종	한국 보유규모 (억 달러)	한국 내수규모 (억 달러)	지급률 (%)	북한 보유규모 (억 달러)	내수의 50% 북측 조달 시 가용 연한
금	18	14.1	4	857	112년
아연	3	13.1	0	185	28년
철	7	231.6	1	8,775	76년
동	1	42.5	0	73	3년
몰리브덴	5	4.0	4	11	6년
마그네사이트	–	0.8	0	24,048	60,120년
인상흑연	2	0.2	0	30	300년
인회석	–	1.5	0	270	360년
총계	36	307.8		34,249	

출처: 지식경제부·한국지질자원연구원, 「광산물 수급 현황, 2011」, 2012.6.
보유 규모 및 내수 규모는 2011년 수입단가 기준.

그리고 사회·문화적 비전으로는 첫째, 통일한국은 민족구성원 개개인의 가치관과 생활양식이 존중되는 다원주의 사회를 추구해야 한다. 분단은 개인의 사고와 사회의 다양성을 일정 부분 제한해 왔지만 상호 신뢰와 존중의 정신이 발현되고 다양한 문화가 조화를 이룬 가운데 개인의 자율성과 창의성도 확대·재생산될 것이다.

둘째, 통일은 우리 민족의 전통문화를 전면적으로 회복·보존해 나갈 수 있는 기회가 될 뿐 아니라, 현대문화를 창조적으로 융합하고 풍부하게 만드는 계기가 될 것이다. 통일한국은 세계적으로 가치를 인정받고 있는 다양한 문화유산을 보존·활용하는 한편, 현대문화를 통일한국의 문화적 자산으로 삼아 전통문화와 현대문화가 조화를 이룬 세계적인 문화국가로 부상하게 될 것이다.

셋째, 통일한국은 한반도와 전 세계에 흩어져 살고 있는 우리 민족의 힘을 결집해 '글로벌 통일한국'으로 발전해 나가야 한다. 그러나 남북 분단과 국제사회에서의 경쟁, 그리고 동포 사회의 이념적 분열 등으로 인해 우리 민족의 힘이 분산돼 있는 상황이다. 또한 재외동포는 통일로 가는 과정에서 남북 간 가교 역할을 통해 통일을 촉진하고 거주국에서는 통일에 우호적으로 여론을 만드는 민간외교관으로도 활약할 수가 있다.

2) 통일이 주는 유익함

통일에는 어느 정도의 비용이 수반될 수밖에 없지만, 통일은 그 비용을 상쇄하고도 남을 정도로 우리 모든 국민들에게 유익할 것이다. 통일이 주는 유익함이란 통일이 가져다 줄 경제적·비경제적 보상과 혜택의 총체를 의미한다.

통일이 되면 이산가족 문제나 전쟁에 대한 두려움 등 분단에서 오는 불편은 없어지고 시장의 확대와 국제적 지위 향상 등 다양한 혜택이 발생할 것이다.

통일의 유익함은 유형과 무형으로 구분할 수 있다. 국방비 감축 및 외교적 경쟁 비용 해소, 내수시장 확대 및 남북 경제의 보완성 증대 등은 유형이며 계량화가 비교적 쉽다. 반면 무형은 이산가족 문제 해결 등 인도적 유익함, 전쟁 가능성의 소실과 국제적 지위 향상 등 정치적·군사적 유익함, 자율성의 신장과 생활 반경의 확산 등 사회적 유익함, 그리고 자유롭고 관용적인 다원화된 문화의 확산 등 문화적 유익함을 들 수 있다. 또한 국민들 사이에서 이념적 갈등 대신 기술혁신 등 보다 생산적인 차원에 사고를 집중하게 되는 것도 경제적 차원의 무형적 유익함이라 할 수 있다.

3) 통일비용과 통일편익과의 관계

분단비용을 기회비용적인 차원, 즉 분단된 상태 탓으로 실현할 수 없는 보상과 혜택으로 규정하면 분단비용과 통일편익은 일치하므로 두 개념은 분석적으로는 다르지만 실제로는 동전의 앞뒤 면과 같은 것이다.

분단비용은 분단 상황으로 인해 발생하는 모든 비용을 의미한다. 즉, 남북한이 통일이 된다면 더 이상 지불하지 않아도 되는 통일의 기회비용이라고 할 수 있다. 반대로 이것은 분단 상황이 유지되는 한 끊임없이 계속 지불되어야 하는 소모적인 성격의 비용이라고 볼 수 있다. 경제적 비용만을 의미하는 것이 아니라 정치, 경제, 사회, 문화 모든 영역에서 발생하는 비수치적 비용 역시 포함하는 개념이다.

다음으로 통일비용은 통일을 실현하는 데 드는 모든 비용을 의미한다. 통일이라는 것은 통일을 한다고 해서 끝나는 것이 아니다. 이미 오랜 기간 동안 서로 다른 체제의 국가로 나누어져있었던 남한과 북한이 한 국가로 만들어지는 것이기 때문에 이것이 안정화되기 위해서는 많은 시간과 비용을 필요로 할 것이다. 즉, 통일비용은 제도통합, 위기관리, 그리고 경제적 투자비용 등 통일에 따르는 경제적·경제외적 비용의 총체로 정의되며, 일정한 기간을 전제로 하는 한시적 비용이다.

그리고 통일편익은 통일로 인하여 얻게 되는 경제적·경제외적 보상과 혜택의 총체로서, 통일 이후 영구적으로 지속되는 특징을 가지고 있다.

　통일을 하게 되면, 분단 상황으로 인해 계속적으로 소모되어왔던 분단 비용이 사라지게 되는 점 역시 이 편익에 포함된다. 통일을 하게 됨으로써 국방 안보 비용, 정치 외교적 불안정성, 사회 문화적인 질곡의 해소와 같은 분단 비용이 크게 감소되어 결국에는 사라지게 되는 것이다.

　뿐만 아니라, 통일을 통해 한반도에 하나의 국가가 들어섬으로써 얻게 되는 경제적 편익 역시 어마어마하다. 경제적으로 남북통일은 남한의 자본과 기술이 북한의 자원과 값싼 노동력과 결합되어 얻을 수 있는 시너지 효과가 크다. 또한 대륙과 육지를 통해 직접적으로 연

〈표 12-4〉 분단비용, 통일비용, 통일편익

구분	분단비용	통일비용	통일편익
개념	■ 분단상태가 지속됨으로써 발생하는 경제적·경제외적 비용의 총체 - 경제적 비용: 국방비 지출, 외교 비용, 이념교육 비용 등 - 경제외적 비용: 전쟁가능성에 대한 공포, 이산가족 고통, 이념적 갈등과 대립, 국토의 불균형 발전 등	■ 통일에 수반되는 경제적·경제외적 비용의 총체 - 제도통합비용: 정치·행정제도, 금융·화폐 통합비용 등 - 위기관리비용: 치안, 인도적 차원의 긴급 구호, 실업 등 초기 사회문제 처리 비용 - 경제적 투자비용: 인프라, 생산시설 구축비용 등	■ 통일로 인해 얻게 되는 경제적·비경제적 보상과 혜택 - 비경제적 편익: 북한 주민의 인간다운 삶 보장, 이산가족 문제 해결, 안보불안 해소, 민족문화 회복, 동북아·세계 평화 기여 등 - 경제적 편익: 새로운 성장동력 제공, 경제발전, 국민생활공간 확대 등
특징	■ 분단기간 중 지속 발생 ■ 통일과 동시에 소멸 (통일의 기회비용)	■ 통일의 시기, 방법, 준비 등에 따라 비용의 차이가 발생 ■ 통일 후 일정기간 한시적 발생 ■ 투자비용 성격 ■ 다양한 방법으로 조달 가능	■ 통일편익이 통일비용보다 훨씬 큼 ■ 통일 이후 영구적으로 발생

통일교육원, 『2017 통일문제 이해』, 웃고문화사, 2016.

결됨으로써 동북 3성으로 연결되는 새로운 시장기회의 창출과 러시아 극동 지역의 석유, 천연가스 사용 등이 모두 통일로 기대되는 경제적 이득들이다. 여기에 시베리아 횡단 철도와의 연결은 한반도의 경제적 위상과 상상력의 발현에 엄청난 도움이 될 것으로 기대된다.

종합적으로 볼 때, 통일은 우리에게 일정한 부담으로 작용하는 것이 사실이지만, 막대한 편익도 가져다준다. 통일을 하게 되면 분단비용은 즉각 소멸하게 되며 초기 일정 기간 동안 통일비용이 발생할 것이다. 하지만 통일비용은 한시적이지만 통일로 인한 편익은 거의 영구적으로 창출된다.[148]

3. 우리가 해야 할 일

현재 우리나라는 "통일이 대박이다!"라고 할 정도로 대도약의 기회이고 모두 원하고 있으므로 통일을 이루기 위해 준비해야 하는 시점이다. 그런데 현재 남한은 통일에 대한 정보를 가지고 있는 반면 대부분의 북한 주민들은 외부 정세에 어둡다. 따라서 남북한 주민 간의 적대감 해소와 민족의 이질감을 방지하기 위해 노력해야 한다. 그렇다면 통일을 위해서 우리가 무엇을 해야 하는지 알아보자. 우리가 해야 할 일은 대략 7가지로 구분할 수 있다.[149]

1) 굳건한 안보태세의 유지와 통일의지 제고

고대 로마 장군인 베제티우스는 '평화를 원하거든 전쟁을 준비하라'는 말을 했다. 우리가 평화만을 외친다고 절대로 평화가 오지는 않는다. 충분한 능력을 과시할 수 있을 때 완벽한 평화가 오는 것이기 때

---

[148] 통일교육원, 『2017 통일문제 이해』, 웃고문화사, 2016, 171~189쪽.
[149] 염돈재, 『독일통일의 과정과 교훈』, 평화문제 연구소, 2010, 362~371쪽.

문에 한반도 전체의 평화와 통일을 위해서는 무엇보다 굳건한 안보태세를 유지하는 것이 중요하다. 북한이 핵보유를 가지고 위협을 가하지 못하도록 하기 위해서는 정규전과 비정규전 능력의 동시 구비, 한미동맹과 연합작전 능력을 강화하는 등 대비책을 마련해야 한다. 특히 북한은 연평도 포격사건과 같은 기습 도발, 주요시설 테러, 특수공작원 침투 등 다양한 활동들을 일삼을 가능성이 있다. 그렇기 때문에 평시에 굳건한 한미동맹 체제를 유지하고 북한의 도발에 대해서는 국제사회의 공조를 통해 과감히 응징해 나갈 필요가 있다. 약자가 승자의 힘의 우의를 자각해야지만 평화공존과 대화가 이루어질 수 있는 것이다. 그러므로 강한 국방력과 확고한 한·미동맹을 바탕으로 굳건한 안보태세를 유지함으로써, 북한의 도발을 억제하여 견고한 평화를 유지해 나가야 한다. 강한 안보는 평화를 지키는 기본 토대로서 '평화지키기'를 넘어, 북핵문제의 근원적 해결과 항구적 평화정착 등 '평화만들기'를 포괄하기 때문이다.

이러한 굳건한 안보태세 유지와 함께 무엇보다 중요한 것은 국민들의 통일의지라고 생각한다. 국민들의 통일의지가 높지 않은 상황에서는 평화통일로 나아가기 위한 실천적 동력을 만들어내기 어렵기 때문이다. 따라서 정부와 각 급 학교, 시민사회단체 등에서 통일교육을 지속적으로 강화함으로써 국민들의 통일의지를 높여 나가야만 할 것이다.

2) 원칙적인 대북관계와 전략적인 대북지원

우리나라는 그동안 대북관계에서 북방한계선(NLL) 문제에 대한 입장변화 시사, 북한의 요구에 의한 군사훈련 축소, 국내 정치 목적을 위한 대북지원, 친북세력에 대한 원칙 없는 관용 등으로 대북정책이 일관성을 상실함으로써 북한이 자신들에게 유리하고 무리한 요구를 하도록 빌미를 제공하였다. 그렇기 때문에 원칙 없는 유화정책을 유지하기보다 한미동맹, 경제교류, 인도적 지원 및 북한의 도발 등의 문제에 대해 확고한 원칙을 고수함으로써 북한이 무리한 요구를 하지 않도록 유도하고, 국민들의 대북인식을 오도하지 않도록 할 필요가 있다.

우리가 북한주민의 삶의 질 개선을 위해 행하여 온 대북지원이 북한 공산정권의 강화에 이용될 수 있다는 것을 전혀 고려하지 않고 일방적인 지원을 한 경우도 있었다. 그 예로 1995년 15만 톤의 쌀 지원, 2000년 제1차 남북 정상회담 직전 수억 달러의 현금 지원, 금강산 관광 및 개성공단 사업을 통한 막대한 현금지원 등이 해당되며, 이러한 활동들을 통해 지원된 현금이 북한의 핵개발에 이용되었다는 것은 의문의 여지가 없다. 또한 우리의 선도적인 호의와 지원이 북한 내의 변화를 가져올 것이라는 환상을 가졌던 경우도 있었음을 부인하기 어렵다. 따라서 앞으로는 우리의 이러한 호의와 지원이 북한의 변화를 가져온다는 기대를 가지고 있으면 안 된다. 반드시 대북지원 시 순수한 인도적 지원을 제외하고는 북한 공산정권과 군사력 강화에 이용 여부, 대북지원이 가지고 올 효과와 지원규모의 적정성 등을 면밀히 검토할 필요가 있다.

3) 통일후유증에 대한 올바른 이해와 통일의 경제적 기반구축

독일은 통일 초기에 통일 후유증이 심각한 문제로 대두되었으나 지금은 대부분 극복되어가고 있다. 그러나 우리 사회에서는 독일통일후유증이 아직도 중요한 화두가 되고 있고 '조급한 통일, 흡수통일'은 안 된다고 주장을 하고 있다. 독일의 경우 미리 준비하여 치명적인 후유증은 많지 않았던 것으로 알려졌다. 흔히 경제적 후유증을 우려하지만 부패한 북한 사회주의 독재체제하에서 통일수준의 경제 발전을 이룬다는 것은 사실상 불가능하다. 그보다는 우리의 경제기반을 더욱 강화하고 재정의 건전성과 탄력성을 높여 나가는 일이 훨씬 더 현실적 방책이 될 것이다. 오히려 우리는 독일에 비해 재정상태 및 투자유치여건 등 유리한 조건도 갖고 있다. 통일비전의 현실화를 위해서는 지속적인 경제성장을 바탕으로 통일재원을 마련해가야 한다. '통일비용'은 통일 과정의 위기관리, 제도통합, 경제적 투자 등에 소요되는 일체의 재원을 포함한다. 통일비용의 많은 부분은 남북 간 경제적 격차를 극복하는데 지출될 것이고 통일의 경제적 기반이 튼튼히 구축될수록 통일비용에 대한 국민들의 우려도 약해질 것이다. 결론적으로 우리 국민의 근면성과 뛰어난 기술력, 그리고 애국심을 고려할 때 통일 후유증을 잘 감내하고 훌륭하게 조국통일을 해낼 수 있으리라 믿는다.

4) 지속적인 교류협력과 북한이탈주민 정착지원

북한 내에서 가장 어려움에 처해 있는 것은 북한주민들이다. 따라서 앞의 내용에서 말했다시피 북한정권을 위해 이용될 경우를 제외하고 북한주민을 위한 인도적 지원은 지속할 필요가 있다. 이러한 인도적 지원은 민족의 이질화를 방지할 수 있는 가장 효과적인 수단이다.

현재까지의 노력에도 불구하고 북한이 핵을 포기하지 않은 시점에서 김정은 정권과의 평화적인 대화와 협상을 통해서는 한반도의 평화 안착과 통일이 이루어지기는 어려울 것 같다. 그러나 북한과의 대화와 협력을 위한 노력은 계속 지속되어야 할 필요성이 있다. 남북 간의 긴장 완화, 북한의 호전성 억제, 이산가족의 고통 완화, 북한주민의 삶의 질 개선 등은 한반도의 평화와 민족의 이질감 방지를 위해 포기할 수 없는 것이다. 그리고 '먼저 온 통일'이라고 불리는 북한이탈주민은 통일과 관련해 우리에게 또 하나의 도전이며 기회를 제공한다. 현재 북한이탈주민이 우리 사회에 정착하는 데 어려움이 많다는 점은 여러 측면에서 나타나고 있다. 북한이탈주민의 성공적 정착은 남북 사회통합과 관련해 중요한 의의를 가지고 있다. 북한이탈주민과의 소통과 교류는 남한 주민에게 향후 북한 주민과의 상호이해, 사회통합을 연습할 수 있는 기회가 된다.

한편, 북한이탈주민은 통일과정에서도 소중한 역할을 할 수 있다.

통일은 북한 주민들에게도 하나의 도전이다. 경제적·물질적 풍요를 위해 노력하는 일과 더불어 남한 주민의 가치관, 태도 등 새로운 문화도 이해해야 한다. 북한이탈주민은 남한 주민의 가치관과 태도가 지닌 특징을 북한 주민에게 전달하는 매개자 역할, 북한 주민의 남한 문화 이해를 돕는 조력자 역할을 할 수 있다.

북한이탈주민의 성공적 정착은 북한이탈주민 스스로의 노력 뿐 아니라 남한 사회의 여러 노력이 더해질 때 가능하다. 정부와 민간단체의 각종 정착 지원과 더불어, 남한 주민이 먼저 북한이탈주민과의 접촉을 확대하고, 북한이탈주민의 문화를 그들이 살아온 환경과 경험 속에서 이해하려는 노력을 계속해야만 한다. 남한 주민이 북한이탈주민 정착 과정에 직접 참여할 경우 북한 주민에 대한 이해의 폭이 넓어지고, 나아가 평화통일에 대한 긍정적 의식도 가질 수 있을 것이다.

5) 주변국과의 우호협력 관계 유지와 통일외교 강화

독일은 통일을 할 경우 반드시 2차 대전 전승 4대국의 동의를 받아야 했으나 우리는 한반도 주변국들의 동의 없이도 통일을 이룰 수 있는 여건이다. 그러나 통일을 위해서는 ① 외부의 개입이나 방해가 없어야하며, ② 주변국들과의 관계가 원만하지 않을 경우 통일비용 조달 및 투자유치에 지장을 받을 가능성이 있으나 ③ 주변국들이 우리의 통일 노력을 지원할 경우 통일 과정이 훨씬 용이해 질 수 있다.

따라서 평소 주변국과 우호·협력 관계를 유지해야만 한다. 주변국과의 관계에서는 한미동맹과 대중국 우호관계가 중요하다고 할 수 있다. 또한 한반도 평화와 통일을 위해 동북아 다자 간 안보체제를 활용하는 문제에 대해서도 신중한 접근이 필요하다. 동북아 다자 간 안보체제의 경우, 북한 핵문제 처리 과정에서 보았듯이 자칫하면 한반도의 평화와 통일에 실질적으로 기여하지 못하면서 주변국들이 한반도 통일에 공식적으로 개입할 수 있는 빌미를 제공할 가능성이 있다. 따라서 6자회담 체제를 다자 안보체제로 구조화하기 보다는 현재와 같은 느슨한 형태의 대화 기구로 유지하는 것이 바람직할 것으로 전망된다. 결론적으로 오늘날 한반도는 미국, 중국, 일본, 러시아 같은 강대국의 이해가 첨예하게 대치하고 있는 지역이므로 한반도 통일에 대한 주변국들의 지지와 협력을 이끌어내는 등 통일외교를 강화하는 것이 무엇보다 중요하다고 하겠다.

6) 갑작스러운 통일기회 도래에 대비한 준비태세의 완비

우리나라의 경우 조급한 통일이 불가피한 상황을 맞게 될 가능성은 크지 않으나 북한 내에서 급변사태 발생 등 갑작스러운 환경변화에 대처해 나갈 다양한 시나리오 및 관련 법 등을 마련해 두어야 한다. 통일이 질서정연하게 이루어질 수 있도록 통일과 관련된 법적·제도적 정비에 주력해야 한다. 통일은 결과와 과정 모두 중요하다. 통일과정에 따르는 제반 문제들은 '법과 질서'에 따라 처리되어야 하며, 이런 맥락에서 통일관련 법률과 제도 정비가 요구된다. 독일의 통일이 평화적으로, 그리고 내외적으로 광범위한 지지를 받으며 진행될 수 있었던 것은 법과 절차를 준수하려 노력했기 때문이다.

이러한 법적·제도적 정비는 정부와 국회의 주도적 노력, 민간에서의 다양한 논의와 실천 등을 통해 이루어져야 한다. 정부는 통일 대비 법·제도 정비를 위해 유관부처와 민간전문가가 참여하는 '통일법제추진위원회'를 지속적으로 개최하고, 통일에 대비한 남북법제 연구와 법률전문가도 지속적으로 양성해야 한다. 그리고 정부는 독일 통일 관련 자료들을 수집해 남북 간 통일정책과 통일과정에서의 법·제도 마련을 위한 기초자료로 활용하는 것도 바람직하다. 이렇게 완벽하게 해야 하는 이유는 당연히 "준비 없는 통일은 대 재앙일 뿐이다!"라는 것은 명약관화한 사실이기 때문이다.

7) 통일을 위해서는 고통분담의 자세가 중요

통일에는 일정한 고통이 수반된다. 통일비용을 부담해야 한다거나 통일 후유증이 그렇다. 통일 후유증의 예로는 독일의 통일에서 찾아볼 수 있다. 경제적 후유증은 동독 재건과 동독 실업자의 생계지원에 예상보다 훨씬 많은 재원이 소요된 것이다. 사회적·심리적 후유증은 동독 주민들이 서독체제 적응과정에서 겪게 된 어려움과 갈등에서 찾아 볼 수 있다. 이러한 통일비용 부담과 통일 후유증은 통일 과정에서 반드시 겪어야 할 '통과의례'라고 볼 수 있다. 따라서 미리 통일 후유증에 대해 겁먹지 말고 '통일'이라는 작업에 반드시 후유증과 어려움이 수반된다는 것을 이해해야만 한다. 그리그 민족의 번창과 미래를 위해 온 국민이 함께 희생하고 고통을 분담해야 하는 국민적 합의를 하루빨리 이루는 것이 무엇보다 중요하고 바람직하다고 생각한다. 그러기 위해서는 정부가 일방적으로 정책을 추진하는 것이 아닌, 국민들의 참여와 쌍방향 소통을 통해 함께 정책을 만들고 완성해 나가야 한다. 국회, 지자체, 시민단체, 전문가 등 다양한 주체들의 참여와 소통을 확대하고, 이를 제도화하여 통일문제에 대한 국민적 공감대와 사회적 합의를 만들어 가는 열린 정책의 강력한 추진이 필요할 것이다.

쉬어가는 코너 ⑫ (생각하는 통일안보)

- 독일 통일의 교훈

베를린 장벽이 무너지며 서독이 동독을 흡수한 지 어언 20년이 지났다. 하지만 아직까지 독일 내 동독민과 서독민간의 사회적 갈등은 여전하다. 독일통일은 한마디로 '정치·경제적 통합의 성공'과 '사회·문화적 통합의 실패'로 평가된다. 서독의 시장경제 시스템이 월등하게 우위에 있었기 때문에 서독과 동독의 경제적 차이를 메꿀 수 있었지만 그에 따른 사회기반에서는 문제점이 드러나며 많은 갈등을 야기했다.

　통일 이후에 동독인이 겪은 사회적 충격은 고스란히 정신적 충격으로 내면화되었다. 그 과정에서 기존의 체제에서의 지식과 사고방식 및 생활양식이 통일 이후 무의미하거나 저급한 것으로 취급되는 사회 속에 정체성의 혼란과 자기비하를 겪게 된다. 노동은 삶의 안정적 생활을 영위하는 차원을 넘어 근로자 개인의 삶의 정체성과도 유기적으로 연결된다는 점에서, 통일 직후의 대량실업 사태는 그전의 완전고용상태에서 수동적 노동을 영위했던 동독인들에게는 일종의 문화적 충격으로 다가왔고 그들의 정체성에도 큰 상처를 안겨주었다.

　독일통일의 과정은 한반도 통일에도 하나의 좋은 교훈으로 작용할 수 있기에 이에 취할 것과 버릴 것을 구분할 줄 아는 혜안이 필요하다. 독일의 통일은 그 체제나 방법론의 문제를 떠나 통일 이후 동·서독 간 진정한 융화와 통합이 이루어지지 않았다는 점에서 임시방편의 처방만으로는 분단의 상처와 적대 및 증오를 제대로 극복할 수 없다는 점을 인식하여야만 한다. 근원적 치유의 과정 없이 성취한 섣부른 외형적 통일은 내부의 상처를 더욱 키워 마침내 새로운 사회적 갈등과 사회문제를 야기하는 것으로 작용하기 마련이다. 더하여 그 당시 독일의 상황과 지금 한반도의 상황은 대척점에 서있다. 독일 같은 경우에는 먼저 베를린 장벽을 넘어서 자유로운 왕복이 가능했고, 서독의 경제력으로 충분히 동독의 경제를 부흥시킬 정도의 힘을 가지고 있었다.

　하지만 지금 한반도는 자유로운 왕복이 불가능하고 한국의 경제 또한 위기인 상황에서 쉽게 통일이 되기는 어려운 일이다. 따라서 우리는 독일의 경우를 타산지석으로 삼아 민족사적 갈등을 미리 예방하고 공동의 번영을 위한 통일에 대비하여 슬기로운 지혜의 결집과 최선의 노력을 다해야 할 것이다.

마치는 말

 이 책을 읽고 외교, 전쟁, 안보, 통일 등에 관하여 여러분들이 갖고 있던 여러 의문들이 다소라도 풀렸기를 바란다.

 '생생 통일안보론'에서는 지금껏 우리가 생존하고 통일까지 하기 위해서 대내외적으로 어떠한 노력과 활동이 있었는지, 또 그런 노력과 활동이 어떻게 형성되는지를 이야기하고자 했다. 수많은 요인들이 있지만, 결국 가장 큰 요인은 우리가 하는 행동 하나하나에 달려 있다는 것을 알게 되었을 것이다. 그 행동이 모여 여론을 형성하고, 그 여론은 우리나라를 대표하는 입장이 된다. 국내의 정서나 국제적 입장을 표명하는 등 나라를 움직이는 것은 결국 사람들 한 명 한 명의 생각인 것이다. 동서고금을 막론하고 자기 가족·이웃은 자기 손으로 지킨다는 것이 국가안보의 기본이라는 것을 우리는 배웠다. 그렇다면 우리는 나아가 통일까지 하기 위해서는 어떠한 생각을 가지고 어떻게 행동을 해야 할까?

 일찍이 안창호 선생님은 "나라가 없고서 한 집과 한 몸이 있을 수 없고, 민족이 천대받을 때 혼자만이 영광을 누릴 수 없다."고 말씀하셨다. 이 말씀은 일제강점기 당시 우리나라 사람들의 민족적 혼을 깨우기 위해 하셨던 말씀이지만, 그때에 국한된 말이 아니라고 생각된다. 나라가 아닌 개인이 우선시 되어 통일안보에 관심을 멀리하게 되면, 결국 나라가 위험해질 뿐 아니라 내 집과 내 몸도 지킬 수 없기 마련이다. 그리고 국가안보에 대한 무관심은 종국적으로 민족적 천대가 될 수 있음을 경계해야 한다. 반드시 국민 개개인이 먼저 나라에 관심을 가져야만 나라 또한 국민을 진정으로 대표하는 공동체로 성장할 수 있다. 그리고 그 관심은 나라가 더욱 튼튼해지는 깊은 뿌리와 초석이 될 것이며, 나아가 우리 모두의 숙원인 통일도 가능하게 할 것이다.

　국민이 깨어야 나라가 산다는 말이 있다. 국민이 깨어야 한다는 것은 국민의 '의식'이 깨어있어야 한다는 것이고, 국민의 '의식'이라는 것은 국민이 '나라를 위하는 마음'으로부터 시작되는 것이 아닐까? 더구나 우리나라는 6·25전쟁이 종전되지 않고 정전되어 아직도 전쟁이 진행형이라는 것을 우리 모두는 가슴에 명심해야 한다. 이제 '생생 통일안보론'을 통해, '나라를 위하는 마음'이, 더 나아가서 우리 모두의 '의식'이 한 단계 성장됨으로써 다소나마 조국통일에 기여되기를 간절히 소망해 본다.

부록/참고문헌

1. 용어 해설
2. 잘사는 나라가 못사는 나라한테 패한 이야기
3. 비상사태의 종류와 민방위 제도
4. 한국군 해외 파견 현황
5. 한·미 상호방위조약과 중·조 우호협력 상호원조조약
6. 방공식별구역
7. 6·15 남북공동선언

부록 1_ 용어 해설

- **고대국가**: 원시 공동체 사회와 중세사회의 사이에 성립된 나라. 씨족이나 부족을 바탕으로 한 공동체 사회가 무너지고 사유 재산제의 계급 사회를 바탕으로 형성된 국가이다.

- **고착화(固着化)**: 어떤 상태가 변하지 않고 그대로 있게 됨.

- **교전 단체**: 국제법에서 교전국과 마찬가지로 교전권이 있다고 인정받은 단체. 해방 전선 따위가 있다.

- **공권력**: 국가나 공공 단체가 국민에 대하여 명령하거나 강제하는 권력.

- **공수부대**: 비행기로 병력이나 군수물자 등을 수송하기 위하여 편성된 수송기 부대. 낙하산, 헬리콥터 등으로 공중으로부터 적지에 투입되어 작전하는 부대.

- **공중급유기**: 많은 연료를 실을 수 있으며 후미에 플레잉 붐이라는 특수 급유장치가 장비된 대형 수송기. 공중급유기의 종류에는 내부에 화물은 탑재하지 않고 급유기로만 전용하는 경우와 공중급유, 화물수송이 가능한 콤비네이션 형이 있다.

- **교도대**: 민간을 대상으로 하는 북한의 군사조직. 민간을 대상으로 하는 군사조직 중 가장 핵심적인 조직이다. 미혼 여성을 대상으로 하며 전쟁 시 당의 통제 하에 인민무력부의 직접 지휘를 받으며 후방 방어 및 예비대로 투입된다.

- **교류(交流)**: 여러 분야에서 이룩된 문화나 사상 따위의 성과나 경험 등을 나라, 지역, 개인 간에 서로 주고받음.

- **교섭(交涉)**: 어떤 일을 이루기 위하여 서로 의논하고 절충함.

- **관망(觀望)**: 한발 물러나 일이 되어 가는 형편을 바라봄.

- **관행(慣行)**: 사회에서 예전부터 해 오던 대로 함. 또는 관례에 따라서 하는 일.

- **국민개병제도**: 한 국가의 국민으로 일정한 연령에 달하면 일정기간 군에 복무하도록 하는 의무병역제도. 군복무를 희망하는 사람들로 군대를 구성하고 대가를 지불하는 지원병제도와 달리, 국민개병제도는 국가가 병역 의무자에 대하여 현역에 복무할 의무를 부과하는 징집을 원칙으로 한다.

- **국민국가**: 공통의 사회·경제·정치생활을 영위하고 공통언어·문화·전통을 지닌 국민공동체를 기초로 하여 성립된 국가를 말한다. 또 민족국가와 유사한 의미로 사용되기도 한다.

- **국제법**: 국제 사회나 국제 공동체의 공존과 발전을 위하여 국가 간의 권리와 의무에 대하여 규정한 법률.

- **군사 위성**: 군사 목적에 사용되는 인공위성, 군사 통신 위성, 탄도 미사일 조기 경보 위성, 사진 정찰 위성, 해양 감시 위성 등이 있다.

- **귀속(歸屬)**: 재산이나 권리, 영토 등이 어떤 사람이나 단체, 국가 등에 속하여 그 소유가 됨.

- **급파(急派)**: 급히 파견함.

- **기갑부대**: 육군에서 전차를 주축으로 하여 화력과 기동성에 역점을 둔 부대. 기계화부대와 혼동하게 되는 경우가 많으나 기갑부대는 전차가 주축인 것이 특징.

- **기계화부대**: 전차, 장갑차, 자주포 및 자동조정병기 등으로 편성되어 기동력과 화력을 갖춘 부대 주로 장갑차를 주축으로 기동화된 보병부대가 전투력의 주체가 되며 전투부대와 전투지원 부대로 구성된다.

- **기관포**: 구경은 평균 20mm 이상이고 포탄을 자동적으로 장전하는 장치가 있으며 방아쇠를 당기면 포탄이 연속으로 발사되어 목표물을 관통하면서 폭발하여 파괴 효과를 높이는 무기이다. 전투기와 함정 등에 사용됨.

- **기동함대**: 해군에서 기동성이 있는 임무 수행을 위하여 필요한 함정과 항공기로 구성된 함대.

- **기조**: 사상, 작품, 학설 따위에 일관해서 흐르는 기본적인 경향이나 방향

- **남중국해**: 중국 남쪽과 필리핀 및 인도차이나반도와 보르네오섬으로 둘러싸인 바다. 태평양의 속해로 바다의 북단은 타이완해협으로 동중국해와 연결되며, 중국 본토의 연해에는 타이완섬과 하이난섬 외에 많은 도서가 있다.

- **노농적위대**: 1959년 1월 14일 창설된 북한 최초의 민간군사조직으로만 17~60세까지의 남성과 미혼여성 중 교도대 미편성자와 노동자·농민·사무원 등을 대상으로 규모면에서 가장 큰 군사조직이다. 노동당 중앙위원회의 통제하에 평상시에는 민방위 업무와 함께 직장·주요 시설 경계 및 지역방어·대공방어를 맡으며, 전시에는 정규군 보충 및 군수품 수송을 담당한다. 현재 명칭은 노농적위군.

■ **농축 우라늄**: 핵 원료가 우라늄 235의 존재 비를 천연 우라늄 속의 존재 비 0.71퍼센트보다 인위적으로 높인 우라늄. 핵폭탄에는 93퍼센트 이상, 일반 동력용에는 3~4퍼센트의 농축 우라늄이 쓰인다.

■ **다국적군**: 일정한 목적을 위해 두 나라 이상의 국적을 가진 군인들로 조직된 군대.

■ **다련장로켓(多連裝-, Multiple Rocket Launcher)**: 다수의 로켓탄 발사통을 상자형 또는 원통형으로 배열한 발사기로써 통상 차량에 탑재하여 자주화되어 있음. 이 발사기는 동시에 대량의 화력을 집중시키는 것을 목적으로 한 전술로켓 무기로써 광역지역의 동시제압, 대포병사격, 살포지뢰의 투하 등에 적합함. 다수의 로켓발사관을 상자형인 발사기에 나란히 수납한 것으로 통상 차량에 탑재하거나 혹은 견인하여 기동성을 가짐.

■ **대륙붕**: 대륙 주위의 평균 깊이 약 200미터까지의 경사가 완만하게 비탈진 해저지역. 어족을 비롯한 수산 자원과 광물 자원이 많아 경제성이 아주 높은 지역이다.

■ **데탕트**: 주로 국제 간의 긴장이 완화되어 화해의 분위가 조성되는 상태.

■ **데프콘**: DEFense readiness CONdition의 약자. 전투 준비 태세를 뜻하며 비전시상태에서 사용된다. 데프콘은 5단계에서 1단계로 높아지며, 5단계는 전쟁 위험이 없는 상태이다.

■ **도발(挑發)**: 남을 집적거려 일을 돋우어 일어나게 함.

■ **도주(逃走)**: 피하여 달아남.

■ **동중국해**: 중국 동쪽 태평양의 연해로 중국에서는 동해라고 하며, 황

해 남쪽에 이어지는 해역으로 타이완·규슈에 둘러싸이고, 제주도와 창강 하구를 잇는 선으로 황해와 구분한다.

- **딜레마**: 곤혹 또는 당혹감을 일으키는 상황을 의미한다. 더욱 정확하게 말하면 두 가지 상반되는 갈림길에서 어느 하나를 선택하지 않으면 안 되는 논쟁 상대의 상황을 말하는 수사학의 용어이다. 비슷한 용어로는 진퇴양난이라는 사자성어가 있다.

- **마켓가든 작전**: 제2차 세계 대전 당시(1944년 9월 17일~9월 25일) 벨기에와 알자스-로렌 지역까지 진격한 연합군이 보급 문제로 진격이 정체되자, 북쪽의 네덜란드에서 전력이 약화된 것으로 믿은 독일군을 단숨에 돌파하여 바로 라인 강을 건너 전쟁을 크리스마스 전에 끝내자는 욕심으로 벌인 작전이다. 하지만 이 작전에서 독일이 승리하게 되고 연합군은 작전에 실패하게 된다.

- **막후교섭**: 로빙(lobbying)이라고도 하며 압력단체의 이익을 위해서 의회에서 입법의 촉진이나 저지를 하고 또한 거기에 소용되는 영향을 행사하는 원외 운동을 말한다.

- **말라카 해협**: 인도양에 속한 안다만 해와 태평양에 속한 남중국해를 잇는 수로.

- **무정부상태**: 정부가 없는 것과 같은 상태. 정부가 제 기능을 충분히 발휘할 수 없고, 법이 무시되며 사회가 무질서하게 되는 상태를 이른다.

- **민수용**: 민간에게 필요한 용도로 개발.

- **박격포**: 포신이 짧고 구조가 간단한 근거리용 곡사포. 구경은 60~240mm 정도이며 가벼워서 요새전이나 진지전에서 사용한다.

- **방사포**: 동시에 많은 로켓을 발사할 수 있는 장치. 다연장 로켓포와 같은 말. 다연장화함으로써 짧은 시간에 강력한 화력으로 목표 지점에 집중 공격할 수 있다. 구경은 240, 130, 230, 122mm 등 다양하다.

- **방위 산업**: 국가를 방위하는 데에 필요한 무기, 장비 등 각종 물품을 생산하고 개발하는 모든 산업.

- **배비(配備)**: 특정한 임무를 위하여 배치하고 대비함.

- **배타적 경제 수역**: 어떤 나라의 연안으로부터 200해리까지의 수역. 연안국은 이 수역안의 어업 및 광물 자원 따위에 대한 모든 경제적 권리를 배타적으로 독점하며, 해양오염을 막기 위한 규제의 권한을 가진다.

- **부전 조약**: 전쟁의 포기를 내용으로 하는 조약. 미국 국무 장관 켈로그와 프랑스 외무장관 브리앙이 제안하여 1928년 파리에서 맺은 전쟁 포기에 관한 조약.

- **부족사회**: 원시 사회에서 부족으로 형성된 공동체. 중앙 집권적 고대 국가로 성립하기까지의 과도적 사회 형태이다.

- **불가역**: 물질의 상태가 한번 바뀐 다음에 다시 본디의 상태로 돌아갈 수 없음.

- **블록(bloc)**: 정치나 경제상의 목적으로 형성된 국가나 단체의 연합.

- **비핵 지대화**: 어떤 나라나 지역이 핵무기의 생산, 보유, 실험, 저장, 수송 등이 금지된 특정 지역으로 됨.

- **사변(事變)**: 선전 포고도 없이 국가 간에 이루어지는 무력 충돌.

- **사찰(査察)**: 조사하여 살피는 일

- **산개대형**: 전투를 하기 위하여 부대원을 넓게 벌려서 만든 대형. 사격에 유리하며, 적의 화력으로부터 아군의 피해를 줄일 수 있다.

- **상하이 협력기구**: 약칭은 SCO. 중국·러시아·우즈베키스탄·카자흐스탄·키르기스스탄·타지키스탄 등 6개국이 설립한 정부 간 기구이고 상하이에서 출범. 설립목적은 회원국 상호 간의 신뢰와 우호 증진, 정치·경제·무역·과학기술·문화·교육·에너지 등 각 분야의 효율적인 협력 관계 구축, 역내 평화·안보·안정을 위한 공조체제 구축, 민주주의·정의·합리성을 바탕으로 한 새로운 국제정치·경제질서 촉진 등이다.

- **순양함**: 적당한 무장과 승조원을 갖추고 장거리 임무를 수행하기 위한 목적으로 운용하는 군함. 단독 항행으로 통상 파괴전을 수행하거나 전함의 보조 임무 및 원양에서 행해지는 단독 작전 등 다양한 목적으로 운용.

- **스텔스**: 레이더, 적외선 탐지기, 음향 탐지기 및 육안에 의한 탐지상에서 적을 속여 생존성을 높일 수 있도록 하는 은폐 기술이다. 레이더파를 흡수하는 도료 기술, 레이더파의 반사를 최대한 막는 설계 기술, 엔진의 배기가스 배출량을 줄이는 기술 등이 스텔스에 쓰인다.

- **승인(承認)**: 어떤 사실에 대하여 정당하다고 인정함.

- **신빙성(信憑性)**: 믿어서 근거나 증거로 삼을 수 있는 정도나 성질.

- **실사구시**: 사실에 바탕을 두어 진리를 탐구함. 공리공론을 떠나 정확한 고증을 바탕으로 하는 과학적, 객관적 학문 태도를 이르는 것으로 중국 청나라 고증학의 학문 태도에서 볼 수 있다.

- **쌍끌이 어선**: 배 2척이 저인망을 끌며 고기를 잡는 어로 방식.

- **씨족사회**: 씨족제도를 바탕으로 형성된 원시사회.

- **안보리**: 국제 연합 안전 보장 이사회. 회원국의 평화와 안보를 담당하는 국제 연합의 한 기관이다.

- **야전(野戰, 夜戰)**: 시가전, 요새전 이외의 산이나 들에서 하는 전투. 밤에 하는 전투.

- **야포**: 야전에서 쓰이는 대포. 이동하기 쉬우며 발사속도가 빠르다. 포가받침이 있다는 점에서 박격포와 구분된다.

- **역점(力點)**: 어떤 일을 할 때 가장 중시하는 점.

- **연루(連累/緣累)**: 남이 저지른 범죄에 연관됨.

- **연방제**: 국가의 권력이 중앙 정부와 주에 동등하게 분배되어 있는 정치 형태로, 2개 이상의 주권이 결합하여 국제법상 단일적인 인격을 가지는 복합 형태의 국가이다. 연방제를 실시하는 국가는 연방 국가 혹은 연합 국가라고 부른다.

- **영구중립국**: 국제법에 의해 자위를 위한 경우를 제외하고는 영원히 전쟁에 관계하지 않는 의무를 지는 대신 다른 나라들로부터 영토의 보전과 정치적 독립을 보장받는 국가. 스위스, 오스트리아 등이 있다.

- **오성홍기**: 중화인민공화국의 국기. 경제학자 겸 예술가 쩡롄숭이 고안. 큰 별은 공산당을 뜻하며 네 개의 작은 별은 노동자, 농민, 소자산 계급과 민족 자산 계급을 나타낸다. 빨간색은 공산주의와 혁명, 노란색은 광명을 뜻한다. 네 개의 작은 별은 큰 별의 중심으로 한 곳으로

모여 있는데, 이는 중국 공산당의 영도에 따른 혁명 인민의 대단결을 상징한다.

- **오쉬노 부대**: 아프가니스탄 재건 지원단(대한민국 지방 재건팀(FPT))을 경호하기 위한 부대. 2012년 5월 11일 창설. 항공, 통신, 정비, 보급, 의무 주특기병 및 병과 부사관/장교로 구성.

- **옵서버(observer)**: 회의 등에서 정식 참가자로 인정되지는 않으나 특별히 참석이 허용된 사람. 옵서버는 각종 결의에서의 의결권은 없으나 발언은 할 수 있다.

- **용골**: 선저의 선체 중심선을 따라 선수재로부터 선미 골재까지 종통하는 부재로, 마치 우리 몸의 척추와 같은 역할을 한다. 건조 독에 들어갈 때나 좌초 시에 선체가 받는 국부적인 외력이나 마멸로부터 선체를 보호하는 역할을 한다. 형상에 따라 방형 용골과 평판 용골로 나누어진다.

- **우경화**: 우익 사상으로 기울게 됨. 우익 사상으로 기울어지게 되다.

- **율곡사업**: 대한민국이 1974년부터 시작한 군무기, 장비의 현대화 작업을 통칭하는 암호명이다. 21세기를 대비한 자주적 방위역량의 기반을 구축한다는 것이 핵심이었다.

- **이데올로기**: 특정한 계급 이익을 표현하며 드 그에 상응하는 행동규범, 입장, 가치평가를 포괄하는 사회적, 정치적, 경제적, 법적, 교육적, 예술적, 도덕적, 철학적 견해의 체계를 일컫는 용어.

- **인민유격대**: 6·25 전쟁을 전후하여 대한민국 영역에서 유격전을 수행한 조선민주주의인민공화국의 파르티잔 부대이다. 흔히 빨치산이라고 부르며, 남부군이나 공비, 공산 게릴라라는 표현도 사용되었다.

- **인프라(인프라 스트럭처)**: 본래는 하부구조·하부조직 등의 일반적 용어이지만 오늘날에는 경제활동의 기반을 형성하는 시설·제도 등의 의미로 사용된다. 동력·에너지 관계시설, 도로·수로·공항·항만·전신·전화 등의 교통·통신시설, 상하수도·관개·배수시설 등을 포함한다.

- **일단락(一段落)**: 일정한 정도에 이르러 일의 한 단계가 마무리됨.

- **자유주의**: 모든 개인의 인격 존엄성을 인정하며 개인의 정신적, 사회적 활동에 대한 자유를 가능한 한 증대시키려는 입장. 17~18세기에 주로 유럽의 신흥 시민 계급이 중심이 되어, 봉건적 계급 질서를 해체하고 경제적 자유를 보장하며 민주적 제도를 도입할 것을 요구했던 사상이나 그러한 운동.

- **자위(自衛)**: 자기 몸이나 나라 따위를 스스로 지킴.

- **자주포**: 차량이나 장갑차 따위에 고정시켜 이동과 사격이 쉽게 만든 곡사포.

- **재처리**: 원자로에서 사용이 끝난 연료를 다시 쓰기 위하여 하는 처리. 다시 사용될 수 있도록 조치된다.

- **적화 통일**: 공산주의로 이루어지는 통일.

- **전략무기**: 전쟁 수행에 꼭 필요한 기반이 되는 군사기지나 도시, 산업시설 등을 공격하는 무기. 좁은 뜻으로는 핵탄두, 핵폭탄을 장비할 수 있는 대륙간탄도미사일, 원자력 잠수함 탑재 미사일과 전략 폭격기를 이른다.

- **전략 폭격**: 적의 전쟁 수행 능력이나 전쟁 의지를 없애기 위해 도시나

주요 생산 시설 동력 시설, 교통과 통신 시설, 정치와 군사의 중추부 따위에 실시하는 폭격. 제2차 세계대전에서 B-29폭격기에 의한 일본 본토 폭격이 대표적인 예이다.

- **전수방어**: 외국으로부터 무력공격을 받았을 때 방위력을 최소한으로 행사해 국토를 방위한다는 일본자위대의 무력 사용 수칙.

- **전술지휘통제(C4I)**: 지휘(Command), 통제(Countrol), 통신(Conmunication), 컴퓨터(Computer), 정보(Intelligence)를 합친 말로, 과거부터 존재했던 C3 개념에 컴퓨터와 정보라는 현대전 요소를 추가하여 새롭게 탄생한 체제.

- **전탐기**: 레이더의 다른 말.

- **절대 전쟁**: 전쟁에 참여하는 양측이 모든 수단을 동원하여 적이 완전히 섬멸될 때까지 벌이는 전쟁. 클라우제비츠가 전쟁론에서 나폴레옹식의 기동 섬멸작전을 이론적으로 체계화하여 상정한 개념이다.

- **제로섬게임**: 승자의 득점과 패자의 실점의 합계가 영이 되는 게임. 승패의 합계가 항상 일정한 일정합게임의 하나이다. 게임의 이론과 경제행동을 집필한 폰 노이만과 모드겐쉬테른에 의해 발안되었다.

- **조기 경보기**: 다른 비행기를 탐지하기 위해 설계된 비행기에 실린 레이더 체계이다. 고(高)고도에서 사용되며, 레이더는 수백 마일 떨어진 비행기에 대한 피아 식별을 가능하게 한다. 상공의 아군과 적군 항공기 상황을 실시간으로 감지하여 아군 전투기 부대에 적절한 명령을 내리는 관제 기능을 수행한다.

- **조인(調印)**: 조약 당사국의 합의로 이루어진 문서에 전권 위원(全權委員)이 서명하고 도장을 찍음.

- **조 · 청상민수륙무역장정**: 조선과 청나라가 맺은 두 나라 상인의 수륙 양면에 걸친 통상에 관한 규정으로 청나라의 특권으로 일관된 불평등 조약이었다.

- **조타실**: 배의 키를 조종하는 장치가 있는 방.

- **지엽적**: 본질적이거나 중요하지 아니하고 부차적인 것을 뜻함.

- **지방정부**: 지방 자치에서 해당 지역에 대한 자치권을 갖는 단체를 중앙 정부에 상대하여 이르는 말. 연방제 국가에서, 연방을 구성하는 각각의 자치 정부.

- **집단 방위**: 여러 나라가 공동으로 방위 기구를 만들어 서로의 안전을 보장하는 정책. 제2차 세계대전 후에 미국과 소련을 중심으로 하여 만들어진 북대서양 조약기구와 바르샤바 조약 기구가 대표적이다.

- **집회결사의 자유**: 여러 사람이 특정한 공동의 목적을 위하여 일시적으로 한 곳에 모이는 자유. 언론 출판 결사의 자유와 함께 민주주의 국가의 기본 자유의 하나로 우리나라헌법 제20조에 의해 보장되어 있으나 계엄법, 형법, 보안법 따위의 규정에 따른 특정한 경우에 제한을 받을 수 있다.

- **참의원**: 참의원을 구성하는 의원, 양원제 국회에서 양원 중의 하나.

- **초계함**: 적의 습격에 대비하여 망을 보며 경계하는 군함.

- **최후통첩(最後通牒)**: 마지막으로 상대에게 문서로 알림. 분쟁 당사국 사이에서 분쟁의 평화적인 처리를 위한 교섭을 중단하고 자국의 최종적인 요구를 상대국에 제출하여, 그것을 일정한 시간 안에 받아들이지 않으면 자유행동을 취하겠다고 알리는 외교 문서.

- **추축국**: 제2차 세계대전 때 연합국에 대항한 나라들. 특히 독일, 이탈리아, 일본의 세 나라를 가리키며 알바니아, 불가리아, 핀란드, 헝가리, 루마니아, 에스파냐, 체코슬로바키아 등도 포함된다.

- **카투사**: 미 8군에 증강된 한국육군요원을 지칭하는 말로 주한 미8군의 각 부대에서 미군들과 함께 생활하며 임무를 수행하는 요원들이다. 카투사들은 한국의 지리, 언어, 문화 등에 익숙하지 않은 주한미군이 한반도 방위를 위해 임무수행을 원활히 할 수 있도록 도와준다.

- **팔레스타인 해방기구**: 이스라엘에 반대하여 팔레스타인의 해방을 목적으로 하는 팔레스타인의 조직. 1964년 아랍 정상 회의의 결의에 따라 결성되었고 1974년에 국제 연합 총회에서 옵서버로 승인을 받았다.

- **팔메 위원회**: 1980년 정치적 리얼리즘에 입각하여 팔메가 중심이 돼 군축과 안전보장을 논의하기 위해 결성한 위원회. 정식 명칭은 군축과 안전보장에 관한 독립위원회이다. 유럽 전역 핵교섭의 조기실현, 탄도탄요격미사일조약의 지지, 비핵지대의 교섭에 대한 구체적 제안을 했고, 국제연합 특별군축총회에 핵전쟁의 위험성을 경고하고 안전보장의 점진적 접근을 촉구하는 내용의 보고서를 제출하는 등 많은 활동을 함.

- **편승(便乘)**: 어떤 세력이나 흐름에 덧붙어서 따라가 자신의 이익을 거둠.

- **평사포**: 포신의 길이가 구경의 30~50배에 달하는 비교적 긴 포신을 가진 포. 직사포·카농포라고도 한다. 평사포는 긴 포신으로 인해 발사된 탄환이 탄도곡선이 낮은 평사탄도를 날게 되고, 초속이 빠르므로 박격포·곡사포에 비해서 포탄을 멀리 보낼 수 있고, 관통력이 탁월한 특징을 가졌다.

- **표명(表明)**: 생각이나 태도를 드러내어 명백히 밝힘.

- **플루토늄**: 인공 방사성 원소의 하나, 중성자에 의해서 핵분열을 일으키며 원자 폭탄이나 수소 폭탄을 만드는데 쓰인다.

- **피격(被擊)**: 습격이나 사격을 받음.

- **하마스**: 1987년에 창설하여, 팔레스타인의 이슬람 저항운동을 하는 단체로서 2006년 팔레스타인 자치정부의 집권당이 되었다. 이 조직은 이스라엘이 요르단강 서안(西岸)과 가자지구를 계속 통치하는데 저항한 '인티파다'라는 팔레스타인 민중봉기 시기에 PLO(팔레스타인 해방기구)를 대신할 만한 이슬람 단체로 두각을 나타내기 시작하였다.

- **할양(割讓)**: 국가 사이의 합의에 의하여 자기 나라 영토의 일부를 다른 나라에 넘겨줌.

- **함재기**: 함재기는 해군 함정에 탑재되어 운용되는 항공기이다. 주로 항공모함 탑재기가 많다. 해군 항공대에는 이외에도 지상 기지에서 발진하는 항공기도 있다.

- **함포**: 말 그대로 군함에 장비된 대포. 제2차 세계 대전까지 함포는 군함의 주무기였으며 주포의 구경과 관통력, 사거리 등의 함포의 성능이 함선의 장갑과 함께 전투의 승패를 결정하는 중요한 무기였다. 현대에 와서 레이더와 미사일의 발달로 함포의 중요성이 줄어듦.

- **합종연횡**: 소진의 합종설과 장의의 연횡설을 아울러 이르는 말.

- **핫라인**: 미국의 워싱턴과 러시아의 모스크바 사이에 개통된, 미소 양국 정부 간의 직통 긴급 통신선. 사고나 오해 등으로 생길 수 있는 우발적인 전쟁을 방지하기 위해 1963년 8월에 개통되었다.

- **헤게모니**: 패권을 뜻하고 한 집단·국가·문화가 다른 집단·국가·문화를 지배하는 것을 가리킨다. 20세기가 시작된 이래 특히 미국과 같은 초강대국의 활동과 관련하여 이 용어는 정치적 지배라는 의미를 가지게 되었다.

- **헬싱키프로세스(Helsinki Process)**: 1975년 헬싱키에서의 유럽안전보장협력회의는 비동맹 중립국이 상설 기구화를 지지하였지만 서방측과 동측 양방의 반대로 합의에 이르지 못하였다. 대신에 헬싱키 선언에 정해진 조항의 이행 상황을 재검토하기 위한 사후 검토를 베오그라드(1977~1978)에서 개최하는 것에 우선 일치하였다. 이후 마드리드(1980~1983), 비엔나(1986~1989)에서도 사후 검토 회의가 개최되었다. 신뢰양성조치와 인권 등 3개의 과제군 각각의 문제를 다루기 위한 전문가 모임과 아울러 이 사후 검토 체제를 헬싱키(또는 CSCE) 프로세스라고 한다. 1980년대 전반의 신냉전이라고 불렸던 시기에도 가입국 간의 최저한의 대화를 유지하는 역할을 하였다. 냉전의 종결과 유럽의 신질서를 선언한 1990년 11월의 파리헌장에서 CSCE의 상설 기구화가 결정됨으로써 사후 검토 회의(그 후 재검토 회의라고 개칭)도 2년에 1번 정기적으로 개최되는 등 정식화가 진행되고 있다. 파리헌장의 주요내용은 인권·민주주의와 법의 지배, 경제적 자유와 책임, 참가국 간의 우호친선, 안전보장의 증진 등이다.

- **현실주의**: 이상이나 관념보다 현실을 중시하는 사고방식이나 행동 양식. 정신 작용을 현실 그 자체로 내세우는 관념론으로서 철학 이론의 한 부분.

- **흥정**: 물건을 사거나 팔기 위해 서로 값을 불러 정함. 어떤 문제의 형세를 자기에게 보다 유리하게 하기 위해 상대방에게 수작 거는 것을 비유적으로 이르는 말.

- **IAEA**: 국제원자력기구(International Atomic Energy Agency)

- ICBM(intercontinental ballistic missile): 대륙간 탄도 미사일, 대륙간탄도탄이라고도 한다. 일반적으로 5,000km 이상의 사정거리를 가진 탄도 미사일을 말하며, 보통 메가톤급의 핵탄두를 장착하고 있다. 대표적인 것은 고정식인 미국의 타이탄 II와 미니트맨 II·III형, 피스키퍼 등이고, 러시아의 SS-17·18·19와 구식인 SS-11·13 등이 있다.

- NPT: 핵확산방지조약(Nuclear Nonproliferation Treaty)

- SLBM(submarine launched ballistic missile): 잠수함탄도 미사일. 바다 속의 잠수함에서 발사되는 탄도미사일이다. 일반적으로 고체연료 로켓을 추진 수단으로 하여 함체에 수직으로 설치된 발사통에서 발사된다. 대표적인 것으로는 포세이돈, 트라이던트, SS-N-8 등이 있다.

- TNT(trinitrotoluene): 트리니트로톨루엔 또는 트라이나이트로톨루엔 또는 뜨로찔이라고 부르며 폭발성의 화학 물질이다. 1863년 독일 화학자 요제프 빌브란트가 최초로 제조하였다. TNT의 폭발력은 폭탄이나 기타 폭발물의 폭발력에 대한 기준으로 사용된다.

부록 2_ 잘사는 나라가 못사는 나라한테 패한 이야기

1) 명-청 전쟁

17세기 초반 명나라는 인구 1억 5000만 명으로 세계 인구의 약 23%를 차지하고 경제규모 세계 총생산의 약 25%를 점유하는 대국이었다. 그러나 북방 이민족과의 잦은 전쟁, 농민 반란 등으로 쇠퇴의 길로 접어들고 결국 16세기 말 건주여진의 한 부족에서 출발한 청에 의해 멸망됐다. 당시 명은 청에 비해 영토는 약 9배, 인구는 무려 300배, 경제력과 군사력은 약 30배 이상 월등한 우세를 점하고 있었다. 그런데 왜 명은 청에 의해 패망했을까?

〈그림 부2-3〉 명과 청의 국력 비교

명나라 후반 동아시아는 일본·몽골·만주족 등의 흥기로 새로운 기류가 형성되고 있었다. 이러한 상황에서 명나라는 정권 내부에 만연한 부정부패, 환관들의 국정 농단과 황제의 통치력 약화, 동림당과 서림당 간의 당쟁으로 인해 국정 혼란이 극에 달했다. 또한 북로남왜의 위협에 대처하기 위해 많은 전비를 소모해 국력이 크게 쇠퇴했다. 이에 따라 요동지역에 대한 통제력이 약화돼 건주여진의 누르하치 세력이 급격히 성장할 수 있는 여건을 제공했다.

당시 명의 장군들 사이에는 전공을 독차지하려는 경쟁심으로 지휘체계가 혼란했다. 두송이 이끄는 서로군이 약속된 일자보다 먼저 진격을 개시하자 누르하치는 병력을 서로군에 집중해 완전히 궤멸시켰다. 이어 마림이 이끄는 좌익북로군과 유정이 이끄는 조·명 연합군도 후금 기병에 각개격파됐다. 명의 군대는 우수한 화기를 보유했으나 그 운용 전술은 단순한 대기병전술에 불과한 것이었고 기병도 '말탄 보병'의 수준에 불과했다. 반면 후금은 명에 비해 병력은 부족했지만 팔기제를 기초로 우수한 기동성을 최대한 활용한 내선작전으로 명군을 각개격파했다.

보다 근본적인 문제는 군사제도의 붕괴와 군기문란에 있었다. 명나라 군사제도인 위소제가 해이해져 각 위소에 규정된 군사의 절반에도 미치지 못하는 군사만 배치된 곳이 대부분이었다. 심지어 내륙의 경우에는 10%도 남아있지 않는 곳이 많았다. 따라서 명목상 군대의 규모는 180만에 달했지만 실제 가용한 병력은 80만 명에 불과한 실정이었다. 위소제의 붕괴로 모병제를 추진했으나 지원병 대부분이 수준이 낮고 훈련도 부족해 군사력은 크게 약화될 수밖에 없었다. 또한 군 내부의 도덕적 해이와 군기문란이 극에 달했다. 요동총병 이성량이 인삼 및 담비 가죽 무역과 관련해 누르하치에게 매수될 정도로 군대 내의 부정부패가 심각했다.

사르흐 전투에서 압승을 거둔 누르하치는 여세를 몰아 요동 일대에 대한 통제권을 완전히 장악하게 됐다.

누르하치 사후 즉위한 홍타이지는 명조 정복을 위해 결혼정책 등으로 각 부족을 귀속시키면서 내몽골 지역을 통합했다. 이후 조선을 2차례 공격하여 명의 최대 동맹국이었던 조선의 항복을 받았다. 조선의 항복 이후 명은 주변의 모든 동맹 세력이 상실해 세력이 크게 약화됐다.

요동 방어를 위한 군비의 증액으로 민생의 부담이 가중되고 전국적으로 기근이 빈번해 농민의 생활은 도탄에 빠지게 됐다. 농민반란군의 지도자인 이자성은 농민들의 광범위한 지지를 얻으며 세력을 확대했다. 그러나 명나라는 청나라의 위협이 급박한 상황에서 반란세력을 제압하지 못하고 북경을 함락당한다. 북경이 함락되자 산해관을 수비하던 명나라 장수 오삼계는 자신의 병력을 이끌고 청군에 투항하고 청군은 이자성 군대를 격파함으로써 전쟁을 승리로 장식하였다.

2) 중국의 국공내전

국민당은 1946년 430만의 압도적 군사력을 바탕으로 120만의 공산당군을 상대로 전쟁을 개시해 개전 초기에는 전략적 우위를 점했다. 이에 공산당군은 국민당군과의 정면 대결을 피하고 다수의 노동자·농민을 규합해 세력을 확장한 후 1947년 6월부터 대규모 반격을 시작했다. 내전 초기 국민당은 중원의 대부분과 국가 산업 전반을 장악하고 있었다. 군사력도 공산당군에 비해 3.6배 정도 우세했다. 그러나 국민당은 4년여간의 국공내전을 거치면서 국민의 지지를 상실하고 군사적으로도 실패

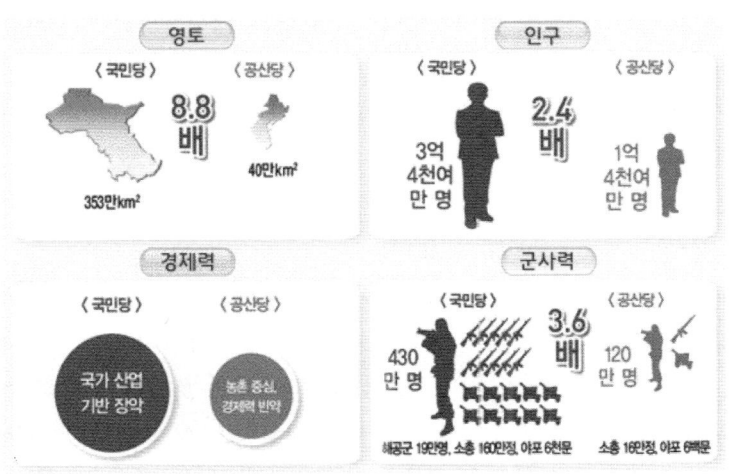

〈그림 부2-4〉 국민당과 공산당의 전력 비교

를 거듭함으로써 결국 공산당에 패해 대만으로 쫓겨나게 된다. 1921년 총당원 13명으로 출발한 공산당은 초반의 수적 열세에도 불구하고 28년 만에 중국 대륙을 장악했다. 경제력과 군사력 모두 월등히 앞서 있었던 국민당이 공산당에 패한 이유는 무엇일까?

국민당은 내전 초기 공산당에 비해 3~4배의 병력과 미국이 제공한 우수한 장비를 보유하고 있었다. 병력은 430만으로 공산당군 120만을 압도했으며 미국으로부터 5억 달러의 차관과 13억 달러 상당의 무기를 제공받아 전력을 크게 강화했다. 특히 공산당이 보유하지 못한 해군 19만 명과 공군도 보유하고 있었다. 반면 공산당군은 대부분 일본군에게서 노획한 구식 장비로 무장해 있었다. 1946년 6월 국민당군은 호북성 동부와 하남성 남부의 공산당군에 대규모 공격을 감행했고, 1947년 3월에는 항일전쟁기부터 공산당의 핵심 기지 역할을 해 온 연안을 점령했다.

- 사상적 무장약화

국민당군은 체계적인 정신교육이 부족한 상태에서 전투에 투입돼 효과적으로 전투력을 발휘하지 못했다. 반면 공산당군은 정치교육을 통해 점령지 대중들과 접촉 시 엄격한 규율을 지키게 했고, 자신들이 왜 싸워야 하는지를 명확하게 알려주었다. 이를 통해 대중들로부터 공산당 통치의 정당성을 인정받을 수 있었다. 대장정으로 병력의 대부분을 상실했으나 대장정을 완수한 병사들은 최정예 부대가 돼 공산혁명의 핵심부대가 됐다.

- 적절한 전략·군사력 운용 실패

국민당은 개전 초기 자신의 근거지로부터 과도하게 이격된 만주와 화북지역의 주요 도시를 점령함으로써 병참선과 보급선이 신장되는 취약점을 안고 있었다. 국민당군은 190여 개의 여단을 보유했지만 이 중 절반은 점령지역 방어에 집중했고 실제로 전투력 발휘가 가능한 수는 절반에 불과했다. 공산당군은 군사적으로 우세한 국민당군을 상대로 초기에는 전략적으로 퇴각했으나, 이후 섬처럼 고립된 국민당의 주요 도시에 대해 수적 우세를 달성하면서 작전을 전개할 수 있었다. 또한 국민당군은 지역에 대한 정보가 어둡고 과중한 장비로 인해 행군 속도가 매우 느려 매복이나 간헐적인 측면공격에 취약했다. 또한 패전이 임박할 때까지 장개석은 주요 도시에서의 부대 철수를 금지해 우수한 미군 장비를 그대로 공산당군에 제공하는 결과를 초래했다. 1949년 1월 공산당군이 북경을 포위하자 북경의 국민당군 사령관은 모든 부대를 이끌고 항복함으로써 국민당은 전의를 완전히 상실하게 된다.

- 경제적 위기와 부패의 만연

8년간 지속된 항일전쟁으로 중국의 경제는 파탄지경이었다. 내전 시기 과중한 군사비의 지출로 국민당이 지배하는 대도시의 인플레이션은 살인적인 수준에 달했다. 1947년 말에는 물가가 개전 전에 비해 14만 5,000배 이상 상승했고 거리에는 실업자가 넘쳐났다. 악성 인플레이션은 국민당 정부에 대한 국민들의 불만을 극도로 증폭시켰다. 국민당은 일본으로 넘겨받은 자산을 부패한 관리의 약탈 대상으로 만들어 경제위기를 더욱 심화시켰다. 대다수의 중국인들이 전쟁을 원치 않는 상황에서 국민당은 국공내전을 강행했고, 그로 인한 과도한 군사비 지출과 재정적자 확대는 국민당의 붕괴를 재촉했다.

장개석은 1948년 1월 자신들의 패배 원인에 대해 이렇게 밝혔다.

"국민당은 군대의 장비·기술·경험 면에서 공산당보다 10배 우수하다. 그런데 왜 공산당에 계속 패배하는가? 그 이유는 국민당이 도덕성과 혁명정신을 상실하고 부패하고 무능력한 인물로 가득 차 있기 때문이다."

3) 베트남 전쟁

베트남 전쟁 대부분의 과정에서 남베트남은 북베트남에 비해 경제·군사적 측면에서 압도적 우위에 있었다. 특히 미군이 철수하면서 많은 양의 무기와 장비를 남베트남에 양도해 남베트남군의 전력은 외형적으로 세계 4위의 군사력을 보유하게 됐다. 그럼에도 불구하고 1975년 4월 30일 사이공이 함락되면서 남베트남은 패망했다. 남베트남은 왜 패망했는가?

- 국가 지도부와 군의 부패, 무능

남베트남은 정통성 없는 정권, 매관매직, 특혜, 농민 억압, 외세에 대한 절대적 의존이 모두 존재하는 부패와 무능의 총체적 집합체와 같았다. 대부분의 국가 지도자들은 국가의 안위보다는 사리사욕을 채우는 데 급급했다. 응오 딘 지엠·티우 등 국가 지도자들은 독재와 부정부패를 자행하고 국가 안위는 등한시했다. 심지어 전쟁을 하는 동안에도 군부 지도자들은 권력을 잡기 위해 수시로 쿠데타를 감행했다. 남베트남군은 1963년 11월 1일 쿠데타를 일으켜 지엠 정권을 축출한 후 정치권력에 맛을 들여 북베트남과의 전쟁 와중에도 10여 차례에 걸쳐 쿠데타를 감행했다.

남베트남군은 매관매직으로 주요 보직자를 결정했고 교육훈련에는 소홀했다. 고위층 자녀들은 유학을 빌미로 외국에 거주하면서 병역을 회피했으며, 부유층 자녀들은 뇌물로 장기 휴가를 얻어 사이공에 머물렀다. 군부의 장성이나 고위층이 운영하는 기업체에서 직원이나 경비원으로 근무하는 병사의 수가 약 10만 명에 육박했다. 심지어 미군이 공여해 준 무기와 물자를 베트콩에게 팔거나 그대로 넘겨주는 경우도 많았다.

- 국민의 사상적 무장해제

남베트남인들은 국가가 위기에 처해 있음에도 불구하고 종교단체와 시민단체를 중심으로 시위와 저항을 지속해 사회를 혼란케 하고 국론을 분열시켰다. 학생들은 징병을 회피하고, 언론인들은 이적행위 금지법을 반대하고, 종교인들은 반전시위를 선동하고, 지식인들은 미국 등 서구 제국주의자들과 단절하는 시위를 재촉하였다. 결국 북베트남의 의도대로 사상적으로 무장해제 되는 상황까지 이르게 되었다.

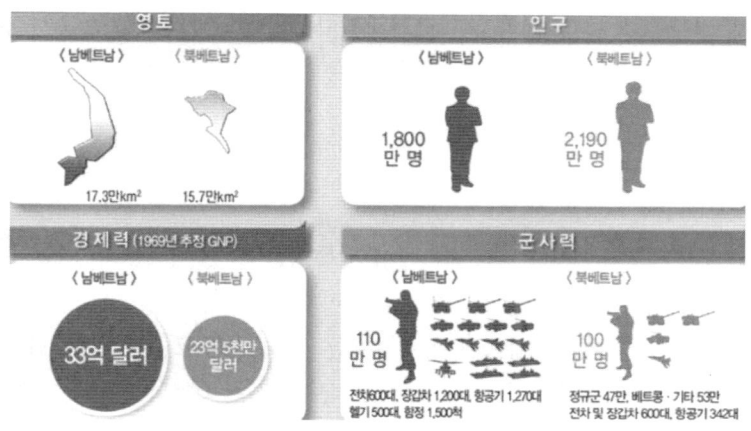

〈그림 부2-5〉 남베트남과 북베트남의 국력 비교

- 내부의 적, 베트콩의 통일전선전술과 사회적 혼란

북베트남은 남베트남을 분열시키기 위해 광범위한 간첩망을 운용했다. 1960년에는 남베트남 내에 민족해방전선이 결정됐다. 이 조직은 공산주의자들이 주동하고 지엠 정권에 반대하는 인사들이 광범위하게 참여했다. 아울러 민족해방전선의 군사 조직인 베트콩이 남베트남 정부 전복활동을 전개했다. 대통령 비서실을 비롯한 정부기관, 언론사, 각종 사회단체에 침투해 남베트남의 고급 정보를 북베트남에 보고했다. 1967년 대통령 선거에는 북베트남의 지령을 받는 거물 간첩 쫑 딘 쥬가 출마해 2위를 차지하기도 했다. 1969년에는 남베트남 공군 트롱 중위가 대통령궁을 폭격하고 북베트남으로 귀순하기도 했다. 이밖에도 CIA의 통계에 의하면 당시 남베트남 내에 3만 명의 북베트남 공작원들이 활약하고 있었다고 한다.

수차례의 군사 쿠데타로 인한 공안기관 지휘부의 잦은 교체와 좌익세력의 공안기관 내 침투로 다수의 대공 전문가가 퇴출되면서 대공능력이 상실했다. 또한 군 간부층에 침투한 간첩 및 좌익세력들이 장병들을 의식화해 대적관을 희석시키고, 군사작전 기밀을 언론과 북베트남군에 누설해 전투수행 능력과 의지를 약화시켰다. 심지어 남베트남군 총사령부의 극비 보고 내용을 단 하루 만에 베트콩 혁명정부가 입수한 경우도 있었다.

- 부적절한 전쟁 전략

남베트남군과 미군은 베트남 전쟁의 특성을 잘못 이해했다. 공산주의자들이 전개한 인민전쟁에 대한 깊은 이해 없이 단순한 소모전 전략으로 전쟁을 수행했다. 제한된 북폭으로는 결코 남베트남으로 향하는 인력과 보급물자를 막을 수 없었으며 무엇보다도 북베트남인들의 전쟁 의지를 꺾을 수 없었다.

남베트남은 북베트남에 비해 월등한 국력과 강력한 동맹관계를 유지하고 있었으나 외부의 지원이 중단되자 썩은 고목이 쓰러지듯 패망했다. 무엇보다 스스로의 힘으로 나라를 지키겠다는 의지가 매우 박약했으며, 국가보다 개인의 이익을 추구하는 풍조가 만연해 있었기 때문이다.

부록 3_ 비상사태의 종류와 민방위 제도

3-1 비상사태의 종류

1. 국지도발 단계 : 지역 또는 전국단위

- 진돗개 : 무장공비 침투 등 국지도발에 신속히 대비하기 위한 비상경계 명령(작전지역사령관 발령)
  - 진돗개 "셋" : 평상시 경계태세 및 출동준비태세
  - 진돗개 "둘" : 적 침투 및 국지도발이 예상되거나 사전 조치가 필요한 경우
  - 진돗개 "하나" : 적 침투 및 국지도발 징후가 있거나 침투상황이 발생한 경우

- 통합방위사태 : 적의 침투·국지도발사태에 대응하여 선포하는 민·관·군 통합방위태세(시·도지사, 대통령 발령)
  - 병종사태 : 무장공비 및 간첩의 침투/도발예상, 소규모 침투 및 파괴활동
  - 을종사태 : 일부 또는 수개 지역에 무장공비 침투 기습, 파괴활동
  - 갑종사태 : 전국적으로 대규모 무장공비 침투, 사회질서 교란

2. 전면전으로 비화단계(국가비상사태): 전국단위

- 데프콘 (DEFCON, Defense Readiness Codition : 방어준비태세)

군사준비태세(데프콘)	충무사태
■ 전면전에 대비해 발령하는 전투준비태세 (한·미 정부가 승인하고 연합사령관이 발령)	■ 전면전 대비 정부총력전 차원의 전쟁 준비 조치사항을 선포 (국방장관 건의에 따라 대통령이 발령)
■ DEFCON-3 : 국지 긴장상태 또는 군사적 개입 가능성이 존재 ※1976년 판문점 8·18도끼만행 사건 시 발령 ■ DEFCON-2 : 긴장상태가 고조된 상황 ■ DEFCON-1 : 전쟁임박 및 발발 가능성 최고 준비태세 요구	■ 충무3종사태 : 전면전으로 진전될 가능성이 있는 위기상황 ■ 충무2종사태 : 적의 전쟁도발 위협이 현저히 증가된 위기상황 ■ 충무1종사태 : 전쟁 임박한 최상의 위기상황 # 충무사태는 데프콘 선포에 따라 단계적으로 선포됨

- 데프콘 5 : 적 위협이 없는 안전한 상태
- 데프콘 4 : 대립은 하고 있으나 군사개입 가능성이 없는 상태(현재 우리나라)

※국가비상사태 : 전시·사변 또는 이에 준하는 비상시 각급기관의 행동기준과 필요한 사전조치를 강구하기 위해 비상상황 수준별로 구분 선포하는 사태

3. 연합사 정보감시태세(워치콘/Watch Condition): 적의 위협정도에 따라 정보감시 자산의 운영규모를 결정하는 정보감시태세(5단계로 구성/연합사령관 발령) – 북한의 군사활동을 추적하는 정보감시태세

워치콘-5	■ 징후 경보가 없는 일상적 상황
워치콘-4	■ 일상적 생활을 하고 있으나 잠재적 위협의 존재로 계속 감시할 필요가 있는 상태 ■ 정전협정 후 한반도 평시상황
워치콘-3	■ 국가안보에 중대한 위협을 초래할 우려가 있는 상황 ■ 정보요원의 근무를 강화하고 전원이 정위치에서 근무하거나 대기, 적정(敵情)을 주의 깊게 감시
워치콘-2	■ 국익에 현저한 위험을 초래할 징후가 뚜렷한 상황 ■ 북한의 도발위협이 심각하여 비상태세를 갖추고 첩보위성의 사진정찰과 정찰기 가동, 전자신호 정보수집 등 다양한 감시와 분석 활동을 강화 ■ 1999 연평해전 발발시, 2009 북 핵실험·미사일 발사시
워치콘-1	■ 적 도발이 명백한 상황

※연합위기관리 태세 : 국지전이 확전될 가능성이 있을시 한국 합참의장과 연합사령관이 협의하여 선포하며, 선포 시 데프콘과 워치콘의 격상 등 대응강화조치를 검토하게 됨

4. 국가(정부)비상사태구분 : 용어정리

정부상황		군사사항		상황 및 태세
실제 상황	연습 상황	실제 상황	연습 상황	
충무 3종 사태	을지 3종 사태	데프콘3	라운드 하우스	•전쟁징후가 현저히 증가 •평시보다 높은 전쟁준비 태세유지
충무 2종 사태	을지 2종 사태	데프콘2	화스트 페이스	•전쟁도발의협증대, 긴장고조된 상태 •고도의 전쟁준비태세 유지
충무 1종 사태	을지 1종 사태	데프콘1	카키드 피스톨	•전쟁임박, 최악의 위기상태 •최고의 전쟁준비태세유지

3-2 민방위 제도

1. 민방위대 현황

- 임무 : 방공, 응급적인 방재·구조·복구 딫 군사 작전상 필요한 노력 지원
- 편성대상(자원) : 만 20세가 되는 해의 1월 1일부터 만 40세가 되는 12월 31일까지의 대한민국 국민인 남자
  - 제외자 : 국회의원, 현역, 예비군, 경찰, 공무원, 학생, 장애인 등
- 운용조직 및 편성 : 민방위기술지원대, 직장민방위대, 지역민방위대
  - 단위대는 규모에 따라 : 분대(29인 이하), 소대(30~80), 중대(81~300), 대대(301~1,000), 연대(1,000 이상)으로 연령별 또는 자연부락 단위별로 구분 형성

2. 민방위대원 동원

- 동원시기 : 민방위사태가 발생하거나 발생할 우려가 있을 때
- 동원명령권자 : 소방방재청장, 시·도지사 또는 시장·군수·구청장
  - 시·도지사 또는 시장·군수·구청장 발령 시 소방방재청장에게 보고

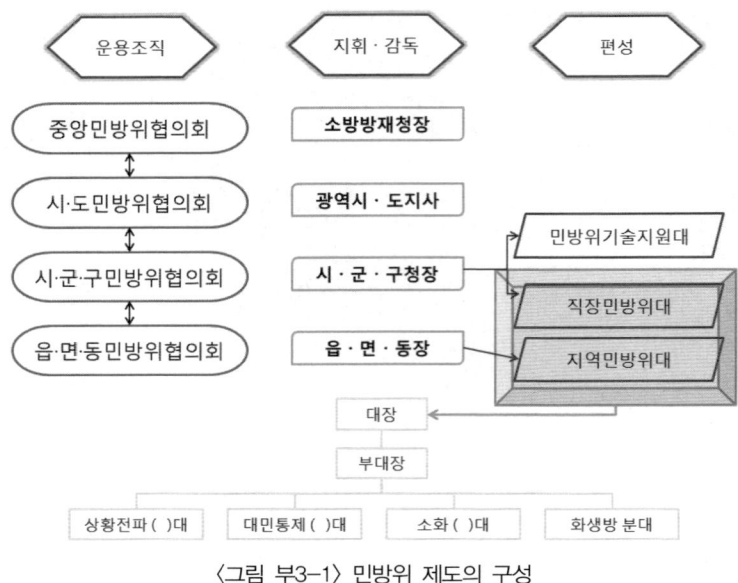

〈그림 부3-1〉 민방위 제도의 구성

3. 민방공 경보 발령 체계

- 경보의 종류
    - 경계경보: 화생방무기를 포함한 적의 항공기·유도탄 또는 지상·해상 전력에 의한 공격이 예상될 때
    - 공습경보: 화생방무기를 포함한 적의 항공기·유도탄 또는 지상·해상 전력에 의한 공중공격이 임박하거나 공격이 진행 중일 때
    - 화생방경보: 적의 화생방작용제가 살포되거나, 살포되었음이 탐지되었을 때, 또는 화생방무기의 공격으로 오염이 예상되거나 화생방 공격 확인 시

- 경보 발령
    - 공군 구성군 사령관은 적기의 출현 또는 이상 징후의 발견 등 긴박한 상황 전개 시 중앙경보통제소장에게 비디오폰을 이용하여 경보전파를 요청한다.

- 중앙경보통제소장은 시·도경보통제소 시·군·구 및 읍면동 경보 사이렌에 경보 전달(일제 지령대 이용)
  * 민방위경보시설을 이용 경보 전달할 수 없는 경우 주요기관 직통전화 또는 기타 통신수단이용 경보 전달
- 방송통제대를 이용 경보방송 및 텔레비전 문자방송 이용 전파
  * 보조수단으로 DMB 및 휴대폰 긴급재난 문자방송서비스 이용 전파

부록 4_ 한국군 해외파견 현황

□ 총 12개국 1,099명 (2019.1.31. 현재)

구 분			현재 인원	지 역	최초 파병	교대 주기
UN PKO	부대 단위	레바논 동명부대	327	티르	'07. 7월	8개월
		남수단 한빛부대	289	보르	'13. 3월	
	개인 단위	인·파 정전감시단(UNMOGIP)	7	스리나가	'94.11월	1년
		남수단 임무단(UNMISS)	7	주바	'11. 7월	
		수단 다푸르 임무단(UNAMID)	2	다푸르	'09. 6월	
		레바논 평화유지군(UNIFIL)	4	나쿠라	'07. 1월	
		서부사하라 선거감시단(MINURSO)	4	라윤	'09. 7월	
	소 계		640			
다국적군 평화활동	부대 단위	소말리아해역 청해부대		303	소말리아해역	'09. 3월	6개월
	개인 단위	바레인 연합해군사령부	참모장교	3	마나마	'08. 1월	1년
		지부티 연합합동 기동부대(CJTF-HOA)	협조장교	2	지부티	'09. 3월	
		미국 중부사령부	협조단	2	플로리다	'01.11월	
		미국 아프리카사령부	협조장교	1	슈트트가르트	'16. 3월	
	소 계		311			
국방협력	부대 단위	UAE 아크부대	148	아부다비	'11. 1월	8개월
	소 계		148			
총 계			1,099			

※ 개인단위(32명) : UN PKO(24), 다국적군(8)
※ 부대단위(1,067명) : UN PKO(616), 다국적군(303), 국방협력(148)

□ 파견 지역

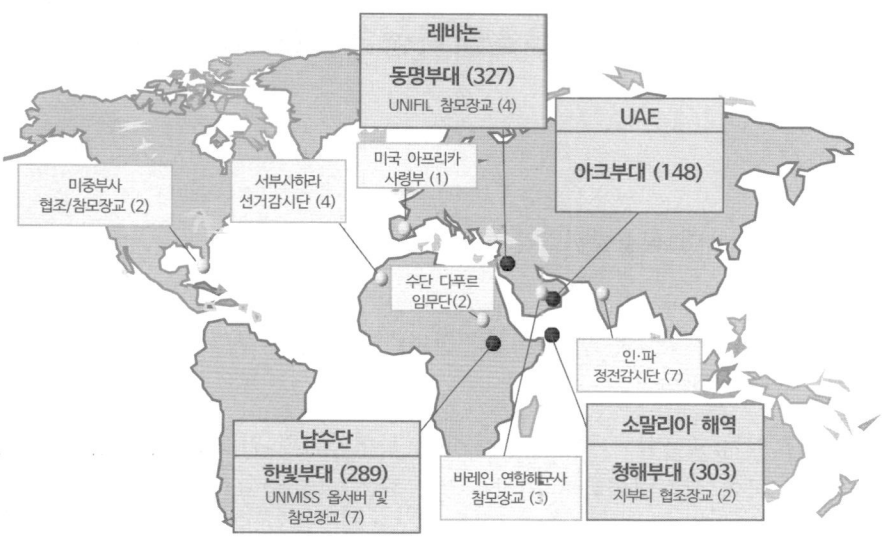

□ 용어

구 분	명 칭
연합합동기동부대- 아프리카 뿔 (CJTF-HOA)	Combined Joint Task Force - Horn of Africa
레바논 평화유지군 (UNIFIL)	United Nations Interim Forces In Lebanon
인·파 정전감시단 (UNMOGIP)	United Nations Military Observer Group In India·Pakistan
남수단 임무단 (UNMISS)	United Nations Mission In South Sudan
수단 다푸르 임무단 (UNAMID)	African Union-United Nations Hybrid Operation in Darfur
서부사하라 선거감시단 (MINURSO)	United Nations Misson for the Referendum in Western Sahara(영) Mission des Nations Unies pour l'organisation d'un Referedum au Sahra Occidental(불)

부록 5_ 한·미 상호방위조약과
　　　　중·조 우호협력상호원조약

5-1 한·미 상호방위조약

① 한·미 양국은 국제평화와 정의를 위협하는 무력행사를 삼갈 것을 약속한다.

② 양국 중 어느 1국이 외부로부터 무력공격의 위협을 받을 때는 양국이 상호협의하여 외침을 방지하는 적절한 조치를 취한다.

③ 양국은 자국의 영토 및 자국의 영토를 위태롭게 하는 태평양지구에 있어서의 무력적 외침에 대처하여 공동투쟁을 전개할 것을 선언한다.

④ 양국은 상호합의에 의해 미합중국의 육·해·공군을 대한민국 영토 내와 그 부근에 배치하는 권리에 대해 대한민국은 이를 허용하고 미합중국은 이를 수락한다.

⑤ 이 조약은 양국이 각기 자국의 헌법상 절차에 따라 비준한다.

⑥ 이 조약은 무기한으로 유효하며, 어느 1국이 이 조약을 폐기할 의사가 있을 때는 그 의사를 상대국에게 통고한 지 1년 후에라야 폐기될 수 있다.

5-2 중·조 우호협력 상호원조조약

제1조 중화인민공화국과 조선민주주의인민공화국 양국은 아시아와 세계 평화 그리고 양국 국민의 안전을 위해 모든 분야에서 끊임없이 노력한다.

제2조 중화인민공화국과 조선민주주의인민공화국 양국은 모든 조치를 공동으로 맡으면서 체결국에 대한 특정 국가의 침략을 방지한다. 체결국 가운데 한 쪽이 몇몇 동맹국의 침략을 받을 경우 전쟁 상태로 바뀌는 즉시 군사적 원조를 제공해야 한다.

제3조 어느 체결국도 다른 체결국과 맺은 동맹에 참가하지 않으며, 다른 나라에 대한 특별한 집단, 행동, 조치에도 참가하지 않는다.

제4조 중화인민공화국과 조선민주주의인민공화국 양국은 양국 공통의 이해관계가 있는 모든 중대한 국제 문제에 대해 서로 협의하기로 한다.

제5조 중화인민공화국과 조선민주주의인민공화국 양국은 주권의 상호 존중, 내정 불간섭과 평등 호혜의 원칙, 우호·협력의 정신을 바탕으로 한 양국간의 사회주의 건설 사업에서 가능한 한 경제·기술 원조를 진행하며, 양국간의 지속적인 경제, 문화, 과학, 기술 협력을 통해 발전시킨다.

제6조 중화인민공화국과 조선민주주의인민공화국 양국은 조선의 통일이 평화와 민주주의를 바탕으로 실현되는 것을 원하며, 이러한 문제의 해결은 조선 인민의 이익 및 동아시아의 평화 옹호 목적과 일치하는 것을 인정한다.

제7조 이 조약은 양국 의회가 비준하지 않으면 효력이 생기지 않으며, 양국이 비준서를 교환한 날부터 효력이 발생한다. 비준서는 평양에서 교환하며, 양국이 조약의 개정 또는 효력의 상실에 대해 합의하지 않는 이상 효력이 유지된다.

부록 6_ 방공식별구역

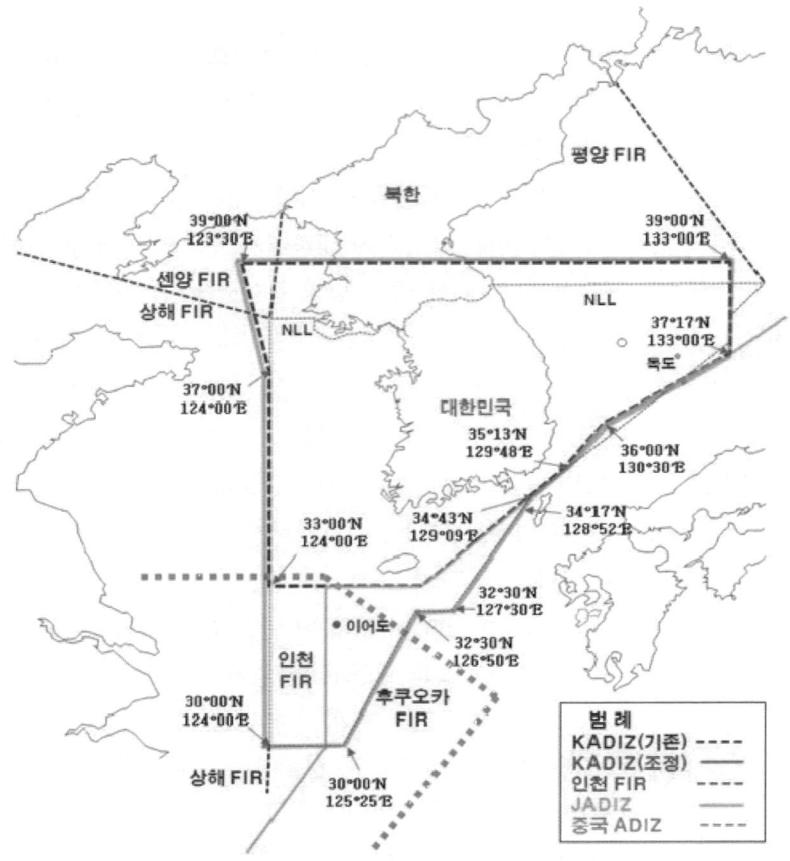

〈그림 부7-1〉 2013년 12월 8일 개정된 KADIZ(대한민국 방공식별구역)

　방공식별구역(防空識別區域: Air Defense Identification Zone, ADIZ)은 영공의 방위를 위해 영공 외곽 공해 상공에 설정되는 공중구역이다. 자국 공군이 국가 안보를 위해 일방적으로 설정하여 선포한다. 영공이 아니므로, 외국 군용기의 무단 비행이 금지되지는 않는다. 다만 자국 국가 안보에 위협이 되면 퇴각을 요청하거나 격추할 수 있다고 사전에 국제

사회에 선포해 놓은 구역이다.

2013년 현재 20여 개국이 방공식별구역을 설정하고 있으며, 러시아, 북한 등은 방공식별구역을 인정하지 않고 있다.

1. 역사

방공 식별 구역은 제2차 세계 대전 당시, 해안가로부터의 적의 공습을 방어하기 위해 미국이 일방적으로 선포했다. 특히 1941년 진주만 공습이 큰 계기가 되었다. 당시 대공 레이더를 해안가에 설치한 기술적으로 진보된 나라가 미국 등 몇 개국 외에는 없었다. 미국은 공군 NORAD(북미항공우주방위사령부)와 민간의 FAA(미국연방항공국)가 합동하여 관리를 한다. 무선으로 피아 식별 요청을 하며, 피아 식별이 불가능하거나 거부되면, 공군 전투기가 출격해 육안으로 피아 식별을 한다. 그리고 국가 안보에 위험 요인이 있다고 판단되면 해당 항공기를 퇴각시키거나 요격한다. 반드시 퇴각시키거나 요격하는 것이 아니라, 국가 안보에 위협이 된다고 판단되어야 한다.

2. 국제법상 근거

해당국 공군이 방공식별구역을 일방적으로 선포할 수 있는 국제법적 권한을 특별히 명시한 국제법 규정은 존재하지 않는다. 해당국의 국제법상 자위권에 근거한 일방적인 조치이다.

3. 공해의 자유

영해(領海)는 한 나라의 주권이 미치는 바다로, 보통은 해안선으로부터 12해리의 범위까지 설정된다. 이러한 영해 밖은 국제법상 공해의 자유가 인정되므로, 공해 상공에서는 민간 또는 군용 항공기의 자유로운 비행이 가능하다. 특히, 군용기의 경우에는 정찰 비행 뿐만 아니라 폭탄의 발사까지도 자유이다. 이는 '사실상의 영해'로 불리는 유엔 해양법상의 배타적 경제 수역의 상공에서도 마찬가지이다.

방공식별구역은 한 나라가 자국과 인접한 이러한 공해의 상공에다 국제법상 자위권에 근거해 일방적으로 설정한 구역으로서, 이 구역 내에서 공해의 자유를 사실상 축소, 제한하는 영향을 미친다.

4. 사전 동의 없는 비행

영공이 아니라 공해의 상공이기 때문에, 민간 또는 군용 비행기의 비행에 반드시 구역 설정국의 사전 동의가 필요한 것은 아니다. 방공 식별구역을 설정한 정부에 사전 동의를 신청하지 않거나, 사전 동의를 신청했는데 거부한 경우에는 다음의 네 가지 중 하나가 가능하다.

- 공중전을 하여 해당국 전투기를 요격하고 계속 비행을 한다.
- 해당국 전투기의 무선 요청에 응해 퇴각한다.
- 해당국 전투기의 무선 요청에 불응하고 비행을 계속한다. 해당국 전투기의 감시 하에 계속 비행하게 된다. 묵인이다.
- 해당국 전투기의 무선 요청에 불응하고 그냥 비행을 계속한다. 해당국 전투기가 요격한다.

5. 경계선이 겹치는 경우

인접국과 방공식별구역의 경계선이 겹치는 경우, 역시 사전 동의 있는 비행과 사전 동의 없는 비행의 여러 경우가 가능하다.

양국의 전투기가 모두 출격하여 육안으로 감시하는 경우가 생길 수 있으며, 이런 경우에 상대국의 전투기는 국가 안보에 매우 위험하므로 서로 전투기의 퇴각을 요구 또는 요격을 경고하게 되며, 따라서 양국 전투기가 공중전을 벌일 가능성이 높아진다.

이러한 방공식별구역 경계선이 겹치는 경우에 발생할 수 있는 군사적 외교적 문제의 시나리오는 배타적 경제 수역, 대륙붕, NLL, 영해, 영공, 영토 등 일방적으로 선포된 각종 경계선이 겹치는 경우와 큰 차이가 없다.

6. 대한민국

대한민국 공군의 방공식별구역(KADIZ: Korea Air Defense Identification Zone)은 한반도 지역으로 접근하는 비행물체에 대한 사전 탐지, 식별 및 적절한 조치를 위해 설정된 구역을 말한다. 1951년 한국전쟁 기간 중에 미국 공군이 설정했다.

독도 상공은 영공이며, 대한민국의 허가 없이는 다른 나라의 항공기가 들어 올 수 없다. 하지만, 일본의 4천200t급으로 추정되는 구축함이 2012년 9월 21일 독도 동쪽 공해상 30마일 지점에 출현해 한국군이 링스 헬기와 F-15K 전투기, 한국형 구축함인 광개토대왕함을 출동시켰다. 이에 대해 모리모토 사토시 일본방위상이 해상자위대 헬리콥터의 독도 주변 공해상 훈련과 관련, 국제법상 문제가 없다고 주장했다.

대한민국 정부는 2013년 12월 8일 방공식별구역 관련 법령을 근거로, 군 항공 작전의 특수성, 항공법에 따른 비행정보구역의 범위, 국제관례 등을 고려하여 한국방공식별구역의 범위를 조정하였다. 새로운 한국방공식별구역은 기존 한국방공식별구역의 남쪽 구역(북위 34도 17분 이남)을 국제적으로 통용되고 인접국과 중첩되지 않는 인천 비행정보구역(FIR)과 일치되도록 조정하였다. 이 조정 구역에는 마라도와 홍도 남쪽의 대한민국 영공과 이어도 수역 상공이 도두 포함되어 있다.

7. 미국

미국 공군의 방공식별구역(U.S.ADIZ: United States Air Defense Identification Zone)은 미국 지역으로 접근하는 비행물체에 대한 사전 탐지, 식별 및 적절한 조치를 위해 설정된 구역을 말한다

9·11 테러 이후 미국은 메릴랜드 주 볼티모어와 워싱턴 DC에 걸쳐 수도 지역으로 가는 영공의 비행 허가를 민간항공기라도 절대 허락하지 않으며 특별한 방공 식별권인 '워싱턴 DC 방공 식별 구역'을 설정했다.

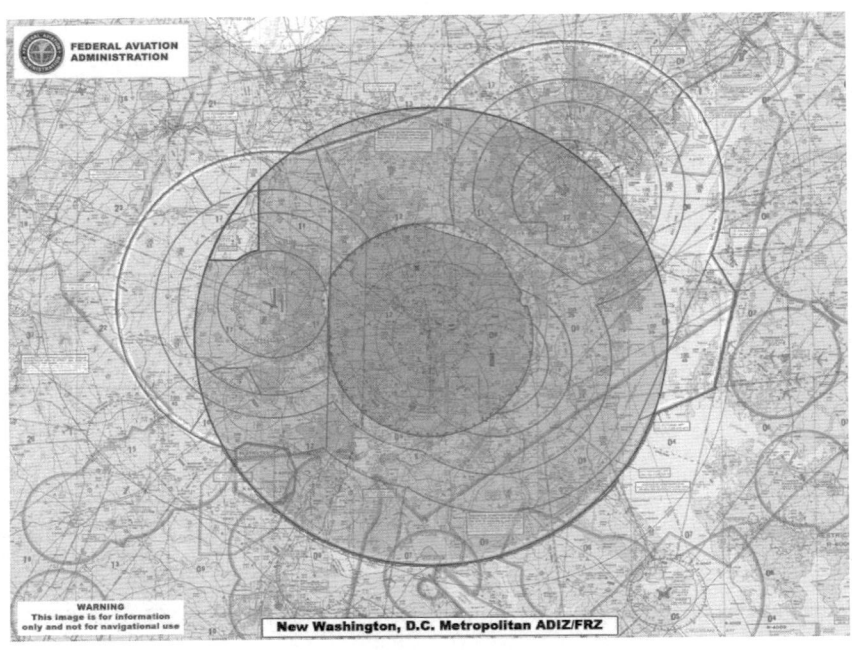

〈그림 부7-2〉 미국 워싱턴 DC의 방공식별구역

8. 중국

중국 공군의 방공식별구역(CADIZ: China Air Defense Identification Zone)은 중국대륙 지역으로 접근하는 비행물체에 대한 사전 탐지, 식별 및 적절한 조치를 위해 설정된 구역을 말한다. 댜오위다오 섬(센카쿠 섬) 주변 상공은 이 구역에 속하고 있다.

원래 중국은 방공식별구역이 없었는데, 2013년 11월 중국 공군이 방공식별구역을 일방적으로 선포하여 일본과 한국이 크게 반발하였다.

9. 일본

일본 항공자위대의 방공식별구역(JADIZ: Japan Air Defense Identification Zone)은 일본 열도 지역으로 접근하는 비행물체에 대한 사전 탐지, 식별

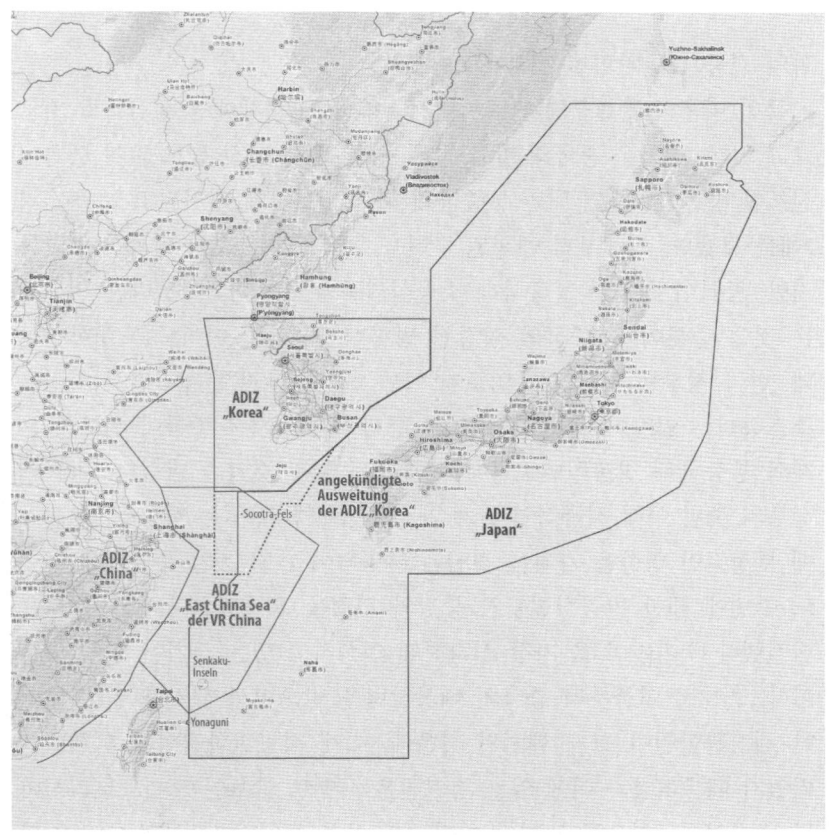

〈그림 부7-3〉 2013년 중국이 설정한 CADIZ와 일본이 설정한 JADIZ

및 적절한 조치를 위해 설정된 구역을 말한다. 이어도 주변 상공은 이 구역에 속하고 있다.

10. 동아시아 문제 정리

센카쿠 열도 문제로 중국이 동중국해의 방공식별구역을 처음 선포했다. 군부의 강경파들이 주도하는 일이란 평가다. 본래 중일 양국 갈등의 연장선상에서 비롯되었지만, 중국이 서해와 남중국해에서도 방공식별구역을 설정할 것이라고 예고하면서 한국, 동남아시아 등 여타 주변국과의 갈등으로 악화될 것으로 우려된다.

특히 미군의 훈련구역과 겹치면서 미중관계 문제에서 쟁점으로 떠오르고 있다. 미국은 중국의 발표 직후, 중국 측에 사전 통보 없이 중국이 선포한 방공식별구역 내의 동중국해 해역으로 괌에 배치된 B-52 폭격기 2대를 보냈다. 이전부터 예정된 훈련을 위해서라는 것이 명목상의 발표지만, 중국이 선포한 동중국해 방공식별구역을 무력화하겠다는 의도라는 것이 중론이다. 중국의 확장된 방공식별구역은 이어도를 포함하는데, 한국 정부는 이어도는 영토가 아닌 해양관할권 문제라면서 파장을 축소하려는 입장이지만, 미국, 일본 등과 마찬가지로 중국이 선포한 문제의 동중국해 방공식별구역에 구애받지 않을 것임을 밝혔다. 박근혜 정부의 출범 이래 적극적인 관계 개선을 추구하고 있는 한중 양국 관계에 부정적인 영향을 가져올 것임은 분명하여 11월 29일 중국에게 이어도 주변에 대한 방공식별구역 중첩의 시정을 요구했으나 중국 정부는 거절했다.[1] 이번 일을 가장 심각하게 인식하고 있는 국가는 단연 일본이다. 2012년 여름부터 중국의 해상압력을 받으면서 센카쿠 열도에 대한 해상관할권이 크게 훼손된 가운데, 이제 항공관할권까지 위협받게 되었기 때문이다.[2] 이에 일본 정치권은 시멘트 암초인 오키노토리시마도 방공식별구역으로 넣어야 한다고 주장하고 있다. 한국의 KADIZ 확대를 계기로 일본이 자국 방공식별구역에 독도까지 포함하려는 움직임을 보일 가능성도 제기되는 상황이었으나 의외로 한국의 방공식별구역은 문제 될 것 없다는 입장을 취했으며 미국은 암묵적 동의를 하였고 중국만이 유감을 표했다.

---

[1] 이보다 앞서 한국의 해양경찰청, 해군 소속 초계기가 평소처럼 이어도 상공에서 순찰 비행을 실시했다.

[2] 중국은 방공식별구역 선포를 앞두고 센카쿠 상공으로 폭격기, 무인정찰기 비행을 증가시켰고, 이에 일본은 "중국 항공기가 센카쿠에 접근하면 요격할 것"임을 공언했다. 특히 무인기의 경우는 '격추' 가능성까지 거론했다. 일각에서는 이 과정에서 중국, 특히 군부 내부의 강경파가 내놓은 강수가 방공식별구역 선포라고 평가한다.

부록 7_ 6·15 남북공동선언

조국의 평화적 통일을 염원하는 온 겨레의 숭고한 뜻에 따라 대한민국 김대중 대통령과 조선민주주의인민공화국 김정일 국방위원장은 2000년 6월 13일부터 6월 15일까지 평양에서 역사적인 상봉을 하였으며 정상회담을 가졌다.

남북정상들은 분단 역사상 처음으로 열린 이번 상봉과 회담이 서로 이해를 증진시키고 남북관계를 발전시키며 평화통일을 실현하는데 중대한 의의를 가진다고 평가하고 다음과 같이 선언한다.

1. 남과 북은 나라의 통일문제를 그 주인인 우리 민족끼리 서로 힘을 합쳐 자주적으로 해결해 나가기로 하였다.
2. 남과 북은 나라의 통일을 위한 남측의 연합제 안과 북측의 낮은 단계의 연방제 안이 서로 공통성이 있다고 인정하고 앞으로 이 방향에서 통일을 지향시켜 나가기로 하였다.
3. 남과 북은 올해 8.15에 즈음하여 흩어진 가족, 친척 방문단을 교환하며, 비전향 장기수 문제를 해결하는 등 인도적 문제를 조속히 풀어 나가기로 하였다.
4. 남과 북은 경제협력을 통하여 민족 경제를 균형적으로 발전시키고, 사회, 문화, 체육, 보건, 환경 등 제반분야의 협력과 교류를 활성화하여 서로의 신뢰를 다져 나가기로 하였다.
5. 남과 북은 이상과 같은 합의사항을 조속히 실천에 옮기기 위하여 빠른 시일 안에 당국 사이의 대화를 개최하기로 하였다.

김대중 대통령은 김정일 국방위원장이 서울을 방문하도록 정중히 초청하였으며, 김정일 국방위원장은 앞으로 적절한 시기에 서울을 방문하기로 하였다.

2000년 6월 15일	
대 한 민 국 대 통 령 김 대 중	조선민주주의인민공화국 국 방 위 원 장 김 정 일

참고문헌

1. 국내 단행본

국방대학교, 『안보관계용어집』, 국방대학교, 1991.
국방부, 『국방백서』 2006 · 2008 · 2010 · 2012 · 2016 · 2018.
김달중, 『외교정책이 이론과 이해』, 도서출판 오름, 1999.
김우상, 『국제관계론강의』, 한울, 1997.
김우현, 『세계정치질서』, 한울, 2001.
김용제, 『한반도 통일론』, 박영사, 2009.
김응수, 『21세기 북한의 이해』, 북코리아, 2011.
김의곤, 『현대국제정치이론』, 집문당, 2002.
김재목, 『북한 핵협상 드라마』, 경당, 1994.
박종원 · 김종운, 『중국 전략론』, 팔복원, 2001.
김태우, 『북핵을 넘어 통일로』, 명인문화사, 2012.
김해원, 『북한의 남북정치 협상연구』, 선인, 2012.
김희상, 『21세기의 한국의 안보 환경과 국가안보』, 도서출판 전광, 2003.
민병천, 『평화통일론』, 대왕사, 2001.
변창구 외 공저, 『신세계질서론』, 대왕사, 1998.
박재영, 『국제정치 패러다임』, 법문사, 2006.
박준영, 『국제정치학』, 박영사, 2007.
백경남, 『국제관계사』, 법지사, 2001.
백선엽, 『길고 긴 여름날 1950년 6월 25일』, 지구촌, 1999.
백종천 편, 『한국의 국가전략』, 세종연구소, 2004.

브리태니커 편집부, 『브리태니커 대백과사전』, DC북, 2007.
안전행정부, 『국가안보와 공직자의 자세』, 2012.
앨빈 토플러, 『전쟁과 반전쟁』, 한국경제신문사, 1994.
엄상윤, 『한국의 안보/통일 딜레마와 파생효과 감소방안』, 세종연구소, 2012.
염돈재, 『올바른 통일준비를 위한 독일통일의 과정과 교훈』, 평화문제연구소, 2010.
우명동, 『국가론』, 해남, 2005.
육군군사연구소, 『이라크 자유 작전 미 의회 보고서』, 2011.
육군사관학교, 『국가 안보론』, 박영사, 2005.
윤경철·황성연 공저 『국제정치학 : 핵심과 맥락』, 계림, 2005.
이기택, 『현대국제정치이론』, 박영사, 1997.
이상우, 『국제관계이론』, 박영사, 1999.
이상우·하영선 공편, 『국제정치학』, 나남출판사, 2002.
이재영, 『전쟁』, 대왕사, 2005.
이종원, 『통일에 대비한 경제정책』, 해남, 2011.
이창용, 『뉴테러리즘과 국가위기관리』, 대영문화사, 2007.
장용운, 『군사학개론』, 양서각, 2006.
정명복, 『쉽고 재미있는 생생 세계 전쟁 이야기』, 지문당, 2015.
정명복, 『잊을 수 없는 생생 6·25전쟁사』, 지문당, 2018.
정명복, 『쉽고 재미있는 생생 무기와 전쟁 이야기』, 지문당, 2018.
정선아 외 공저, 『누드교과서 SE 국사』, ETOOS, 2010.
정정길, 『정책결정론』, 대영출판사, 1988.
정형근, 『21세기 동북아 신 국제질서와 한반도』, Book, 2007.
정호수, 『협상이야기』, 발해 그후, 2008.
조남진, 『국가안보의 이해』, 노드미디어, 2010.
조영갑, 『세계전쟁과 테러』, 선학사, 2009.
콘돌리자 라이스 외, 장성민 편역, 『부시행정부의 한반도 리포트』, 김영사, 2001.
통일교육원, 『2017 통일문제 이해』, 2016.
통일교육원, 『2018 통일문제 이해』, 2017.
통일교육원, 『2019 통일문제 이해』, 2018.

한국안보문제연구소,『PKO 활동연구』, 2009.
황성칠,『군사전략론』, 한국학술정보, 2013.
Max Boot,『MADE IN WAR』, 플래닛미디어, 2008.
RICHARD P.HALLION 저, 백문현·권영근 공역,『현대전의 알파와 오메가』, 연경문화사, 2001.

2. 국내 논문

김성한,「한미동맹의 현황과 미래비전」,『전략연구』통권 제48호(2010.3).
백승도,「대학생의 통일안보의식과 가치유형」,『한국군사학논총』통권 제3호(2013.6).
윤영미,「한미동맹과 신안보」,『현상과인식』제31권 1·2호(통권 101호, 2007.5).
이상현,「한미동맹과 전략적 유연성」,『국제정치논총』제46집 4호(2006.12).
이원우,「안보협력 개념들의 의미 분화와 적용」,『국제정치논총』제51집 1호(2011.3).
이필중·김용휘「주한미군의 군사력 변화와 한국의 군사력 건설」,『국제정치논총』제47집 1호(2007.3).
정명복,「중공군 5차 전역 2단계 작전간 피·아 작전지도에 관한 고찰」,『군사』제67호(2008.6).
정명복,「6·25전쟁기 중공군 5월 공세에 대한 전투사적 고찰」,『군사』제71호(2009.6).
정명복,「6·25전쟁기 현리-한계 전투의 전술적 교훈」,『역사와 담론』제57집(2010.12).
정재욱,「북한의 군사도발과 전략적 과제」,『2011년도 한국국제정치학회 안보국방학술회의』 2011.8.
조성렬,「전시 작전통제권 환수 이후 주한미군의 규모와 역할 변화」,『통일한국』제24권 제10호(통권 제274호, 2006.10).
주성하,「백두혈통 신화, 가면을 벗기다」(토요판 커버스토리),『동아일보』 2013.12.21.
한용섭,「주한미군 기지이전과 전력증강 자주국방」,『통일한국』제21권 제7호(통권 제235호, 2003.7).

허강일, 「국제정치학-세력균형」, 『고시계』 제31권 제2호(통권 제348호, 1986.1).
황영배, 「군사동맹의 지속성-세력균형론(Balance of Power)과 세력전이론(Power Transition)」, 『한국정치학회보』 제29집 제3호(1995).

3. 국외 자료

Abeyratne, Ruwantissa, "In search of theoretical justification for air defence identification zones", *Journal of Transportation Security* (Springer US) 5 (1) (March 2012): 87-94.

Jeremy, "The A to Z on China's Air Defense Identification Zone", *The Wall Street Journal* (Nov 27, 2013).

Jane Perlez, "China Explains Handling of B-52 Flight as Tensions Escalate", *The New York Times* (27 November 2013).

"Japan extends ADIZ into Taiwan space", taipeitimes.com. *Taipei Times*, 26 June 2013. Retrieved 24 November 2013.

"Seoul considers southward expansion of air defense zone", *The Korea Herald*, Retrieved 1 December 2013.

찾아보기

숫자·영문

1차 연평해전　250
1차 중동전쟁　39
200해리　220
20개국(G20)정상회의　240
21세기 전략동맹　141
2차 핵실험　268
2차 핵안보정상회의　237
3B정책　127
3C정책　127
3국 동맹　86
3국 협상　86
3대 통로　303
3불정책　111
3통정책　112
4·8 싱가포르 잠정합의　268
4국 동맹　126
4차 산업혁명　210
5·16 군사정변　242
5·18 광주 민주화 항쟁　139
6자회담　266
7·4남북공동성명　304
7·7선언　299
8·18도끼만행사건　188
9·11테러 사태　33
9·19 공동성명　267

ABM　179
ANZUS　128
ASBM　180
Batna 전술　164
BDA　268
Bottom line 전술　164
CIS(독립국가연합)　23
Deadline 전술　164
DMZ 세계평화공원　320
EU(유럽연합)　23
Face saving 전술　164
G20　240
GPR(Global Defense Posture Review)　225
Haggling 전술　163
ICBM　179
Ignorance 전술　163
KAL 858기 폭파사건　249
MIRV　180
NATO　128
NATO(북대서양조약기구)　54
NLL　244
non-alignment with blocs　107
NPT　111
NPT 탈퇴　263
Off the record negotiation 전술　164
Precedent 전술　163

Raisin picking 전술   165
Reverse action 전술   165
Salami slicing 전술   164
SALT Ⅰ   179
SALT Ⅱ   180
SEATO   128
SLBM   179, 180
Toughness 전술   163
TPFDD   137
UN   95
UN평화군   205
WTO   128

ㄱ

가쓰라 태프트 밀약   152
간디   109
갈리(Boutros Boutros-Ghali)   97
갈퉁(Johan Galtung)   309
강제기능   67
거부기능   68
거부형태   69
거짓양보전술   163
걸프전   68
경무장 평화유지군   103
경비계엄   76
경제적 수단   161
계산된 모험을 통한 억제   70
계엄령   76, 77
계엄사령관   77
고구려   150
고려민주연방공화국   317
고르바초프   49
고속특수선박(VSV)   259
고전적 안보개념   44

골드만삭스   240
공권력   17
공권력 행사   21
공대지 탄도미사일(ASBM)   180
공동기피   159
공동안보   47
공동이익   159
공존공영   288
공해   73
과기강군   228
교량전력(bridge capability)   140
교섭적 위기관리   191
교착위협전술   164
구조적 군비통제   177
국가   16
국가 동원예비군 제도   111
국가목표(National Objectives)   28
국가보안법   313
국가안보   186
국가안전보장   32
국가안전보장법   202
국가안전보장회의   201
국가연합   24
국가영역   19
국가위기   185
국가위기관리센터   202
국가 핵심이익   186
국가이익(National Interests)   25, 26, 84, 190
국가전략(National Strategy)   29
국가정책   29
국력(National Power)   61
국력의 요소   64
국력평가   30
국민   18
국민당 정부   111

국민의 정부   301
국방대학교   32
국방수권법   278
국방의 딜레마(Defense Dilemma)   46
국방장관회의(ADMM-Plus)   208
국제연맹이사회   94
국제연합(The United Nations)   52, 95
국제연합헌장   99
국제원자력기구(IAEA)   300
국제 이슈   287
국제적 노력   97
국제적 통일공감대   321
국제전략문제연구소(IISS)   206
국제정치 현상   185
국책지원 기능   67, 70
군단   72
군대(Armed Forces)   66
군비경쟁   47, 169
군비경쟁요소   170
군비사업   153
군비제한(limitation of armaments)   172
군비제한협정   174
군비축소   85
군비통제   170
군비통제의 기능   171
군사교류   154
군사독트린   118
군사동맹   85
군사력(Military Power)   66, 75
군사력의 기능   66
군사적 수단   161
군사적 위협   34
군사전략   76
군사협력   154
군제   292

군주주의   20
군축위원회(UNDC)   182
군축협정   173
권력정치(power politics)   35
균형자형 균형   87
그린데탕트   320
근대적인 중립제도   115
근대전쟁시대   168
글로벌 통일한국   324
기능주의모델   310
기용자원   63
김일성   264

ㄴ

나의 투쟁   149
나폴레옹   114
나폴레옹전쟁   126
난민   293
남베트남   242
남북 상호 사찰   262
남북 자유총선거   307
남북관계의 정상화   319
남북교류협력법   313
남북기본합의서   304
남북연방제   307
남북한 비핵화 공동선언   262
남사군도   221
남오세티아 전쟁   219
내수시장   324
냉전형(cold-war form) 균형   89
네덜란드   131
네루   107
네털라인(Donald Nuechterlein)   26
네트워크 중심전(NCW)   210

노벨평화상　301
논 제로섬 게임　48

ㄷ

다국적군　106
다자안보　322
다층방어 능력　210
다탄두미사일(MIRV)　180
단일국가　22
담보　41
대남전략　255
대량살상무기　137
대륙간 탄도미사일(ICBM)　179
대북 억지력　281
대서양　117
대안제시전술　165
대외정책노선　35
대응이익(counter-balancing interest)　88
대표성의 원칙　102
데탕트 체제　243
델로스 동맹　126
독립국가연합　23
독립변수　196
독일 제국　147
독일통일후유증　329
동계올림픽　240
동남아시아국가연합(ASEAN: Association of Southeast Asian Nations)　55
동맹　121
동맹체　121
동북 3성　327
동아시아 전략구상(EASI)　139
동종(同種)이익동맹　123

등소평　226
딜(Paul F. Diehl)　97
딜레마　34

ㄹ

라인강의 기적　238
러시-바고트 협정　173
러시아 구조대　58
러시아-프랑스 동맹　127
레이몬드 아롱(Raymond Aron)　62
로비스트　197
리벤트로프　149

ㅁ

마그너 사이트　323
막스 베버　16
매개변수　196
매개자　331
맥키버(R. M. Mackiver)　65
먼로선언　152
명약관화　332
명제　35
모택동　111
무력공격사태법안　231
무장해제(Disarmament)　172
뮌헨 시대형(Munich-Era form) 균형　88
미 육군정보보안본부(INSCOM)　275
미국 합동참모본부　193
미군철수　40
미래한미동맹정책구상회의(FOTA)　279

미소 포괄군축교섭　181
미얀마 아웅산 폭탄테러　248
미트라니(David Mitrany)　310
민족공동체　284
민족공동체통일방안　321
민족동질성　306
민족의 이질화　330
민주주의 국가　18

ㅂ

바르샤바조약기구　54
박근혜 정부　303
박정희　296
반공협정　128
반기문　205
반미감정　139
반식민지주의　107
방위공동체　131
방코 델타 아시아(BDA)　267, 268
배타적 경제수역(EEZ: Exclusive Economic Zone)　220
배합전　256
백령도　251
백제　150
베르사유 조약　93
베를린선언　301
베스트팔렌 조약　114
베이징　266
베제티우스　327
베트남전　273
병력(Military Forces)　66
병력구조　211
보불전쟁　148
보오전쟁　148

보편적 가치　322
복합균형　87
복합적 평화유지활동　102
봉합　41
부잔(Barry Buzan)　57
북대서양조약기구(NATO)　54
북방한계선(NLL)　328
북한 인권문제　316
북한군　255
북한이탈주민　289, 321, 330
분단　293
분위기 제압전술　163
분쟁당사국의 동의성의 원칙　101
불가침 조약　149
비대칭전력　117
비동맹(non-alignment)주의　107
비동맹국 정상회의　108
비무장 감시단　103
비무장국경선　174
비밀협상전술　164
비상계엄　76
비상대비　213
비상대비 업무　213
비상사태　58
비스마르크(Karl von Bismarck)　87
비스마르크형 균형　87
비전 코리아 프로젝트　320
비정규전　256
빌헬름 형 균형　89
뽑아먹기식 전술　165

##

사단　72
사이버위협　211

사회주의 계획경제체제　285
삼한(三韓)　283
상대 무시전술　163
상부지휘구조　211
상호관계 변화　132, 133
상호균형군축(MBFR)협상　48
상호불가침협정　297
상호확증파괴 능력　179
선린우호관계　305
세력균형　84
세력균형 분류　85
소형무인기 침투　244
속전속결전　256
수습적 위기관리　191
수에즈 운하　151
스웨덴　117
스위스　79, 118
스칸디나비아 반도　114
스톡홀름 협약　177
시간벌기전술　164
시너지 효과　326
시민예비군 제도　117
시베리아횡단철도(TSR)　322
시스템관점의 위기관리　192
신 3국동맹　128
신기능주의모델　311
신동방정책　322
신라　150
신뢰구축방안　177
신북방정책　208
신빙성　161
신속기동전　117
신시기 전략방침　228
신현실주의　37
실무회담　266
실사구시 정책　226

싱글러브 소장　274
쌍방향 소통　333

아랍제국　39
아웅산 묘소 폭파사건　243
아프가니스탄 침공　153
악의 축　265
안보 레짐　53
안보상황　190
안보위협　33
안보위협의 유형　225
안보의 딜레마(Security Dilemma)　45
안보의 중요성　38
안보터세　327
안전보장이사회　95
안전브장회의설치법 개정안　231
안전행정부　59
야경국가　21
야전군　72
양보 얻어내기 전술　164
양자 국방협력　209
억제기능　69
엄브렐러 방식　181
여단　72
연구용 원자로　261
연대이하 제대　72
연방제모델　308
연평도　250
연평도 포격 사건　253
연합방위능력　281
연합방위체제　137
영국-러시아 협상　127
영국-프랑스 협상　127

영변 원자로 냉각탑 폭파 사건　268
영세중립국화　118
영연방국　24
영유권 분쟁　71
영토　19
예방외교(Preventive Diplomacy)　100
예방외교활동　53
오대호　174
오스트리아　126
외교　146
외교·국방 안보정책협의회　207
외교안보정책회의　202
외교적 목적　80
외교적 억제　70
외무장관회의　108
우드로 윌슨(W.Wilson)　92
우리 의식(we-feeling)　286
우방국가　79
우주군　278
우주무기금지교섭　181
운용적 군비통제　176
원시전쟁시대　168
원자력 협정　261
원조의무　125
위기관리　185
위기관리 유형　191
위기관리원칙　193
위기상황　189
위협의 신빙성　161
위협의 유형　78
유럽안보협력기구(OSCE)　54, 57, 178
유럽안보협력회의(CSCE)　48, 54
유럽연합　23
유사법제　232
유엔군　135

유화정책　88
육군　72
의원내각제　295
이라크전쟁 참여　131
이명박 정부　302
이산가족　304
이스라엘　38
이승만 대통령　135, 294
이종(異種)이익동맹　123
이질화　290
이집트의 공격(10월 전쟁)　151
이탈리아　128
인간안보(human security)　137
인도　109
인도적 이익(humanitarian interests)　27
인도적 지원　330
인위재난　195
인프라　326
일대일로(一帶一路)　322
일본의 기적　238
임진왜란　205

##

자력방위(Self-defense)　105, 106
자발적 애국심　41
자발적 참여의 원칙　102
자연재난　195
자위대 파병법　232
자위대법 개정안　231
자위성의 원칙　101
자유공개선거　315
자유주의　36
자유총선거　295

작전지원사단(Unit of Empolyment-x, UEx)   276
작전통제권 환수 문제   139
잠수병   252
잠수함발사 탄도미사일(SLBM)   179
잠재적 전쟁공동체   122
장개석   111
재난관리체계   198
재래식 전력 감축조약   178
재래식무기감축협정(CFE)   50
적대세력   125
적응적 위기관리   192
전두환 대통령   298
전략대화   156
전략무기 감축회담   180
전략적 상호관계   159
전략폭격기   180
전력증강계획   140
전례요구   163
전면적 동반자 관계   155
전방위 대처   69
전방전개   69
전술미사일 방어망   131
전시동원예비군   117
전시의 힘   63
전자교란장비   260
전자통일모델   312
전쟁의 역사   167
전제조건 추가 전술   163
전통적 평화유지활동   102
전투근무지원부대   72
전투부대   72
전투부대(UA)   277
전투사령부   139
전투지원부대   72
전환경매 전술   165

절대안보   44
점령   72
점증주의모형   198
정권   282
정규전   256
정보자산   274
정부   17, 20
정부요인 암살 지령   244
정부정치모형   197
정세판단   30
정전 협정   273
정책검토위원회(PRC)   198
제1공화국   294
제2공화국   295
제2차 세계대전   128
제2차 연평해전   251
제2차 전략무기 감축회담(START Ⅱ)   181
제2타격(2nd strike)   179
제3공화국   296
제3세계 국가   98
제4공화국   296
제네바 합의   264
제도통합   330
제로섬 게임   44
조미수호통상조약   135
조약발동절차   123
조약발동조건   123
조정위원회회의   108
조직행위모형   197
종속변수   196
주권   20
주권민족국가   315
주도권 확보전술   163
주요 무기체계   73
주한미군   272

중강국(中强國: middle power)　241
중동지역　151
중립(Neutrality)　113
중립 개념　114
중립성의 원칙　101
중립주의(neutralism)　113
중립주의 외교정책　113
중립화　113
중세전쟁시대　168
중앙통합방위회의　214
중요한 이익(important interests)　27
중화인민공화국　111
지미 카터　264
지상전　72
지상전력　72
지역분쟁 해결　131
지연전술　164
지정학(geopolitics)　78
지휘통제통신체계(C4I)　210
진먼 포격전　112
진주만　62
집단방위동맹　126

체첸사태　234
초강대국　224
총력전　80
총칼을 동원한 외교　147
최대양보선 확보전술　164
춘추전국시대　173

ㅋ

캐스팅 보트　112
컴퓨터 침해사고 대응반(CERT1)　212
케네스 월츠(Kenneth Waltz)　37
코리아 디스카운트(Korea discount)　291
코리아 프리미엄(Korea premium)　291
코소보사태 개입　131
쿠바의 미사일 위기　68
클라우제비츠　79

ㅌ

탄도탄 요격미사일(ABM)　179
태도변화 유도전술　164
통과의례　333
통일　282
통일민주공화국　300, 305
통일법제추진위원회　332
통일비용　325, 330, 331, 333
통일외교　332
통일편익　325
통일헌법　306
통치권　200
특별조정위원회(SCC)　198

ㅊ

참여정부　301
천안함　251
천안함 피격 사건　251
철혈 통치　126
청와대 습격　244
청해부대　240
체르노빌 원자력 발전소 방사능 누출사고　58
체임벌린　88
체제대립　299

특수작전군 259
팀 스피리트 263

ㅍ

파리강화회담 92
파리평화회의 115
파키스탄 109
팍스 브리태니카(Pax Britanica) 87
판문점 316
판문점 도끼 만행사건 247
팔레스타인 해방기구(PLO) 110
팔메(Olof Palme)위원회 48
펜으로 수행하는 전쟁 146
평형(Equilibrium) 86
평화강제(Peace-enforcing) 101
평화 만들기 328
평화유지 97
평화유지(Peace-keeping) 100
평화유지활동(PKO: Peace Keeping Operation) 97
평화재건(Peace-building) 101
평화조성(Peace-making) 100
평화 지키기 328
평화통일 3대 원칙 297
평화헌법 제9조 218
포괄안보협력 56
포괄적 안보동맹 56
포괄핵실험금지조약(CTBT) 50
푸에블로호 납치사건 188
프랑스혁명 126
프러시아 147
프레데릭 하트만 87
플루토늄 264

##

하마스 110
하스(Ernst B. Hass) 85, 311
한강의 기적 238
한국군 사령부 139
한국군 합동참모본부 139
한국군 합참의장 139
한국방공식별구역(KADIZ) 155
한국전쟁 153
한국합중국 314
한미 공동 군사위원회(ROK-US Military Committee) 138
한미상호방위조약 106
한미연합분석통제본부(CACC) 275
한미연합사 139
한미연합사령관(주한미군사령관) 138, 139
한미 자유무역협정(FTA) 141
한민족 통일 네트워크 구축사업 321
한스 모겐소(Hans J. Morgenthau) 25
한주호 준위 252
함마슐드(Dag Hammarskjold) 99
합동군 277
합리적행위자모형 197
합병통일 293
합종연횡책 126
항공작전제대 74
항공전력 72, 74
해볏대 72
해상검색활동 73
해상전력 72, 73
핵개발 의혹 시설 151
핵실험 71, 109, 139, 233, 267, 268, 271

핵안보정상회의   240
핵 태세 보고서   265
핵확산금지조약   300
행정권   22
헌팅턴(Samuel P. Huntington)   169
험프리스 기지   281
헤이그 평화회의   115
헨리 키신저   36
헬 협정   88
현대국가   61
현대의 자력방위   105
현대화 계획   274
현상유지(status quo)   34
현상타파(destruction of status quo)
      34
협력안보   52
협상대표단   160
협상의 두 가지 측면   159
호치민   294
혼성 PKO   102
혼합탐사모형   198
후방대처   69
후버 전쟁혁명평화연구소   167
흡수통일   34
흥정전술   163
희토류   323
힘의 배분상태   91

저자소개

정명복

서울성남중·고등학교, 육군사관학교, 육군대학 졸업
국립공주대학교 대학원 사학과 졸업(문학박사)
포대장, 대대장, 연대장, 여단장 역임
육군 군사연구소 전쟁사 연구과장, 한국전쟁과장 역임
(전)한남대학교사학과 강사/국방전략대학원 객원교수
국립공주대학교 안보과학대학원 교수
한국지식경제진흥원(KEPI) 전문강사
병무청 안보전문 강사
(전)국가보훈처 자체평가위원
행정안전부 자체평가위원
충청남도 안보정책자문관
한국안보학연구소 소장
한국현대사학회 부회장
한국위기관리연구소 선임연구위원
국방부 군사편찬연구소 객원연구원
통일안보전략연구소 연구위원
육군 군사연구소, 전쟁과 평화연구소 연구위원
국립대전현충원, 극동사회문화연구원 자문위원
한국군사회복지학회 이사

저서: 『맞춤형 소부대 전례』, 『잊을 수 없는 생생 6·25전쟁사』,
『쉽고 재미있는 생생 무기와 전쟁 이야기』, 『중공군 공세 의지를
꺾은 현리-한계 전투』, 『성공으로 가는 삼위일체 리더십』
『쉽고 재미있는 생생 세계전쟁이야기』
『생생 국가안보 그리고 통일』 외 다수
논문: 「6·25전쟁기 중공군 5월 공세에 관한 연구」, 「전쟁사 연구방안
고찰」, 「조직의 리더십에 관한 실증적 연구」, 「현리-한계전투의
전술적 교훈」, 「중공군 공세작전간 작전지도에 관한 고찰」,
「6·25전쟁과 징용」 외 다수